高等学校交通运输与工程类专业教材建设委员会规划教材

桥梁信息模型（BIM）基础

韦建刚　赵　秋　杨　艳　编著

人民交通出版社股份有限公司
北京

内 容 提 要

本书首先介绍了BIM的定义、特点以及BIM技术相关软件，并以Autodesk Revit作为操作的载体，详细介绍了建模的基础操作、基本方法，然后以混凝土梁桥、钢结构和组合结构梁桥、拱桥、斜拉桥和悬索桥为例，详细介绍了各类桥型的结构构造与建模过程，最后介绍了BIM技术在桥梁建造全过程中的应用点。

本书除作为高等院校桥梁工程专业教学用书外，亦可供从事桥梁工程的技术人员参考。

图书在版编目(CIP)数据

桥梁信息模型(BIM)基础／韦建刚，赵秋，杨艳编著. — 北京：人民交通出版社股份有限公司，2022.12
ISBN 978-7-114-18361-4

Ⅰ.①桥… Ⅱ.①韦…②赵…③杨… Ⅲ.①桥梁设计—计算机辅助设计—应用软件 Ⅳ.①U442.5-39

中国版本图书馆CIP数据核字(2022)第224533号

高等学校交通运输与工程类专业教材建设委员会规划教材
Qiaoliang Xinxi Moxing (BIM) Jichu

书 名：	桥梁信息模型(BIM)基础
著 作 者：	韦建刚 赵 秋 杨 艳
责任编辑：	卢俊丽 陈虹宇
责任校对：	赵媛媛
责任印制：	张 凯
出版发行：	人民交通出版社股份有限公司
地 址：	(100011)北京市朝阳区安定门外外馆斜街3号
网 址：	http://www.ccpcl.com.cn
销售电话：	(010)59757973
总 经 销：	人民交通出版社股份有限公司发行部
经 销：	各地新华书店
印 刷：	北京虎彩文化传播有限公司
开 本：	787×1092 1/16
印 张：	26
字 数：	666千
版 次：	2022年12月 第1版
印 次：	2023年12月 第2次印刷
书 号：	ISBN 978-7-114-18361-4
定 价：	79.00元

(有印刷、装订质量问题的图书，由本公司负责调换)

前言

建筑信息模型(BIM)技术日新月异,肩负人才培养重任的高校面临着很大的挑战,但同时也为人才培养带来了很好的发展机遇。随着中国 BIM 应用高峰的日渐临近,BIM 技术人才培养工作迫在眉睫。BIM 技术如何与桥梁工程专业结合、如何设计 BIM 课程内容是目前摆在高校面前的难题。福州大学自 2015 年第三届"桥梁设计大赛"开始,将比赛主题定为桥梁结构 3D 建模与 BIM 应用;同时还在桥梁工程课程设计中加入了 BIM 应用,形成以路桥方向学生为主,其他方向学生为辅的桥梁 BIM 技术学习模式。经过多年的实践,取得了较好效果,为本书的编写积累了丰富的经验。

鉴于目前国内桥梁 BIM 技术的发展水平,本书定位为专业基础课教材,希望学生在学习工程制图课之后、桥梁工程专业课之前,通过本课程的学习,能够掌握桥梁 BIM 技术的基本原理,了解各类桥型的基本构造,熟悉各类桥型的建模方法以及桥梁 BIM 的基本应用,同时能了解桥梁 BIM 的现状与发展趋势,为后续学习桥梁工程专业课和毕业后从事桥梁 BIM 应用相关工作打下基础。

全书共分六章,主要内容如下:在第一章"绪论"中,从 BIM 的产生、定义与特点展开,全方位地展现 BIM 技术在桥梁领域推广应用的前景;从当前社会所处的"信息化时代"引申出"建筑信息化"的概念;进而介绍 BIM 技术所需要的载体——BIM 软件,以及所需要遵循的基本原则——BIM 标准。在第二章"Autodesk Revit 建模基础"中,以 Autodesk Revit 作为操作的载体,首先介绍了 Revit 软件的启动方法、界面、常用命令,以及建模的基础操作,之后介绍了 Revit 软件与 Dynamo 软件的联合运用,最后详细介绍了参数化建模的历史、定义、价值、设计原理、造型设计。在第三章"混凝土梁桥建模"中,以预应力混凝土简支 T 梁桥、预应力混凝土连续箱梁桥作为混凝土梁桥建模的对象,以某工程实例作为具体建模对象,详细介绍了不同类型混凝土梁桥主要构件的建模过程,以及不同构件之间的拼装过程。在第四章"钢结构和组合结构梁桥建模"中,以钢板梁桥、钢箱梁桥、钢桁梁桥作为钢结构和组合结构梁桥建模的对象,以某工程实例作为具体建模对象,详细介绍了不同类型钢结构和组合结构梁桥主要构件的建模过程,以及不同构件之间的拼装过程。在第五章"大跨径桥梁建模"中,以拱桥、斜拉桥、悬索桥作为大跨径桥梁建模的对象,以某工程实例作为具体建模对象,详细介绍了不同类型大跨径桥梁主要构件的建模过程。在第六章"桥梁 BIM 应用点"中,详细介绍了 BIM 技术在桥梁建造全过程中的应用点,包括施工图输出、渲染与漫游、碰撞检测、施工过程模拟、明细表统计。全方位展现 BIM 技术在桥梁设计、施工、运营、维护各阶段,协同各方,提升工程质量与建造效率的良好作用。

全书由福州大学韦建刚、赵秋、杨艳编著。本书的出版获得了人民交通出版社股份有限公司、上海同豪土木工程咨询有限公司的大力支持与帮助。同时感谢本科生高健峰、黄健、江智俊,研究生杨煜翔、唐琨、林尚毅、何甘霖、刘德伟、肖恒炜的模型制作,感谢研究生林铭毅、陈萌佳、龙浩、杨耀峰、肖锋、蔡威、范存智、林铮哲、王健、傅雨鑫的视频录制。

由于编著者水平有限,书中不可避免有谬误之处,敬请读者批评指正,并将意见寄到福建省福州市福州地区大学新区学园路 2 号福州大学土木工程学院道路与桥梁工程系。

编著者

2022 年 1 月

本教材配套资源索引

序号	资源编号	资源名称	页码
1	3.1.1	主梁横截面轮廓绘制	83
2	3.1.2	主梁建模	89
3	3.1.3	普通钢筋建模	93
4	3.1.4	预应力钢束建模	96
5	3.1.5	横隔板建模	98
6	3.1.6	横隔板与主梁现浇段、沥青铺装层建模	100
7	3.1.7	预应力混凝土简支T梁桥上部结构拼装	103
8	3.2.1	桥墩建模	112
9	3.2.2	桥台建模	119
10	3.2.3	混凝土简支梁桥上、下部结构拼装	125
11	3.3.1	箱梁轮廓绘制	134
12	3.3.2	箱梁0#节段建模	135
13	3.3.3	箱梁其他节段建模	138
14	3.3.4	桥面铺装及附属设施建模	140
15	3.3.5	箱梁桥下部结构建模	144
16	3.3.6	预应力混凝土连续箱梁桥构件拼装	146
17	4.1.1	钢梁截面轮廓建模1~3步	160
18	4.1.2	钢梁截面轮廓建模4~5步	160
19	4.1.3	钢主梁建模	161
20	4.1.4	加劲肋建模	166
21	4.1.5	横梁小板建模	167
22	4.1.6	加劲肋与钢主梁拼装	168
23	4.1.7	中横梁建模	169
24	4.1.8	端横梁建模	171
25	4.1.9	钢主梁各结构拼装	175
26	4.1.10	混凝土预制桥面板建模	176
27	4.1.11	预制板间现浇混凝土及横、纵向湿接缝建模	177
28	4.1.12	预制板与湿接缝拼装	179
29	4.1.13	边支点现浇段桥面板建模	180

续上表

序号	资源编号	资源名称	页码
30	4.1.14	中支点现浇段桥面板建模	183
31	4.1.15	混凝土桥面板拼装	186
32	4.1.16	桥面铺装及防撞护栏建模	186
33	4.1.17	混凝土桥面铺装、防撞护栏拼装	188
34	4.1.18	钢板梁桥模型整体拼装	189
35	4.2.1	底板与斜底板建模	201
36	4.2.2	横隔板底板、开孔建模	204
37	4.2.3	N11 与 N12 构件建模	208
38	4.2.4	支座加劲肋 V5 建模	210
39	4.2.5	中腹板与边腹板建模	215
40	4.2.6	顶板建模	216
41	4.2.7	钢箱梁桥梁段拼接	219
42	4.3.1	节点大样 A1 桁梁结构建模	229
43	4.3.2	节点板 D6 及节点加强板件 G1 建模、节点大样 A1 的拼装	232
44	4.3.3	节点大样 A1 螺栓孔结构的构建	234
45	4.3.4	桁梁建模	237
46	4.3.5	纵、横梁建模	240
47	4.3.6	钢桁梁桥构件拼装	243
48	5.1.1	主拱台及桩基建模	257
49	5.1.2	拱肋建模	260
50	5.1.3	横隔板建模	262
51	5.1.4	拱上立柱、桥墩建模	265
52	5.1.5	桥面板及防撞栏建模	270
53	5.1.6	桥台建模	271
54	5.2.1	桥塔①、②号节段模型建模	284
55	5.2.2	钢锚箱①号部件建模	288
56	5.2.3	钢锚箱②号部件建模	289
57	5.2.4	钢锚箱③号部件建模	291
58	5.2.5	钢锚箱结构拼装	295
59	5.2.6	斜拉索及其套筒建模	296
60	5.2.7	钢箱梁建模	298
61	5.2.8	梁上钢锚箱建模	300
62	5.2.9	斜拉索建模	302
63	5.3.1	承台、塔柱、横梁建模	314
64	5.3.2	桥塔顶部、桥塔空心部分、另一桥塔建模	320
65	5.3.3	钢箱梁主体建模	324

续上表

序号	资源编号	资源名称	页码
66	5.3.4	防撞栏建模	327
67	5.3.5	主缆建模	329
68	5.3.6	索夹建模	332
69	5.3.7	吊索建模	336
70	5.3.8	锚箱建模	339
71	5.3.9	锚体、中间墙、另一侧锚体、支座建模	341
72	5.3.10	散索鞍建模	345

资源使用说明：

1.扫描封面二维码(注意每个码只可激活一次)；

2.关注"交通教育"微信公众号；

3.公众号弹出"购买成功"通知,点击"查看详情",进入后即可查看资源；

4.也可进入"交通教育"微信公众号,点击下方菜单"用户服务—开始学习",选择已绑定的教材进行观看。

目录

第一章　绪论 ··· 1
　第一节　BIM 的产生、定义与特点 ··· 1
　第二节　建筑信息化 ·· 6
　第三节　BIM 应用软件与标准 ·· 11
　第四节　BIM 的应用 ·· 23
　练习题 ··· 37
第二章　Autodesk Revit 建模基础 ··· 39
　第一节　软件介绍 ·· 39
　第二节　基础操作 ·· 46
　第三节　桥梁建模应用 ·· 51
　练习题 ··· 71
第三章　混凝土梁桥建模 ··· 72
　第一节　预应力混凝土简支 T 梁桥上部结构 ··· 72
　第二节　预应力混凝土简支 T 梁桥下部结构 ···105
　第三节　预应力混凝土连续箱梁桥 ··128
　练习题 ··147
第四章　钢结构和组合结构梁桥建模 ··150
　第一节　钢板梁桥 ···150
　第二节　钢箱梁桥 ···190
　第三节　钢桁梁桥 ···221
　练习题 ··246
第五章　大跨径桥梁建模 ··251
　第一节　拱桥 ···251
　第二节　斜拉桥 ··275
　第三节　悬索桥 ··305

1

练习题 ··· 350
第六章　桥梁 BIM 应用点 ··· 353
　第一节　工程项目模型 ··· 353
　第二节　施工图输出 ··· 363
　第三节　渲染与漫游 ··· 368
　第四节　碰撞检测 ··· 375
　第五节　施工过程模拟 ··· 385
　第六节　明细表统计 ··· 392
　　练习题 ··· 395
附录　公路工程设计 BIM 系统 ·· 396
　第一节　BIM 系统架构 ·· 396
　第二节　桥梁设计子系统 ··· 398
　第三节　应用案例 ··· 401
参考文献 ··· 405

第一章

绪论

BIM(Building Information Modeling,建筑信息模型)是利用数字模型对工程项目进行设计、施工、运营的过程。其包含了工程项目所有的几何、物理、功能和性能信息,工程项目不同的参与方在项目的各个阶段可以基于同一模型,利用这些信息进行协同工作,对工程项目进行各种类型和专业的计算、分析和模拟。在规划、设计、施工、运营和拆除的全寿命周期,实现信息共享和无损传递,提高工程项目建设的质量和效率,大幅节约项目成本,提升科学决策和管理水平。

BIM 从 20 世纪 90 年代被提出至今,已经从概念普及阶段进入应用普及阶段,从开展小范围、企业内的试验到进行局部范围、多方协同的实践,并逐步向全产业链协同、全寿命周期实施应用迈进。目前,美国、新加坡、日本、韩国等多个国家已在建筑行业提出了 BIM 应用要求,并建立了相关的 BIM 企业级和行业级应用标准。我国在建筑、水电等行业应用 BIM 和技术相对成熟,并不断丰富其应用场景和功能模块。同建筑、水电等行业相比,BIM 技术在桥梁方面的应用仍处于起步阶段。随着中国公路信息化建设步伐的不断迈进,BIM 技术应用将成为公路工程建设行业发展的必然趋势。

第一节 BIM 的产生、定义与特点

一、BIM 的产生

20 世纪六七十年代,为了解决所谓的"软件危机",软件行业开始学习建筑行业用模型模

拟现实世界的方法与思路，发展出一套建模理论与工具，推动了软件工程的形成与发展。软件工程的发展提升了软件开发能力，推动了建筑行业软件的发展，大大提升了建筑行业软件的能力。计算机辅助制图软件不仅能够生成各类二维矢量图形，还逐步增强了三维制图能力；计算机辅助分析软件的三维杆件、板件的形体越来越复杂，可以更加接近真实建筑物；三维可视化软件中的几何实体已经成为各类建筑信息的载体。这些模型开始出现了数字融合的趋势。随着计算机图形学中几何建模技术（特别是参数化建模技术）与数据库技术、网络技术以及软件行业的面向对象思想与建模技术的结合，在同一模型上按建筑行业自身的规则从功能、技术上综合描述建筑产品已经成为可能，并逐步培育出相应的软件开发与实施产业链。这种综合各类新技术所产生的新事物被称为建筑信息模型，即 BIM。

BIM 的产生经历了 BDS 阶段、BPM 和 PIM 阶段、BM 阶段，最后发展成为如今的 BIM 阶段。

(1) BDS 阶段。

类似 BIM 技术与理论的研究及命名最早可以追溯到 20 世纪六七十年代，当时很多研究都包含了一些当代 BIM 技术的特点。这些研究中，内涵较明确且至今仍有较大影响的是美国人 Charles Eastman（查尔斯·伊斯特曼）于 1975 年在《AIA》杂志发表的一篇论文中提出的一种"建筑描述系统"（Building Description System，BDS），这是第一个可以将可检索和可添加的信息库赋予三维构件的软件，它允许用户赋予构件属性、材料的种类和供应商检索信息。这个系统拥有大部分现代 BIM 建模软件的基本理念：交互的创建建筑元素；从同一个建筑元素（原始含义应该包括项目、构件与组件等）中获得剖面、平面、轴测图或透视图；设计方案任意改动后，所有视图能自动更新；所有从相同设计方案中生成的图纸能够自动保持统一；可以通过接口读取各种算量与分析软件的数据，生成造价和材料用量；提供一个完整的、统一的数据库。

由于 BDS 系统的开发比微型计算机诞生早，因此未见有建筑师广泛应用这套系统。但 Charles Eastman 提出的理念与现今的 BIM 理念极为相似，如修改构件时所有视图具有相互关联性，可以记录并检索数据信息，以及指导施工过程等。1977 年，Charles Eastman 研究的"交互设计的图形语言"（GLIDE）是这一理念的延续。

(2) BPM 和 PIM 阶段。

欧洲，特别是英国，在 1970 年年末及 1980 年年初也做过类似于 Charles Eastman 的研究的工作，提出了建筑产品模型（Building Product Models，BPM）和产品信息模型（Product Information Models，PIM）概念。虽然在"Product Information Models"和"Building Product Models"中"Product"所在位置不同，但是这两种说法都与"加工处理"（Process）不同，也就是说，不是"Process Information Models"（过程信息模型），也不是"Building Process Models"（建立过程模型），而是产品的整体，包含了全过程的动作行为。

(3) BM 阶段。

1986 年，Robert Aish 发表的一篇论文中提出了建筑建模（Building Modeling，BM）的概念。把制造业的"Product Modeling"转化为建筑业的"Building Modeling"，第一次把建筑模型推广到建筑建模，从模型扩展到了建模的工具、流程与方法。

(4) BIM 阶段。

1987 年，Van Meregen 与 Van Dissel 发表的一篇荷兰语论文中第一次提出了"建筑信息模型"这个名词。由于英文在全球的应用范围远大于荷兰语,Nederveen G. A. van 与 Tolman F. P 于 1992 年在 *Automation in Construction* 发表的《从同一建筑模型生成多种工程视图的研究》(*Modelling Multiple Views on Buildings*)一文是最早提出 Building Information Model 这个名词的英文文献,因此很多人认为该文是 BIM 一词的起源。BIM 一词随着 2002 年欧特克(Autodesk)公司对 BIM 大力推广而广为人知,逐步成为这类技术的代名词。

BIM 出现之前,建筑行业的主流设计软件是由 Autodesk 公司于 20 世纪 80 年代开发的 CAD(Computer Aided Design,计算机辅助设计)系统,同时奔特力(Bentley)公司研发的 MicroStation 系统以其工作站的计算优势占据测量、设计和仿真技术的高端市场,带来了建筑设计的第一次信息化浪潮,使建筑设计效率大幅提升,也使其成为一种工业图形信息的通用工具。同时,在 CAD 和 MicroStation 的系统中开发出了很多专业软件,以适应不同行业或专业需求,例如,在美国市场的 AutoCAD Architecture、AutoCAD Civil3D、AutoCAD Electrical、AutoCAD MEP、AutoCAD Mechanical 等,成为覆盖工业设计、建筑设计等行业的主要设计软件。

BIM 的理论基础主要源于制造行业集 CAD(Computer Aided Design)、CAM(Computer Aided Manufacturing,计算机辅助制造)于一体的计算机集成制造系统 CIMS(Computer Integrated Manufacturing System)理念和基于产品数据管理 PDM(Product Data Management)与产品模型数据交互规范(Standard for the Exchange of Product Model Data,STEP)标准的产品信息模型。BIM 是近十年在原有 CAD 技术基础上发展起来的一种多维(三维空间、四维时间、五维成本、N 维更多应用)模型信息集成技术,可以使建设项目的所有参与方(包括政府主管部门、业主、设计、施工、监理、运营管理人员、项目用户等)在项目从概念产生到完全拆除的整个生命周期内都能够在模型中操作信息和在信息中操作模型,从而从根本上改变了从业人员依靠符号文字、形式图纸进行项目建设和运营管理的工作方式,实现了在建设项目全寿命周期内提高工作效率和工程质量以及减少错误和降低风险的目标。

CAD 技术将建筑师、工程师从手工绘图推向计算机辅助制图,实现了工程设计领域的第一次信息革命。但是此信息技术对产业链的支撑作用是断点的,各个领域和环节之间没有关联,从整个产业来看,信息化的综合应用明显不足。BIM 是一种技术、一种方法、一种过程,它既是包括建筑物全寿命周期的信息模型,又是包括建筑工程管理行为的模型,它将两者完美结合以实现集成管理,它的出现将引发整个 AEC(Architecture,Engineering & Construction,建筑、工程和施工)领域的第二次革命:BIM 从二维(以下简称 2D)设计转向三维(以下简称 3D)设计,从线条绘图转向构件布置,从单纯几何表现转向全信息模型集成,从各工种单独完成项目转向各工种协同完成项目,从离散的分步设计转向基于同一模型的全过程整体设计,从单一设计交付转向建设项目全寿命周期支持。

2007 年,《美国国家建筑信息模型标准》(NBIMS-US)正式出版,标志着建筑产业的信息化进入了一个新的阶段。NBIMS-US 强调 BIM 的过程性和共享性,认为"BIM 是建设项目兼具物理特性和功能特性的数字化模型",是一个"基于开放的互用标准的数字化共享体"。

到目前为止,BIM 设计已经突破了软件和操作的瓶颈,被设计企业主动接受并应用。BIM 实施的困难相对于整个建筑行业产生的价值已经微不足道。据麦格劳-希尔(McGraw-Hill)集团 2012 年的报告,北美地区建筑行业 BIM 的使用比例从 2007 年的 28% 增长到 2009 年的 49%,到 2012 年,这一数字已增长到 71%,而在使用者中,承包商的比例首次超过了建筑师。

BIM带来的不仅是激动人心的技术冲击,更加值得注意的是,BIM技术与协同设计技术将成为相互依赖、密不可分的整体。协同是BIM的核心概念,同一构件元素,只需输入一次,各工种即可共享该构件元素数据,并从不同的专业角度操作该构件元素。从这个意义上说,协同已经不再是简单的文件参照,可以说BIM技术将为未来协同设计提供底层支撑,大幅提升协同设计的技术含量,它带来的不仅是技术,也将是新的工作流及新的行业惯例。

二、BIM的定义

从BIM的发展历程来看,BIM的概念不断改变,而且越发完善。由于BIM在国内起步较晚,适合国情的BIM标准及定义仍然处于编制中和试行阶段。目前较为完整的定义源自美国NBIMS-US,其主要内容为:BIM是以三维数字技术为基础,集成了建筑工程项目各种相关信息的工程数据模型,是对工程项目设施实体与功能特性的数字化表达。由此可见,BIM是在以三维数字技术为基础的前提下,有效集成建筑工程项目各个阶段中大量丰富的工程信息,并对建筑工程项目实体与功能特性进行详尽的表达,这既在横向上整合了各种与建筑工程项目有关的专业和供应商信息,又在纵向上整合了建筑工程项目全寿命周期跨径,从而体现了BIM技术是信息技术在建筑领域的最高成果。

结合麦格劳-希尔集团和国际标准组织设施信息委员会(Facilities Information Council)对BIM的定义,可将BIM的定义总结为:

(1)BIM是以三维数字技术为基础,集成了建筑工程项目各种相关信息的工程数据模型,是对工程项目设施实体与功能特性的数字化表达。

(2)BIM是一个完善的信息模型,能够连接建设项目全寿命周期不同阶段的数据和资源,是对工程对象的完整描述,提供可自动计算、查询、组合拆分的实时工程数据,可被建设项目各参与方普遍使用。

(3)BIM具有单一工程数据源,可解决分布式、异构工程数据之间的一致性和全局共享问题,支持建设项目全寿命周期中动态的工程信息创建、管理和共享,是项目实时的共享数据平台。

三、BIM的特点

(一)信息完备性

BIM除了对工程对象进行3D几何信息和拓扑关系的描述,还包括完整的工程信息描述,如对象名称、结构类型、建筑材料、工程性能等设计信息,施工工序、进度、成本、质量以及人力、机械、材料资源等施工信息,工程安全性能、材料耐久性能等维护信息,对象之间的工程逻辑关系,等等。

(二)信息关联性

BIM中的对象是可识别且相互关联的,系统能够对模型的信息进行统计和分析,并生成相应的图形和文档。如果模型中的某个对象发生变化,与之关联的所有对象都会随之更新,以保持模型的完整性。

(三)信息一致性

建设项目全寿命周期不同阶段的模型信息是一致的,同一信息无须重复输入,而且 BIM 能够自动演化,模型对象在不同阶段可以简单地进行修改和扩展而无须重新创建,避免了信息不一致的问题。

(四)可视化

BIM 提供了可视化的思路,让以往图纸中线条式的构件变成一种三维的立体实物图形展示在人们的面前。BIM 的可视化功能是一种能够使构件之间形成互动性的可视,可以用来展示效果图及生成报表。更具应用价值的是,在项目设计、施工、运营过程中,各过程的沟通、讨论、决策都能在可视化的状态下进行。

(五)协同性

在设计时,由于各专业设计师之间的沟通不到位,施工中往往会出现各种专业之间的冲突,例如,桥梁下部结构施工与既有管线的冲突,桥梁附属设施分布、过桥管线与桥梁结构的冲突等。BIM 可在建筑物建造前期将各专业模型汇集在一个整体中,动态更新模型,检查冲突点,实现桥梁的协同设计。

(六)模拟性

BIM 不仅可以模拟已设计出的建筑物模型,还可以模拟难以在真实世界中进行操作的事物,具体表现如下:

(1)在设计阶段,可以对设计上所需数据进行模拟试验。例如,行车模拟、变形模拟等。

(2)在招投标及施工阶段,可以进行 4D 模拟(3D 模型中加入项目的发展时间),根据施工的组织设计来模拟实际施工,从而确定合理的施工方案;还可以进行 5D 模拟(4D 模型中加入造价控制),从而实现成本控制。

(3)在后期运营阶段,可以对车辆通行情况进行模拟。例如,模拟高峰期车辆荷载对桥梁结构的影响等。

(七)优化性

整个设计、施工、运营的过程,其实就是一个不断优化的过程,没有准确的信息是无法合理优化结果的。BIM 提供了桥梁结构物的全寿命周期信息,包括几何信息、物理信息等,体现了桥梁结构设计优化后视图的变化。BIM 及其配套的各种优化工具提供了对复杂项目进行优化的可能:如把项目设计和投资回报分析结合起来,计算出设计变化对投资回报的影响,使得业主明确哪种项目设计方案更能满足自身的需求;对设计施工方案进行优化,可以显著地缩短工期和降低造价。

(八)可出图性

BIM 可以自动生成常用的桥梁施工图及构件加工图纸。通过对桥梁结构进行可视化展示、协调、模拟及优化,可以帮助业主生成碰撞检查侦错报告和改进方案等。

第二节　建筑信息化

信息技术是指以计算机和现代通信为主要手段实现信息的获取、加工、传递和利用等功能的技术总和。进入21世纪之后，信息的互通方式发生了巨大的变化。在由互联网编织成的信息网络中，大量数据信息被储存下来，进入各自的传递和处理的流程中。在这些信息中，有一些具有明确的逻辑性和目的性，形成可追溯的"信息流"；另一些则是人们在使用电子设备时有意或无意留下的痕迹，我们称之为"数字化排放"。前者对于一个企业的信息化运营和管理的方式是至关重要的；后者则提供了一个新的研究领域，通常称之为"大数据"研究或"数据挖掘"。

一、信息

当代信息的概念，已经与计算机技术、网络技术等的含义紧密地联系在一起，是一个复杂而又尚未形成统一认识的概念。

（一）信息的特征

一般认为，信息是对客观世界中各种事物的变化和特征的反映，具有以下基本特征。

1. 客观性

从理论上来讲，信息来源于人类对客观世界的认识，带有源于客观世界的客观性，人类创建信息的目的本就是反映客观事物的特征。只有真实、准确的信息才能如实地反映客观实际，成为人类解决工程问题的有效手段。

就工程实践而言，由于人不可能完全了解客观世界，所以信息的客观性永远是相对和有限的。每次人类对客观世界的认识、描述方法或处理技术等方面出现革命性的进步，都会大大提升信息的客观性。建筑信息模型技术带来了建筑物描述方法的革命与处理技术的巨大进步，但在深化人类对客观世界的认识方面的作用还相当有限。

建筑信息模型中的数据是相对客观的，具有巨大价值，但又不可能完全客观，有其价值局限，所以不存在万能的信息技术，建筑信息模型也不例外。

2. 主观性

理论上，信息是人类对客观世界的主观认识，也必然带有人固有的主观性，任何对信息和信息处理的研究与讨论，都离不开主体的目标（即人们的目的或需求）。建筑信息模型的创建是人的主观行为，创建者与建筑业相关各方是不同的利益主体，不可避免地存在各类目标冲突。

如何让信息满足整个项目管理的需求是一个非常复杂的问题，核心是建立一个控制和协调各主体主观欲望（隐藏于其下的是利益）的机制。BIM的应用不仅是一项技术实践活动，而且是一项管理活动，只有建立包含目标管理、组织管理、激励机制及技术保障机制在内的一整套企业管理体系与项目管理体系才能有效地发挥BIM的价值。

3. 抽象性

信息的抽象性即信息的内容与载体二重性,其中内容是核心,载体是手段,BIM 应用的核心是内容的组织而非全信息模型的创建,数据的结构化比信息的丰富性更重要。同样的信息内容可以具有多种载体,建筑信息模型只是其中的一种信息载体。如果信息能在不同的载体之间有效转化与传递,即在不同数据结构之间建立映射关系,实现数据的无损传递,将产生更大的信息价值。

BIM 实施核心在于对建筑信息内容的高效创建、有效管理与广泛且深入应用,具备建筑专业知识、充分认识信息内容的工程人员能够深度参与是 BIM 实施的前提与保障。一旦对信息的抽象性缺乏明确的认识,就容易忽略信息的内容与结构,忙于建设信息载体或改进技术手段,把主要投入放在软硬件、网络(硬载体)的建设与模型(软载体)创建上,最终创建一大堆只能逐条抽取的信息,造成使用成本高于信息价值,从而缺少经济可行性。

4. 整体性

整体性即系统性。信息必须作为客观事物(或系统)完整描述中的一环,一旦脱离了全局,零碎的信息将毫无意义。

当前技术水平下的 BIM 建模软件的建模技术比较成熟,但对建筑过程与工艺特征(如精度特征、材料特征、性能分析特征等)的处理能力有限,只能以静态的属性加载于构件上,难以高效利用,必须与建筑业其他的软件或系统(检测分析软件、项目管理软件、企业管理系统、政府监管系统等)有效结合才能充分发挥价值。脱离了项目建设系统环境的建筑信息模型注定将成为空中楼阁,不能真正助力工程项目的进度、成本与质量等的管理,不能对建筑业产生革命性影响。而随着 BIM 与建筑系统其他要素之间的接口与协同工作发展成熟,BIM 的产业生态环境逐渐形成,BIM 将呈现出超乎我们想象的生命力。

5. 时效性

客观事物(或系统)都是在不断发展变化的,信息只有及时、新颖,才能发挥最大的作用。放在大历史的视角下,BIM 仅仅是人类社会在当前发展阶段的产物,必然有这个时代特有的局限性,不可能是建筑信息技术发展的终点。BIM 必须与当代其他技术相互配合才能发挥其价值,BIM 技术不是试图以 BIM 为核心,要求其他各种工程技术、信息技术建立基于 BIM 的实施体系,而是一种相互适应、相互影响的互动发展技术。在一个工程项目实施过程中,信息也必须在合适的时间被交付给合适的人才能真正发挥价值,建立信息的及时性、有效性的保障机制才是 BIM 成功实施的前提,而不是在 BIM 中寻找所需要的信息。

6. 层次性

信息及其处理与客观事物(或系统)的层次密切相关,只有合理地确定层次,才能确定信息需求的范围和信息的价值,并有效地进行信息处理。

当代的 BIM 技术主要是针对建筑构件层次的信息管理技术,不能代替项目层次、区域层次以及城市与地球等层次的建筑信息管理技术。只有与项目等层次建立合理有效的映射与调用机制,才能实现各层次建筑信息管理技术的有效融合、协调应用。

7. 不完全性

信息的完全性与不完全性是对立统一的整体,客观事物(或系统)的无限复杂与动态变化,决定了信息的不完全性。因而信息的完全性只能是相对的,而其不完全性则是绝对的。

因此,不可能创建具有完全信息的建筑信息模型,必须根据应用目标与当前技术发展水平来创建建筑信息模型,在满足需求的前提下,信息创建越少越好。

(二)信息的地位和作用

1. 信息是联系建筑业各部分的纽带

信息流作为工程项目管理的五大基本要素之一,必须与其他四大要素——物流(原料、设备、制成品等)、能量流(水、电等)以及组织(人)流、控制流管理紧密联系,才能构成一个有机的整体,有效地发挥价值。BIM 作为信息流的组成部分,通过与其他要素(包括信息流中其他子要素)协作,能够有效地解决工程中存在的问题。

2. 信息是客观事物(或系统)的表征

建筑信息模型是建筑产品的描述,目前的 BIM 建模软件对建筑产品的几何与非几何特征的描述能力已经相当强大,具备很大的价值,可以为建筑信息化提供基本的结构化的建筑产品信息,成为新一代建筑信息化技术的支撑。

3. 信息是客观事物(或系统)管理与控制的依据及实现手段

在理想的 BIM 技术水平下,项目设计人员利用 BIM 建模软件创建产品信息,管理设计过程;施工人员以 BIM 中的信息编制施工方案,组织施工,管理施工过程,运维人员以及其他工程建筑相关方也可从 BIM 中抽取所需信息,进行相应管理,实现建筑业全寿命周期的信息集成。

4. 信息以物质载体为支撑体现价值

用来表示信息的物质载体被称为信息的表示媒体。在工程实践中,可用的信息媒体种类很多,最常见的媒体包括声音、图像、文字、数据等。一般来说,声音可以用来表示或携带可听信息,图像或文字可以用来表示或携带可见信息,数据则可以用来表示或携带可测信息。建筑信息模型有望成为多种信息的载体,以结构化的数据组织管理各类与建筑产品有关的建筑信息,为建筑信息的管理带来一场革命。

二、信息技术与建筑(包括桥梁)设计、施工、运维的关系

随着信息时代的来临,信息技术与工程建设之间的联系愈加紧密,由此推动了我国工程建设技术的创新发展。对于道路与桥梁工程而言,其工程规模往往较大、线路长、构造物多、所处环境复杂,这便需要采用更加先进和高效的设计、施工与运维技术才能保障道路与桥梁工程安全、耐久、适用、环保、经济和美观,实现道路桥梁工程的长寿命。

(一)建筑设计信息化

作为建筑工程行业的前端,建筑设计的信息化早在 20 世纪 70 年代初期已经初见端倪。此后信息技术在设计业的发展大致形成了一条从简单绘图到复杂设计,从文件孤岛到信息互通,最终整个行业逐步走向设计精益化和信息集成化发展的轨迹。

1. 从简单绘图到复杂设计

美国 Applicon 公司在 20 世纪 70 年代初推出世界上第一个完整的 CAD 系统,这种技术将

手工绘制图纸转化为通过计算机语言绘制图纸,从而开始形成计算机辅助设计的概念。

经历了漫长的起步阶段,到20世纪80年代后期,计算机的运算能力已经可以驾驭比较复杂的图形操作,信息处理技术也从二维图形向三维图形过渡。与此同时,随着图形渲染能力的增强,模拟仿真和虚拟现实技术得到重视和发展。

20世纪90年代之后,不同行业的设计软件普遍实现了图形界面的操作,使绘图更加简单、便利,工作效率大幅提升。与此同时,计算机的硬件设施已经可以支持大规模的逻辑运算,使CAD的概念拓展到真正的设计领域。例如,生成式设计,就是利用计算机运行关联性的算法,最终代替建筑师进行建筑找形(Form-finding)的方法。随着算法设计与计算机图形学的结合,计算机辅助设计已经开始触碰到更深层的设计思维,帮助设计师更加精确地比选和优化设计,并借助编程技术输出其中的关键步骤和内容。

2. 从文件孤岛到信息互通

1994年,全球互联网开通是计算机技术与网络通信技术相结合的重大事件,开启了设计管理信息化和设计信息集成化的新方向。由此带来"工业时代"到"信息时代"至关重要的思维转变,将"建筑设计"从刚性的产品观念转变为流动的信息观念。

在此观念下,计算机并不仅仅是一种替代人工作业的机器,更重要的是,它是一种信息载体,具有处理各种设计信息的能力。计算机不仅能够处理更加复杂的二维和三维图形,在数据运算、管理和分析方面也具有更大的优势。

计算机信息技术也使设计信息的储存和传递发生了根本性的变化。与纸质媒体相比,数字媒体具有储存成本更低、分享速度更快、传递更加准确的特点。利用网络和云技术平台可以将最新的设计信息进行共享,减少了信息传递的环节;利用设计项目管理系统可以实时监控项目进程;远程协同设计则极大地提高了工作空间的灵活程度。

3. 走向设计精益化和信息集成化

从1996年到2006年的十年间,计算机在建筑设计行业的应用开始沿着设计的精益化和信息的集成化两个方向推进。在设计的精益化方面,结构计算、工程量统计、三维图形和虚拟现实等技术更加成熟,为设计与表达持续提供更加强大的工具。在信息的集成化方面,CAD成为设计信息沟通的主要媒介和载体,CAD文件格式也成为实际占主导地位的通用文件格式。

2006年之后,BIM技术逐渐进入人们的视野——它全面支持三维空间下的设计、浏览和查询功能,并从一开始便致力于整合建筑行业不同的数据平台,使设计信息能够持续流畅地产生和传递。BIM技术将建筑设计的精益化和信息的集成化加以整合,并延伸到建筑产品的全寿命周期领域,形成了彼此嵌套的完整系统,这标志着建筑行业信息化水平的又一次升级。

(二)建筑施工信息化

相对于建筑设计信息化的发展,建筑施工信息化发展水平较落后,近年BIM技术的应用给建筑施工信息化提供了技术平台。通过BIM技术可实现对建筑施工现场的虚拟化、可视化协同管理,促使施工管理水平大幅提升。在BIM技术的支持下,深化设计、场地管理、施工组织管理、进度管理、施工物资管理、竣工管理等环节的信息化、可视化均成为可能,推动了建筑施工管理的升级。

1. 实现资源共享

通过应用信息技术,建筑工程中的施工信息资源实现共享,为施工管理工作的开展提供了更为准确、全面的信息数据支持。此时,管理人员可以完成对局部施工情况的深入分析,并迅速将问题反馈至现场施工方,确保问题第一时间得到针对性的解决。

2. 落实施工精细化管理

在当前的施工管理工作中,需要完成的管理内容相对较多,工作量较大。若依旧沿用全人工管理方法,则难以保障管理质量。而使用信息技术就能够避免上述问题,实现施工的精细化、细致化管理,且减少了管理人员的实际工作量,防止工程施工中发生管理质量方面的问题。

3. 提高施工技术水平

信息技术的应用影响着建筑工程的施工质量。一旦发生问题,管理人员能够在信息技术的支持下第一时间获取相关信息,并完成施工技术、施工工序、管理方案等内容的科学调整,实现多种资源的优化配置,促使建筑工程施工技术水平提升。另外,依托信息技术,可以促进信息检索稳定落实与发展,进一步增强施工中各项数据信息的安全性。

4. 协调展开施工工序

不同施工工序的协调展开是保证建筑工程如期保质完工的重要内容,也是施工管理中的重要工作。利用信息技术,特别是 BIM 技术,能够促进施工管理协调性的提升,保证各项施工项目管理工作细致展开。在此基础上,实现了施工管理工作效率的提高和效果的增强。

在项目的各个施工阶段中,运用先进的信息技术,综合施工环境,建立一个完整的网络信息系统,使得项目的信息流、资金流、物流、工作流有机统一,最终实现资源的优化配置,从而大大提高施工项目管理的效率和水平,达到实现经济效益和核心竞争力的目的。

(三)基于 BIM 的数字化运维

数字化运维管理是实现工程现代化、高效率运营的关键措施。基于 BIM 的数字化运维是指针对桥梁运维阶段的应用需求,建立桥梁运维多源数据融合及综合评估平台,并与建设期的 BIM 协同管理系统衔接,形成项目桥梁建养一体化平台。

与传统运维方法相比,基于 BIM 的数字化运维具有如下优势:

(1)建立桥梁建养全过程信息数据库,积累包含桥梁施工过程受力原始数据和损伤信息、运营期监测与检测混杂信息的大数据库系统,从而提高桥梁结构灾害性能分析的准确度,及时发现桥梁的损伤与性能退化,对大型桥梁结构在使用过程中出现的损伤进行定性、定位和定量分析,防患于未然。

(2)建立以 BIM 为载体的桥梁管养信息分析系统,解决传统桥梁运营期海量管养信息的碎片化、离散化和难以使用等问题,提高桥梁运营管养效率,降低桥梁全寿命周期管养成本。

(3)实现实时掌握桥梁运营状态,充分利用智能信息技术实现"办公室里监控桥梁",在突发性事件(如强烈大风或其他严重事故等)发生之后可快速对桥梁进行安全性能和工作状态评估等。

作为我国信息化建设的重要组成部分,目前桥梁信息化水平较低,桥梁建设过程中参与方之间的信息孤岛效应明显,而 BIM 技术则为桥梁全寿命周期信息化提供了有效的技术手段。

在 BIM 技术的支持下，我们不仅可以实现项目设计阶段的协调设计、施工阶段的建造全程一体化以及运营阶段对建筑物的智能化维护和设施管理，同时从根本上将业主、施工单位与运营方的隔阂和界限打破，从而真正实现 BIM 在建筑全寿命周期的应用价值。

第三节　BIM 应用软件与标准

随着 BIM 技术的发展，为应对工程中可能遇到的问题，软件厂商开发了各式不同的 BIM 应用软件以适用于不同建筑生命周期阶段。目前占据国内 BIM 软件市场的主流厂商主要有欧特克（Autodesk）、达索系统（Dassault Systemes）、奔特力（Bentley）、泰科拉（Tekla）等，这些软件厂商的 BIM 技术解决方案各有特色。随着我国 BIM 技术的发展，BIM 标准也逐步被引入国内，用于建立标准的语义和信息交流的规则。BIM 标准的建立将为建筑全寿命周期的信息资源共享和业务协作提供有力保证。

一、主流 BIM 应用软件

（一）欧特克 BIM 技术解决方案

欧特克提供了专业的 BIM 平台及完整的、具有针对性的解决方案。欧特克整体 BIM 技术解决方案覆盖了工程建设行业的众多应用领域，涉及建筑、土木、施工、机电、流程工厂、结构设计等主要专业，如图 1.3.1 所示。

图 1.3.1　欧特克 BIM 技术解决方案

欧特克针对不同领域的实际需要，特别提供了欧特克建筑设计套件、欧特克基础设施设计套件等综合性的工具集，以支持企业的 BIM 应用流程。其中，面向建筑全寿命周期的欧特克 BIM 技术解决方案以 Autodesk Revit 软件产品创建的智能模型为基础，如图 1.3.2 所示；面向基础设施全寿命周期的欧特克 BIM 技术解决方案以 AutoCAD Civil 3D 土木工程设计软件为基础。同时,还有一套补充解决方案用以增强 BIM 的效用,包括项目虚拟可视化和模拟软件、AutoCAD 文档和专业制图软件以及数据管理和协作系统软件。

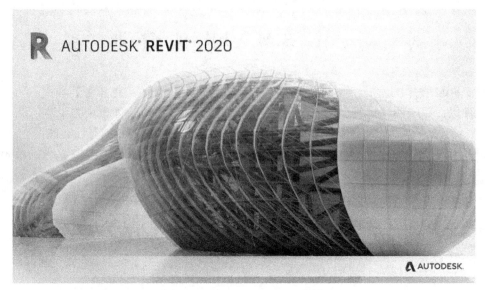

图 1.3.2　Autodesk Revit 2020 软件

　　Revit 主要用于建筑信息建模。Revit 平台是一个设计和记录系统,它支持建筑项目所需的设计、图纸和明细表。建筑信息模型可提供有关项目设计、范围、数量和阶段等信息。在 Revit 模型中,所有的图纸、二维视图、三维视图以及明细表都是同一个基本建筑模型数据库的信息表现形式。在图纸视图和明细表视图中操作时,Revit 将收集有关建筑项目的信息,并在项目的其他所有表现形式中协调该信息。Revit 参数化修改引擎可自动协调在任何位置(模型视图、图纸、明细表、剖面和平面)进行的修改。

　　Revit 软件具有以下几个功能和特点：

　　(1)直觉式设计环境,功能接口给予用户使用上很高的亲和力。

　　(2)参数式组件,广泛地设置组件数据库。

　　(3)提供 gbXML(专为绿色建筑设计与评估而定义的一种 XML 应用)接口在能源仿真及能源负载分析。

　　(4)整合 ROBOT 及 RISA(软件)结构计算分析。

　　(5)具有很强的概念设计工具接口,设计初期可简单分析建筑体量。

　　(6)提供 2D 剖面详图及明细表,以"材料需求"计算详细材料数量。

　　(7)支持多数三维模型格式,可以检视接口的文件格式为 DGN、DWG、DWF、DXF、IFC、SAT、SKP、AVI、ODBC、gbXML、BMP、JPG、TGA、TIF。

　　(8)实时协作能让多人同时操作同一个 DWG 档案,并实时浏览其所进行的变更。

　　(9)设计时间表能捕捉和追踪所有图纸的变更,以便版本控制和审核。

　　(二)达索系统 BIM 技术解决方案

　　达索系统公司提供了全流程 BIM/PLM(Product Lifecycle Management,产品生命周期管理)解决方案。为了实现不同的业务流程,达索系统在 3D 体验平台上集成了不同的软件品牌,包括用于 3D 建模设计的 CATIA 品牌、用于施工仿真的 DELMIA 品牌、用于协作管理的 ENOVIA 品牌,并且根据建筑工程行业的独特之处进行了专门强化,形成了设计制造一体化、优化施工等技术解决方案。

达索系统的整个 BIM 系统平台是一个有机整合体,具体的产品架构如图 1.3.3 所示。

DS CATIA SHAPE THE WORLD WE LIVE IN	DS ENOVIA PLAN YOUR DEFINTION OF SUCCESS	DS DELMIA MAKE IT HAPPEN
CATIA 是全球领先的工程和设计软件,可实现卓越的产品 3D CAD 设计。它适用于所有制造组织,包括从 OEM 到其供应链,甚至是小型独立制造商。 >3D CAD 设计软件	ENOVIA 由 3DEXPERIENCE^R 平台提供技术支持,使您的创新者可以从真正的协作回报中受益。 >协作创新软件	DELMIA 由 3DEXPERIENCE^R 平台提供技术支持,可帮助各个行业和服务针对其运营开展协作、建模、优化和执行。 >全球运营软件
DS SIMULIA REVEAL THE WORLD WE LIVE IN	DS BIOVIA MODEL THE BIOSPHERE	VKBE VEHICLE KNOWLEDGE BASED ENGINEERING
SIMULIA 由 3DEXPERIENCE^R 平台提供技术支持,其现实仿真应用程序使用户能够展示我们生活的世界。 >仿真软件	BIOVIA 提供了科学的协作环境,可带来先进的生物化学和材料体验。 >生物化学和材料体验	利用智能型设计与校核方法,协助工程师共同完成工程设计的推理决策任务,加速产品的研发与迭代。 >汽车知识规则库

图 1.3.3 达索系统产品架构

CATIA 是 BIM 的核心建模软件,而且是实现 BIM 项目中人员、工具、方法和资源集成的基础。CATIA 不仅能够为所有产品建模,还能够在现实行为背景下建模。CATIA 软件工作界面如图 1.3.4 所示。

CATIA 在达索系统 3DEXPERIENCE®平台的技术支持下,能够实现:基于单一事实来源的社交设计环境,并允许用户通过强大的 3D 仪表板进行访问,从而促进跨所有利益相关者(包括移动工作者)的商业情报互访,并支持实时并行的设计和协作;为有经验者和用户提供直观的 3D 体验,配有可优化用户使用效果的世界级 3D 建模和仿真功能;具有包容性的产品开发平台,可与现有流程和工具轻松集成,这一配置允许不同专业在产品开发过程的各个阶段充分利用强大的集成式专家应用程序。CATIA 的设计工程、系统工程和建筑应用程序是达索系统 Industry Solution Experience 应对特定行业需求的核心。这彻底改变了企业构思、开发和实现新产品的方式,通过创新的用户体验建立竞争优势。

为了满足桥梁工程项目中的造型复杂、预制构件的精度高、模型骨架线的平滑程度高等要求,CATIA 被越来越多的人应用于桥梁的三维建模上。CATIA 在桥梁方面应用的特点与优势有:

(1)参数化建模。CATIA 参数化设计使用约束来表达产品模型的形状特征。通过从模型中提取一些主要的定形定位或装配尺寸作为自定义变量,修改这些变量的同时由一些公式计算出并改变与其相关的尺寸,从而方便创建系列产品相似的零件。当模型的特征造型使用参数化时,它不仅可以随时调整产品形状和尺寸,而且可以随时改变产品的结构和特征,同时实现尺寸驱动和特征驱动。实时监督设计过程的同时,提出适当的修改建议,这样不仅极大地方便了产品的改良,缩短了设计周期,而且使设计产品变得更加灵活、高效、智能。

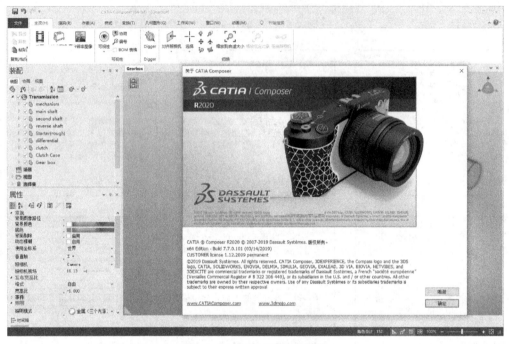

图 1.3.4　CATIA 软件工作界面

(2) 最小二乘法曲线拟合。对于具有空间扭曲面的结构形式,CATIA 参数化建模需要给出结构轮廓线形参数方程,而结构轮廓线形参数方程有多种函数选择,利用最小二乘法曲线拟合是 CATIA 参数方程独有的一种函数计算模式。

(3) 三维地形模型。可以根据地形数据(高程信息),利用 CATIA 的 Mesh 面生成三维地形模型。然后根据地质调查资料,结合纵横断面构建地层面,从而形成地质模型。

(4) 曲线桥梁。可以完成曲线桥梁(平面或纵断面上,纵断面上的曲线桥梁即拱桥)的建模工作,这是其他建模软件所不具有的功能。

(5) 变量驱动。CATIA 在建模过程中可以对模型的尺寸进行参数化设置,因为它具有变量驱动功能,所以建模后期在修改模型的时候只需要修改参数即可,大大减少了后期的修改、调整工作量。

(6) 知识工程阵列。CATIA 软件提供了知识工程阵列、用户自定义特征、超级副本等多种结构复制形式,大大减少了桥梁建模尤其是钢筋建模的工作量,钢筋建模的工作量可以减少 50%～70%。

达索系统的 BIM 系统平台涵盖了工程建筑行业项目全寿命周期。能满足行业内用户在各个阶段对 BIM 数据处理的要求。平台中的各个系统软件包含了大量的模块以满足不同客户的不同需求。达索系统旗下不同品牌系统软件之间实现了统一的底层数据结构,因此可以轻易地将其有机结合在一起,实现数据之间的无缝连接。不会存在其他厂商自身不同品牌软件之间有时仍需通过中间格式进行数据传递而导致数据丢失和难以实现双向同步的状况。

(三)奔特力 BIM 技术解决方案

奔特力的产品以支持协同工作及数据共享为原则,其综合解决方案集成了用于建筑及基础设施设计的 MicroStation 图形环境、用于项目团队协同工作的 ProjectWise 工程项目管理环境以及用于资产运营管理的 AssetWise 资产信息管理环境。通过专业应用模块的有机组合,形成适用于不同领域的综合解决方案,所有这些解决方案均支持数据互用及团队协同工作,辅以全球专业服务,持续支持全球建筑及基础设施建设。

奔特力 BIM 技术解决方案的主要功能与优势如下:

(1)支持 DGN 和 DWG 两种档案,可直接编辑。

(2)可将模型发布到 Google Earth(谷歌地球)、SketchUP(草图大师)模型,亦可导入 MicroStation V8 XM Edition 等设计软件中。

(3)支持几何形状较复杂曲面。

(4)记录编修流程,可比较修改前后图形的差异。

(5)具有管理权限及数字签名功能。

MicroStation 提供一个宽广的平台与建筑工程相关软件相互连接,MicroStation 软件工作界面如图 1.3.5 所示。Bentley System 建筑用 BIM 软件 Bentley Architecture 由 TriForma 演化发展而来,于 2004 年问世。而 MicroStation Architecture V8i 是 Bentley 对于 BIM 概念应用的 Building 系列附加模块,以 BIM 概念为基础开发的应用,提供工作流程管理,能产生数量计算、预算及施工设计相关报表。Bentley 运用 MicroStation 本身良好的绘图能力,加入工程设计、建设、运营等整个建筑全寿命周期的成本及其他参数,让 2D、3D 的 CAD 转变成具有属性的构件,并能把数据反映在模型中,有效地整合 2D、3D 的计算数据与模型应用,再结合其他 MicroStation 的 Building 系列附加模块扩充使用,让其 BIM 有更多扩展运用。

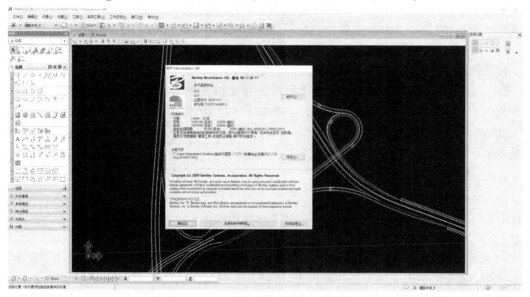

图 1.3.5　MicroStation 软件工作界面

在MicroStation与不同BIM软件的协作管理方面，所开发的ProjectWise项目合作管理软件能同时管理一个项目中不同专业领域的数据，支持MicroStation不同附加模块的档案，并能与不同BIM软件协作，让用户在各自使用平台就能存取使用。MicroStation在建筑信息工具中提供了一个相当广泛的应用，并可借其处理大多数建筑工程及建筑产业的需要。MicroStation可支持复杂的曲线表面，也包含支持发展复杂阶级的各项定制化参数对象。

MicroStation是一个可互操作的、强大的CAD平台，是集二维绘图、三维建模和工程可视化（静态渲染+各种工程动画设计）于一体的完整的解决方案，包括参数化要素建模、专业照片级的渲染和可视化以及扩展的行业应用。MicroStation作为Bentley公司的工程内容创建平台，具有诸多优势来满足各种类型项目的工程需求，特别是一些工程数据量大的项目。

（四）泰科拉（Tekla）BIM技术解决方案

Tekla是一款成熟的BIM软件，目前主要用于钢结构设计，可以精确到每个螺栓或焊缝的细节。Tekla目前在国内钢结构深化设计中占据主导地位。Tekla是位于芬兰的一家专业钢结构软件研发公司所开发的一套钢结构3D立体建模的专业软件，用于钢结构设计、绘图及制造，也是目前国内多数厂商使用的专业软件，其涵盖概念设计、细部结合设计、制造、组装等整个设计流程的建筑信息模型系统，让用户能轻松且精准地设计并建立任何复杂尺寸的智能化建筑模型。

Tekla的独特技术为建筑业创造了新的商业机会，钢结构的深化设计包含精确、动态和数据丰富的3D环境，让用户发挥出无与伦比的创造力，是目前市场上最先进的解决方案。Tekla所产生的结构模型，具备建筑物的精准细节，可以简单、有效地进行工程项目的可视化管理，也可以使用BIM来进行工作流程的协同作业，是一个能有效整合模型和非模型的软件解决方案。该软件包含了结构工程师、钢结构深化设计人员和制造厂、钢筋混凝土深化设计人员和制造商，以及营造公司所需的各种专门配置模块。

Tekla在建筑和施工领域提供了基于模型的软件产品Tekla Structures和Tekla BIMsight，基于模型的Tekla建筑信息模型方案全面覆盖所有关键细节，以一体化的方式管理整个建设过程，是多方位支持项目运作的全能工具。Tekla的目标是为广大企业提供最富价值的高效工具，使其可以为未来的发展预留更多的资源和时间。

Tekla Structures提供的建筑信息模型解决方案支持从建筑设计到建造、吊装和现场管理的各个施工环节，如图1.3.6所示。建筑设计师、结构工程师、详图深化设计人员、工程加工人员、现场安装与管理人员、业主、总包方等，都可以将自己的信息加入这个模型，也能从中获取信息，Tekla Structures集成的工作流程如图1.3.7所示。

Tekla软件具有以下特点：

（1）基于三维图形技术。因为钢结构的构件具有显著的空间布置特点，钢结构深化设计软件需要基于三维图形进行建模及计算。此外，与其他基于平面视图建模的BIM软件不同，多数钢结构都基于空间进行建模。

（2）支持参数化建模。可以用参数化方式进行包括"工"字形、L形、"口"字形等多种形状杆件、节点、螺栓的建模。如对于杆件截面，用户只需要选择截面形态，并且设置截面长、宽等参数信息就可以确定杆件的几何形状，而不需要处理杆件的每个零件。

（3）支持节点库。节点的设计是钢结构设计中较烦琐的过程。而Tekla内置节点库支持常见的节点连接方式,用户只需要选择需要连接的杆件,并设置节点连接的方式及参数,系统就可以自动建立节点板、螺栓,大量节省用户的建模时间。

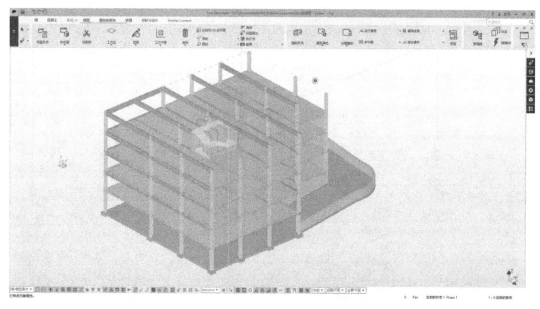

图 1.3.6 Tekla Structures 软件工作界面

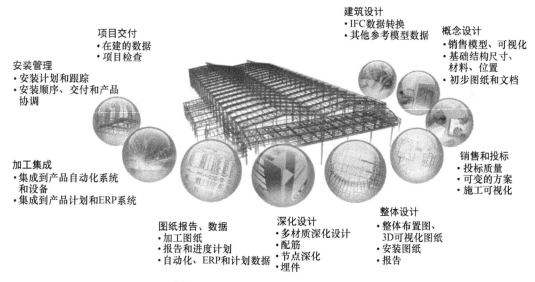

图 1.3.7 Tekla Structures 集成的工作流程

(4)支持三维数据交换标准。钢结构设计软件可导入其他专业模型以辅助建模;同时,还可将深化设计结果导出到模型浏览、碰撞检测等其他 BIM 应用软件中。

(五)技术解决方案总体评价

欧特克解决方案在建筑领域有优异的表现,对建筑水暖、电气等专业针对性强,操作简便,但对于特别的异型建筑构造需要先通过外部软件实现其造型,再导入欧特克相关产品中,开展实际工作。另外,由于缺乏对地质专业三维体建模需求的支撑,欧特克解决方案无法在公路工程领域实现地质、路基、隧道、桥梁等三维设计工作。同时,欧特克旗下不同产品之间的设计成果数据格式不统一也是比较明显的缺陷。总的来说,欧特克解决方案的优点是:覆盖范围广,民用、市政、工程、机械、娱乐行业均有解决方案;软件市场占有率高,使用成本低;软件操作相对简单;三维模型展示和二维出图较为便捷。其缺点是:平台之间数据格式不统一,数据传递较为复杂;参数化驱动能力较弱;软件对硬件的要求过高,对超大数据的支持性能不够理想。

达索系统的核心产品 CATIA 是制造行业内高端产品,具有很强大的三维曲面造型功能,能够满足很多异型结构的复杂建模需求,地质三维建模能力强。主推全寿命周期管理解决方案,其 Matrix One 被国内外多家客户应用。近几年开始进军工程建设行业,曾参与鸟巢(国家体育场)项目的复杂造型设计。其国内代理一般具有较强的项目实施能力,具有直接支持客户的服务模式——客户化定制。但产品价格较高,对 AEC 行业标准支持性能还不够完善。总的来说,达索系统解决方案的优点是:参数化驱动强大,对超大数据的支持性能很好,结构分析功能强大,部件管理体系完善。其缺点是:建模速度慢,软件学习难度大,软件成本高,出图较为困难。

Bentley 在国内土木行业有不少针对性解决方案,在国内提供厂商直销业务,有专门的厂商技术团队提供服务。但其技术支持规模有限,目前只能覆盖少量大客户,销售渠道建设较差。国内绝大多数用户有多年的 AutoCAD 使用经验和习惯,这是 Bentley 产品推广的最大阻力,直接导致其产品难以学习,不符合用户操作习惯,其所使用的部分格式不主流、产品本地化程度不高、不同产品之间的数据交换不太理想等。但 Bentley 强大的数据处理能力和协同能力为大场景数据集成、多专业协同提供了条件,比较符合铁路带状工程的特点。总的来说,Bentley 产品的优点是:致力于基础设施、石油化工、交通土木、水利等,专业性较强;数据管理能力出色,各专业软件间数据接口统一;对硬件要求不是很高,对庞大模型处理能力强。其缺点是:与传统 CAD 使用习惯不太一样,学习成本相对较高;软件价格相对较高;针对建筑专业没有平台优势。

Tekla 具有多种多样的能力,可以对包含各种结构材料和细节的结构进行建模,并能够支持超大型模型以及多个用户同时在同一个项目中进行实时操作。Tekla 支持用户自定义参数化构件库,包括软件本身提供的构件自定义化。尽管它是一款功能强大的工具,但其所有的功能学习起来相当复杂,也很难全部得以应用。其参数化组件的强大功能令人印象深刻,但需要具备高水平操作技能的专业操作员来使用。它能够从外部应用程序导入具有复杂多曲面的构件,这些构件可以引用但不可编辑。总的来说,Tekla 产品的优点有:钢结构、混凝土深化功能强大;数据精度高,适合深化、加工、施工一体化解决方案;有一定的模块化功能。其缺点有:建模工作量大,不适合设计阶段;应用成本高;展示效果一般。

综上所述,目前主流 BIM 方案厂商的软件都基本具备实施 BIM 技术解决方案的能力,但其产品和服务或多或少都存在一些缺陷,需在实际应用时处理不同厂商数据兼容性的问题,加大其本地化、信息交互标准化、适应行业特性化等方面的完善和改进力度,才能更好地满足中国公路工程的业务需要和行业要求。

二、BIM 标准

一些不同软件间信息共享与调用还需要人工完成,无法自动解决信息共享与调用,解决信息共享与调用问题的关键在于标准。有了统一的标准,也就有了系统之间交流的桥梁和纽带,数据自然在不同系统之间流转起来。作为BIM数据标准,IFC(Industry Foundation Class,工业基础类)标准在国际上已日趋成熟,在此基础上,美国提出了NBIMS。中国建筑标准设计研究院(现为中国建筑标准设计研究院有限公司)提出了适用于建筑生命周期各个阶段内的信息交换以及共享的标准《建筑对象数字化定义》(JG/T 198—2007),该标准参照国际IFC标准,规定了建筑对象数字化定义的一般要求,资源层、核心层及交互层。2008年由中国建筑科学研究院(现为中国建筑科学研究院有限公司)、中国标准化研究院等单位共同起草了《工业基础类平台规范》(GB/T 25507—2010,国家指导性技术文件)。此标准与IFC标准在技术和内容上保持一致,并根据我国国家标准制定相关要求,旨在将其转换成我国国家标准。

(一)国外BIM标准——ISO 19650系列标准

ISO 19650系列标准是BIM领域重要的国际标准。近年来,越来越多的项目或资产在其全寿命周期内会使用BIM,由此带来的协同效率高低与信息是否能够有效管理息息相关。ISO 19650系列标准基于英国1192系列标准,适配全球普遍情况,提出了信息管理的方法和原则。这些方法和原则继承了ISO 9000系列(质量管理体系)、ISO 55000系列(资产管理体系)和ISO 21500(项目管理),健全了从组织到信息的整个质量管理框架。该系列标准广为全球接受,规则科学、合理,通用性较强,因此众多的国际项目采纳BIM信息管理的规则,甚至要求具备相应的认证证书。

ISO 19650系列标准是由ISO/TC 59(建筑和土木工程)下设的SC 13(工程信息的组织和信息化,包括BIM)组织制定的,中国是标准制定参与国。作为ISO/TC 59的国内技术对口单位,中国建筑标准设计研究院BIM设计研究中心(现为中设数字技术股份有限公司)参与了标准的编制、征求意见、审核等工作。

已立项的ISO 19650系列标准中,仅《使用BIM进行信息管理-信息交换》(*Information management using building information modelling-Part 4:Information exchange*)(ISO 19650-4:2022)。

中国数字工程认证联盟已经开展了关于ISO 19650系列标准的培训和认证工作,促进ISO 19650系列标准在国内落地生根,既与国际通用体系接轨,又体现中国具体工程实践特色,使BIM信息管理更加体系化、标准化。

《使用BIM进行信息管理-概念与原则》(ISO 19650-1:2018):该标准在BIM的完善阶段提出了信息管理的概念和原则,提供和推荐了一个框架来管理信息,包括信息交换、信息记录、信息版本和活动人员的组织规划。该标准适用于所有建筑领域的全寿命周期,涵盖战略规划、前期设计、工程设计、开发、文件归档和施工、日常运营、维护、翻新、修缮、设施拆除。其中涉及的人员包括业主、运营商、客户、资产经理、设计团队、施工团队、设备制造商、系统专家、政策制定者、投资方和终端用户。制定该标准时通盘考虑对不同资产或者项目的适用性,基于不同项目的规模、特性而实现其通用性和适用性。

《使用BIM进行信息管理-资产的交付阶段》(ISO 19650-2:2018):该标准定义了信息管理的要求,通过管理流程的形式,规范在使用建筑信息模型中关于资产交付阶段和信息交换的内容。该标准适用于所有资产类型、组织类型和规模,不受限于不同的采购策略。

《使用BIM进行信息管理-资产的运营阶段》(ISO 19650-3:2018):该标准的主要用途是

帮助委托方（例如资产所有者、资产运营者或者外部资产管理方）建立他们在资产运营阶段的信息需求。另外，也用于指导创建适宜的协同环境以满足商业化需求，在这种环境中，多个受托方能够高效地进行信息生产。资产管理者、资产管理过程中的协作参与者、资产管理和运营的服务提供者、资产运营中所需信息的制定者均可使用该标准。

《使用BIM进行信息管理-注重安全性的信息管理方法》（ISO 19650-5：2020）：当使用BIM时，很可能会触及一些敏感信息的访问，包括商业秘密、个人信息等，该标准制定了一套规则，使协同参与方能够通过一系列的程序方法对敏感信息进行管理并形成一种安全防范意识。该标准规定了在BIM的完善阶段对安全防范信息的管理原则和要求，以及敏感信息的安全防范管理。它确定了在能够访问敏感信息的组织中培养相应的安全意识所需的步骤，包括监视和审计遵从性的需要。该标准列出的方法适用于提案、项目、资产、产品或服务（无论计划内或现有的）整个生命周期内，敏感信息的获取、创建、处理和（或）存储。任何组织均可采纳该标准，用于在资产或产品的产生、设计、建造、生产、运行、管理、改建、改造、拆除和（或）循环的建筑环境中进行信息管理、技术应用以及提供服务。该标准也可供希望保护商业信息、个人信息和知识产权的组织参考。

（二）国内BIM标准发展

中华人民共和国住房和城乡建设部在2012年1月发布《关于印发2012年工程建设标准规范制订修订计划的通知》（建标〔2012〕5号），宣告了中国BIM标准制定工作的正式启动，并在2013年和2015年相继发布《关于印发2013年工程建设标准规范制订修订计划的通知》（建标〔2013〕6号）、《关于印发2015年工程建设标准规范制订、修订计划的通知》（建标〔2014〕189号）作为补充。这三份通知包含7项BIM相关标准：《建筑信息模型应用统一标准》（GB/T 51212—2016）、《建筑信息模型存储标准》（GB/T 51447—2021）、《建筑信息模型设计交付标准》（GB/T 51301—2018）、《建筑信息模型分类和编码标准》（GB/T 51269—2017）、《制造工业工程设计信息模型应用标准》（GB/T 51362—2019）、《建筑信息模型施工应用标准》（GB/T 51235—2017）、《建筑工程设计信息模型制图标准》（JGJ/T 448—2018）。

《建筑信息模型应用统一标准》（GB/T 51212—2016）于2016年12月2日发布，自2017年7月1日起实施。该标准规定了建筑信息模型、建筑信息子模型、建筑信息模型元素、建筑信息模型软件等术语，以及"P-BIM"（基于工程实践的建筑信息模型应用方式）这一缩略语；提出了"协同工作、信息共享"的基本要求，并推荐模型应用宜采用P-BIM方式，还对BIM软件提出了基本要求；提出了唯一性、开放性、可扩展性等要求，并规定了模型结构由资源数据、共享元素、专业元素组成，以及模型扩展的注意事项；对数据的交付与交换提出了正确性、协调性和一致性检查的要求，规定了互用数据的内容和格式，对数据的编码与存储也提出了要求；不仅对模型的创建、使用分别提出了要求，还对BIM软件提出了专业功能和数据互用功能的要求，并给出了对于企业组织实施BIM应用的一些规定。

《建筑信息模型存储标准》（GB/T 51447—2021）于2019年3月27日发布征求意见稿，并于2019年5月28日举行送审稿审查会，自2022年2月1日起实施。该标准的编制对建筑信息模型技术的应用，尤其是对BIM平台软件的开发和应用具有指导意义，为建筑信息模型数据的存储和交换提供依据，为BIM应用软件输入和输出数据通用格式及一致性验证提供依据。

《建筑信息模型设计交付标准》(GB/T 51301—2018)于2018年12月26日发布,自2019年6月1日起实施。该标准含有信息交付手册(IDM)的部分概念,也包括设计应用方法。规定了交付准备、交付物、交付协同三方面内容,包括建筑信息模型的基本架构(单元化),模型精细度(LOD),几何表达精度(Gx),信息深度(Nx)、交付物、表达方法、协同要求等。另外,该标准指明了"设计BIM"的本质就是建筑物自身的数字化描述,从而在BIM数据流转方面发挥了标准引领作用。行业标准《建筑工程设计信息模型制图标准》(JGJ/T 448—2018)是该标准的细化和延伸。

《建筑信息模型分类和编码标准》(GB/T 51269—2017)于2017年10月25日发布,自2018年5月1日起实施。该标准与IFD(国际字典框架)关联,基于Omniclass(分类编码体系),面向建筑工程领域,规定了各类信息的分类方式和编码办法,这些信息包括建设资源、建设行为和建设成果,对信息的整理、关系的建立、信息的使用都起到了关键性作用。

《制造工业工程设计信息模型应用标准》(GB/T 51362—2019)于2019年5月24日发布,自2019年10月1日起实施。该标准结合制造工业工程特点,从模型分类、工程设计特征信息、模型设计深度、模型成品交付和数据安全等方面对制造工业工程设计信息模型应用的技术要求作了统一规定,对提升数字化工厂建设水平和实现工厂设施全寿命周期管理具有重要作用。

《建筑信息模型施工应用标准》(GB/T 51235—2017)于2017年5月4日发布,自2018年1月1日起实施。该标准从深化设计、施工模拟、预制加工、进度管理、预算与成本管理、质量与安全管理、施工监理、竣工验收等方面提出了建筑信息模型的创建、使用和管理要求。

《建筑工程设计信息模型制图标准》(JGJ/T 448—2018)于2018年12月6日发布,自2019年6月1日起实施。该标准提供一个具有可操作性、兼容性强的统一基准,以指导基于建筑信息模型的建筑工程设计过程中各阶段数据的建立、传递和解读,特别是各专业之间的协同,工程设计各参与方的协作,以及质量管理体系中的管控等过程。

(三)公路工程BIM标准

2017年,为适应我国公路行业应用BIM技术的需求,推动公路工程BIM技术的良性发展和全寿命周期应用,进一步提升公路工程全寿命周期BIM技术的应用水平和数字化水平,交通运输部开始启动BIM标准编制工作,编写《公路工程信息模型应用统一标准》(JTG/T 2420—2021)、《公路工程设计信息模型应用标准》(JTG/T 2421—2021)、《公路工程施工信息模型应用标准》(JTG/T 2422—2021)。公路工程BIM标准分为基础类和应用类两类标准。基础类标准只有《公路工程信息模型应用统一标准》(JTG/T 2420—2021),服务于公路工程全寿命周期,规定设计、施工、运维阶段应用BIM技术的总体原则和要求,因此其重要性不言而喻。应用类标准,按照设计、施工、养护、运维等阶段进行划分,属于各个阶段的应用实施标准。

1.《公路工程信息模型应用统一标准》(JTG/T 2420—2021)

作为公路工程全生命期BIM技术应用的基础标准,《公路工程信息模型应用统一标准》(JTG/T 2420—2021)旨在规范全寿命周期公路工程BIM技术应用的基本要求,明确各阶段模型、分类和存储等共性要求,保证公路工程各阶段模型和信息的有效共享、继承和传递。此标准适用于公路工程设计、施工和运维等阶段,涵盖路线、路基、路面、桥梁、隧道、交通工程及沿线设施等专业。

《公路工程信息模型应用统一标准》(JTG/T 2420—2021)在充分总结国内外相关BIM技

术标准和研究成果的基础上,从公路工程实际需求出发,制定了符合我国公路工程行业特点、有利于 BIM 技术发展、促进 BIM 技术在公路行业推广与应用的规定和要求。《公路工程信息模型应用统一标准》(JTG/T 2420—2021)包括 7 章和 2 个附录,分别是:1 总则;2 术语;3 基本规定;4 模型架构;5 分类编码;6 数据存储;7 交付;附录 A 分类和编码;附录 B 数据存储。主要内容包括:

(1)模型架构。结合我国公路工程的特点,参照公路工程分部分项,以工程实体为主要研究对象,提出信息模型的模型架构应由设施、子设施和构件三级构成,涉及路线、路基、路面、桥梁、隧道、路线交叉、交通工程及沿线设施等内容,并给出信息模型扩展的原则和方法,保障全寿命周期模型层次和结构协调统一。

(2)分类编码。按成果、过程、资源、属性和其他方面对信息模型中的信息进行了分类与编码,提出设施、子设施、构件、建设阶段、专业领域、材料、特征属性、地形地质等 8 张分类表,给出编码扩展的相关规定并预留扩展空间。

(3)数据存储。根据我国公路工程项目特点和数据存储要求,基于最新国际 IFC 标准,以模型架构和分类编码为基础,采用属性扩展和实体扩展相结合的扩展方法,定义路基、路面、桥梁、涵洞、隧道等实体,扩展内容与原标准完全兼容。数据存储结构的建立,填补了 IFC 标准中公路工程领域的空白,为不同软件之间公路工程 BIM 信息的共享和传递提供标准支撑。

(4)交付。在全生命期提出初步设计(L2.0)、施工图设计(L3.0)、施工准备(L3.5)、施工过程(L4.0)、交工验收(L5.0)、运维阶段(L6.0)6 种模型精细度等级,明确各阶段与模型精细度等级之间的对应关系,有利于各阶段交付内容的协调一致和传递。

2.《公路工程设计信息模型应用标准》(JTG/T 2421—2021)

《公路工程设计信息模型应用标准》(JTG/T 2421—2021)旨在规范公路工程设计阶段 BIM 技术应用的基本要求,明确协同设计、模型应用和模型交付等技术要求,实现模型和信息在设计阶段的有效共享以及向施工阶段的传递。此标准适用于初步设计、技术设计和施工图设计阶段,涵盖路线、路基、路面、桥梁、涵洞、隧道、交通工程及沿线设施、地形地质等专业。

《公路工程设计信息模型应用标准》(JTG/T 2421—2021)在充分总结国内外相关 BIM 技术标准和研究成果的基础上,从公路工程设计需求出发,制定了符合我国公路工程行业特点、有利于 BIM 技术设计阶段应用的规定和要求。《公路工程设计信息模型应用标准》(JTG/T 2421—2021)包括 7 章和 10 个附录,分别是:1 总则;2 术语;3 基本规定;4 模型要求;5 协同设计;6 应用;7 交付;附录 A 模型精细度;附录 B 项目;附录 C 路线;附录 D 路基;附录 E 路面;附录 F 桥梁;附录 G 涵洞;附录 H 隧道;附录 J 交通工程及沿线设施;附录 K 地形地质。主要内容包括:

(1)协同设计。根据公路工程应用 BIM 技术要求,并结合公路工程项目特点,从协同平台选择、协同工作内容、协同设计流程等方面,规范公路工程信息模型协同设计,提出设计各阶段需要制定协同目标和实施计划,确定信息交换、校对和评审等关键节点,以及交换的方式和内容,制定以及协同设计流程,保障信息在各专业间的有效共享和传递。

(2)应用。根据对众多公路工程项目调研,从 BIM 技术特点和公路设计需求出发,提出可视化分析、方案比选、碰撞检查、模型出图和工程量统计 5 种设计阶段的典型应用,推荐设计过程中应用 BIM 技术,提高设计品质。

(3)交付。依据《公路工程信息模型应用统一标准》(JTG/T 2420—2021)的总体要求,参照

《公路工程基本建设项目设计文件编制办法》，针对初步设计、技术设计和施工图设计阶段信息模型的交付成果，确定 L2.0 和 L3.0 两种不同的模型精细度等级，从交付成果组成、模型内容和深度等方面做出详细规定，并预留相应的扩展接口，确保信息模型交付内容和深度的一致性。

3.《公路工程施工信息模型应用标准》（JTG/T 2422—2021）

《公路工程施工信息模型应用标准》（JTG/T 2422—2021）旨在规范公路工程施工阶段 BIM 技术应用的基本要求，明确模型要求、模型应用、交付的技术内容，实现模型和信息的有效共享、继承和传递。此标准适用于公路工程施工阶段，涵盖路基、路面、桥梁、涵洞、隧道、交通工程及附属设施等专业。

《公路工程施工信息模型应用标准》（JTG/T 2422—2021）在充分总结国内外相关 BIM 技术标准和研究成果的基础上，从公路工程实际需求出发，制定了符合我国公路工程行业特点、有利于 BIM 技术施工阶段应用的规定和要求。《公路工程施工信息模型应用标准》（JTG/T 2422—2021）包括 6 章和 3 个附录，分别是：1 总则；2 术语；3 基本规定；4 模型要求；5 模型应用；6 交付；附录 A 公路工程信息模型精细度；附录 B 通用施工信息属性组；附录 C 临时工程模型精细度。主要内容包括：

（1）模型要求。根据公路工程建设的施工阶段，公路工程信息模型被划分为施工深化模型、施工过程模型、交工验收模型，分别对应模型精细度等级 L3.5、L4.0 和 L5.0，旨在对施工实施前、实施中、实施后的信息交换需求进行明晰的规定。《公路工程施工信息模型应用标准》（JTG/T 2422—2021）规定的模型精细度等级隶属于并支撑《公路工程信息模型应用统一标准》（JTG/T 2420—2021）规定的模型精细度等级框架体系，便于全生命期内的信息交换实施。

（2）模型应用。《公路工程施工信息模型应用标准》（JTG/T 2422—2021）涉及的模型应用场景包括施工准备、施工组织管理、施工安全管理、施工质量管理、施工进度管理、施工成本管理和计量支付管理等，对模型应用的信息交换场景作了技术规定和管理要求。

（3）交付。信息模型交付要求随着模型精细度等级提高而提高，力图满足施工阶段对项目基础数据的需求，同时考虑项目基础数据便于通过结构化进行采集、集成和管理，在满足模型应用需求的前提下，避免信息冗余，保证信息交付的使用效益。

第四节　BIM 的应用

随着社会经济的发展和国家对基础设施领域的重视不断加强，对作为基础设施建设中的关键节点的桥梁，特别是对大型和特大型桥梁设计和施工的要求越来越高。与一般的建筑项目相比，桥梁工程不仅设计难度大，而且施工环境复杂多变，桥位和施工场地狭长。如何有效地将 BIM 技术与桥梁工程相结合，在传统的桥梁工程项目上寻求新突破的问题亟待解决。BIM 技术早前主要应用于建筑领域，而在桥梁工程领域应用 BIM 技术，即进行桥梁信息建模，尚处于探索阶段。

一、模型精细度

在建筑的全寿命周期中建立和维护 BIM，其实质是使用 BIM 平台汇总各个阶段所有参与方的建筑工程信息,消除项目中的信息孤岛,并且结合三维模型对得到的信息进行整理和储存,以供建筑全寿命周期各相关利益方随时共享。由于 BIM 的用途决定了其细节的精度,同时仅靠一个 BIM 工具并不能覆盖建筑全部生命期,所以目前业内主要采用"分布式"BIM 建模方法,以建立符合不同生命期阶段的条件和满足对应阶段使用用途的 BIM,如设计模型、施工模型、进度模型、成本模型、制造模型、操作模型等。BIM 的"分布式"模型还体现在 BIM 往往由相关的设计单位、施工单位或者运营单位根据各自工作范围单独建立,最后通过统一的标准合成。这将增加对 BIM 建模标准、版本管理、数据安全的管理难度,所以有时候业主也会委托独立的 BIM 服务商统一规划、维护和管理整个工程项目的 BIM 应用,以确保 BIM 信息的准确性、时效性和安全性。

不同建筑生命期的桥梁 BIM 所需细节层次是不同的,通常体现设计意图的模型(设计单位使用)与可施工的模型(施工单位使用)是不同的。从桥梁概念设计到竣工设计的整个建模过程,主要是通过模型 LOD 的定义来表示模型精细度。模型精细度有两种解释,即 Level of Development 和 Level of Definition,《公路工程信息模型应用统一标准》(JTG/T 2420—2021)采用 Level of Definition。LOD 描述了一个 BIM 构件单元从最低级的近似概念化的程度发展到最高级的演示级精度的步骤。在 BIM 概念模型中规定了 BIM 各参与方及项目各阶段的界限,代表着建筑物在其全寿命周期中各阶段所被期待的 BIM 完整度,可根据模型的具体用途确定模型的精细度。LOD 被定义为 5 个等级,从概念设计到竣工设计,覆盖建筑的全寿命周期,如图 1.4.1 所示。

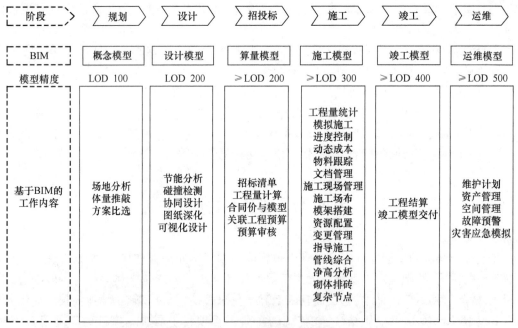

图 1.4.1 不同 LOD 的 BIM 在建筑全寿命周期的应用场景

LOD 技术在不影响画面视觉效果的条件下,通过逐次简化景物的表面细节来减少场景的几何复杂性,从而提高绘制算法的效率。该技术通常对每一原始多面体模型建立几个不同逼近精度的几何模型。与原模型相比,每个模型均保留了一定层次的细节。在绘制时,根据不同的标准选择适当的层次模型来表示物体。LOD 技术具有广阔的应用领域,在实时图像通信、交互式可视化、虚拟现实、地形表示、飞行模拟、碰撞检测、限时图形绘制等领域都得到了应用，已经成为一项重要技术。很多造型软件和 VR 开发系统都开始支持 LOD 模型表示。

桥梁工程操作过程一般可分为 4 个阶段，即规划阶段、设计阶段、施工阶段和运维阶段。本节将从桥梁工程的实际需求出发，列出 BIM 技术在桥梁工程项目各个阶段的部分应用点。

二、规划阶段应用

在桥梁工程建设初期，建设单位需要进行快速的评估或简易的规划，主要包括场地分析、方案论证、环境影响评估等方面，故首先利用 BIM 的建模软件 Revit 快速建立桥梁 LOD 100 的模型。业主能够在工程建设前就直观地看到拟建项目的总体规划、选址环境、单体总貌、平立面分布、景观表现等方面的虚拟现实，进行桥梁的场地分析及各种评估和分析，检查初步的设计概念是否符合工程项目计划的需求，辅助设计方案的决策制定。BIM 技术在桥梁工程前期决策阶段成功的应用，可以让业主或设计者更有感知地进行合理的成本概算、配置及决策，从而获得更优的设计方案。

1. 场地分析

场地是影响桥梁定位的主要因素，场地分析是确定桥梁的空间方位和外观、建立桥梁与周围景观的联系的过程。在规划阶段，场地的地貌、植被、气候条件都是影响设计决策的重要因素，往往需要通过场地分析来对景观规划、环境现状、施工配套及建成后交通流量等各种影响因素进行评价及分析。传统的场地分析存在诸如定量分析不足、主观因素过重、无法处理大量数据信息等弊端。

通过 BIM 结合地理信息系统（GIS），对场地及拟建的桥梁空间数据进行建模，可以获得桥梁单体与区域空间结合的微、宏观详细数据，并开展对场地特征的分析，迅速得出令人信服的分析结果，从而为新建项目做出最理想的场地规划、交通流线组织关系、建筑布局等关键决策，如图 1.4.2 所示。

图 1.4.2　基于 BIM+GIS 三维场地分析

2. 方案论证

在方案论证阶段,项目投资方可以使用 BIM 来评估设计方案的线路规划、交通规划、桥梁结构形式等重大环节,甚至可以做到结构局部的细节推敲,迅速分析设计和施工中可能需要应对的问题。方案论证阶段还可以借助 BIM 开展方便的、低成本的数据对比和模拟分析,找出不同解决方案的优缺点,帮助项目投资方评估设计方案的建设成本和工期,如图 1.4.3 所示。

a) 设计方案

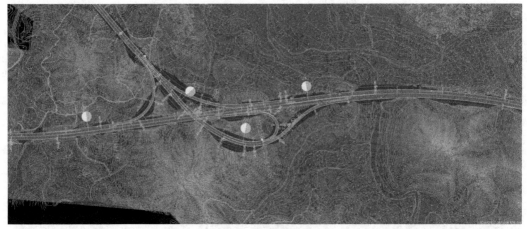

b) 模型

图 1.4.3 方案论证

在项目立项、可行性研究及方案比选等阶段,通过利用 Revit 等参数化建模工具建立的桥梁三维实体模型可以很方便地根据实际需要调整尺寸,并将实际成桥效果实时动态展现,能够直观地将设计理念、设计效果直接以三维可视化模型为载体传递给项目决策者,极大地方便设计方案的调整,根据修改意见及时修改并呈现,并且可通过添加成本控制信息及时了解改动后的投资增减情况,使前期桥型方案的确定十分便捷、高效。对于复杂的桥梁结构,三维 BIM 较传统二维图纸更清晰、更易理解。模型建立完成后可通过三维渲染软件以真实场景渲染图的形式表达,或者生成三维漫游动画,方便业主充分理解设计意图、设计理念,真实地反映项目与周围环境的立体关系。

三、设计阶段应用

BIM设计从根本上改变了传统的设计习惯,多专业、多人员协同设计平台使得在设计过程中,各专业并行设计、沟通及时且准确,避免了大量的重复性返工。同时,由于二维图纸均基于三维BIM建立,且模型局部修改后与之相关联的图纸自动更新,极大地提高了设计效率,使设计人员从繁重的修改工作中解脱出来,将更多的精力投入项目设计方案的优化中。

1. 可视化设计

由于桥梁结构内部三向预应力管道、斜拉索锚固区、钢桁梁节点等空间相对关系错综复杂,不同的二维CAD图纸通常表示不同的构件,因此设计时容易出现因考虑不周而发生管道碰撞、部件位置冲突等现象,项目不同人员之间沟通、协同也比较困难,设计质量得不到保证。同时部分特殊结构的复杂部位用二维图纸表示困难,具体实施时施工单位难以理解设计意图,设计人员的设计信息不能完整地传递至施工单位、运营管理部门,从而造成不必要的损失。

BIM可以将桥梁的外部布局、内部构造以及场地信息等细节按照需求展示出来,使得设计师不仅拥有了三维可视化的设计工具,所见即所得,桥梁结构部件均以真实的三维实体表达,利用软件自动进行碰撞检查、三维可视化技术交底等,设计信息可以很方便地保存在项目模型中提交给施工单位及业主,而且施工单位的施工信息和后期养护维修信息都能够很方便地添加进去,完整的信息传递很大程度上方便了后期对结构部件的追溯及时发现问题成因。

2. 协同设计

协同设计是使用信息模型进行信息共享、交互及协调的设计工作过程,它可以使分布在不同地理位置的不同专业的设计人员通过网络的协同展开设计工作。BIM技术的协同已经不再是简单的文件参照,它可以为协同设计提供底层支撑,形成多专业集成的信息模型,大幅提升协同设计的技术含量。借助BIM的技术优势,协同的范畴也从单纯的设计阶段扩展到工程全寿命周期,需要规划、设计、施工、运营等各方的集体参与,因此具有了更广泛的意义,从而带来综合效益的大幅提升。

协同设计应基于协同环境、协同工作内容,以信息模型协同为主的工作方式开展。与传统工作方式相比,BIM协同设计是为了解决信息不一致、信息孤岛、信息错误、信息缺失等问题,其将工程信息统一与模型关联,以信息模型及其关联的信息作为各方协同工作的基础,保证各方使用信息的一致性、准确性和时效性,实现工程信息的共享和交换。

协同环境宜支持《公路工程信息模型应用统一标准》(JTG/T 2420—2021)规定的数据存储格式,并应能对接常用建模软件的数据格式。协同环境应支持各参与方同时进行协同工作,并应满足下列要求:①支持文件版本管理和信息共享;②支持人员角色的权限管理;③保障信息安全;④支持专业功能二次开发。

协同工作宜包括下列内容:①组建项目团队,确定任务分工;②确定信息模型的应用或交付目标,制定实施计划;③制定协同设计流程,内容包括专业、任务、时间及逻辑关系;④确定信息交换、校对和评审等关键节点,以及交换的方式和内容;⑤制定各参与方基于协同环境的沟通协调机制。

公路工程专业间的协同设计流程宜符合图1.4.4的规定,专业内的协同设计流程宜符合图1.4.5的规定。协同设计宜建立协同环境下信息模型的两校三审机制。

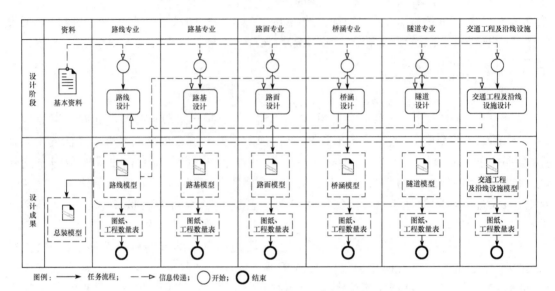

图1.4.4 公路工程专业间协同设计流程

注:图中路线专业兼顾总体设计专业的职能。

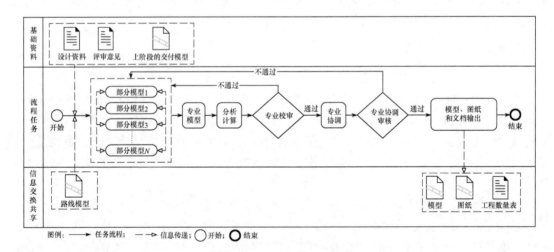

图1.4.5 公路工程专业内协同设计流程

注:路线专业协同设计流程图中信息交换共享无路线模型。

3. 性能化分析

利用BIM技术,设计师在设计过程中创建的虚拟结构模型已经包含了大量的设计信息(几何信息、材料性能、构件属性等),只要将模型导入相关的性能化分析软件,就可以得到相应的分析结果。原本需要专业人士花费大量时间输入大量专业数据的过程,如今可以自动完成,这大大缩短了性能化分析的周期,提高了设计质量,同时也使设计公司能够为业主提供更专业的技能和服务。

4. 工程量统计

BIM是一个富含工程信息的数据库,可以真实地提供造价管理需要的工程量信息,借助这些信息,计算机可以快速对各种构件进行统计分析,大大减少了烦琐的人工操作和潜在错误,容易实现工程量信息与设计方案的完全一致。BIM提供的精确的工程量统计数据,可以用于前期设计过程中的成本估算、在业主预算范围内不同设计方案的探索、不同设计方案建造成本的比较、施工开始前的工程量预算和施工完成后的工程量决算等,如图1.4.6所示。

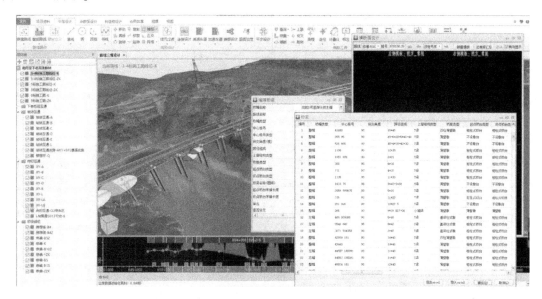

图1.4.6 快速工程量统计

四、施工阶段应用

施工阶段涉及施工准备、施工过程、交工验收三个子阶段。施工阶段信息模型宜在项目施工全过程应用,也可根据工程实际情况只应用于施工阶段的某些环节或任务。信息模型宜在设计阶段交付成果的基础上,随施工过程逐步丰富,也可在施工阶段创建,充分考虑利用模型的可共享特征,优先在继承的模型基础上扩展而成。一般而言,设计阶段交付成果中的信息模型仅包含工程"产品模型"层面的信息,该部分信息优先考虑继承上游模型。如果不能继承,则基于设计阶段交付成果(包含二维设计图纸等)建立。

在施工阶段信息模型应用过程中,各参与方宜在协同环境下开展工作,共享信息。通过信息模型辅助实现信息共享和工作协同。协同的基础是开放的信息模型数据协同环境。协同的方式包括模型协同、数据协同和文件协同。共享的数据是指信息接收方需要的、由数据生产岗位创建的基础数据,包括但不限于构件信息、分析信息(如工程量)、过程信息(如进度信息)等。

信息模型中的数据信息是项目建设的资源,也是企业的数字资产,各相关方有义务按照相关信息安全管理规范,确保信息安全。信息共享和交换环节需利用技术手段有效避免数据被非法修改、增加、删除,避免信息被非法获取。

施工阶段信息模型的主要应用场景宜包括施工进度管理、施工组织管理、数字化建造、施工安全管理、施工质量管理、施工成本管理、计量支付管理、竣工模型交付等。

1. 施工进度管理

桥梁工程施工是一个高度动态化的过程,随着桥梁工程规模不断扩大,复杂程度不断提高,施工项目管理变得极为复杂。通过将 BIM 与施工进度计划相链接,空间信息与时间信息被整合在一个可视的 4D 模型中,该模型可以直观、精确地反映整个建筑的施工过程。4D 施工模拟技术可以在项目建造过程中合理制订施工计划、精确掌握施工进度、合理使用施工资源以及科学地进行场地布置,对整个工程的施工进度、资源和质量进行统一管理和控制,以缩短工期、降低成本、提高质量。

此外,借助 4D 模型,施工企业在工程项目投标中将获得竞标优势,BIM 可以协助评标专家从 4D 模型中快速了解投标单位对投标项目主要施工过程的控制方法,以及施工安排是否均衡、总体计划是否合理等,从而对投标单位的施工经验和实力做出有效评估。目前,基于 BIM 的施工过程 4D 模拟再与成本和资源结合,就形成了 5D 模拟。5D 模拟较为系统地展示了桥梁工程施工过程的主要细节,是目前最主流的 BIM 施工模拟应用,如图 1.4.7 所示。

进度管理中的进度计划、进度分析与进度控制等工作宜利用信息模型开展。进度计划宜基于施工组织阶段的信息模型开展模拟、审查等工作。基于信息模型中的工程量、资源等基础数据,利用专业进度管理软件编制进度计划。专业软件与信息模型管理平台之间基于统一的数据格式进行基础数据交换。进度计划的模拟或审查,通过信息模型可视化模拟分析实现。

a) 桥拱施工模拟

b) 桥面板施工模拟

图 1.4.7

c）成桥模拟

图 1.4.7　5D 施工进度模拟

进度分析宜基于信息模型开展实际进度和进度计划跟踪对比、进度预警等工作。施工过程中，动态采集实际进度信息并补充、更新至进度信息模型。实际进度信息来自手工填报或相关业务信息系统，通过数据可视化等手段呈现进度对比分析结果，根据预设指标与阈值进行预警。

进度控制可按照进度分析结果，调整进度计划和进度控制措施。根据进度对比分析结果，发生进度预警或目标工期变化等情况时，需结合资源、工期等约束条件，基于进度信息模型中的基础数据，利用专业软件进行动态优化，重新调配现场资源，调整现场进度，使后续任务在计划时间内完成。

信息模型在施工进度管理各应用环节中的信息共享，宜满足表 1.4.1 的要求。

2. 施工组织管理

施工组织是对施工活动实行科学管理的重要手段，它决定了各阶段的施工准备工作内容，协调了施工过程中各施工单位、各工种、各项资源之间的相互关系。通过 BIM 可以对项目的重点或难点部分进行可建性模拟，按月、日、时进行施工安装方案的分析和优化。对一些重要的施工环节或采用新施工工艺的关键部位、施工现场平面布置等施工指导措施进行模拟和分析，可以提高计划的可行性；也可以利用 BIM 技术结合施工组织计划进行预演，以提高复杂建筑体系的可造性。

施工进度管理的信息模型应用　　表 1.4.1

模型应用	模型和信息		
	信息模型	输入	输出
进度计划	施工过程模拟	●目标工期、工作分解结构、任务节点时间信息 ●人工、材料、机械等资源信息	●进度计划 ●计划工期、资源组织可视化 ●模拟成果
进度分析		●进度计划 ●实际进度 ●工序、工效信息等	●进度分析报告 ●进度预警信息
进度控制		●进度计划 ●实际进度	●可视化形象进度 ●进度控制措施和进度计划调整方案等成果

施工组织中的工作分解、资源配置、施工技术交底等工作宜基于信息模型开展。信息模型在施工组织管理各应用环节中的信息共享,宜满足表1.4.2的要求。工作分解可基于信息模型,辅以知识库等数据资源进行,形成工作分解结构。"知识库"是指积累在系统平台中同类项目的工作分解结构编制模板库、标准化工序库等。基于信息模型创建的工作分解结构(WBS),与模型架构实现关联映射。基于信息模型的工作分解能够提升编制效率,但仍需人工参与。

施工组织管理的信息模型应用　　　　　　　　　　　　　　表1.4.2

模型应用	模型和信息		
	信息模型	输入	输出
工作分解	施工过程模拟	● 项目的单位、分部、分项工程和工序信息等	● 工作分解结构
资源配置		● 工作分解结构 ● 总体进度计划 ● 人工、材料、机械等资源数据	● 人工、材料、机械等资源配置计划数据
施工技术交底		● 交底方案 ● 技术规范信息等	● 交底相关的图文影像资料

人工、材料、机械等资源配置信息可利用信息模型中的构件信息、工程量信息等,结合总体进度要求、工效等数据资源,借助专业工具软件进行自动配置。工效等数据资源需要企业长期积累,在标准化的基础上形成知识库后,基于信息模型进行管理和应用,最终实现施工组织环节的知识自动化。基于信息模型完成资源配置后,施工所需的资源分解结构等数据信息,也与工作分解结构、模型架构等实现了多维度关联,这是施工过程中模型集成过程数据的主要方式。

施工技术交底宜利用信息模型,提取施工范围、工程量、进度要求等信息,形成交底资料。

3. 数字化建造

BIM结合数字化建造能够提高建筑行业的生产效率。通过BIM与数字化建造系统的结合,建筑行业也可以实现施工流程的自动化。桥梁工程中的许多构件可以异地加工,然后运到施工现场,装配到结构中(例如护栏、预制混凝土结构和钢结构等构件)。通过数字化建造,可以自动完成结构物构件的预制,工厂精密的机械技术不仅减少了建造误差,并且可以大幅度提高构件制造的生产率,使得整个工程建造的工期缩短并且容易掌控。

桥梁结构的构件包含混凝土预制构件、钢结构构件等。混凝土预制构件、钢结构构件生产加工中的信息模型应用宜满足下列规定:①利用信息模型的几何信息,开展可视化辅助技术交底;②利用信息模型的属性信息,指导物料采购准备和生产计划安排。构件加工环节的应用点包括:①基于构件几何信息,辅助进行构件加工工艺设计,如混凝土预制构件模板系统设计等;②基于构件的进度需求信息,辅助进行生产排产工作;③基于构件模型信息进行快速物资数量计算与统计,指导物资采购与管理等工作;④结合信息模型分类与编码体系,对构件的加工生产、成品物流与安装进行全过程追踪管理。其中,在构件生产、成品管理等过程中,需要工厂级MES(Manufacturing Execution System,生产过程执行系统)等信息化手段,采集模型中有关加工构件的产品基本信息(如混凝土工程量、钢筋型号规格等),生产过程中的业务信息同时关联至信息模型中,传递至安装施工、运维管理等环节。

在BIM出现以前,建筑行业往往借助较为成熟的物流行业的管理经验及技术方案(例如无线射频识别电子标签）。通过射频识别（Radio Frequency Identification，RFID）技术可以把建筑物内各个设备构件贴上标签，以实现对这些物体的跟踪管理，但 RFID 技术本身无法进一步获取物体更详细的信息（如生产日期、生产厂家、构件尺寸等），而 BIM 恰好详细记录了桥梁结构及其构件的所有信息，如图 1.4.8 所示。

图 1.4.8　BIM 物料管理

此外，BIM 作为桥梁结构的一个多维度数据库，并不擅长记录各种构件的状态信息，而基于 RFID 技术的物流管理信息系统具有非常好的数据库记录和管理功能，这样 BIM 与 RFID 技术正好互补，从而可以减少建筑行业由于对日益增长的物料跟踪带来的管理压力。目前，二维码的普及也为 BIM 物料跟踪提供了便利，图 1.4.9 展示了利用 Fuzor 软件生成构件二维码用于构件管理的流程。

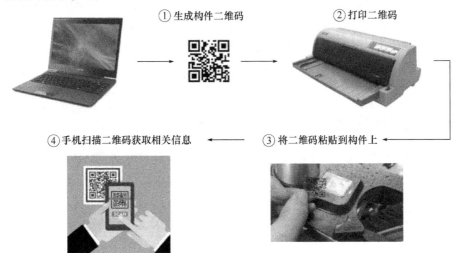

图 1.4.9　基于 BIM 的构件二维码管理流程（Fuzor 软件）

4. 施工安全管理

施工安全管理中的危险源辨识、安全技术交底、过程监控等工作可利用信息模型开展。信息模型在施工安全管理各应用环节中的信息共享，宜满足表1.4.3的要求。危险源辨识可基于施工深化模型，依据相应安全技术标准，集成相关危险源库等数据，进行危险源辨识和风险评价。危险源库是行业、地方或企业的知识自动化成果，按照下列方式进行关联：①将危险源库等知识库成果进行结构化，并进行分类与编码；②将标准化、结构化的知识库成果与标准化工序等进行映射与关联；③根据信息模型元素中的分部分项、工序等信息，将危险源信息与模型元素进行关联。安全技术交底宜利用模型可视化特征，提升交底效率和质量。过程监控可利用信息模型集成、管理过程信息，为安全预警提供基础数据。

施工安全管理的信息模型应用　　　　　　　　　　　　　表1.4.3

模型应用	模型和信息		
	信息模型	输入	输出
危险源辨识	施工过程模拟	●安全技术标准的相关规定 ●项目相关方的危险源知识信息等	●危险源信息 ●安全技术措施计划
安全技术交底		●安全技术措施计划 ●安全技术交底记录信息等	●安全技术交底资料
过程监控		●安全监测数据、视频信息等 ●问题巡查与整改信息 ●事故调查与处理信息等	●安全分析与预警等信息 ●安全评估报告等

5. 施工质量管理

施工质量管理中的质量计划、质量验收、质量控制等工作宜基于信息模型开展。信息模型在施工质量管理各应用环节中的信息共享，宜满足表1.4.4的要求。质量计划可基于施工深化模型及施工组织应用成果，参照质量验收规程等技术标准进行创建。在确定质量计划时，根据模型进度计划信息与对应的质量验收标准，生成验收计划并同步关联相应的质量验收信息至模型。质量验收可按照质量计划，集成实际质量检验信息，动态完善模型，实现质量验收指导。质量验收信息主要包含质量控制资料(如原材料合格证及进场检验试验报告等)，各分项工程的试验记录、观感质量检查记录、质量验收记录等功能检验资料，检验批质量验收记录等。以上信息优先利用信息化手段直接获取结构化数据或相关电子文件。

施工质量管理的信息模型应用　　　　　　　　　　　　　表1.4.4

模型应用	模型和信息		
	信息模型	输入	输出
质量计划	施工过程模拟	●进度计划 ●质量验收技术标准的相关规定信息等	●质量计划
质量验收		●质量计划 ●质量检验信息(质量控制资料、功能检验资料、质量检查与验收记录)等	●质量验收信息
质量控制		●质量问题与处理信息等	●质量分析信息

质量控制宜将质量问题与处理信息集成至信息模型，实现基于模型的信息追溯与质量问题分析。将质量问题的发起、处理与闭合过程信息集成至模型，与模型构件关联。分析质量问题时，将质量信息和问题按照构件部位、时间、施工主体等维度进行分类汇总和展示，为质量控制提供数据支持。

6. 施工成本管理

施工成本管理中的成本计划、成本分析等工作宜应用信息模型开展。信息模型在施工成本管理各应用环节中的信息共享，宜满足表1.4.5的要求。成本计划可基于施工组织阶段信息模型，依据工程量清单计价相关规范、消耗量定额等信息进行制定，计算预算与目标成本。成本分析宜基于成本计划阶段信息模型，集成实际进度、成本信息，进行动态对比，指导制定纠偏措施。基于信息模型进行成本管理时的主要工作内容包括：①基于信息模型进行算量，套用清单模板辅助生成工程量清单，并同步实现模型架构与清单结构的映射与关联；②进行工作分解，形成WBS，或直接从进度信息模型继承工作分解结构与模型架构的关联关系，进而形成WBS与工程量清单之间的关联关系；③套用定额、合同预算等单价信息，形成5D信息模型（三维模型+时间信息+成本信息）；④采集实际成本信息，关联形成成本信息模型。

施工成本管理的信息模型应用　　　　　　　　　　　　　　表1.4.5

模型应用	模型和信息		
	信息模型	输入	输出
成本计划	施工过程模型	• 进度计划 • 清单工程量 • 消耗量定额信息等	• 成本计划
成本分析		• 实际进度 • 实际成本 • 合同信息等	• 成本分析数据

7. 计量支付管理

计量支付管理中的计量支付计划、计量支付宜利用信息模型开展。信息模型在计量支付管理各应用环节中的信息共享，宜满足表1.4.6要求。计量支付管理相对于安全管理、质量管理、进度管理、成本管理等应用场景有更复杂的参与方协同要求，对基础数据的需求更加多元，其中工程量、进度、质量验收等信息需要从相关场景的信息模型中共享以集约使用数据资源，实现动态协同与数据同源。计量支付计划宜按照项目相关方的管理需求，将合同单价等信息附加或关联至信息模型，结合信息模型中的工程量、进度计划、分部分项、合同等信息制定。计量支付可按照计量支付计划，将实际工程量、进度、质量检验、合同等信息附加或关联至信息模型，辅助生成工程计量支付资料成果。

计量支付管理的信息模型应用　　　　　　　　　　　　　　表1.4.6

模型应用	模型和信息		
	信息模型	输入	输出
计量支付计划	施工过程模拟	• 合同单价 • 工程量、进度计划、分部分项、合同等信息	• 计量支付计划
计量支付		• 计量支付计划 • 实际工程量、进度、质量检验、合同等信息 • 计量支付记录信息等	• 计量支付信息

8. 竣工模型交付

在项目完成后的移交环节，运营管理部门需要得到的不只是常规的设计图纸、竣工图纸，还需要能正确反映真实的结构状态与运营维护相关的资料。BIM 能将桥梁结构空间信息和施工过程信息有机地整合起来,从而为业主获取完整的桥梁结构全局信息提供途径。通过 BIM 与施工过程记录信息的关联,甚至能够实现包括隐蔽工程资料在内的竣工信息集成,不仅为后续的运营管理带来便利,而且可以在未来进行的翻新、改造、扩建过程中为业主及项目团队提供有效的历史信息。

在交工验收阶段继承、扩展、建立、管理和应用的信息模型,包含施工过程模型的部分信息和工程交工验收信息。交工验收模型包含描述公路工程设计、施工相关信息,用于支撑工程验收业务的数字化成果,并作为数字资产服务于工程运维阶段的进一步应用。交工验收阶段的交付成果应包括下列内容:①描述工程设计信息的模型、数据与文件,包括信息创建者、创建环境等内容;②施工过程集成的有关质量等信息的数据、文件。信息模型交付的方式包含模型交付、数据(含数据服务)交付、文件交付。除以信息模型交付的内容外,数字交付成果还包括图纸、过程记录、报表等内容,需符合《公路工程竣(交)工验收办法实施细则》(交公路发〔2010〕65 号)的有关规定。交付成果的格式应满足信息共享和互用需求,宜满足《公路工程信息模型应用统一标准》(JTG/T 2420—2021)相关数据存储规定,也可采用约定格式进行交付。

五、运维阶段应用

在桥梁工程项目的运维阶段,运维管理单位实时或及时地掌握桥梁结构的各种状况,需要获得桥梁建造过程中的各种信息。运用 BIM 技术支撑创建的施工阶段的信息模型,可以展现在施工阶段所做的变更及全部施工操作,工程竣工后把其所有信息输入最后的 BIM 竣工模型中,为运维阶段的各类管理、维护工作提供数据支持。BIM 结合运营维护管理体系,为工程结构提供一个科学、可行的维护计划,拟定维护制度,使工程结构在应用的时候出现突发情况的概率有效降低。

1. 整体模型浏览

可进行项目整体模型浏览,浏览过程中,选中某一构件进行查询后,显示通用信息表单;对各系统进行分色处理和系统整合处理,使单一系统成为单一构件,达到突出浏览系统的目的。通过模型和数据库关联,在浏览时可以链接到相应的图纸资料及技术档案等,以及显示监测系统点位在模型上的具体位置。

2. 计划维护管理

在桥梁使用寿命期间,桥梁结构(如梁、拱、塔、索等)和附属设施(如支座、铺装、护栏等)都需要不断得到维护。BIM 结合运营维护管理系统可以充分发挥空间定位和数据记录的优势,合理制订维护计划,分配专人专项维护工作,以降低桥梁在使用过程中出现突发状况的概率。对于一些重要设备还可以跟踪维护工作的历史记录,以便对设备的适用状态提前做出判断。

整合既有桥梁设施模型基础信息、行业管理标准规范、使用手册及企业经验,制订设施强制性周期检测试验、保养计划及小修、中修和大修计划,主要内容有维修设施设备名称、部件、检查内容、周期、具体时间及要求等。当维修人员完成计划项目时,将检查、测试、试验、保养、修理等情况录入系统,系统将按制定的周期自动更新维修计划。

3. 桥梁检测维护管理

桥梁运维模型已集成设备信息,基于 BIM 可快速查询设备的所有信息,如生产厂商、施工时间、运维情况以及所在位置等。利用终端设备、二维码,可快速对故障设备进行检修,实现预警管理,防止事故发生,实现对桥梁设备的搜索、定位、信息查询等功能。

维护人员按照桥梁设施维修计划,定期对桥梁设施的易损部件进行维修或更换,对于故障报修的桥梁设施,通过模型快速定位,调用维修桥梁设施相关的技术资料和维修记录,提供到达维修位置的最佳路径。在维修后采集或录入维修信息,记录维修结果,对更换桥梁设施或部件、构件的,自动在模型中进行记录和更新,并进行设施维修统计和分析。

4. 结构运行状态监测

桥梁结构安全状态主要涉及内力状态和损伤状态,需进行日常监测及维护。通过 BIM 技术对桥梁结构运行中的斜缆索张拉力、主梁标高、塔柱位移、结构内力等监测数据以及设计理论值进行集成,并基于 3D 模型实现实时、直观可视化输出,便于维护管理人员跟踪分析、指导和控制整个运行过程,确保桥梁健康运行。基于 BIM 的监测子系统,利用现场数据采集站获取桥梁各个监测项目的实时数据,对数据自动进行二次处理,提取结构实时状态。将日常监测的信息更新至 BIM 运维管理模型中,可实现健康监测信息可视化,实现实时监测数据共享。

基于 BIM 中的日常监测信息,对应大桥的索力、变形等静力响应指标及频率、振型等动力响应指标,通过高性能的计算机分析设备和结构分析软件完成结构实时预警和状态评估工作,自动传送给用户管理子系统进行实时显示和实时预警,通过用户管理界面可进行数据调用,以监测信息自动化处理。通过图形化方式展示桥梁的环境、变形、内力等曲线,在传感系统监测数据的基础上,提取桥梁正常运行状态特征值或设定阈值,在异常情况出现时,依据监测数据的变化情况,对异常设施进行定位,为运维管理人员提供预案分析及解决措施。另外,通过将数据信息转化为模型信息,将实时监测数据与桥梁三维模型结合,实现监测结果在三维模型中的动态显示。

5. 故障报修管理

利用桥梁 BIM,结合故障范围和情况,快速确定故障位置及故障原因,进而及时处理设施运行故障。完成设施故障维修工单录入、工单任务分配、维修任务的接受和确认、维修记录的填写及维修状态情况上报等,并将故障处理信息与对应的设施信息模型对接。

练习题

1. BIM 的产生经历了哪些阶段?不同阶段的标志性事件是什么?
2. BIM 具有哪些特点?简要概述并说明各种特点所带来的应用价值。
3. 建筑信息化是在怎样的背景下产生的?
4. 信息有哪些特征?简要概述并说明各类特征所带来的应用价值。
5. 信息在建筑业中占据何种地位?起到了怎样的作用?

6. 简要概述信息技术与建筑(包括桥梁)设计、施工与运维的关系。
7. 主流的 BIM 应用软件包括哪些？简要说明各类软件所具备的功能。
8. 主流的 BIM 标准包括哪些？简要概括国内 BIM 标准的发展状况。
9. 简要说明 BIM 的应用点,并任选一类应用点进行详细的评价,包括运用 BIM 所带来的实际价值。
10. 说明 BIM 技术在桥梁工程项目的各个阶段的应用点。
11. 谈谈对 BIM 前景的展望,并针对能够运用 BIM 软件的新领域进行功能设计。

第二章
Autodesk Revit 建模基础

第一节 软件介绍

一、Revit 启动

双击桌面 Revit 图标以启动 Revit,显示为"最近使用的文件"界面,如图 2.1.1 所示。Revit 根据时间顺序依次列出最近使用的项目文件和最近使用的族文件的缩略图及对应名称。单击任意缩略图将打开对应的项目文件或族文件。将鼠标指针移动至任意缩略图并保持不动,则会显示该文件的详细信息,如文件大小、近期修改日期等。首次启动 Revit 软件,启动界面会显示软件自带的基本样例项目及高级样例项目两个样例文件,以便用户直接地感受 Revit 的强大魅力。

二、界面介绍

启动 Revit 后,若要新建项目文件,则在"项目"列表中单击"新建",弹出图 2.1.2 所示的对话框,样板文件选择默认情况下的"构造样板"即可,选择新建"项目",单击"确定"即完成新项目文件的创建。

为方便介绍软件,此处选择本书附带案例"朝天门大桥"项目进行说明。在左侧"项目"列表中单击"打开",找到本章对应的"朝天门大桥.rvt"Revit 项目文件。Revit 进入项目查看与编辑状态,其界面如图 2.1.3 所示。

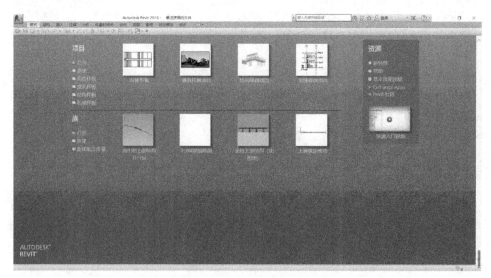

图 2.1.1 Revit 启动界面

图 2.1.2 "新建项目"对话框

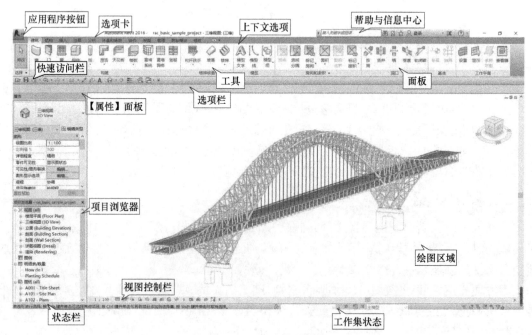

图 2.1.3 Revit 界面介绍

单击选项卡的名称,可以在各个选项卡之间进行切换,每个选项卡都包括一个或多个由各种工具组成的面板,每个面板下方都会显示该面板的名称。单击面板上的工具,可以使用该工具。

移动鼠标指针至面板的工具图标上并稍作停留,Revit 会弹出当前工具的名称及文字操作说明,如图 2.1.4 所示。如果将鼠标指针继续停留在该工具图标处,将显示该工具的具体图示说明,对于复杂的工具,还将以演示动画的形式进行说明,如图 2.1.5 所示,方便用户直观地了解各个工具的使用方法。

图 2.1.4　Revit 工具说明

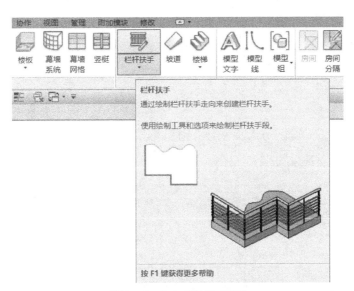

图 2.1.5　Revit 工具图示说明

当在 Revit 中选择对象时,Revit 将自动切换至相关的修改选项卡,此时,可对选择的对象进行修改等操作。图 2.1.6 所示为选择朝天门大桥"竖杆 01"对象时显示的【修改|常规模型】上下文选项卡。事实上,上下文选项卡是将【修改】选项卡中的工具与所选对象相关的编辑工具组合到一起。在图 2.1.6 中,左侧灰色标题面板中的工具为 Revit 中的通用修改工具,如移动、复制等工具;而右侧绿色标题面板中的工具,则为所选"竖杆 01"对象特有的编辑工具,如编辑族工具。

图 2.1.6　Revit 对象修改面板

图2.1.7所示的是Revit快速访问工具栏,用户可以将经常使用的工具放在此区域内,便于快速访问该工具。如果需要将功能区面板中的工具放置在快速访问工具栏,只需在该工具上单击鼠标右键,从弹出的菜单中选择"添加到快速访问工具栏"命令即可。若要从快速访问工具栏中删除指定的工具,则可将鼠标指针移动至该工具处单击鼠标右键,在弹出的菜单中选择"从快速访问工具栏中删除"命令即可。

图2.1.7 Revit快速访问工具栏

用户也可以单击快速访问工具栏右侧的下拉箭头,从而在下拉列表中修改默认显示在快速访问工具栏中的工具。单击底部的【自定义快速访问工具栏】选项,打开"自定义快速访问工具栏"对话框。如图2.1.8所示,在该对话框中,可以调整工具栏中各工具的先后顺序、删除工具以及为工具添加分割线等。用户可根据个人喜好,形成自己的专属工具栏。

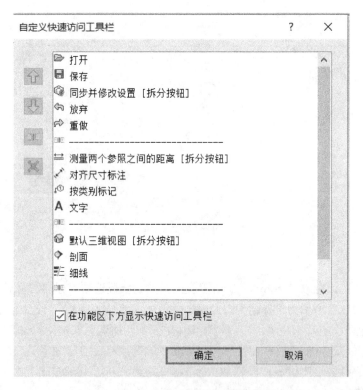

图2.1.8 "自定义快速访问工具栏"对话框

在Revit【视图】选项卡中,单击【窗口】面板中的【用户界面】工具,在其下拉列表中,可以通过复选框控制界面中其他部分的显示,如图2.1.9所示。例如,可以控制是否显示项目浏览器、属性、状态栏等。

三、常用命令

1. 项目浏览器

项目浏览器用于组织和管理当前项目中包含的所有信息,包括项目中所有视图、图例、明细表、图纸、族、组、Revit 链接等项目资源。Revit 按逻辑层次关系组织这些项目资源,方便用户管理。展开和折叠各分支时,将显示下一层级的内容。项目浏览器包含的内容如图 2.1.10 所示。

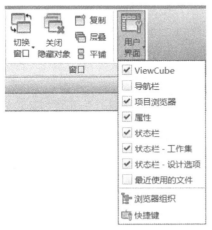

图 2.1.9 用户界面控制选项

图 2.1.10 项目浏览器

单击"项目浏览器"右上角的"关闭"按钮,可以关闭【项目浏览器】面板,以获得更多的屏幕操作空间。要重新显示"项目浏览器",可以切换至【视图】选项卡,单击【窗口】面板上的【用户界面】工具,在弹出的用户界面下拉列表中勾选"项目浏览器"复选框,即可重新显示"项目浏览器"。默认情况下,项目浏览器显示在 Revit 界面的左侧且位于【属性】面板下方,如图 2.1.3 所示。

2. 视图导航

Revit 提供了多种视图导航工具,可以对视图进行缩放、平移、视角转换等操作。利用鼠标配合键盘功能键或使用 Revit 提供的用于视图控制的"导航栏",可以分别对不同类型的视图进行多种控制操作。在视图操作过程中,利用鼠标滚轮将大大提高 Revit 视图的操作效率,建议用户在操作 Revit 时使用带有滚轮的三键鼠标。

在打开的任意项目的三维视图中,向上滚动鼠标滚轮,Revit 将以鼠标指针所在位置为中心放大视图;向下滚动鼠标滚轮,效果则相反。若按住鼠标滚轮不放,并上下左右移动鼠标指针,Revit 将沿鼠标指针移动的方向平移视图。移动至所需位置后,松开鼠标滚轮,即可退出视图平移模式。

3. ViewCube

在三维视图中,除可以使用"动态观察"等工具查看模型三维视图外,Revit 还提供了 ViewCube 工具,方便将视图定位至东南轴测、顶部视图等常用三维视点。默认情况下,该工具位于三维视图窗口的右上角,如图 2.1.11 所示。

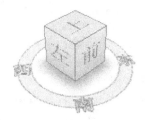

图 2.1.11　ViewCube

ViewCube各顶点、边、面和指南针的指示方向,代表三维视图中不同的视点方向,单击立方体或指南针的各部位,可以在各个方向视图中切换,按住ViewCube或指南针上任意位置并拖动鼠标,可以旋转视图。

4. 视图控制栏

在Revit中,每个视图窗口底部都有视图控制栏,用于控制该视图的显示状态,如图2.1.12所示。不同类别的视图,其视图控制栏不同。

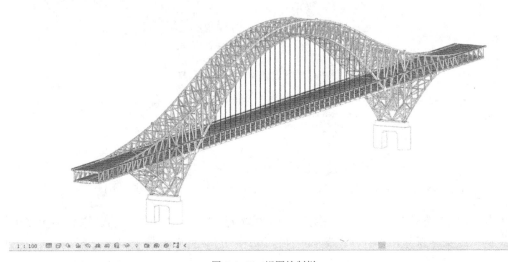

图 2.1.12　视图控制栏

视图控制栏中的模型图形样式和临时隐藏图元是最常用的视图显示工具。通过下面的实例操作,可以掌握其具体使用方法。至于其他工具的用法将在后面章节中详述。

启动Revit,在左侧"项目"列表中单击"打开",打开"奔牛大桥.rvt"项目文件,切换至默认三维视图,单击视图底部的"视觉样式"按钮,弹出模型图形样式列表,在列表中单击选择"隐藏线",如图2.1.13所示。

Revit将以隐藏线形式显示模型视图,同时视图控制栏中的视觉样式按钮发生了变化,提示用户当前视图的模型图形样式为隐藏线。

使用相同的方式,切换视觉样式为"真实",视图控制栏中的"视觉样式"按钮再次发生变化,Revit将以图2.1.14 a)所示的形式显示模型视图。

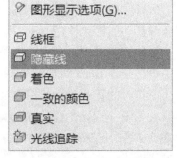

图 2.1.13　视觉样式调整

真实样式将根据图元对象所定义的材质贴图显示其真实纹理,滚动鼠标滚轮,适当放大视图,可观察到模型所反映出的真实材质纹理,如图2.1.14 b)所示。Revit共提供了6种模型图形样式:线框、隐藏线、着色、一致的颜色、真实和光线追踪,其显示效果逐渐增强,但消耗的计算机资源依次增多,显示刷新速度逐渐减慢。用户可自行对比其他几种显示模式的显示情况,也可根据计算机的性能和视图表现要求,选择不同的模型图形样式。

a)"真实"样式下的三维视图

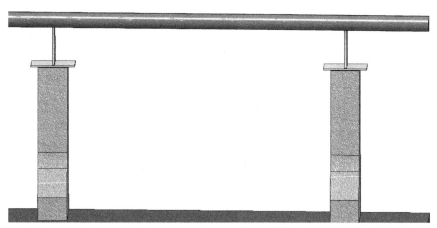

b)"真实"样式下护栏局部视图

图 2.1.14 "真实"样式

切换视觉样式为"隐藏线"模式,以加快视图显示速度。移动鼠标指针至奔牛大桥桥上小汽车位置,该图元以蓝色高亮显示。单击视图控制栏中的"临时隐藏/隔离"图元按钮,弹出"临时隐藏/隔离"图元选项列表,如图 2.1.15 所示。

在列表中选择【隔离图元】选项,那么在当前视图中只会显示小汽车图元,而除此之外的所有图元将被隐藏。Revit 会在包含临时隐藏图元的视图周围显示淡蓝色边框,同时视图左上角会出现"临时隐藏/隔离"字样,提示该视图中包含已隐藏的图元。

再次单击视图控制栏中的"临时隐藏/隔离"图元按钮,在弹出的选项中选择【重设临时隐藏/隔离】,Revit 将重新显示被隐藏的图元。

若将上述操作中的"隔离图元"命令变为"隐藏图元",则视图中的小汽车图元将被隐藏,其余图元正常显示。

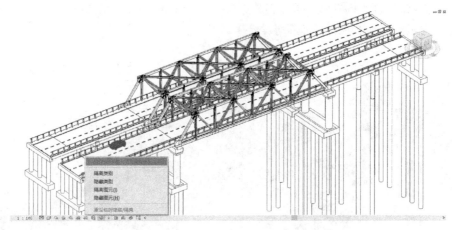

图 2.1.15　"临时隐藏/隔离"图元选项列表

第二节　基础操作

一、族

族是组成项目的构件,同时是参数信息的载体。Revit 包含三类族,即可载入族、系统族和内建族。

(一)可载入族

使用族样板(图 2.2.1)在项目外建的 RFA 文件即可载入族,可载入其他项目或族文件中,属性可自定义,因此可载入族是用户最常采用的族。本节主要介绍与"可载入族"相关的基本知识。

图 2.2.1　可载入族的创建

(二)系统族

系统族是已经在项目中预定义且只能在项目中进行创建和修改的族类型(如墩、梁等),如图 2.2.2 所示。系统族不能作为外部文件载入,但可以在项目和样板间复制、粘贴或者传递系统族类型。

图 2.2.2　系统族

(三)内建族

内建族可在当前项目中新建,与"可载入族"类似,如图 2.2.3 所示。不同之处在于内建族只能存储在当前的项目里,不能单独存储成 RFA 文件,也不能用在其他项目文件中。

关于族的创建与修改将在后续章节中详细讲述。

图 2.2.3　内建族

二、标高系统

标高表示建筑物各部分的高度,是建筑物某一部分相对于基准面(标高的零点)的竖向高度,是竖向定位的依据。Revit 中标高用于反映建筑物构件在高度方向上的定位情况,是操作 Revit 软件一个必不可少的参照。

(一)修改原标高

在"项目浏览器"中打开"视图"中"立面视图"的任意一个立面视图,一般项目样板文件中会预设好标高,默认标高 1 为±0.000m,标高 2 为 4.000m,如图 2.2.4 所示。

单击选中标高线,比如选择"标高 2","标高 2"即会高亮显示。单击"标高 2"上的数值即可输入数字(此时标高默认单位为"m"),按"Enter"键确认输入,标高线即修改完毕。单击"标高 2"文字部分即可修改标高名称,如"桥面标高"等。

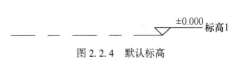

图 2.2.4　默认标高

(二)绘制新标高

单击【建筑】选项卡中的【标高】工具后,Revit 会切换至【修改|放置 标高】选项卡,【绘制】面板中选择【直线】,打开【平面视图类型】窗口,在视图类型列表中选择【楼层平面】,单击"确定"按钮后退出,注意要确认选项栏中是否已经勾选"创建平面视图"(图 2.2.5),如未勾选则不会在"项目浏览器"中产生相对应的楼层平面视图。

图 2.2.5 标高修改状态栏

将鼠标光标移动至空白绘图位置,鼠标光标与最近的标高线间会显示临时尺寸标注(单位为 mm),将鼠标光标尽量与相应标高端点对齐,Revit 将自动捕捉已有标高端点并显示对齐蓝色虚线,点击鼠标确定为起点,同理亦可绘出终点。Revit 将自动命名为"标高 3",可通过修改标高上方的数值或两标高线间的数字来修改标高位置,如图 2.2.6 所示。

图 2.2.6 绘制新标高

(三)以复制方式创建标高

选择【标高】,Revit 自动切换到【修改|放置 标高】选项卡,单击【修改】面板中【复制】工具,以标高上任意一点为基点,移动鼠标,通过临时尺寸标注或输入相应数值即可完成复制,按"Esc"键完成操作。

但是需要注意的是,以复制方式创建的标高并未在"项目浏览器"中生成相应的楼层平面视图,且 Revit 会以黑色标头的形式显示没有生成平面视图类型的标高。这种情况需要单击【视图】选项卡【创建】面板中的【平面视图】→【楼层平面】工具,如图 2.2.7 a)所示。弹出"新建楼层平面"对话框,选中"标高 4",如图 2.2.7 b)所示,点击"确定"按钮关闭窗口,此时"项目浏览器"中楼层平面的位置就会出现"标高 4"的选项,并且当前默认的视图切换到"标高 4",返回立面视图会发现"标高 4"标头的颜色变为蓝色。

三、轴网的设计

标高体系创建完成后,可以切换至任意楼层平面视图来创建和编辑轴网。轴网用于在平面视图中定位项目图元,Revit 软件提供了"轴网"工具用于创建轴网对象。

(一)绘制轴网

首先切换至要绘制轴网的相应平面视图,点击【建筑】选项卡中的【轴网】工具,单击起点、

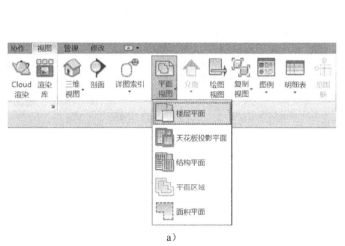

a)   b)

图 2.2.7 以复制方式创建标高

终点位置,绘制第一根纵向轴网线(确定起点后按住"Shift"键不放,Revit 将进入正交绘制模式,可以约束在水平或竖直方向绘制)。绘制第二根纵向轴网线时可通过临时尺寸标注或输入数值确定位置,所绘制的第一根轴网线的编号为1,后续轴号按1,2,3,…自动排序;绘制第一根横向轴网线后 Revit 会接着纵向轴网线的序号累加命名,如图 2.2.8 a)所示,单击轴网线编号把它改为"A",则后续编号将按照 A,B,C,…自动排序,如图 2.2.8 b)所示。需要注意的是,Revit 不能自动排除"I"和"O"字母作为轴网线编号,需手动排除。

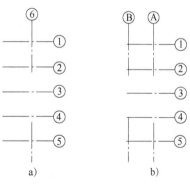

a)   b)

图 2.2.8 绘制轴网

轴网绘制完毕后,选中所有轴网线,切换至【修改|轴网】选项卡,单击【修改】选项卡中的【锁定】工具锁定轴网,以免后续操作中改变轴网的位置。

(二)以阵列方式创建轴网

单击选中一根轴网线,自动切换进入【修改|轴网】选项卡,选择【修改】选项卡中的【阵列】工具,设置选项栏中不勾选"成组并关联"(成组后修改将会相互关联,影响其他轴网的控制),选择"最后一个",勾选"约束",如图 2.2.9 所示。以轴网线上任意位置为基点,通过临时尺寸标注或输入数值来确定位置。

图 2.2.9 以阵列方式创建轴网

(三)以复制方式创建轴网

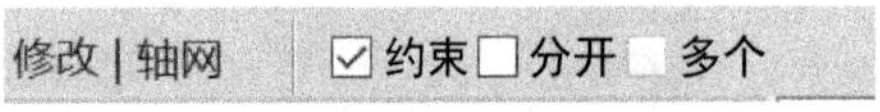

单击选中一根轴网线,自动切换进入【修改|轴网】选项卡,选择【修改】选项卡中的【复制】工具,设置选项栏中勾选"约束",不勾选"多个",如

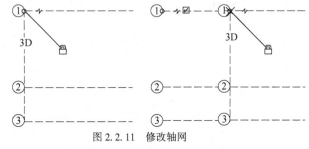

图 2.2.10 以复制方式创建轴网

图 2.2.10 所示。以轴线上任意位置为基点,通过临时尺寸标注或输入数值来确定位置,即可生成复制的轴网线。

(四)设置轴网标头及轴线类型

选中任意轴线,勾选标头外侧的方框☑,即可打开轴号显示。

选择一根轴线,所有对齐的轴线端点处将会出现蓝色的虚线,拖动端点,所有轴线将会同时移动,如图 2.2.11 所示。

如果轴线状态为"3D",则所

图 2.2.11 修改轴网

有平行视图里的轴线端点将同步移动;如果轴线状态为"2D",则只改变当前视图的轴线端点位置。

如果需要改变轴线的类型,先选中要更改的轴线,点击左侧属性框内【编辑类型】选项,弹出"类型属性"对话框,如图 2.2.12 所示,对话框中可设置"轴线中段"的显示方式、"轴线末段宽度"和"轴线末段填充图案"等。

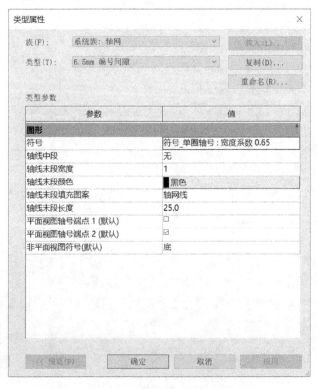

图 2.2.12 "类型属性"对话框

第三节 桥梁建模应用

一、常规模型族创建命令

目前大部分族都是为房建服务的,所以桥梁建模中大部分族都需要我们自己创建,而创建新的族涉及以下五种基本命令,本节主要介绍相应命令的基本操作和所对应的基本应用模型。

(一)拉伸

【拉伸】命令是通过绘制一个封闭的拉伸端面并给予一个拉伸长度来建模的。其操作步骤如下:

(1)新建一个族文件,选择"公制常规模型"样板文件。

(2)在项目浏览器中选择楼层平面的参照平面,也可以自己绘制参照平面。

(3)单击功能区中【创建】选项卡,然后单击【形状】面板中的【拉伸】选项,自动切换到【修改|创建拉伸】选项卡,在【绘制】面板中选择绘制工具用来绘制图元,绘制完成按"Esc"键退出绘制。

(4)单击【修改|创建拉伸】选项卡中"√"按钮,完成实体的创建。

对于任何创建完成的实体,用户都可以进行重新编辑。只要单击想要编辑的实体,然后单击【修改|拉伸】选项卡中的【编辑拉伸】选项,进入【修改|拉伸>编辑拉伸】选项卡,就可以重新绘制拉伸的端面,完成修改后同样单击"√"按钮保存。

以盖梁为例,先按上述步骤绘出盖梁的平面图元,如图 2.3.1 所示。单击【修改|创建拉伸】选项卡中"√"按钮完成拉伸,盖梁拉伸实体如图 2.3.2 所示。

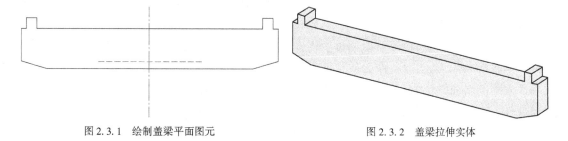

图 2.3.1　绘制盖梁平面图元　　　　图 2.3.2　盖梁拉伸实体

(二)旋转

【旋转】命令可以创建围绕一根轴线旋转任意角度而成的几何图形。其操作步骤如下:

(1)新建一个族文件,选择"公制常规模型"样板文件。

(2)在项目浏览器中选择楼层平面的参照平面,也可以自己绘制参照平面。

(3)单击功能区中【创建】选项卡,然后单击【形状】面板中的【旋转】选项,自动切换到【修改|创建旋转】选项卡,首先用边界线选择绘制一个封闭的平面形状,接着用轴线绘制旋转轴,绘制完成按"Esc"键退出绘制。

(4)单击【修改|创建旋转】选项卡中"√"按钮,完成实体的创建。

用户还可以对已经完成的实体进行编辑,单击创建好的旋转实体,在"属性"对话框中,将"结束角度"修改成所要旋转的角度。

以圆锥体为例,先使用边界线绘制相应的平面形状,再使用轴线绘制旋转轴,单击"√"按钮完成旋转,圆锥创建完成,如图2.3.3所示。

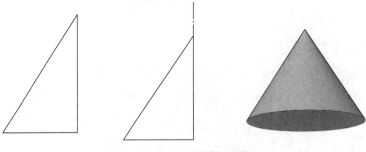

图2.3.3　利用旋转创建圆锥模型

(三)放样

【放样】命令是用于创建需要绘制或应用轮廓并沿着路径拉伸此轮廓的族的一种建模方式。其操作步骤如下:

(1)新建一个族文件,选择"公制常规模型"样板文件。

(2)在项目浏览器中选择楼层平面的参照平面,也可以自己绘制参照平面。

(3)单击功能区中【创建】选项卡,然后单击【形状】面板中的【放样】选项,自动切换到【修改|放样】选项卡,用户可以选择使用选项卡中的【绘制路径】或【拾取路径】画出路径。

(4)单击选项卡中的【编辑轮廓】,会弹出"转到视图"对话框,选择好立面视图后即可绘制轮廓线,同样也需要绘制一个封闭的图元。

(5)单击"√"按钮完成轮廓绘制,然后单击【修改|放样】选项卡中的"√"按钮,即可完成放样操作。

在定义放样轮廓的时候,可以通过上述方法在【修改|轮廓】的界面中绘制,也可以从外部载入一个轮廓族作为嵌套族,作为放样的轮廓面。

以曲线的防撞护栏为实体,先绘制相应的路径,再绘制出防撞护栏的轮廓,单击"√"按钮完成放样,防撞护栏建模完成,如图2.3.4所示。

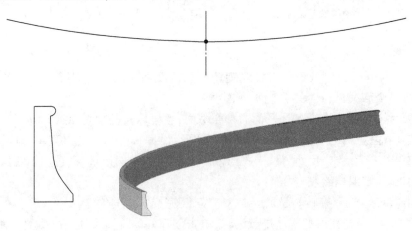

图2.3.4　利用放样创建防撞护栏

(四)融合

【融合】命令可以将两个平行平面上的不同形状的端面进行融合建模。其操作步骤如下：
(1)新建一个族文件,选择"公制常规模型"样板文件。
(2)在项目浏览器中选择楼层平面的参照平面,也可以自己绘制参照平面。
(3)单击功能区中【创建】选项卡,然后单击【形状】面板中的【融合】选项,自动切换到【修改|创建融合底部边界】选项卡,这时可以绘制底部的融合面形状。
(4)单击选项卡中的【编辑顶部】,切换到顶部融合面的绘制。
(5)当底部和顶部绘制好后,可以单击【编辑顶点】来编辑各个顶点的融合关系。
(6)单击"√"按钮完成融合建模。

以 T 梁渐变段的建模为例,首先绘制支点截面,再绘制跨中截面,最后通过融合完成 T 梁渐变段的创建,如图 2.3.5 所示。

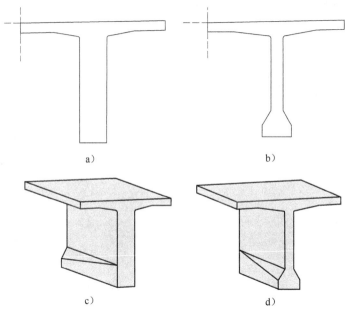

图 2.3.5　利用融合创建 T 梁渐变段

(五)放样融合

【放样融合】命令可以创建具有两个不同轮廓面的融合体,然后沿着路径对其进行放样。其操作步骤如下：
(1)新建一个族文件,选择"公制常规模型"样板文件。
(2)在项目浏览器中选择楼层平面的参照平面,也可以自己绘制参照平面。
(3)单击功能区中【创建】选项卡,然后单击【形状】面板中的【放样融合】选项,自动切换到【修改|放样融合】选项卡,这时可以绘制一段路径,绘制好后单击"√"按钮完成路径绘制。
(4)单击选项卡中的【选择轮廓1】绘制第一个轮廓面,可以在族内单击【编辑轮廓】或【载入轮廓】载入轮廓族,单击【选择轮廓2】绘制第二个轮廓面,方法同理。
(5)当两个轮廓面均绘制好后,可以单击【编辑顶点】来编辑各个顶点的融合关系。

(6)单击"√"按钮完成放样融合建模。

以某变截面弯箱梁桥为例,"放样融合"的操作方法和"放样"大体一样,当我们需要创建一段变截面弯箱梁桥时就需要用到【放样融合】命令。首先绘制放样路径,即道路中心线,再分别绘制用于放样融合的箱梁截面轮廓 1 和箱梁截面轮廓 2,便可自动生成沿道路中心线放样的变截面箱梁,如图 2.3.6 所示。

二、体量

介绍体量前先来认识几个术语。

(1)体量:在建筑模型初始设计中使用的三维形状。

(2)体量研究:可以使用造型形成建筑模型概念,从而探究设计的理念。在概念设计完成后,还可以直接将建筑图元添加到这些形状中。

(3)概念设计环境:一类族编辑器,可以使用内建族和可载入族体量图元来创建概念设计环境。

(4)体量形状:每个体量族和内建体量的整体形状。

(5)体量面:体量实例上的表面,可用于创建建筑图元(如墙或屋顶)。

用于绘制具有纵坡桥面的辅助体量如图 2.3.7 所示。

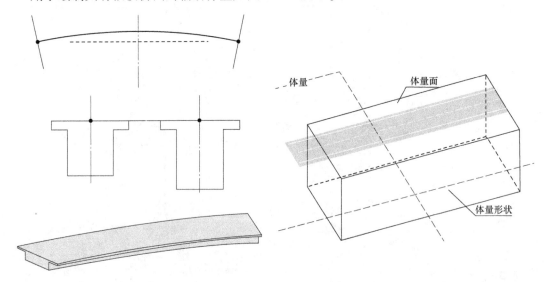

图 2.3.6　利用放样融合创建变截面箱梁　　图 2.3.7　用于绘制具有纵坡桥面的辅助体量

(一)创建体量

创建体量的流程大致可以分为三步:第一步是体量化,即先创建体量最基本的一个形状;第二步是纹理化,即对体量表面进行有理化的分割,形成我们最终想要的分割效果;第三步是对要分割的表面进行构件化,形成最终的建筑构件。

首先,创建形状依旧用到标准族编辑器的创建模型命令,如拉伸、旋转、放样、融合和放样融合,但是在标准族编辑器中需要在创建模型之初就选择命令,而在概念设计环境下,用户不需要进入某一种建模命令界面,而是直接通过模型线或者参照线绘制出路径轮廓,再通过【创建形状】命令由系统根据所提供的图形判断生成模型。

其次,在概念设计环境中,可以通过在一些形状的表面分割并在分割的表面进行纹理化操作,例如应用填充图案(概念设计环境样板文件中自带了17种填充图案供选择),将表面有理化为参数化的可构建构件。纹理化处理表面能够呈现丰富的表面形态,能满足建筑要求。

最后,应用填充图案构件族对体量表面进行构件化。创建新的填充图案构件族需要用到"基于填充图案的公制常规模型.rft"的族样板,这些构件族可以作为体量族的嵌套族被载入概念体量中,并应用于已经分割或已填充图案的表面。

(二)体量使用实例

桥面板一般都设有纵坡和横坡,如果只依靠拉伸则不能达到想要的效果,这时就可以选用体量族来完成创建。其操作步骤如下:

(1)新建一个概念体量族文件,样板文件选择"公制体量",就进入了概念设计环境。

(2)绘制一个参照平面,然后按照桥面板的尺寸绘制出桥面板的截面形状,如图2.3.8所示,此时还未设横坡。

图2.3.8 绘制体量截面

(3)单击【修改|线】中【创建形状】的【实心形状】选项,矩形桥面板体量创建完成,如图2.3.9所示。

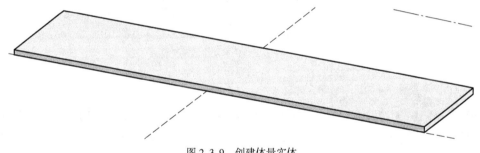

图2.3.9 创建体量实体

(4)可以通过鼠标拖曳各个点或者各条边来创建形状,通过编辑尺寸完成横坡和纵坡的设置,如图2.3.10所示。

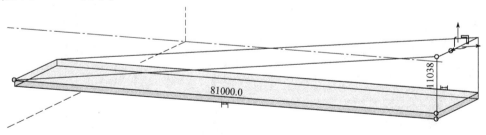

图2.3.10 修改体量

(5)选中体量实体,在"属性"对话框内的"材质和装饰"选项栏中可以修改体量的材质。

三、自适应

在桥梁概念设计阶段,设计师可能需要对设计模型进行频繁的修改,如果在模型修改时能保持模型间的相互关系,则可以为设计师节省不少的时间。Revit 中的自适应功能使得构件可以灵活地适应不同的个体,称之为自适应构件,用户可以利用 Revit 自带的"自适应公制常规模型.rft"族样板来创建所需要的自适应族。下面通过一个实例来详述自适应构件的使用。

本小节主要利用 Revit 自适应参数化构件来创建拱桥概念模型,利用自适应构件实现参数化模型设计以及更加复杂的桥梁模型的创建,如图 2.3.11 所示。模型创建的整体思路为:首先利用自适应点创建拱桥的拱肋,然后构建拱肋间的横向联结系,接着创建桥面系,最后安装吊索及栏杆等附属设施。

图 2.3.11 利用自适应构件创建拱桥模型

(一)设定参照平面及相关参数

启动 Revit 2016,打开"自适应公制常规模型"样板文件,如图 2.3.12 所示。在创建拱桥模型之前,我们需要先设定一些参照平面。大跨径桥梁一般都以"m"为单位,为便于建模,用户可在【管理】选项卡中选择【项目单位】命令,将默认单位修改为"m"即可。

图 2.3.12 选择样板文件

单击【创建】选项卡中的【平面】选项,选择【拾取线】操作命令,修改偏移量为"30m",旋转到前立面,并将鼠标光标移动至中心线处,可见视图中出现一条虚线,代表着参照平面拟建的方向(若看不见此虚线,则需要重新设定参照平面,以底面为基准即可),创建前后两个参照平面;修改偏移量为"6m",创建左右两个参照平面,如图2.3.13所示。

图 2.3.13 创建参照平面

接着创建参照点,用以控制关键截面的位置。设置底面为参照平面,分别在平面与平面相交的位置,以及左右两平面与中间平面相交的位置放置参照点,如图2.3.14所示。

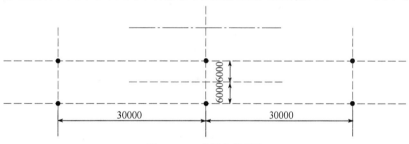

图 2.3.14 参照点的放置

为实现模型的参数化,我们首先需要创建一系列尺寸标注:桥梁纵桥向半桥控制点间距(标注后点击 EQ,保证两侧长度相等)及全桥控制点间距,并将后者尺寸标签修改为"桥长"以添加参数;同理标注桥梁横桥向控制点间距,并修改标签为"桥宽"。最后,移动中间的两个控制点,给予其高度参数,以控制拱肋形状:选中中间的两个控制点,进入右立面,点击【移动】命令,将其向上移动"15m",如图2.3.15所示,并为其添加尺寸标注(标注顺序为:控制点—中间平面—控制点,以及控制点到控制点),修改后者尺寸标签为"拱跨"。至此完成了拱桥参照系及相关参数的初步设定。

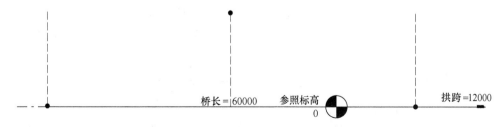

图 2.3.15 控制点位置的确定

(二)创建拱桥拱肋

选择【创建】选项卡中的【参照】选项中的【通过点的样条曲线】命令,顺次连接单侧拱的三个参照点,完成两条参照线的创建,如图 2.3.16 所示。创建所需要的拱肋截面:新建一个公制常规自适应族,选择【创建】选项卡【参照】选项中的【点】命令,依次创建三个点,选中这三个点,点击功能选项卡中的【使自适应】命令,将这三个点转化为自适应点,并点击【通过点的样条曲线】命令,绘制一条通过此三点的样条曲线,选中此样条曲线,在【属性】面板中找到【标识数据】一栏中的"是参照线",并勾选,使此样条曲线成为参照线;然后绘制截面,选择第一个点的垂直参照线的平面为参照平面,如图 2.3.17 所示。

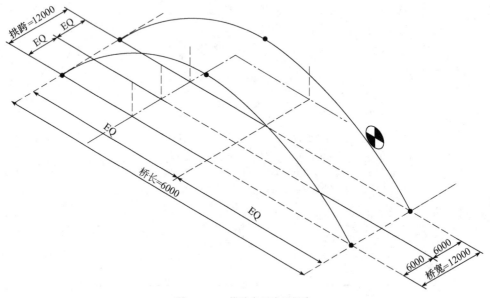

图 2.3.16　拱肋参照线的创建

可点击【显示】命令,用以查看当前所设置的参照平面。选择【矩形】命令,并选择【在工作平面上绘制】命令,绘制一个矩形,截面尺寸为"1m×1m",并通过【移动】命令,将其对中到中心点上;在第二个点上重复上述操作,不同的是矩形截面尺寸为"0.5m×0.5m";在第三个点上重复上述操作,矩形截面尺寸为"1m×1m"。完成后,按住"Ctrl"键,依次选中这三个矩形以及样条曲线,选择【创建形状】命令,创建拱肋实体。将此族文件保存,并载入之前新建的自适应族中。载入后可见鼠标光标处有一缩小版的拱肋实体(若不显示,用户可在项目浏览器中找到"族"一栏中的"常规模型"下的"拱肋实体",将其拖曳出来),顺序点击三个控制点,完成其中一根拱肋的创建,如图 2.3.18 所示。同理,完成另一根拱肋的创建。

接着在拱肋中心线上创建一系列参数点,用以控制横向联结系及吊杆的安装。选中其中一根拱肋参照线,选择功能选项卡中的【分割路径】命令,在左侧属性栏中,修改固定节点数量为"24",同时修改拱跨尺寸为"7m"。至此,完成拱肋结构的模型搭建。

(三)创建桥面结构

设置底面平面(标高 1)为参照平面,接着创建两个参照平面用以控制桥面结构,选择【拾取线}命令,修改偏移量为"5m",从中心线处向左右各偏移5m,得到两个参照平面。选择{模型}命令中的{矩形}命令,绘制桥面板,矩形角点为所绘制的两个参照平面与用以控制桥长的两个参照平面的交点。绘制完成后选中此矩形,选择{创建形状}命令,创建桥面实体,并修改厚度为"-0.5m",使所创建的桥面自标高1往下拉伸0.5m。接着创建桥面支撑,选择所创建的桥面结构,按数次"Tab"键选中桥面底部表面,选择{分割表面}命令,将其划分为网格,并修改网格的固定数量为"24",使其与拱肋参照点的数量对应。同时,点击{表面表示}选项卡中的右下角箭头,勾选节点,使其网格相交处显示节点作为后续吊杆搭接的参数点,如图2.3.19所示。选择与桥长方向垂直的中心平面为参照平面以创建横梁,并作为吊杆的搭接平台,绘制如图2.3.20所示的横梁截面。选择{创建形状}命令,创建横梁实体,修改厚度为"1m",并将其对中到桥梁中心处,选择{复制}命令,并勾选"多个",批量复制横梁实体,将中心对准到桥面网格中心点处。至此,完成桥面系的构建,如图2.3.21所示。

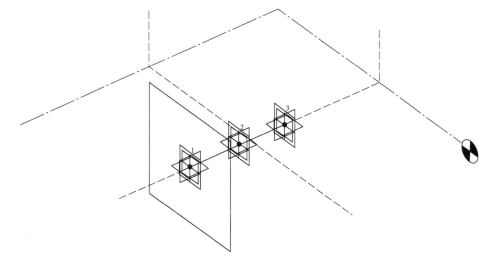

图 2.3.17 创建拱肋截面

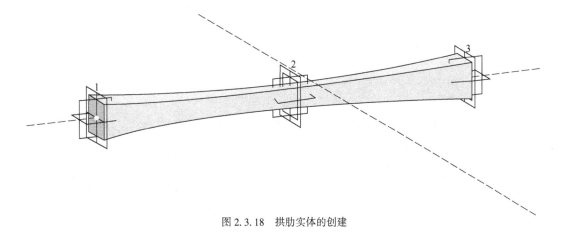

图 2.3.18 拱肋实体的创建

(四)确定连接点、安装吊杆

设置任意横梁顶部平面为参照平面,添加若干个参照点作为吊杆的连接点,如图2.3.22所示。

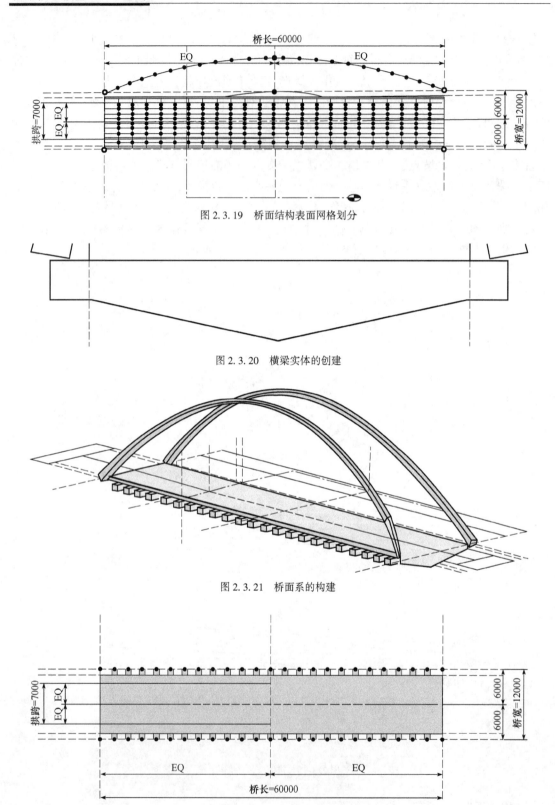

图 2.3.19 桥面结构表面网格划分

图 2.3.20 横梁实体的创建

图 2.3.21 桥面系的构建

图 2.3.22 吊杆参照点的确定

仍然仿照前述制作拱肋的方法制作拱桥圆形截面吊杆及矩形截面横向联结系(具体过程略),制作完成后进行最后的搭接安装,完成后的渲染图如图 2.3.23 所示。

图 2.3.23 成桥后的悬索桥渲染图

四、拼装

将各个族文件创建好后,需要将它们在项目中组装起来。这种操作就类似施工方法中的装配式施工,各个族文件就相当于在工厂预制好的构件,而项目就相当于施工中的场地。

(1)新建一个项目。打开 Revit,单击"新建",弹出如图 2.3.24 所示对话框,样板文件选择"结构样板",新建"项目"。

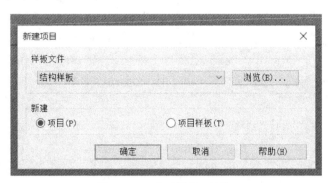

图 2.3.24 "新建项目"对话框

(2)标高轴网的创建。在界面左边的项目浏览器中,单击【立面】选项卡展开选项,选择任意一个立面绘制标高,标高根据实际所做的桥梁项目尺寸数据来确定。

(3)平面视图的创建。在项目浏览器的【结构平面】选项卡中选择所设置对应于桥面标高的平面视图,进入该平面视图,通过绘制轴网的方法来绘制所要创建的轴网系统。

(4)单击【插入】选项卡,再单击【载入族】,将之前所创建的各个族文件(桥台、桥墩等)载入项目中。族文件载入后可以单击【建筑】选项卡中【构件】的【放置构件】,如图 2.3.25 所示。

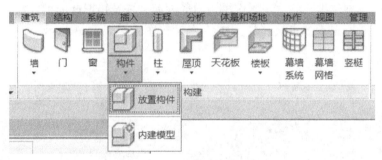

图 2.3.25 放置构件(方式 1)

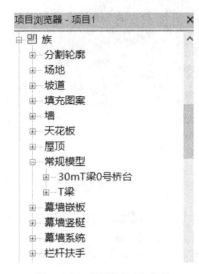

图 2.3.26 放置构件(方式 2)

或者在项目浏览器的"族"总链中单击"常规模型"支链找到相应的族文件,如图 2.3.26 所示,然后移动鼠标将构件放置到相应平面视图的轴网上的某个位置。

五、Revit+Dynamo

(一)概述

Revit 固然是一款较好的三维建模软件,可熟悉的用户都知道,Revit 在建筑信息的获取及管理上优势较大,在创建复杂形体上却略有不足。而且 Revit 所提供的建模方式一般较少且固定,仅有拉伸、融合、旋转、放样、放样融合及空心形状等。对于思维活跃的设计师来讲,要设计一座具有复杂曲面的空间建筑,用 Revit 来实现既费时又费力,他需要花费大量时间和精力重复地进行类似的操作,人为的疏忽,可能导致各种未知的错误。Dynamo 的出现解决了这一问题,作为 Revit 的插件,它能够利用内部参数控制曲面的形成,在创建更加复杂的三维曲面问题上,Dynamo 更胜一筹。有了 Dynamo,用户可以在 Revit 和 Dynamo 之间自由切换,十分方便,大大提升了作业效率及生产力。本书的重点在于阐述 Revit 的操作及应用,后续内容略有涉及 Dynamo 的应用,因而本书仅对 Dynamo 做简要介绍。

(二)Dynamo 节点介绍

本节将通过一个实际案例来对 Dynamo 节点做简要介绍。图 2.3.27 为 Dynamo 程序的开始界面,图 2.3.28 为 Dynamo 程序的工作界面。

本节拟创建曲线形钢箱梁节段模型,如图 2.3.29 所示。

整体思路:先新建一个如图 2.3.29 所示的箱形截面轮廓族,再新建一个 U 形肋实体族,对二者进行布尔差集运算,得到最终模型。

首先,绘制道路中心线,如图 2.3.30 所示。启动 Dynamo,在空白处单击右键输入【Select Model Element】或者在左边节点库中输入此节点亦可,调用此节点以读取 Revit 中绘制的道路中心线,如图 2.3.31 所示。点击"更改"切回 Revit 界面,选中绘制的道路中心线。由于一般道路具有纵坡,因此我们需要对其进行空间变换,使其具有一定的纵坡。

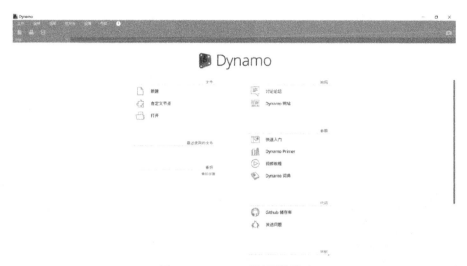

图 2.3.27　Dynamo 程序开始界面

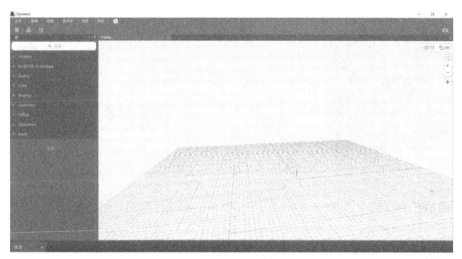

图 2.3.28　Dynamo 程序工作界面

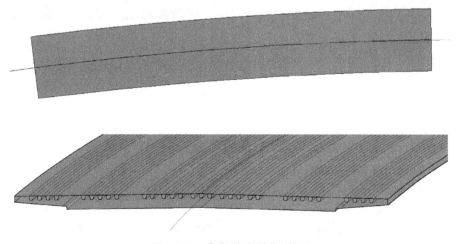

图 2.3.29　曲线形钢箱梁节段模型

图 2.3.30 绘制道路中心线

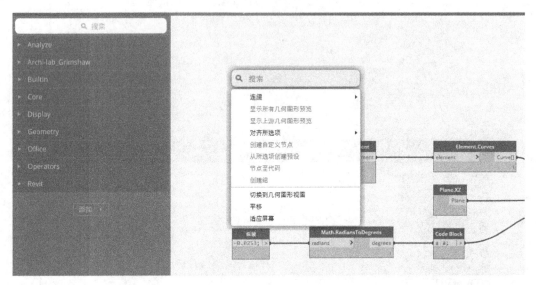

图 2.3.31 输入节点命令

调用道路中心线的节点命令,如图 2.3.32 所示。调用此节点的目的是使在平面绘制的道路中心线通过【Geometry.Rotate】绕 XZ 平面旋转一个坡度值"-0.0253rad",使其具有纵坡。

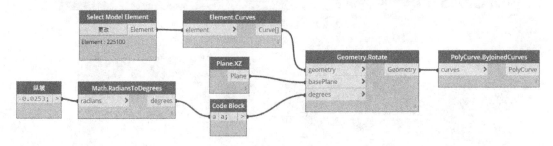

图 2.3.32 调用道路中心线的节点命令

常用的节点一般由 5 个部分构成,以【Geometry.Rotate】节点为例。
(1)节点名称"Geometry.Rotate"(可重命名)。
(2)输入端(geometry、basePlane、degrees)。
(3)输出端(Geometry)。
(4)连缀图标(表示当前节点的连缀状态,不同的连缀方式会有不同的运算结果)。
(5)节点面板(单击右键弹出菜单,可设置连缀方式、重命名节点等)。

图 2.3.32 中黑色的连缀线用以连接两个节点,进行节点命令的传递,点击上游节点输出端,再点击下游某一节点输入端,可实现两个节点的连接,再次点击某一端,将鼠标光标移动至界面空白处可取消连接。左侧下方的运行方式默认为"自动",即命令键入后自动运行程序,用户也可修改为"手动"(当模型内存过大时,建议修改为手动方式)。

本次程序运行结果如图 2.3.33 所示。

图 2.3.33 道路中心线旋转后的运行结果

接着用 Revit 绘制箱形截面族,绘制完成后保存,用【Family Types】命令调用此族(需先将绘制好的族载入当前族后才能用 Dynamo 读取),如图 2.3.34 所示。

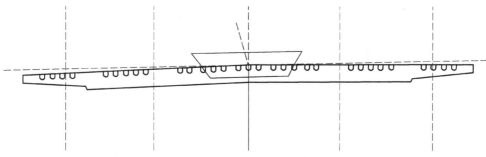

图 2.3.34 绘制箱形截面族

图 2.3.35 上方的节点命令表示为读取 Revit 族并在 Dynamo 显示此图形。调用【Curve.PlaneAtParameter】节点用以确定模型在道路中心线上放样的区段,即参数区段的确定,此处只在(23/135—11/27)区间内插入 5 个截面,用以控制放样精度。调用【Plane.ToCoordinateSystem】节点用以将截面从 *XY* 平面旋转到与道路中心线垂直的平面上,以沿道路中心线进行实体放样,运行结果如图 2.3.36 所示。

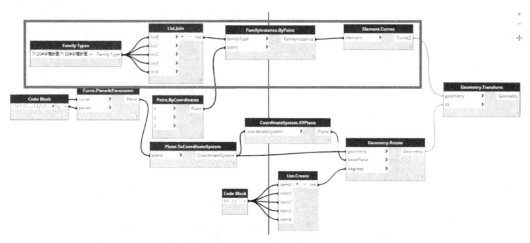

图 2.3.35 读取箱形截面族

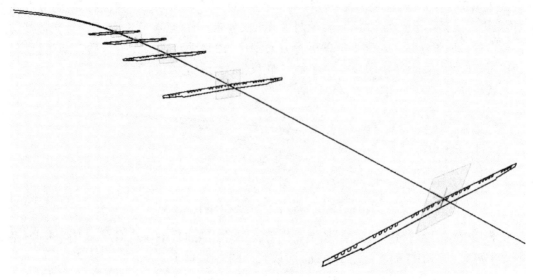

图 2.3.36 箱形截面族坐标系旋转后的运行结果

由于读取到的箱形截面族图形是由一段段的线组成的,而在放样时,需使图形成为一个整体,从而保证前后断面能沿道路中心线正确放样,因此下面的操作需要使得这些分段线成为整体。调用的命令如图 2.3.37 所示。调用【List.Transpose】使分段线所构成的数列转置,从而将其分组,使得同一个截面上的所有线段转置到同一组内,调用【Group Curves】(自定义节点),使得线段成组,再调用【PolyCurve.ByjoinedCurves】使得线段顺次连接成一条多段线。最后再次调用【List.Transpose】节点,使得最外侧多段线与内侧多段线分成两组,并使得最外侧多段线图形放样形成实体,最内侧图形也能放样形成实体,从而方便后续实行布尔差集运算,即 Revit 中的【剪切】命令,从而运行出空心截面。

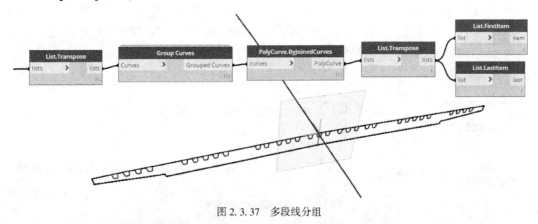

图 2.3.37 多段线分组

调用【Solid.ByLoft】节点,使得第一组多段线图形沿道路中心线放样形成实体 1,第二组多段线沿中心线放样形成实体 2;再调用【Solid.Difference】进行布尔差集运算,从而形成现箱形空心截面,如图 2.3.38 所示。

然而 U 形肋部分仍然是实体,这显然不是我们想要的结果。接下来的操作就是将 U 形肋实体挖除,形成空心 U 形肋。操作方法同上,需要再绘制一个实体 U 形肋,将此实体与上一步形成的实体再次进行布尔差集运算,得到最终的箱形空心截面,操作命令及运行结果如图 2.3.39 所示。

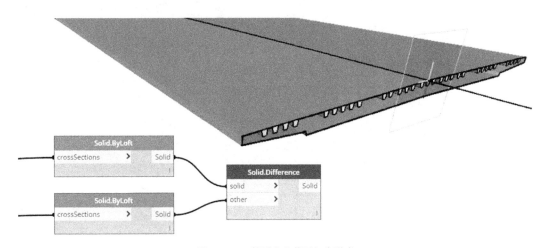

图 2.3.38 箱形空心截面初步形成

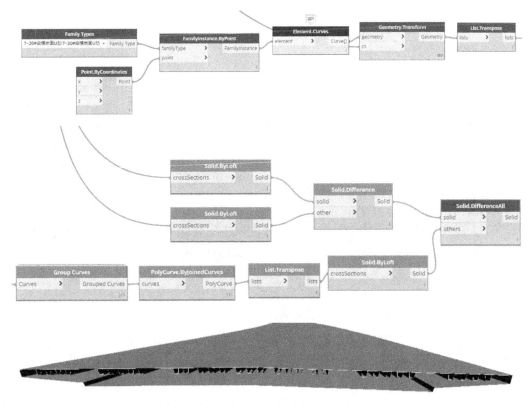

图 2.3.39 形成空心 U 形肋的操作命令及运行结果

最后调用【ImportInstance.ByGeometry】命令,将形成的模型导入 Revit 中即可,如图 2.3.40 所示。

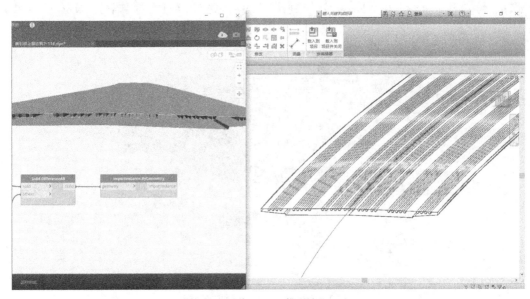

图 2.3.40　将 Dynamo 模型导入 Revit

六、参数化建模

（一）参数化设计的历史

早期二维 CAD 技术都用固定的尺寸值定义几何元素，每一个几何元素都有确定的位置，要修改这些元素很不方便。而在建筑设计时，设计方案不可避免地要反复修改，处理构件形状和尺寸的综合协调、优化。这要求 BIM 建模软件具有参数化设计功能，从而使得设计图可以随着某些结构尺寸的修改而自动生成和修改相关的图形。参数化设计 Parametric Design 可以看作这类建模技术的总称，对参数化造型而言，还存在参数化方法和变量化方法两种方式，但主流 BIM 建模软件目前还只支持参数化方法。

参数化设计最初是由美国麻省理工学院 Gossard 教授在 20 世纪 80 年代初提出的，1987 年，PTC 公司推出了以参数化设计为基础的新一代实体造型软件 Pro/Engineer，参数化设计开始在 CAD/CAM 系统中得到应用，并随后被引入 BIM 建模软件行业。

（二）参数化设计的定义

1. 参数化

所谓参数化，是指将设计要求、设计原则、设计方法和设计结果用灵活可变的参数来表示，在人机交互的过程中根据实际情况随时更改参数。参数化的核心是创建模型的行为，而不是模型加载了几何与非几何信息的属性。任何建模技术都可以参数化，参数化是一种提高设计效果的工具，而不是所见即所得的成果，更不是可供建筑物全寿命周期应用的数据库，那属于信息模型领域的范畴，而不是参数化的特点。因此，各种非参数化的信息模型也可以参与信息的传递与集成（这是信息集成与互操作的范畴），国内很多人将参数化理解为三维模型的几何与非几何属性参数，没有理解参数化的本质是提高设计质量与效率，是二维图纸翻三维模型盛行的重要原因之一。

2. 参数化设计

参数化设计是一种设计方法,具有非常广泛的含义,不仅包含几何参数化与非几何参数化设计,还涉及软件开发行业的系统设计等领域,在几何造型领域特指采用尺寸驱动的方式改变几何约束的造型技术,指通过改动图形的某一部分或某几部分的尺寸,或修改已定义好的构件参数,自动完成对图形中相关部分的改动,从而实现对图形的驱动的技术与方法。如图 2.3.41 所示,用户可以任意修改两个阶梯轴的直径与轴肩宽度生成各种阶梯轴。如图 2.3.35 所示,用户可以在【Code Block】命令中任意修改放样参数(介于 0 和 1 之间),来调整箱梁沿道路中心线的模型长度,生成不同跨径的箱梁。

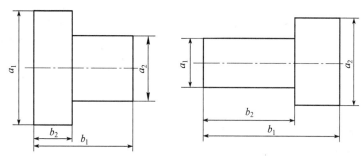

图 2.3.41　尺寸驱动改变几何约束的造型技术的示意图

参数化设计的基本思路是使用约束来定义和修改几何模型。约束包括尺寸约束、拓扑约束和工程约束(如应力、性能约束等),这些约束都是设计时要考虑的因素。实现参数化的参数组与这些约束保持一定的关系,软件提供的构件原型与已设计的模型参数本身已经满足这些约束,而当输入参数的新值时,也将保持这些约束关系并获得一个新的几何模型。其主要技术特点是:

(1) 基于约束。

约束是指利用一些法则或限制条件来规定实体元素之间的关系。

(2) 尺寸驱动。

尺寸驱动就是指当设计人员改变了轮廓尺寸数值的大小时,轮廓将随之发生相应的变化。需要修改某一尺寸参数时,系统自动检索出此尺寸对应的数据结构,找出相关参数计算的方程组并计算出参数,驱动几何模型改变。

(3) 全数据相关。

对形体某个尺寸参数的修改导致相关尺寸全面更新,改变了自由建模的无约束状态,几何形状被尺寸控制,如计划修改构件形状,只需编辑尺寸的数值即可实现形状上的改变。

(4) 基于特征。

这个特征是指草图特征,将某些具有代表性的平面几何形状定义为特征,并将其所有的尺寸存为可调参数,进而形成实体,以此为基础来进行更为复杂的几何形体的构造。

(三) 参数化设计的价值

参数化设计不仅记录了必要的几何信息,还保留了图形的拓扑结构以及各种设计知识、设计约束等信息。

对结构相同而尺寸不同的产品,就可用同一参数化模型描述其几何形状。

为了方便用户修改和设计,设计人员在更新或修改图形时,无须再为保持约束条件而操心,可以真正按照自己的意愿动态地、创造性地进行新产品设计。

用户在设计轮廓时无须准确地定位和定形,只需勾画出大致轮廓,然后通过修改标注的尺寸值获取最终的形状,或者只需将零件的关键部分定义为某个参数,通过对参数的修改实现对产品的设计和优化,而前文利用自适应构件来创建拱桥概念模型时,便通过设定"桥长、桥宽、拱跨"等一系列尺寸参数(图2.3.16)来控制拱桥模型设计,符合概念设计阶段的理念。

(四)参数化设计原理

参数化设计用一组参数来定义几何图形,用尺寸数值约束尺寸关系,方便设计者进行几何造型。参数与设计对象的控制尺寸有明显的对应关系,参数的求解较简单,设计结果的修改受到尺寸驱动,故这类系统也被称为尺寸驱动系统。

参数化设计的几何模型由几何形体、拓扑约束和尺寸约束三部分组成。当修改某一尺寸时,系统自动检索与该尺寸相关的几何形体,使它们按新尺寸值进行调整,得到新模型,然后通过求解方程组检查所有几何形体是否满足约束条件,如不满足,则保持拓扑约束不变,按尺寸约束递归修改几何模型(实例匹配),直到满足全部约束条件为止(图2.3.42)。

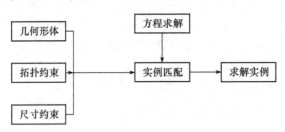

图2.3.42 参数化设计的几何模型组成

参数设计主要处理物体的几何约束(拓扑约束及尺寸约束),对工程约束的处理能力很弱,常用于设计对象的结构形状固定的产品,或者把工程约束的处理交由设计师考虑,例如根据载荷的不同选取相应的构件截面尺寸等。

(五)变量化设计简介

变量化设计是在参数化设计基础上发展起来的技术,一方面,它不受限于基于历史的特征关系,可先建立几何拓扑关系再确定驱动参数;另一方面,它不仅考虑几何约束,而且考虑与工程应用有关的约束,设计对象的修改有更大的自由度,通过求解一组约束方程来确定产品的尺寸和形状。约束方程可以是几何关系,也可以是工程计算条件。约束结果的修改受到约束方程的驱动。变量化设计可以应用于应力应变分析、设计优化、方案设计选型等更广泛的设计领域。

参数化设计首先定义了元素类或族,这些类或族能够定义一些固有形体和参数化几何体的混合体,以及一些关系和规则,以此来控制那些生成实例的参数。模型族中的形状将根据其上下关系而变化。可以使用涉及距离、角度的关系和规则(如连接、平行、偏移的规则)来定义对象和它们的界面。这些关系使每个同类元素的实例,根据自身的参数设置和相关对象的关联条件而变化。另外,按照设计必须满足的要求定义规则,如钢筋混凝土中钢筋的最小保护层厚度，让设计人员进行修改、检查规则和更新细节，以使定义的设计元素不断满足规则，如果不满足规则就会警告用户。基于对象的参数化建模支持这两种解释。而在传统的三维 CAD 中每一个元素的几何性质必须由用户手动编辑，参数化模型中形状和装配自动调整以适应变化的环境，并由高级别用户控制。

练习题

1. Revit 软件中如何新建项目并对新建项目进行命名和保存？
2. Revit 软件中如何新建族文件并选择对应的族文件的类型？说明各个族文件类型所适用的场景。
3. 族文件与项目文件的关系是怎样的？在同一族文件中对所有构件进行建模与将多个构件以族文件导入一个项目拼装相比，两种方法的优缺点以及各自的适用范围是什么？
4. 如何将族文件导入项目文件？如何在项目文件中打开族文件？如何对在项目文件中导入的族文件进行"移动""复制""镜像"等基本操作？
5. 简要阐述建立"标高系统"的目的，并说明建立标高系统的步骤以及建立标高的方法。
6. 简要阐述建立轴网的目的，并说明建立轴网的具体步骤。
7. 说明拉伸、旋转、放样、融合、放样融合等常规建模操作能够构建出的模型的特征，并尝试练习各种常规建模操作建立简单的模型。
8. Revit 软件中使用"体量"建模的适用场景是什么？阐述创建"体量"的具体步骤。
9. 简要概述"自适应"建模的优点以及 Revit 软件中使用"自适应"建模的适用场景，并按照本章案例进行练习。
10. 简要概述参数化建模的基本概念，并阐述参数化建模的具体步骤。

第三章
混凝土梁桥建模

国内中小跨径公路桥梁或城市桥梁,大部分采用预应力混凝土梁桥,其中以预应力混凝土简支 T 梁桥和预应力混凝土连续箱梁桥为主。这类桥梁具有取材方便、耐久性好、适应性强、整体性好、造价低等优点。近年来,随着生产力水平的提高和科学技术的发展,预应力混凝土梁桥的设计理论和施工工艺都在高速演变和进步。本章将重点介绍预应力混凝土简支 T 梁桥和预应力混凝土连续箱梁桥的结构和构造,并根据工程实例展示各构件在 Revit 软件中的建模操作。

第一节　预应力混凝土简支 T 梁桥上部结构

简支 T 梁桥属于静定结构,具有受力明确、构造简单、施工方便等优点,是中小跨径桥梁中应用广泛的桥型,也是大跨径桥梁常用的桥道系结构。因此,它是桥梁工程师应掌握的最基本的桥型。

一、结构与构造

简支 T 梁桥的上部由主梁、横隔梁、桥面板、桥面构造等部分组成。主梁为 T 形截面,是桥梁的主要承重结构,简称 T 形梁或 T 梁(T-beam),是简支梁桥中最常见的截面形式;横隔梁保证各根主梁相互连成整体,以提高桥梁的整体刚度;主梁的上翼缘板构成桥面板,组成行车

(人)平面,承受车辆(人群)荷载的作用。简支T梁桥的上部构造如图3.1.1所示。简支T梁桥的上部构造一般采用预制装配法施工。对于装配式T梁桥,考虑到起重设备的能力和方便预制安装,主梁间距采用1.8~2.4m为宜。

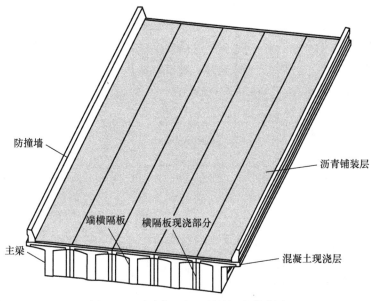

图3.1.1　公路装配式T形梁桥一般构造图

(一)总体布置

预制T梁上通常沿梁纵向设置若干横隔板(梁),待T梁安装就位后再将横隔板(梁)相互连接,将各主梁连成整体,使作用在行车道板上的局部荷载分布到各片主梁共同承受。装配式T梁的主梁根数与间距是设计要考虑的一个主要问题。主梁根数少,则间距大;主梁根数多,则间距就小。当桥面宽度(含行车道宽度和人行道宽度)已知后,主梁根数或间距会影响材料的用量和构件吊装的重量。一般来说,若建筑高度不受限制,适当加大主梁间距(减少主梁根数),钢筋混凝土的用量就会少些,但此时桥面板的跨径增大,悬臂翼缘板端部的荷载挠度较大,可能引起桥面接缝处产生纵向裂缝;同时,构件重量和尺寸的增大也会使运输和架设工作难度增大。

我国已为跨径为20m、25m、30m和35m等的公路预应力混凝土T形梁桥编制了标准图(后张法)。图3.1.2为一座跨径为3×30m的五片式T梁桥上部构造标准横断面图,该桥桥面宽度为净11.25m+2×0.5m防撞护栏。设计荷载等级为公路Ⅰ级,预制梁长为29.79m,预制梁高1.80m。现浇层150mm,沥青铺装100mm。

(二)主梁

T形主梁的截面尺寸包括梁高、梁肋厚度、下翼缘板尺寸以及主梁翼缘板尺寸等。跨径较大时梁高与跨径的比值较小;反之,则应取较大的比值。钢筋混凝土简支梁桥的适用跨径为8~20m,其主梁间距一般为1.5~2.2m;预应力混凝土简支梁桥的适用跨径为20~50m,其主梁间距一般为1.8~2.5m。图3.1.3为一片标准跨径为30m的公路预应力混凝土简支T形梁的构造图。

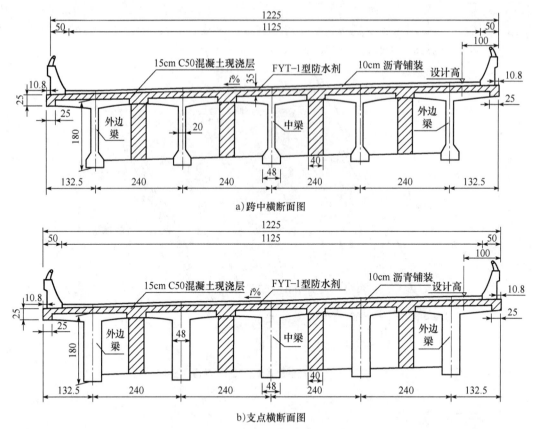

图 3.1.2 上部构造标准横断面图(单位:cm)

1. 梁高

梁高通过多方面的比较来确定,它取决于经济、梁重、建筑高度以及桥下净空等因素,标准设计还要考虑梁的标准化。公路普通钢筋混凝土梁高跨比的经济范围为 1/16~1/11;预应力混凝土梁的高跨比为 1/25~1/14,通常随跨径增大而取较小值。对于建筑高度受严格限制的情况,主梁高度要适当减小。

2. 梁肋厚度

梁肋厚度取决于抗剪和主筋布置要求。由于支座处剪力大于跨中处剪力,故由主拉应力决定梁肋厚度时,跨中区段可以减薄。为了减轻构件重量,在满足受力与构造要求的前提下,梁肋应尽量做得薄一些。但梁肋也不能太薄以免梁肋腹板失稳和混凝土浇捣困难。同时,还要考虑下缘主筋数量、类型、排列以及规定的钢筋净距和混凝土保护层厚度。

预应力混凝土 T 梁的梁肋下部通常加宽做成马蹄形,马蹄尺寸主要取决于预应力筋的布置。为了获得最大偏心距,预应力筋应尽量排列在下翼缘板内,要求紧凑而且对称于梁截面竖轴,混凝土保护层和钢丝束管道净距应符合有关的构造规定。为配合预应力钢筋的弯起,在梁端应能布置钢丝束锚头和安装张拉千斤顶,在靠近支点处腹板需要加厚至与马蹄同宽。

公路混凝土梁桥常用的梁肋厚度为 16~20cm;预应力混凝土梁桥常用的梁肋厚度为 18~

20cm,视梁内主筋的直径和钢筋骨架的片数而定。当腹板内有预应力钢筋时,腹板厚度不小于上、下翼缘梗腋之间腹板高度的1/20;当腹板内无预应力钢筋时,腹板厚度不得小于1/15。

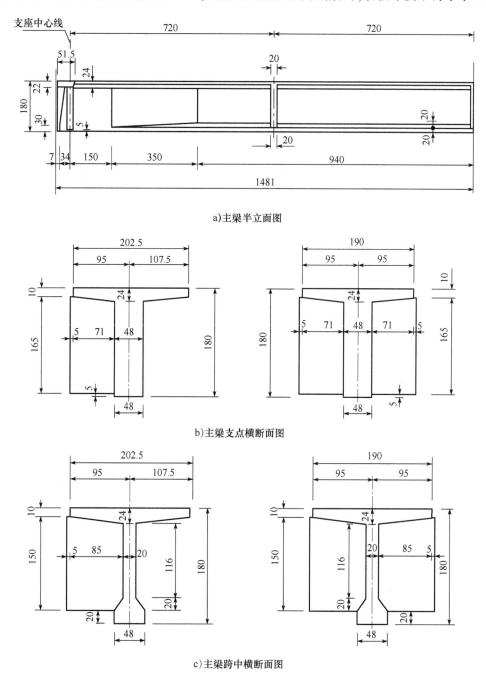

图 3.1.3 预应力混凝土简支 T 形梁构造图(单位:cm)

3. 翼缘板

翼缘板厚度应满足强度和构造最小尺寸的要求。根据受力特点,装配式简支 T 梁桥翼缘板一般采用变厚形式,其厚度依主梁间距而定,翼缘板根部(与梁肋衔接处)的厚度不应小于梁高的 1/10，边缘厚度不应小于 10cm；当板间采用横向整体现浇连接时，悬臂端厚度不应小于 14cm。

图 3.1.4 为 T 形梁桥的翼缘板布筋图。板上缘承受负弯矩，按《公路钢筋混凝土及预应力混凝土桥涵设计规范》(JTG 3362—2018)要求，受力钢筋直径不小于 10mm，间距不大于 20cm，但其最小净距不应小于 30mm，并不小于钢筋直径；在垂直于主筋方向布置分布钢筋，其直径不小于 8mm，间距不大于 20cm，且分布钢筋的截面面积不宜小于板截面面积的 0.1%。在主筋的弯折处，应布置分布钢筋。

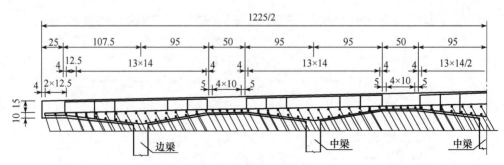

图 3.1.4 T 形梁桥的翼缘板布筋图(单位:cm)

预制 T 形主梁吊装就位后，当设有横隔梁时，必须借助横隔板和翼缘板的接头将所有主梁连接成整体。对于缺少横隔板的主梁，应在翼缘板上加设接头和加强桥面铺装，使横向连成整体。因此接头应有足够的强度以保证结构的整体性，并能使主梁在运营过程中安全承受荷载的反复作用和冲击作用而不发生松动。常用的桥面板(翼缘板)横向连接采用湿接接头，通过一定措施将翼缘板伸出钢筋连成整体，在接缝处铺装混凝土内再增补适量加强钢筋。

4. 钢筋构造

钢筋混凝土梁的梁内钢筋可分为两大类：一类是根据受力要求，通过计算确定的"受力钢筋"，主要指沿梁轴方向布置的、承受弯曲拉应力的主筋，以及承受腹板内主拉应力的斜筋和箍筋；另一类是根据构造要求布置的钢筋，称为"构造钢筋"，其中包括制造时为便于钢筋骨架绑扎成型和固定主要钢筋位置的"架立筋"，以及难以通过计算确定而凭经验设置的辅助钢筋。

图 3.1.5 为标准跨径为 30m 的简支 T 形梁桥的 T 梁梁肋钢筋布置图。下马蹄处的交叉斜筋采用直径 10mm 和 12mm 的钢筋，在跨中处加密。箍筋采用直径 12mm 的钢筋，但由于支座附近剪力较大，箍筋在支座处的分布较跨中更为密集。

(三)预应力筋

预应力混凝土梁内钢筋可分为预应力钢筋和非预应力钢筋两类。非预应力钢筋(包括非预应力受力钢筋和构造钢筋)的构造与普通钢筋混凝土梁中钢筋的构造基本相同，此处不赘述。以下主要说明预应力钢筋的构造特点。

1. 预应力筋的纵向布置

图 3.1.6 是简支梁桥中预应力钢筋纵向布置的几种形式。所有形式的共同之处是主筋在跨中区段均靠近梁的下缘布置，以对混凝土梁下缘施加压应力来抵消荷载引起的拉应力。

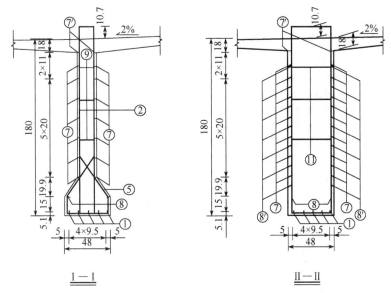

a)普通钢筋横截面示意图(中跨)

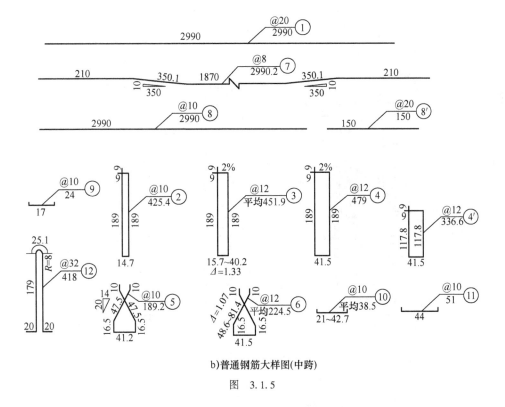

b)普通钢筋大样图(中跨)

图 3.1.5

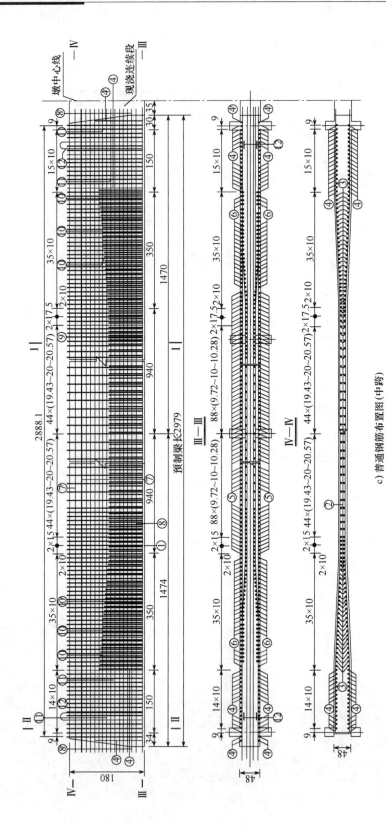

图 3.1.5 T形桥梁的T梁肋钢筋构造图(单位:mm)
c) 普通钢筋布置图(中跨)

直线布筋构造最简单,如图3.1.6 a)所示,但仅适用于小跨径梁,尤其是用先张法制造的梁。其缺点是支点附近梁的上缘会出现过高的拉应力,可能导致开裂。为了减小梁端部由于预加力引起的负弯矩,可将预应力筋在梁间适当位置截断,或将预应力筋在横隔梁处平缓弯出梁体进行锚固,见图3.1.6 b)。这种布置的主要优点是主筋最省,张拉摩阻力也小,但预应力钢筋没有充分发挥抗剪作用,且梁体在锚固处的受力和构造也较复杂。

采用最多的布筋形式是图3.1.6 c)和d)两种。当预应力钢束根数不太多,能全部在梁端锚固时,为使张拉工序简便,通常都将预应力筋全部弯起至梁端锚固,如图3.1.6 c)所示。这种布置的预应力筋弯起角α不大(一般在20°以下),可减小摩阻引起的预应力损失。然而,对于钢束根数较多的情况,或者当预应力混凝土梁的梁高受到限制时,预应力筋可能无法全部在梁端锚固,因此必须将一部分预应力筋锚固于梁顶,如图3.1.6 d)所示。这样的布置形式使张拉作业的操作稍趋繁复,由于预应力筋的弯起角α较大(25°~30°),增大了摩阻引起的预应力损失,但能缩短预应力筋长度,节约钢材,对提高梁的抗剪能力也更有利。

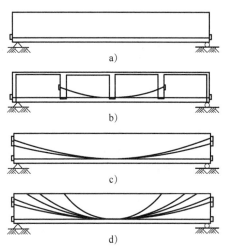

图3.1.6 简支梁桥中预应力钢筋纵向布置形式

在实际设计中,考虑到梁在跨中区段弯矩变化平缓且剪力也不大,故通常在三分点到四分点之间开始将预应力筋弯起。当然,预应力筋弯起后,截面必须满足承载能力极限状态设计的强度要求。

预应力筋弯起的曲线形状常见的有三种,即圆弧线、抛物线和悬链线。曲线的矢跨比较小时,三者的形状很接近。圆弧线施工放样简便,弯起角较大,可得到较大的预剪力,故通常都在梁中部保持一段水平直线后,按圆弧弯起;采用悬链线的预应力筋(或制孔器)可利用其自重下垂达到规定线形,定位方便,但它在端部的弯起角较小。当采用钢丝束、钢绞线配筋时,预应力筋弯起的曲率半径一般不小于4m。

2. 预应力筋的锚固

预应力混凝土T梁的预应力筋以后张法施工为主。在后张法锚固区,锚具垫板对混凝土作用有很大的压力,因承压面积不大,应力非常集中。锚具下的混凝土块不仅承受很大的压应力,还承受很大的主拉应力。因此,为防止锚具下混凝土劈裂,必须配置足够的钢筋予以加强。

总的说来,锚具在梁端的布置应遵循"分散、均匀"的原则,尽量减小局部应力。一般从力学性能角度而言,集中、过大的锚具不如分散、小型的有利;而从简化施工过程的角度而言,则反之。锚具应在梁端对称于竖轴布置,锚具之间应留有足够的净距,能安装张拉设备,方便施工作业。用后张法制造的预应力混凝土T形梁锚固区构造参见图3.1.7。

(四)横隔板

横隔板在多片T形梁桥中起着保证各根主梁相互连接成整体的作用。它的刚度愈大,桥梁的整体性愈好,在荷载作用下各主梁能更好地共同工作。端横隔梁是必须设置的,跨内的横隔梁将依跨径宜每隔5.0~10.0m设置一道。然而,设置横隔板使主梁的模板安装趋于复杂,完成横隔板的焊接接头施工比较麻烦。因此，横隔板的设计是T梁桥中另一个要考虑的主要问题。

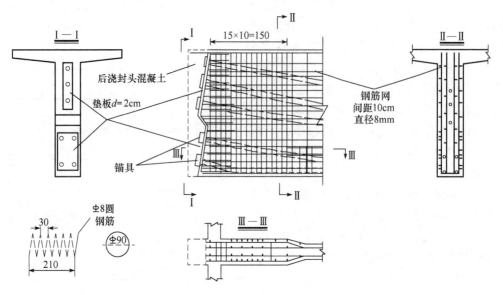

图 3.1.7　预应力混凝土T形梁（后张法）锚固区构造（单位：cm）

目前常用的两种主梁中横隔板的接头构造如图3.1.8所示。图3.1.8 a）为钢板接头构造，在横隔板靠近下部边缘的两侧和顶部的翼缘板内，均预埋有焊接钢板；将焊接钢板预先与横隔梁内的受力钢筋焊接，以固定其位置。当T梁安装就位后，在预埋钢板上再加焊盖接钢板，将各T梁连成整体。为了简化接头的现场施工，也可不采用焊接方式而改用螺栓接头，为此预埋钢板和盖接钢板上需预制螺栓孔。这种接头具有拼装迅速的优点，但也存在螺栓容易松动的不足。图3.1.8 b）为湿接头构造，是目前工程上采用较多的连接方式，通过一定措施将翼缘伸出钢筋连成整体，在接缝铺装混凝土内再增补适量加强钢筋。

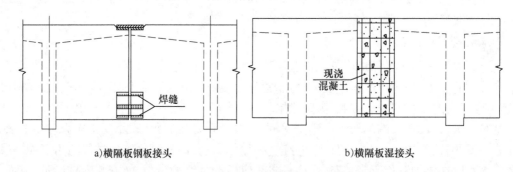

图 3.1.8　装配式梁桥横隔板接头构造

从运输和安装的稳定性考虑，通常将端横隔板做成与梁同高，内横隔梁的高度一般为梁肋高度的70%～90%。预应力梁的横隔梁常与马蹄的斜坡下端齐平，其中部可挖空，以减小质量和利于施工。横隔板的厚度一般为15～18cm，为便于施工脱模，一般做成上宽下窄和内宽外窄的楔形。

二、工程实例与建模思路

(一)工程实例

实例工程为位于某路段的简支 T 梁桥,设计荷载为公路 I 级,跨径布置为 30m+30m+30m,桥面宽度为 12.25m[0.5m+11.25m(净)+0.5m],桥面横坡 2%,桥梁上部结构高度为 1.95m,横断面见图 3.1.2。

实例简支 T 梁桥由 5 片主梁构成。预制梁长,(边跨)28.80m、(中跨)28.80m,预制梁高 1.8m,如图 3.1.2、图 3.1.3 所示。预应力混凝土预制梁采用 C50 混凝土,封锚段采用 C50 混凝土,现浇桥面板和现浇连续段以及横隔板接缝采用 C50 混凝土。

预应力钢绞线采用标准低松弛钢绞线,R_{by}=1860MPa,松弛率为 3.5%,公称直径 15.24mm,公称面积 A_y=140mm²,预制梁锚具建议采用 OVM15 型系列锚具;管道采用预埋金属波纹管成型,主梁钢束构造如图 3.1.9 所示。普通钢筋采用 HPB300、HRB400 钢筋,其标准应分别符合《钢筋混凝土用钢 第 1 部分:热轧光圆钢筋》(GB/T 1499.1—2017)和《钢筋混凝土用钢 第 2 部分:热轧带肋钢筋》(GB/T 1499.2—2018)的规定。普通钢筋构造如图 3.1.4、图 3.1.5 所示。

(二)建模思路

1. 主梁创建

由于 T 形截面主梁设计的标准化程度较高,可以较好地实现参数化控制模型。本节将利用 Revit 中轮廓族样板与常规族样板的族参数实现主梁模型参数化建模。

总体流程如下:

(1)在 Revit 轮廓族样板绘制中梁跨中处、中梁支点处、边梁跨中处以及边梁支点处四个截面轮廓,并利用"参照平面",设置相应的族参数以控制相应截面尺寸。

(2)在 Revit 常规族样板中导入创建好的轮廓族,并使用【放样】以及【放样融合】等功能创建边梁与中梁的模型,利用族参数控制桥梁纵向跨径。

2. 主梁钢筋创建

由于钢筋的构造较为常规且个体重复程度高,本节将利用 Revit 中的【放样】功能建立钢筋模型,并使用【复制】与【镜像】等功能辅助建模。

总体流程如下:根据钢筋布置图构建参考线,使用【放样】功能建立模型并使用【移动】功能将模型放置到正确的参考线上,利用【复制】与【镜像】等功能简化操作,避免重复建立相同模型。

3. 横隔板创建

由于横隔板的构造不是特别常规,本节将采用"死族"的方法创建横隔板(即不设置族参数,以满足特殊的构造要求)。

总体流程:在 Revit 常规族样板中利用【拉伸】功能完成创建。

4. 主梁与横隔板的整体拼装

为了将所创建主梁和横隔板模型集成混凝土简支 T 梁桥,桥梁整体模型将在 Revit 项目中进行拼装。

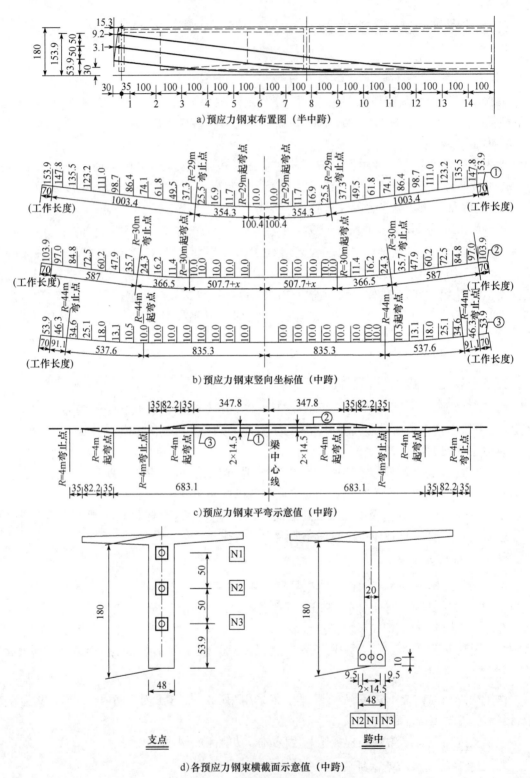

图 3.1.9 主梁钢束构造图(单位:cm)

总体流程如下:
(1)根据桥梁平面布置图以及纵桥向布置图,绘制"安装辅助线",定好族的放置点。
(2)导入主梁模型与横隔板模型,在定好的放置点进行拼装。

三、单根主梁建模

(一)主梁横截面轮廓(以中梁为例)【资源3.1.1】

1. 新建桥梁轮廓族文件

单击 Revit 界面左上角【新建】,选择【族】,在列表里相应找到"公制轮廓.rft",创建新的轮廓族文件。单击快速访问工具栏中的"保存"按钮,保存文件,并命名为"跨中截面"。

2. 绘制 T 梁轮廓

单击功能区中【创建】选项卡,在【详图】面板中选择【直线】命令,如图 3.1.10 a)所示。在操作界面单击鼠标左键确定直线起点,移动鼠标选定直线方向后用键盘输入直线的长度"1900",如图 3.1.10 b)所示,用同样的操作依次绘制中梁轮廓线,具体尺寸见图 3.1.3,绘制成果如图 3.1.10c)所示。

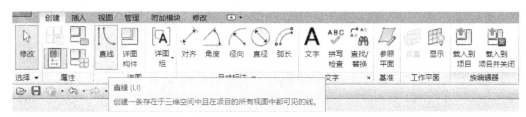

a)"直线"功能

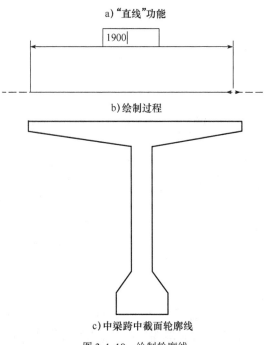

b)绘制过程

c)中梁跨中截面轮廓线

图 3.1.10 绘制轮廓线

3. 创建参照平面

单击功能区中【创建】选项卡,在【基准】面板中选择【参照平面】命令,如图 3.1.11a)所示,绘制的参照平面如图 3.1.11b)所示。

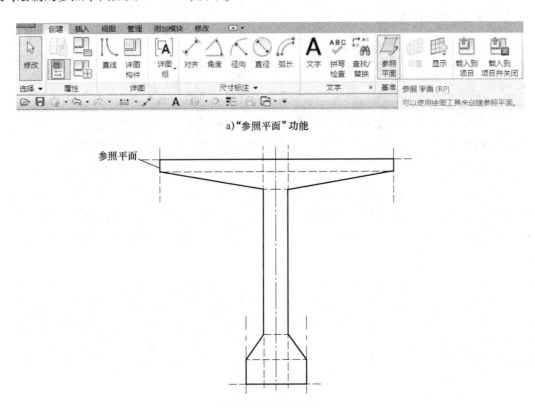

a)"参照平面"功能

b)中梁参照平面示意图

图 3.1.11 绘制参照平面

4. 轮廓线与参照平面的关联

实现参数化的方法之一便是创建一系列参照平面,并将其与创建好的轮廓线进行必要的关联,再设置必要的尺寸参数,以具体的尺寸值驱动参照平面,进而对轮廓的形状进行控制。而参照平面与轮廓线的关联,则主要通过【对齐】与【锁定】两个命令来实现。

单击功能区中【修改】选项卡,选择【修改】面板中的【对齐】命令,如图 3.1.12 a)所示。先选择参照平面,再选择轮廓线(先后顺序很重要),目的是使轮廓线与参照平面对齐,以实现轮廓线从动于参照平面。最后点击 ,如图 3.1.12 b)所示。出现 即为锁定成功。

以此类推,完成所有水平、垂直方向的轮廓线与参照平面的对齐、锁定,以便后期进行参数化控制。

5. 中梁尺寸的标注

单击功能区中【创建】选项卡,选择【尺寸标注】面板中的【对齐】命令(图 3.1.13),依次选择左侧最远处的参照平面与右侧最远处的参照平面,选择合适的空白位置处,单击鼠标左键完成此处的尺寸标注"480",尽量使得所添加的尺寸标注简洁、美观。再次使用【尺寸标注】面板中的【对齐】命令,依次选择左侧最远处的参照平面、中间的参照平面、右侧最远处的参照平面,选择合适的空白位置处,单击鼠标左键完成此处的尺寸标注——两个"240"。再选择刚刚添加好的尺寸标注,单击屏幕中 按钮,两个"240"尺寸标注转变为"EQ",此操作使得当总长度改变时左右两个尺寸始终保持相等(图 3.1.14)。

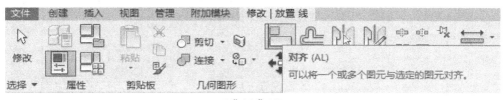

a)"对齐"功能

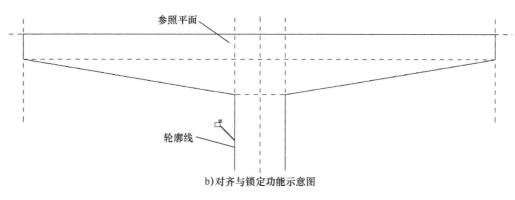

b)对齐与锁定功能示意图

图 3.1.12 对齐与锁定操作

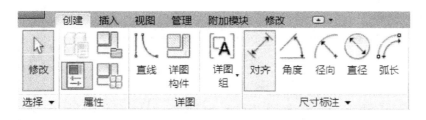

图 3.1.13 "尺寸标注—对齐"功能

同上操作,完成所有尺寸标注的绘制,如图 3.1.15 所示。

6. 中梁尺寸的参数化

单击轮廓线最下方的尺寸线"480"(Revit 默认单位是 mm,若不加特殊说明,本书所涉及的尺寸均为 mm),然后点击"标签",如图 3.1.16 a)所示;再选择"<添加参数...>",为该尺寸附着相应的参数,并将其命名为"bm",完成参数化设置,如图 3.1.16 b)所示。

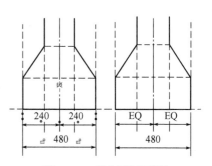

图 3.1.14 等分标注示意图

依次完成其他尺寸线的参数设置,T 形截面梁参数化标签汇总如图 3.1.17 所示。

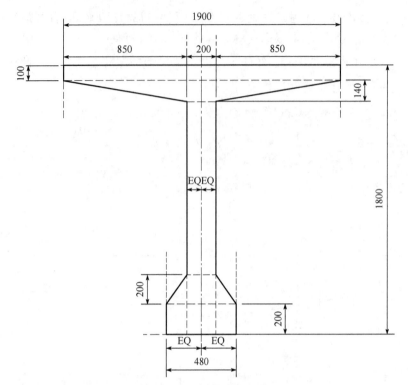

图 3.1.15 中梁整体标注图

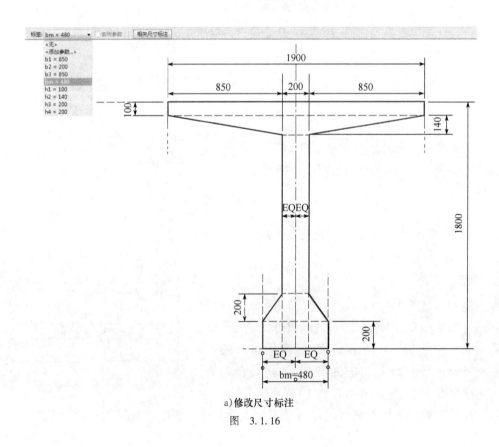

a)修改尺寸标注

图 3.1.16

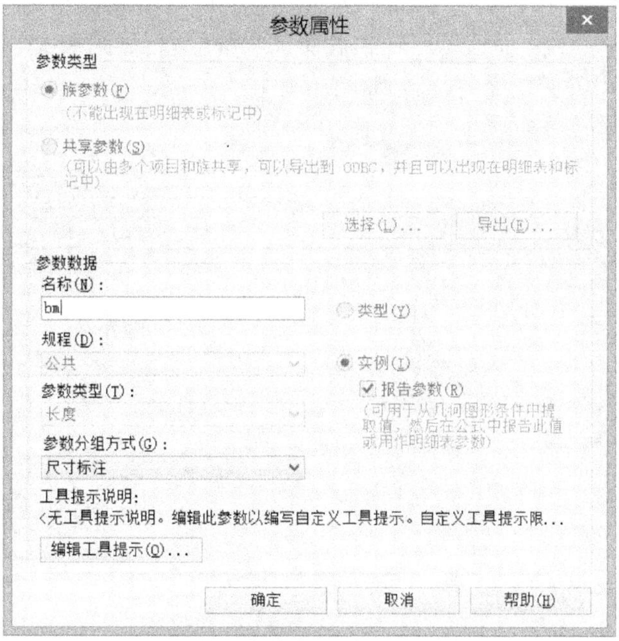

b) 创建尺寸标签信息

图 3.1.16 参数化信息的输入

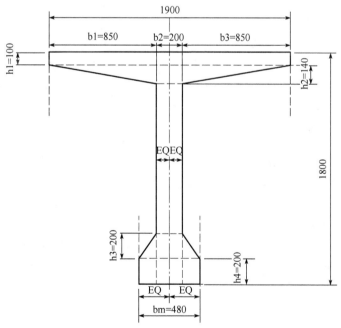

图 3.1.17 参数化标签汇总

7. 创建族类型并生成边梁跨中截面轮廓

单击【创建】选项卡下【属性】面板中的【族类型】,单击其中的【新建】命令,在弹出窗口的"名称"中输入"边梁跨中截面",从而将此时的参数信息附着至"边梁跨中截面"。再次点击

【新建】命令,创建名为"边梁跨中截面"的族类型,并将该族类型中"b1"参数值修改为"975.0",从而通过改变参数,完成边梁跨中截面轮廓的创建,如图 3.1.18 a)所示。最后点击"确定",完成边梁跨中截面轮廓的绘制,如图 3.1.18 b)所示。

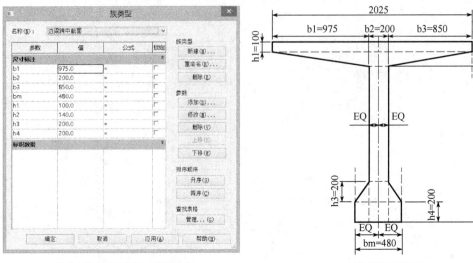

a)修改参数创建边梁跨中截面轮廓　　　　　b)边梁跨中截面

图 3.1.18　绘制边梁跨中截面轮廓

8. 创建"边梁支点截面"与"中梁支点截面"轮廓族

分别在"边梁跨中截面"与"中梁跨中截面"族类型的基础上,新建"边梁支点截面"与"中梁支点截面",并将该族类型下的"b2"(即腹板宽度)参数值修改为"480.0",使其与"bm"参数值相等;将该族类型下的"b1"参数值分别修改为"835.0"(边梁)和"710.0"(中梁),"b3"参数值修改为"710.0";删去 T 梁马蹄部分的两条斜线,并调整其余参数,从而完成"边梁支点截面"与"中梁支点截面"绘制,如图 3.1.19 所示。删除"边梁跨中截面"与"中梁跨中截面"族类型,将轮廓族另存为"支点截面"。

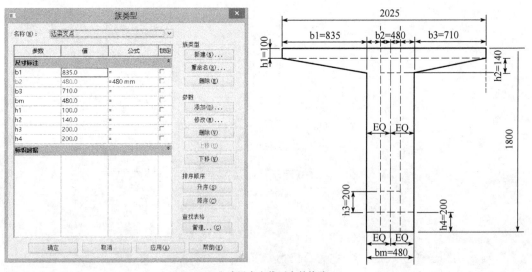

a)边梁支点截面参数修改

图 3.1.19

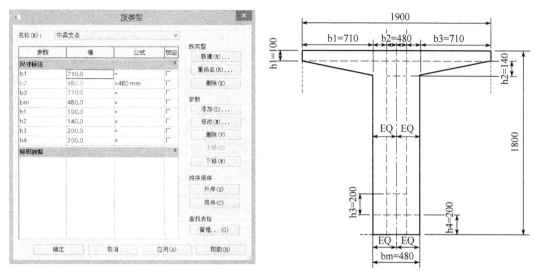

b) 中梁支点截面参数修改

图 3.1.19　支点截面参数修改

(二) 主梁模型 (以中梁为例) 【资源 3.1.2】

1. 新建公制常规模型族文件

单击 Revit 界面左上角【新建】,选择新建【族】,选择"公制常规模型.rft",创建新的公制常规模型族文件。单击快速访问工具栏中的"保存"按钮,保存文件为"T 梁中梁"。

2. 插入"T 梁截面"轮廓族

单击功能区中【插入】选项卡,在【从库中载入】面板中选择【载入族】命令,将已绘制的"T 梁截面"轮廓族载入当前文件中,如图 3.1.20 所示。

图 3.1.20　在当前文件中载入族

3. 建立中梁支点处模型

(1) 展开左侧项目浏览器中的"视图(全部)"总链,展开"楼层平面"支链,双击"参照标高",如图 3.1.21 所示,将放样路径设置在"楼层平面"。

(2) 单击功能区中【创建】选项卡,在【形状】面板中选择【放样】命令,进入"放样"功能界面,如图 3.1.22 a) 所示。

(3) 单击功能区中【修改 | 放样】选项卡,在【放样】面板中选择【绘制路径】命令,如图 3.1.22 b) 所示,在绘制界面中绘制支点处 T 梁中轴线长 1500mm〔图 3.1.22 c)〕。单击功能区中【修改 | 放样>绘制路径】选项卡,在【模式】面板中选择【√】命令,完成放样路径的绘制。

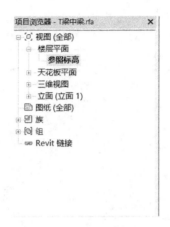

图 3.1.21 打开"楼层平面"支链

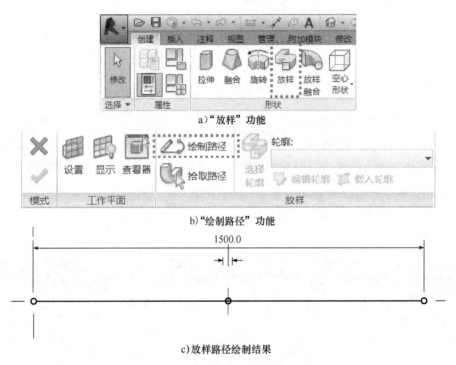

a)"放样"功能

b)"绘制路径"功能

c)放样路径绘制结果

图 3.1.22 中梁支点处放样路径的绘制

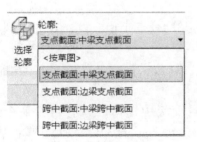

图 3.1.23 放样轮廓的选择

(4)单击功能区中【修改|放样】选项卡,在【放样】面板中选择【选择轮廓】命令,在其下拉列表中选择"支点截面:中梁支点截面"(图 3.1.23),然后单击【模式】面板中的【√】命令,完成中梁支点段模型的创建。

4. 建立中梁变化段模型

(1)单击功能区中【创建】选项卡,在【形状】面板中选择【放样融合】命令,进入"放样融合"绘图界面。

（2）单击功能区中【修改|放样】选项卡,在【放样融合】面板中选择【绘制路径】命令,在绘制界面中绘制变化段 T 梁中轴线长 3500mm（图 3.1.24）。单击功能区中【修改|放样>绘制路径】选项卡,在【模式】面板中选择【√】命令,完成放样融合路径的绘制。

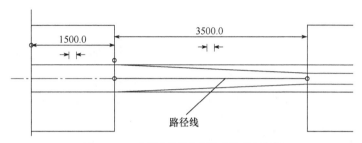

图 3.1.24　中梁变化段放样融合路径的绘制

（3）为使建模结果正确,将 T 梁的"翼板和梁肋"部分与"马蹄"部分分开单独放样建模。单击功能区中【修改|放样融合】选项卡,在【放样融合】面板中选定【选择轮廓 1】,单击【编辑轮廓】,使用【绘制】面板中【拾取线】功能点选支点处翼板和梁肋的轮廓线,如图 3.1.25a)所示;单击【选择轮廓 2】选择跨中处翼板和梁肋轮廓线,操作同上,如图 3.1.25b)所示;最后在【模式】面板中选择【√】命令,完成翼板和梁肋渐变段模型的建立,如图 3.1.25c)所示。

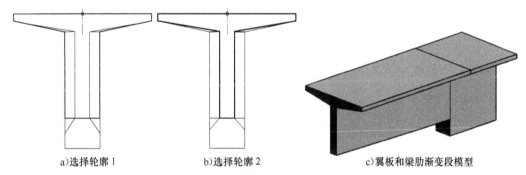

图 3.1.25　T 梁翼板和梁肋渐变段建模

（4）T 梁"马蹄"部分建模操作同(2)、(3)绘制路径后选择放样轮廓,放样融合轮廓如图 3.1.26 所示,最终 T 梁变化段模型如图 3.1.27 所示。

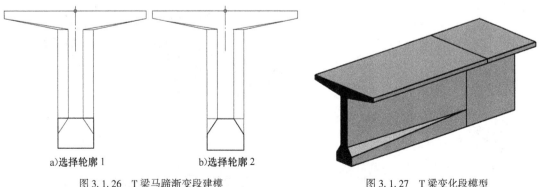

图 3.1.26　T 梁马蹄渐变段建模　　　　　　图 3.1.27　T 梁变化段模型

5. 建立中梁跨中段模型

中梁跨中段模型采用与支点段模型相同的【放样】功能进行创建,路径长度为9400mm,中梁(一半)三维模型如图3.1.28所示。

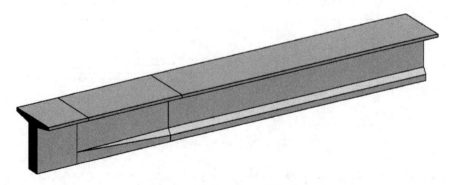

图 3.1.28　中梁(一半)三维模型图

展开左侧项目浏览器中的"视图(全部)"总链,展开"立面"支链,双击"前",在打开的前立面视图中框选建好的中梁模型,单击功能区中【修改|放样】选项卡,选择【镜像-拾取轴】功能,单击模型最右侧边,如图3.1.29所示。通过镜像功能完成的中梁最终模型如图3.1.30所示。

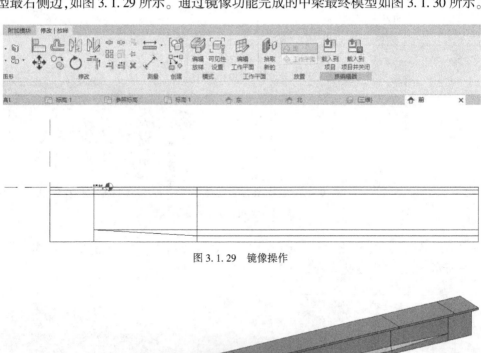

图 3.1.29　镜像操作

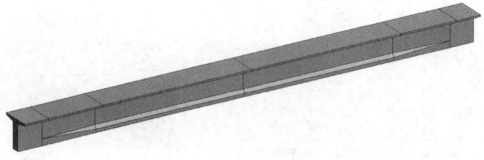

图 3.1.30　中梁三维模型图

四、主梁配筋(以中梁为例)建模

(一)普通钢筋【资源 3.1.3】

1. 新建公制常规模型族文件

单击 Revit 界面左上角【新建】,选择新建【族】,选择"公制常规模型.rft",创建新的公制常规模型族文件。单击快速访问工具栏中的"保存"按钮,保存文件为"中梁钢筋"。

2. 建立纵向钢筋模型(以1号钢筋为例)

单击功能区中【创建】选项卡,在【形状】面板中选择【放样】命令,进入"放样"功能界面,在【放样】面板中选择【绘制路径】命令,在"楼层平面"中绘制1号钢筋长 29900mm 的放样轴线。单击功能区中【修改|放样】选项卡,在【放样】面板中单击【选择轮廓】,选择【编辑轮廓】命令,在弹出的"转到视图"对话框中选择"立面:左",单击"打开视图"。在【绘制】窗口中选择【圆形】命令绘制钢筋轮廓(5个直径为 20mm 的圆),然后单击【模式】面板中的【√】命令,完成1号钢筋模型的创建,如图 3.1.31 所示。

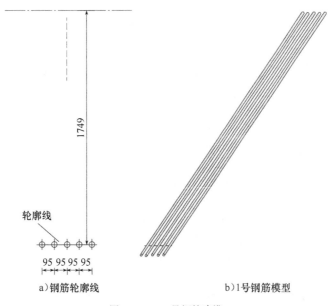

图 3.1.31 1号钢筋建模

中梁内其余纵向钢筋模型的建立方法与1号钢筋相似,形状尺寸见图 3.1.5,此处不再赘述。建模完成后选中钢筋模型,在左侧【属性】面板"材质"中选择需要的材质,如图 3.1.32 a)所示。最终纵向钢筋建模结果如图 3.1.32 b)所示。

3. 建立箍筋模型(以2号钢筋为例)

(1)箍筋模型同样使用【放样】功能完成,将 147mm×1890mm 的矩形放样路径绘制在"左立面",如图 3.1.33 所示。在绘制完路径后选择【编辑轮廓】命令,在弹出的"转到视图"对话框中选择"楼层平面:参照标高",单击"打开视图",如图 3.1.34 所示(系统默认轮廓所在平面为与绘制的第一条路径垂直的平面,即图 3.1.33 中绿色虚线平面)。在【绘制】窗口中选择

【圆形】命令绘制钢筋轮廓,如图 3.1.35 所示;然后单击【模式】面板中的【√】命令,完成 2 号钢筋模型的创建,如图 3.1.36 所示。

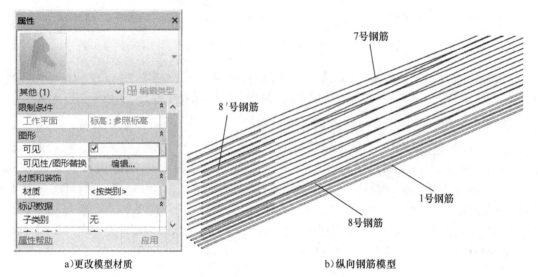

a)更改模型材质　　　　　　　　b)纵向钢筋模型

图 3.1.32　纵向钢筋建模

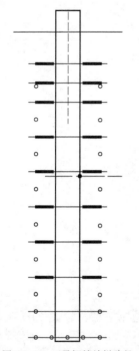

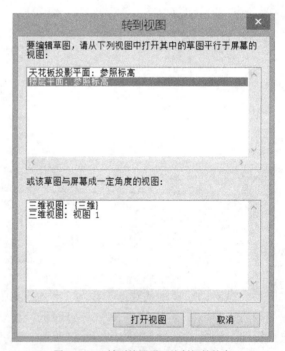

图 3.1.33　2 号钢筋放样路径　　　　图 3.1.34　转到楼层平面绘制钢筋轮廓

(2)根据图 3.1.5 普通钢筋布置图,使用【创建】选项卡下【基准】面板中的【参照线】命令,绘制参照线确定箍筋位置,如图 3.1.37 所示。使用【修改】选项卡下的【复制】与【镜像-拾取轴】功能,根据参照线的定位,完成剩余 2 号钢筋的建模,总计 97 根 2 号钢筋建模完成,如图 3.1.38所示。

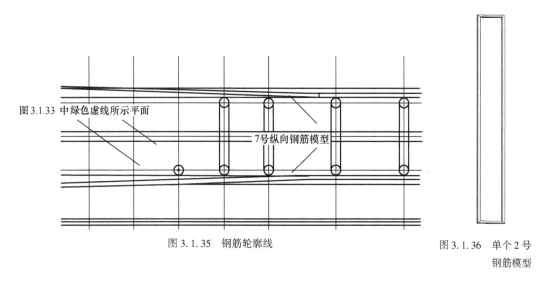

图 3.1.35 钢筋轮廓线

图 3.1.36 单个 2 号钢筋模型

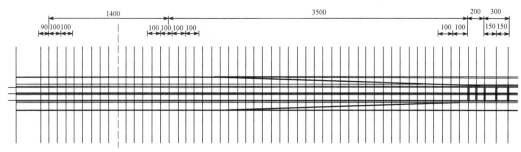

图 3.1.37 2 号钢筋定位辅助线

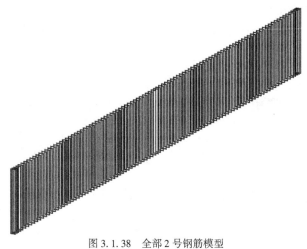

图 3.1.38 全部 2 号钢筋模型

4. 普通钢筋建模结果

中梁内其余横向钢筋模型的建立方法与 2 号钢筋相似,此处不再赘述。建模完成后选中钢筋模型,在左侧【属性】面板"材质"中选择钢筋材质,最终中跨梁肋普通钢筋建模结果如图 3.1.39 所示。

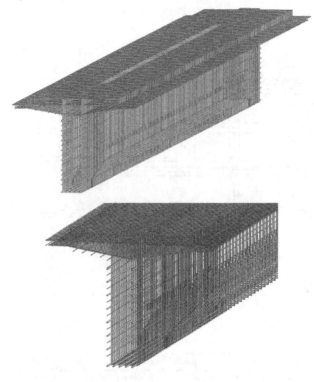

图 3.1.39　普通钢筋模型

(二)预应力钢束【资源 3.1.4】

1. 新建公制常规模型族文件

单击 Revit 界面左上角【新建】,选择新建【族】,选择"公制常规模型.rft",创建新的公制常规模型族文件。单击快速访问工具栏中的"保存"按钮,保存文件为"中梁钢束"。

2. 建立预应力钢束模型(以 N1 钢束为例)

(1)预应力钢束模型使用【放样】功能完成,详细尺寸见图 3.1.9。先使用【创建】选项卡下【基准】面板中的【参照线】命令在"前立面"绘制放样路径,再使用【绘制】面板中的【起点-终点-半径弧】功能绘制弯曲段钢束轴线,如图 3.1.40 所示。绘制完成一半的钢束轴线即可,如图 3.1.41所示。

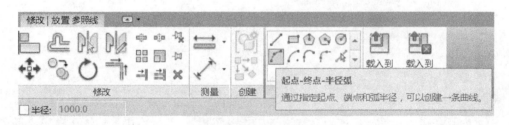

图 3.1.40　绘制弧线命令

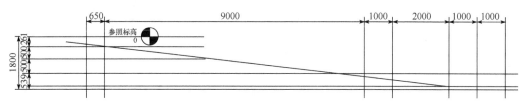

图 3.1.41 钢束轴线

(2)单击功能区中【创建】选项卡,在【形状】面板中选择【放样】命令,进入"放样"功能界面,在【放样】面板中选择【绘制路径】命令,在【绘制】面板中选择【拾取线】命令,从直线段开始依次选中绘制好的钢束轴线,在【模式】面板中选择【√】命令完成路径的选择,如图3.1.42所示。绘制完路径后在【放样】面板中单击【选择轮廓】,选择【编辑轮廓】命令,在弹出的"转到视图"对话框中选择"立面:左",单击"打开视图",在【绘制】窗口中选择【圆形】命令绘制钢筋轮廓,以红点为圆心绘制钢束轮廓,然后单击【模式】面板中的【√】命令,完成钢束模型的创建,如图3.1.43所示。

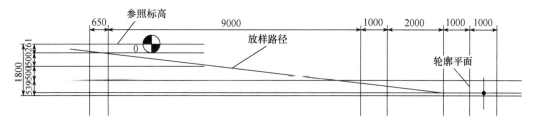

图 3.1.42 放样路径的拾取

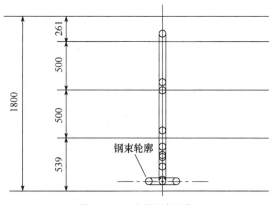

图 3.1.43 绘制钢束轮廓

(3)使用【修改】选项卡下的【镜像-拾取轴】功能,完成 N1 钢束的建模,建模结果如图 3.1.44 所示。

(4)N2、N3 钢束的建模与 N1 钢束建模操作流程相同,使用【放样】功能即可完成,此处不再赘述。建模完成后选中钢束模型,在左侧【属性】面板"材质"中选择相应材质,最终普通预应力钢束建模结果如图3.1.45所示。至此中梁钢筋与钢束建模完成,模型结果如图3.1.46所示。

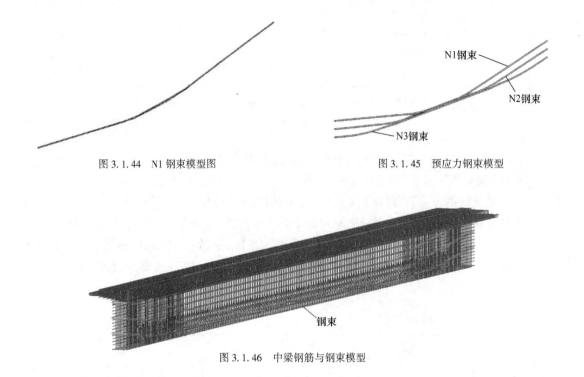

图 3.1.44　N1 钢束模型图　　　　图 3.1.45　预应力钢束模型

图 3.1.46　中梁钢筋与钢束模型

五、横隔板建模【资源 3.1.5】

（1）单击 Revit 界面左上角【新建】，选择新建【族】，选择"公制常规模型.rft"，创建新的公制常规模型族文件，并保存文件为"跨中横隔板"。

（2）单击功能区中【创建】选项卡，在【形状】面板中选择【拉伸】命令，进入"拉伸"功能界面。

（3）在【绘制】面板中选择【直线】，绘制跨中横隔板轮廓，如图 3.1.47a）所示，并在左侧【属性】面板中将"拉伸终点"改为"100.0"，"拉伸起点"改为"−100.0"，如图 3.1.47b）所示，单击【√】命令完成拉伸创建。支点横隔板尺寸信息采用与跨中横隔板模型类似的方法进行创建，此处不再赘述，如图 3.1.47c）所示。

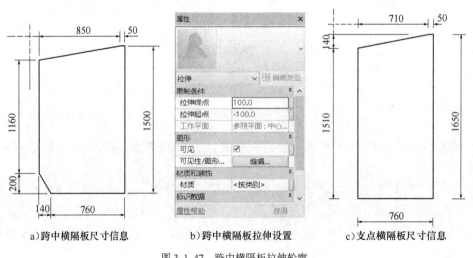

a）跨中横隔板尺寸信息　　b）跨中横隔板拉伸设置　　c）支点横隔板尺寸信息

图 3.1.47　跨中横隔板拉伸轮廓

(4)将建好的中梁与横隔板进行拼装,首先打开保存目录下的中梁模型族文件"T梁中梁.rfa",把文件另存为"中梁+横隔板.rfa",在【创建】选项卡下【基准】面板中选择【参照线】功能,绘制如图3.1.48所示的安装辅助线。

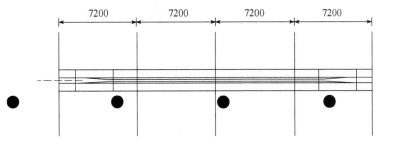

图3.1.48 横隔板安装辅助线

(5)使用【插入】选项卡下【从库中载入】面板中的【载入族】功能,将建好的横隔板文件"跨中横隔板.rfa""支点横隔板.rfa"导入,展开左侧项目浏览器中的"族"总链中的"常规模型"支链,可见先前载入的构件都在"常规模型"支链中,如图3.1.49所示。再次展开"支点横隔板"支链,长按鼠标左键可将横隔板构件拖动到工作界面中,分别将其放置到轴网上圆点位置。

(6)在项目浏览器中,打开左立面视图,可见此时横隔板放置了一半,另一半横隔板通过【修改】选项卡下的【镜像-拾取轴】功能建立。拖动鼠标框选建好的右侧横隔板,先单击【镜像-拾取轴】再点击中轴线,如图3.1.50所示。拼装好的主梁与横隔板模型如图3.1.51所示。

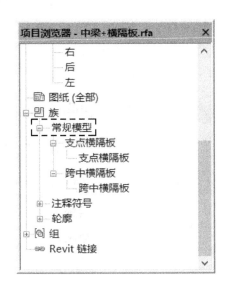

图3.1.49 "常规模型"支链

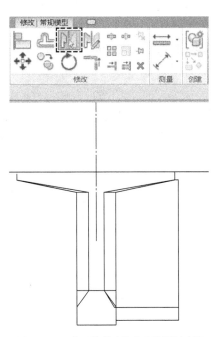

图3.1.50 使用镜像功能完成横隔板建模

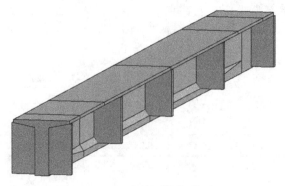

图 3.1.51　主梁与横隔板模型

六、横隔板与主梁现浇段、沥青铺装层建模【资源 3.1.6】

(一)横隔板现浇段

1. 新建公制常规模型族文件

单击 Revit 界面左上角【新建】,选择新建【族】,选择"公制常规模型.rft",创建新的公制常规模型族文件。单击快速访问工具栏中的"保存"按钮,保存文件为"横隔板现浇段"。

2. 建立横隔板现浇段模型

单击功能区中【创建】选项卡,在【形状】面板中选择【拉伸】命令,在【修改|创建拉伸】选项卡下的【绘制】面板中选择【拾取线】功能,点选绘制好的轮廓线,如图 3.1.52 a)所示;在左侧【属性】面板中输入拉伸起点与拉伸终点数据,如图 3.1.52 b)所示;单击【修改|创建拉伸】选项卡下【模式】面板中的【√】命令完成建模,建模结果如图 3.1.52 c)所示。

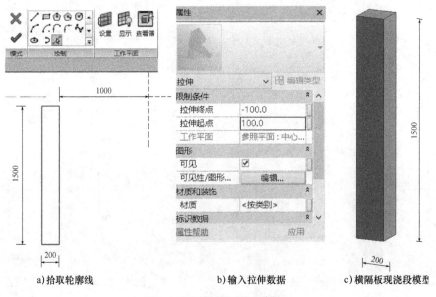

a)拾取轮廓线　　　　　　b)输入拉伸数据　　　　c)横隔板现浇段模型

图 3.1.52　横隔板现浇段建模

(二)主梁现浇段

1. 新建公制常规模型族文件

单击 Revit 界面左上角【新建】,选择新建【族】,选择"公制常规模型.rft",创建新的公制常规模型族文件。单击快速访问工具栏中的"保存"按钮,保存文件为"主梁现浇段"。

2. 建立主梁现浇段模型

(1)单击功能区中【创建】选项卡,在【形状】面板中选择【拉伸】命令,在【修改|创建拉伸】选项卡下的【绘制】面板中选择【直线】功能,在"左立面"绘制如图 3.1.53 所示的轮廓线,在左侧【属性】面板中将"拉伸起点"改为"0.0","拉伸终点"改为"28800.0"。单击【修改|创建拉伸】选项卡下【模式】面板中的【√】命令完成建模,建模结果如图 3.1.54 所示。

图 3.1.53　主梁现浇段轮廓

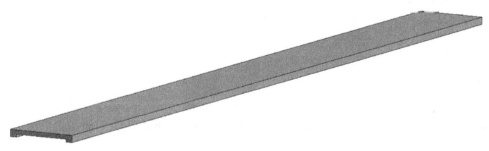

图 3.1.54　单个主梁现浇段模型

(2)使用【修改】选项卡中的【复制】与【镜像-拾取轴】功能,通过复制建好的单个主梁现浇段模型简化全部主梁现浇段的建模,最后得到全部主梁现浇段模型,如图 3.1.55 所示。

图 3.1.55　主梁现浇段模型

3. 建立防撞墙模型

防撞墙模型同样使用【拉伸】功能创建,详细操作流程此处不再赘述。在"左立面"绘制轮廓,尺寸如图 3.1.56 所示,在【属性】面板将"拉伸起点"改为"0.0","拉伸终点"改为"28800.0",建模结果如图 3.1.57 所示。

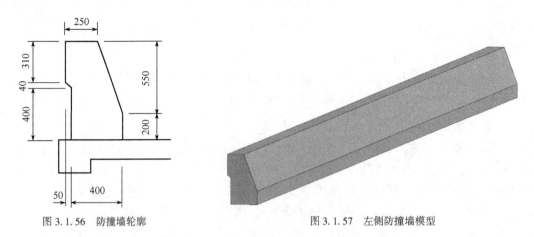

图 3.1.56 防撞墙轮廓　　　　　图 3.1.57 左侧防撞墙模型

使用【修改】选项卡中的【复制】与【镜像-拾取轴】功能,通过复制建好的左侧防撞墙模型得到右侧防撞墙模型,最终防撞墙模型如图 3.1.58 所示。

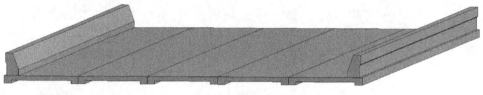

图 3.1.58 防撞墙模型

(三)沥青铺装层

1. 新建公制常规模型族文件

单击 Revit 界面左上角【新建】,选择新建【族】,选择"公制常规模型.rft",创建新的公制常规模型族文件。单击快速访问工具栏中的"保存"按钮,保存文件为"沥青铺装层"。

2. 建立沥青铺装层模型

沥青铺装层模型同样使用【拉伸】功能创建,详细操作流程此处不再赘述。在"左立面"绘制轮廓,尺寸如图 3.1.59 所示,在【属性】面板将"拉伸起点"改为"0.0","拉伸终点"改为"28800.0",建模结果如图 3.1.60所示。

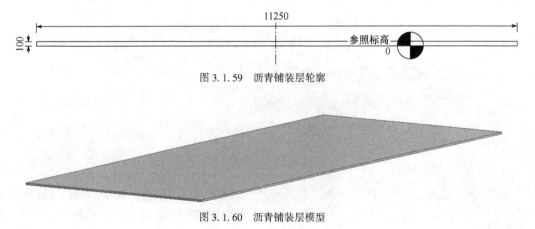

图 3.1.59 沥青铺装层轮廓

图 3.1.60 沥青铺装层模型

七、桥梁构件的拼装【资源3.1.7】

1. 新建项目文件

单击 Revit 界面左上角【新建】,选择【项目】里的"构造样板",创建新的项目文件。单击左上角快捷菜单中的"保存"按钮,保存文件为"简支T梁桥"。

2. 载入构件模型

打开【插入】选项卡,单击【从库中载入】面板中的【载入族】功能,如图3.1.61所示,通过此操作将建好的各个桥梁构件模型(图3.1.62)导入项目文件中,方便拼装时调用。

图3.1.61 载入构件操作

图3.1.62 载入构件模型列表

3. 绘制轴网

(1)展开左侧项目浏览器中的"视图(全部)"总链,展开"楼层平面"支链,双击"场地",将轴网绘制在场地平面上。

(2)打开【建筑】选项卡,单击【基准】面板中的【轴网】进行轴网的绘制,利用轴网功能绘制安装辅助线,确定各个构件的放置位置,以便拼装。绘制间距均为7200mm的5条纵轴和间距均为2400mm的5条横轴所组成的轴网,如图3.1.63所示。

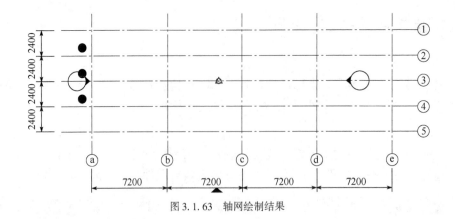

图 3.1.63 轴网绘制结果

4. 拼装构件

(1)进行中梁的放置,展开左侧项目浏览器中的"族"总链,展开"常规模型"支链,可见先前载入的构件都在"常规模型"支链中,再次展开"中梁+横隔板"支链,长按鼠标左键可将 T 梁中梁构件拖动到工作界面中,将其放置到轴网上相应位置,如图 3.1.63 所示。

(2)边梁的放置与上述中梁的放置操作方式一致。主梁拼装结果如图 3.1.64 所示。

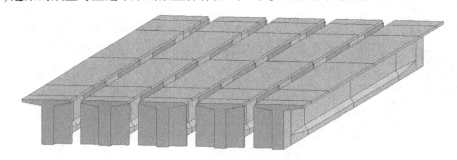

图 3.1.64 主梁拼装结果

(3)在相邻横隔板之间放置横隔板现浇段,拼装结果如图 3.1.65 所示。

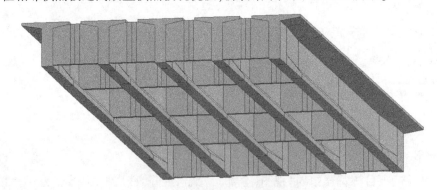

图 3.1.65 横隔板现浇段拼装结果

(4)放置主梁现浇段和沥青铺装层。首先放置主梁现浇段的模型,将"主梁现浇段"从项目浏览器中拖出,放置到图 3.1.63 中轴网的(3-a)交点,沥青铺装层模型放置点与主梁现浇段模型放置点一致,最后通过【修改】选项卡中的【平移】功能完成位置的调整。至此单跨主梁建模完成,建模结果如图 3.1.66 所示。

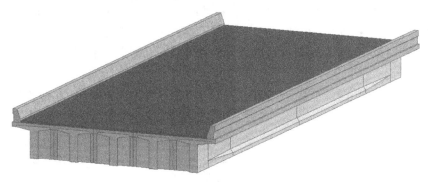

图 3.1.66　单跨主梁建模结果

第二节　预应力混凝土简支 T 梁桥下部结构

一、结构与构造

桥梁下部结构(substructure)主要由桥墩、桥台和基础三部分组成,承担着桥梁上部结构所产生的作用,并将作用有效地传递给地基。桥墩是指两跨以上桥梁的中间支承结构物,它除了承受上部结构的荷载外,还要承受流水压力、风力以及可能出现的冰作用,船只、排筏或漂浮物的撞击力。桥台一般设置在桥梁的两端,除了支承桥跨结构之外,它又是连接两岸接线路堤的构筑物,作为挡土护岸,承受台背填土以及填土上车辆荷载所产生的附加侧压力。

柱(桩柱)式桥墩和 U 形桥台是常用的简支梁桥下部结构形式。

(一)桥墩

柱式桥墩是目前公路桥梁中广泛采用的桥墩形式,特别是在中小跨径桥梁中,或者桥宽较大的城市高架桥和立交桥中,采用这种桥墩既能减轻墩身重量,节约圬工材料,又较美观,如图 3.2.1 所示。柱式桥墩由分离的两根或多根立柱(或桩柱)组成。柱式桥墩的墩身沿桥横向一般有 1~4 根立柱,柱身为 0.6~1.5m 的大直径圆柱或方形、六角形等形状,当墩身高度大于 6~7m 时,设横系梁加强柱身横向联系。柱式桥墩一般由基础之上的承台、柱式墩身和盖梁组成,如图 3.2.1 所示。若柱下是桩基础,则称为桩柱式桥墩。

双车道桥常用的桥墩形式有单柱式、双柱式、哑铃式以及混合双柱式四种,如图 3.2.2 所示。单柱式桥墩适用于斜交角大于 15°的桥梁、流向不固定的桥梁和立交桥。双柱式桥墩在公路上用得较多。哑铃式和混合双柱式桥墩对有较多漂流物和流冰的河道较为适用。

柱式桥墩基础为桩基础或扩大基础。当为桩基础时,桩顶常以横系梁连接。

1. 盖梁

柱式桥墩柱顶可设有盖梁或不设盖梁。当上部结构为装配式梁桥时,柱式桥墩柱顶采用盖梁,便于多片装配式单梁安放支座;当上部结构为整体式梁桥时,柱式桥墩柱顶一般不设置盖梁,直接在柱顶设置支座支承于上部整体式结构下。盖梁横截面形状一般为矩形或T形,底面形状有直线形和曲线形两种。直线形盖梁钢筋施工较简单;曲线形盖梁施工较复杂,但较为节省材料。盖梁一般为钢筋混凝土构件或预应力混凝土构件,各截面尺寸与配筋需通过计算确定。盖梁一般就地浇筑,施工及设计条件允许时,也有采用预制安装的盖梁。

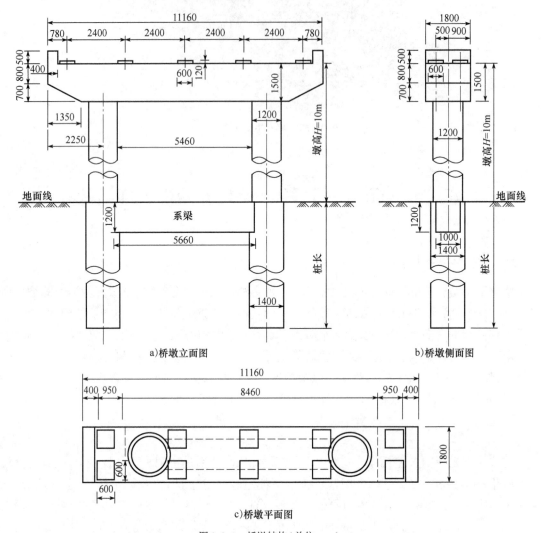

图 3.2.1　桥墩结构(单位:mm)

2. 墩柱

柱式桥墩一般由强度等级为C25～C30的钢筋混凝土构件组成。墩柱与桩钢筋构造如图3.2.3所示。墩柱钢筋伸入盖梁或承台进行连接时,为使桩柱和盖梁或承台有较好的整体性,桩柱顶一般应嵌入盖梁或承台150～200mm。露出桩柱顶的主筋可弯成与铅垂线约成15°倾斜角的喇叭形,并伸入盖梁或承台中,如图3.2.3所示。若受盖梁或承台尺寸的限制,也可不弯成喇叭形,但钢筋的伸入长度应符合规范的有关规定。单排柱基的主筋应与盖梁主筋连接。此外,在喇叭形主筋外围还应设置直径不小于8mm的箍筋,间距一般为100～200mm。

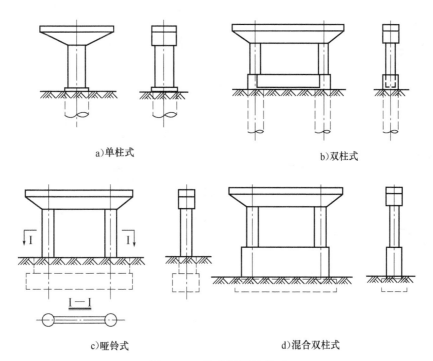

图 3.2.2 柱式桥墩的类型

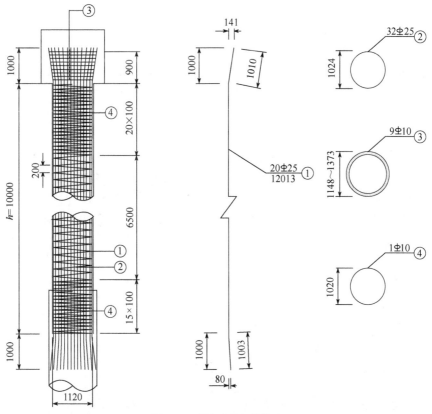

图 3.2.3 墩柱与桩钢筋构造

3. 承台和横系梁

承台指的是为承受、分布由墩身传递的荷载,在桩基顶部设置的连接各桩顶的钢筋混凝土平台。承台把几根甚至十几根桩连接在一起形成桩基础,如图3.2.4所示。承台分为高桩承台和低桩承台,低桩承台一般埋在土中或部分埋进土中,高桩承台一般露出地面或水面。高桩承台由于具有一段自由长度,其周围无支撑体共同承受水平外力。高桩承台一般用于港口、码头、海洋工程及桥梁工程。低桩承台一般用于工业与民用房屋建筑物。桩头一般伸入承台0.1m,并有钢筋锚入承台。承台上再建柱或墩,形成完整的传力体系。

当桩柱式桥墩纵向为单排桩且桩顶不设承台时,应在桩顶用横系梁加强桩柱的整体性,横系梁高度可取为桩(柱)径的80%~100%。横系梁一般不直接承受外力,可不做截面设计,按钻孔桩截面积的0.1%配置构造钢筋即可,构造钢筋伸入桩内并与桩内主筋连接。

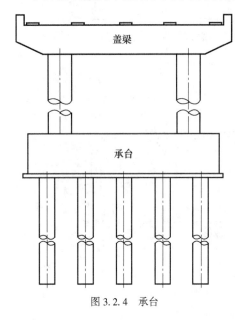

图3.2.4 承台

(二)桥台

桥台按构造形式可分为重力式桥台、轻型桥台、框架式桥台、组合式桥台和埋置式桥台五大类,本节建模所使用的双柱式桥台从属于框架式桥台。框架式桥台是一种在横桥向呈框架式结构的桩基础轻型桥台,它埋置于土中,所受的土压力较小,适用于地基承载力较低、台身较高、跨径较大的梁桥。其构造形式有双柱式、多柱式、墙式、半重力式、双排架式、板凳式等。

双柱式桥台结构如图3.2.5所示,一般在填土高度小于5m时采用。当桥较宽时,为减小台帽跨径,可采用多柱式桥台,或直接在桩上面建造台帽。为了使桥台填土密实,减少填土沉降,也为了减少桥台填土对桥台产生水平推力,往往先填土,再沉桩、浇筑台帽。当填土高度大于5m时,可采用墙式桥台(图3.2.6)。框架式桥台均采用埋置式,因此也称为埋置式桥台,台前设置溜坡。为满足桥台与路堤的连接,在台帽上部设置耳墙,必要时在台帽前方两侧设置挡板。

(三)基础

基础是介于墩身与地基之间的传力结构。基础的种类很多,这里仅简要介绍设置在天然地基上的刚性扩大基础和桩基础。

1. 刚性扩大基础

刚性扩大基础一般采用强度等级不低于C20的混凝土。基础的平面尺寸较墩身

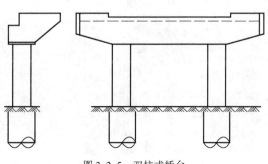

图3.2.5 双柱式桥台

底截面尺寸略大,四周放大的尺寸每边为0.25~0.75m。基础可以做成单层,也可以做成2~3层台阶式,如图3.2.7所示。

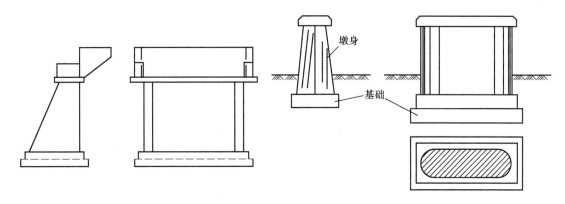

图3.2.6 墙式桥台　　　　　　　　图3.2.7 刚性扩大基础

为了保持美观和结构不受碰损,基础顶面一般应设置在最低水位以下不小于0.5m;在季节性河流或旱地上,不宜高出地面。另外,为了保证持力层的稳定性和不受扰动,基础的埋置深度,除岩石地基外,应在天然地面或河底以下不小于1m;如有冲刷,基底埋深应在设计洪水位冲刷线以下不小于1m;对于上部结构为超静定结构的桥涵基础,除了非冻胀土外,均应将基底埋于冻结线以下不小于0.25m。

2. 桩基础

桩基础是通过承台把若干根桩的顶部联结成整体,共同承受动静荷载的一种深基础。而桩是设置于土中的竖直或倾斜的基础构件,其作用在于穿越软弱的高压缩性土层或水,将桩所承受的荷载传递到更硬、更密实或压缩性较小的地基持力层上。桩基础结构如图3.2.1所示。钻孔桩设计直径不宜小于0.8m;挖孔桩直径或最小边宽度不宜小于1.2m,钻(挖)孔桩、沉桩的桩身混凝土强度等级不应低于C25。

桩基础有许多不同的类型,可以从不同的方面按照不同的方法对其进行分类。如根据承台与地面相对位置的不同,分为低承台桩基与高承台桩基。当桩承台底面位于地面以下时,称为低承台桩基;当桩承台底面高出地面时,称为高承台桩基。按承载性状分为摩擦桩和端承桩。当桩顶荷载主要由桩侧阻力承受时,称为摩擦桩;当桩顶荷载主要由桩端阻力承受时,称为端承桩。

二、工程实例与建模思路

(一)工程实例

1. 工程概况

下部结构工程实例与本章简支T梁同属一座桥,设计荷载为公路Ⅰ级,桥面宽度为

12.25m。支座采用板式橡胶支座,支座垫石采用C50小石子混凝土;墩台盖梁、墩身、墩身系梁、台身、耳背墙、防震挡块采用C35混凝土,干湿交替环境及水中墩柱采用C40混凝土;承台、桩顶系梁、桩基础等采用C30混凝土(钻孔灌注采用C30水下混凝土)。

2. 结构与构造

桥墩由盖梁、墩柱、系梁、桩基四部分组成,盖梁长11.16m、宽1.8m、高2m,墩柱与桩基的直径分别为1.2m、1.4m,桥墩构造如图3.2.1所示。双柱式桥台构造如图3.2.8所示。

3. 普通钢筋与预应力钢筋

盖梁与系梁部分的钢筋主要由架立筋和箍筋组成,与主梁钢筋的建模过程类似,故此节不再赘述,本节钢筋建模部分主要介绍桥墩的钢筋建模。普通钢筋采用HPB300钢筋和HRB400钢筋,其中HPB300钢筋应符合《钢筋混凝土用钢 第1部分:热轧光圆钢筋》(GB/T 1499.1—2017)的规定,HRB400钢筋应符合《钢筋混凝土用钢 第2部分:热轧带肋钢筋》(GB/T 1499.2—2018)的规定。HPB300钢筋主要采用直径$d=10$mm一种规格,HRB400钢筋主要采用直径d为12mm、16mm、20mm、22mm、25mm、28mm六种规格。桥墩处的钢筋构造如图3.2.3所示。

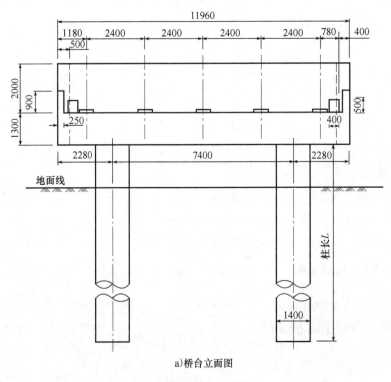

a)桥台立面图

图 3.2.8

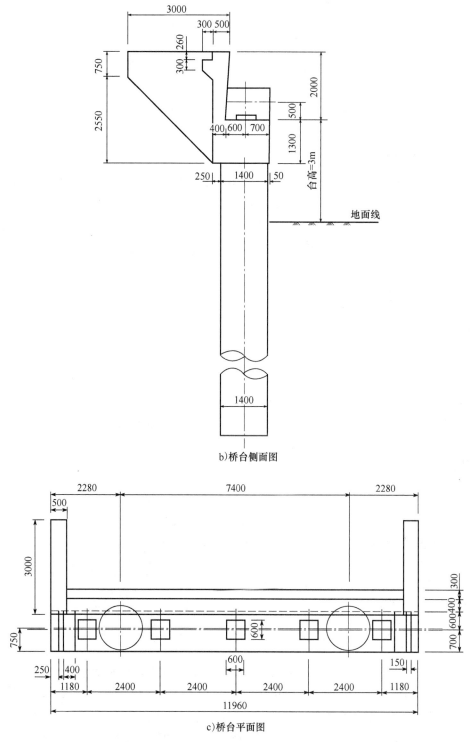

b) 桥台侧面图

c) 桥台平面图

图 3.2.8 双柱式桥台结构示意图(单位:mm)

(二)建模思路

1. 下部结构建模

下部结构(包括桩基、墩柱、系梁、盖梁、台身、支座等)设计的标准化程度较高,可以较好地实现参数化控制模型。由于 Revit 中没有桥墩、桥台、桥面系等构件,所以应自行创建族文件,以公制常规模型样板制作对应的族文件并进行对应的参数化控制,最后导入项目中相应位置。

2. 墩柱钢筋建模

由于墩柱钢筋的构造相较于主梁钢筋更加复杂,本节钢筋模型先用参考线绘制出钢筋的路径,再利用 Revit 中的"放样"功能建模,同时使用"复制"与"镜像"等功能辅助建模。需要注意的是,公制常规模型是一种最为通用的族样板文件,一般需要独立使用的族均采用公制常规模型制作。由于将族文件导入项目时的默认定位点为族文件中的坐标原点,所以建模时应注意模型与原点的距离,方便最后在项目中导入模型。

三、桥墩建模【资源3.2.1】

(一)桩基础

1. 新建公制常规模型族文件

单击 Revit 界面左上角【新建】,选择新建【族】,选择"公制常规模型.rft",创建新的公制常规模型族文件。单击快速访问工具栏中的"保存"按钮,保存文件为"桥墩"。由于桥墩各个构件的建模较为简单,不使用分开建模再拼装的方法,直接将其建在一个模型中即可。

2. 建立桩基模型

桩基模型使用【拉伸】功能以"上下"为拉伸方向创建,在项目浏览器中打开"参照标高"平面,单击功能区中【创建】选项卡,在【形状】面板中选择【拉伸】命令,进入"拉伸"功能界面。在【绘制】面板中选择【圆形】绘制桩基轮廓,如图 3.2.9 a)所示。假设桩长 L 为 10m,且将楼层平面的参照标高即"0"高程作为地面标高,故在左侧【属性】面板中将"拉伸终点"改为"-10000.0","拉伸起点"改为"0.0",如图 3.2.9 b)所示。单击【√】命令完成拉伸创建,建模结果如图 3.2.9 c)所示。

(二)承台/系梁

(1)系梁模型同样使用【拉伸】功能创建,由于形状简单且拉伸方向并不唯一,此处以"前后"为拉伸方向建模。单击功能区中【创建】选项卡,在【形状】面板中选择【拉伸】命令,在【修改|创建拉伸】选项卡下的【绘制】面板中选择【直线】功能,绘制尺寸为 5860mm×1200mm 的矩形轮廓线,如图 3.2.10 所示。在左侧【属性】面板中输入拉伸起点与拉伸终点"500.0""-500.0",单击【修改|创建拉伸】选项卡下【模式】面板中的【√】命令完成建模,此时建模结果如图 3.2.11 所示。

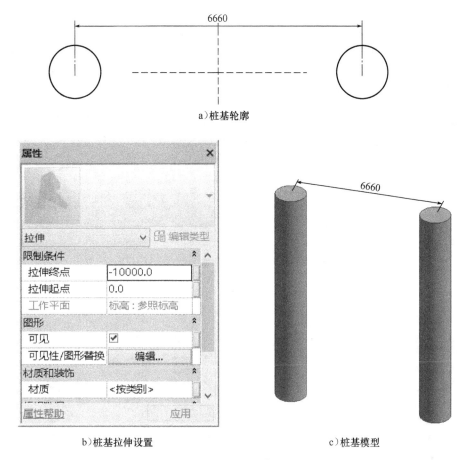

图 3.2.9 桩基建模

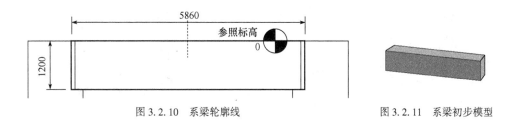

图 3.2.10 系梁轮廓线　　　　　　　图 3.2.11 系梁初步模型

（2）由于建好的桩基与系梁在相交处出现重叠，使用【连接】将桩基与系梁连成一个整体，单击功能区中【修改】选项卡，在【几何图形】面板中选择【连接】命令，如图 3.2.12 所示。依次单击桩基与系梁，此时下部结构整体模型如图 3.2.13 所示。

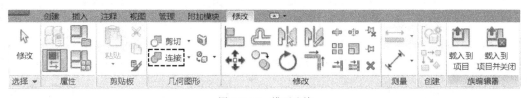

图 3.2.12 模型连接

(三)墩柱

图3.2.13 系梁与桩基模型

墩柱模型的建立方法与桩基一致,通过简单的【拉伸】功能即可完成,以"上下"为拉伸方向,单击功能区中【创建】选项卡,在【形状】面板中选择【拉伸】命令,在【修改|创建拉伸】选项卡下的【绘制】面板中选择【圆形】功能,绘制墩柱轮廓线,如图3.2.14所示。在左侧【属性】面板中输入拉伸起点与拉伸终点"0.0""8500.0",单击【修改|创建拉伸】选项卡下【模式】面板中的【√】命令完成建模,墩柱模型如图3.2.15所示。此时下部结构整体模型如图3.2.16所示。

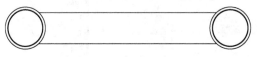

图3.2.14 拾取墩柱轮廓线

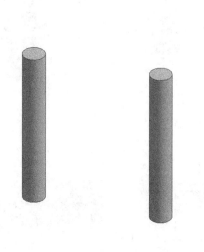

图3.2.15 墩柱模型

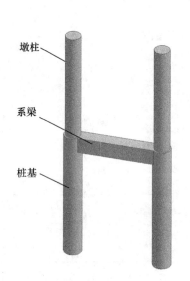

图3.2.16 整体模型

(四)盖梁

盖梁模型的创建与系梁相同,同样是使用【拉伸】功能,且选定拉伸的方向相同,拉伸方向的选择将直接影响建模操作的烦琐程度,故此处将拉伸方向定为"前后"是最合理的建模方式。单击功能区中【创建】选项卡,在【形状】面板中选择【拉伸】命令,在【修改|创建拉伸】选项卡下的【绘制】面板中选择【直线】功能,绘制盖梁轮廓线,盖梁尺寸见图3.2.1,绘制结果如图3.2.17所示。在左侧【属性】面板中输入拉伸起点与拉伸终点"900.0""-900.0",单击【修改|创建拉伸】选项卡下【模式】面板中的【√】命令完成建模,盖梁模型如图3.2.18所示。下部结构整体模型如图3.2.19所示。

图 3.2.17　盖梁轮廓线

图 3.2.18　盖梁模型

(五)支座

支座模型的创建同上,使用【拉伸】功能,若单次拉伸仅创建一个支座模型,则拉伸的方向可随意;若一次性拉伸出所有支座,则拉伸方向只能定为"上下"。单击功能区中【创建】选项卡,在【形状】面板中选择【拉伸】命令,在【修改|创建拉伸】选项卡下的【绘制】面板中选择【直线】功能,绘制支座轮廓线,支座尺寸见图 3.2.1,绘制结果如图 3.2.20 所示。在左侧【属性】面板中输入拉伸起点与拉伸终点"10000.0""10120.0",单击【修改|创建拉伸】选项卡下【模式】面板中的【√】命令完成建模,支座模型如图 3.2.21 所示。此时桥墩建模完成,桥墩模型如图 3.2.22 所示。

图 3.2.19　下部结构整体模型

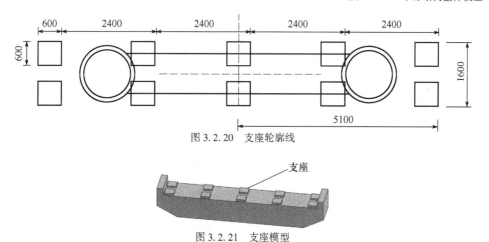
图 3.2.20　支座轮廓线

图 3.2.21　支座模型

(六)墩柱钢筋

墩柱钢筋布置如图 3.2.3 所示,由于盖梁与系梁钢筋建模操作与主梁钢筋建模操作基本类似(详见第三章第一节),故本节钢筋建模部分仅介绍墩柱钢筋的建模。墩柱钢筋由纵筋和箍筋组成,纵筋的建模与主梁纵筋建模一样通过【放样】功能完成,而对于墩柱特有的螺旋上升的圆形箍筋,由于在 Revit 软件的"公制常规模型"样板中无法建立复杂的三维线条,故使用"概念体量"进行箍筋建模,最后将桥墩模型载入概念体量族完成建模。

1. 创建概念体量族

单击 Revit 界面左上角【新建】,选择"概念体量",如图 3.2.23 所示。

图 3.2.22　桥墩模型

图 3.2.23　新建概念体量

2. 创建辅助线

（1）使用【创建】选项卡【绘制】面板中的【圆形】功能，根据箍筋的大小在平面创建一个半径为 560mm 的圆，如图 3.2.24 所示。单击圆形，单击选项卡中出现的【创建形状】功能，创建圆柱的实心形状，由于仅创建一节箍筋，故圆柱的高设为 100mm 即可，如图 3.2.25 所示。

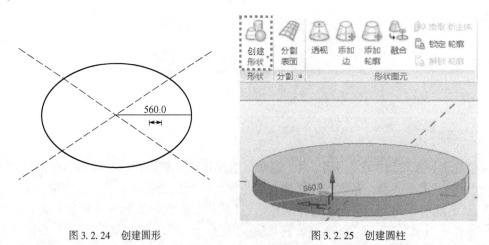

图 3.2.24　创建圆形　　　　　　　图 3.2.25　创建圆柱

（2）对创建好的圆柱体进行分割表面操作，单击圆柱外表面，使用选项卡中出现的【分割表面】功能，如图 3.2.26 所示。体量分割表面操作的好处就是可以进行 UV 分割，也就是水平向与竖直向的分割。分割之后点击分好的 UV 线,将 U 网格属性的固定数量调为 8,V 网格属性的固定数量调为 4。再次选择 UV 线,点击【表面表示】工具栏右下方的小箭头,将表面表示的"节点"属性打上钩,这样就能显示"节点",如图 3.2.26 所示。分割表面结果如图 3.2.27 所示。

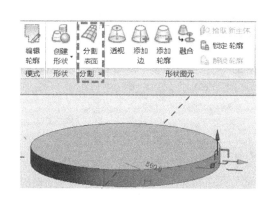
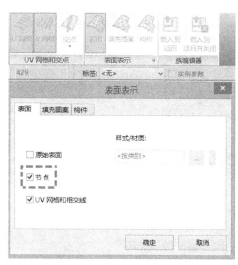

图 3.2.26　分割表面操作过程

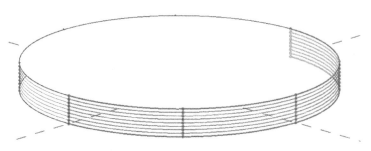

图 3.2.27　分割表面结果

下面需要创建一个自适应族。单击 Revit 界面左上角【新建】,选择新建【族】,选择自适应公制常规模型,然后在自适应族里使用【创建】选项卡【绘制】面板里的【点图元】功能添加 9 个普通点,如图 3.2.28 所示。这里的点数量要比纵向间隔的数量多 1,8 个间距对应 9 个点,然后框选 9 个点,单击工具栏的【使自适应】使 9 个点变为自适应点,如图 3.2.29 所示。再次框选 9 个自适应点,点击【绘制】面板里的【通过点的样条曲线】功能,创建一条通过 9 个自适应点的样条曲线,如图 3.2.30 所示。使用【插入】选项卡中的【载入到项目】将创建好的自适应族载入概念体量族中。

将载入的自适应曲线螺旋向上,依次点击 UV 线的交点,这样一条螺旋线就创建完成了,如图 3.2.31 所示。之后将螺旋线与圆柱分离,依次选择自适应点(可使用"Tab"键进行选择),将【属性】面板里的"由主体控制"的"√"去掉,如图 3.2.32 所示。按此操作就可以将螺旋线与圆柱分离,此时圆柱的作用就结束了,将圆柱删除后一条螺旋向上的曲线就创建完成了,如图 3.2.33 所示。

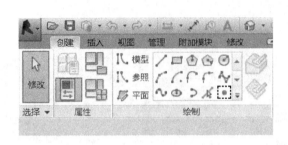
图 3.2.28 创建点

图 3.2.29 创建自适应点

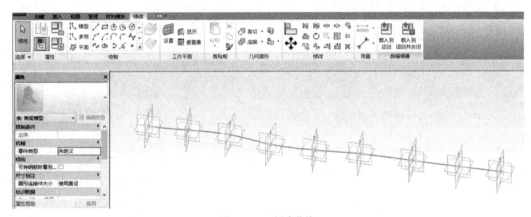
图 3.2.30 创建曲线

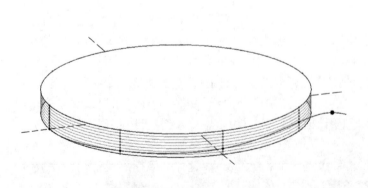
图 3.2.31 创建螺旋线

图 3.2.32 分离螺旋线与圆柱

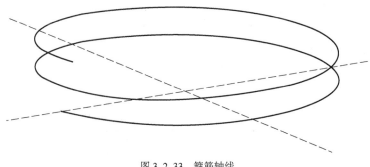

图 3.2.33　箍筋轴线

3. 建立钢筋模型

(1)使用【绘制】面板中的【点图元】功能在螺旋钢筋的放样线上放置一个点,然后单击选中点,点击【工作平面】面板中的【设置】将工作平面设置为点的工作平面,如图 3.2.34 所示。

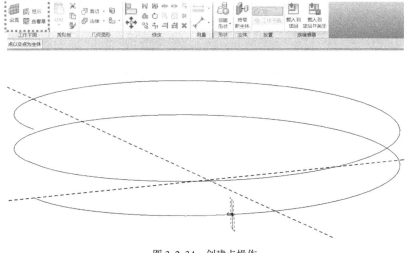

图 3.2.34　创建点操作

(2)使用【绘制】面板中的【圆形】功能,以前一步创建的点为圆心画一个圆(圆的直径就是钢筋的直径),选中圆和螺旋线,点击【创建形状】完成部分墩柱箍筋建模,通过【复制】完成模型,最后加入纵筋,建模结果如图 3.2.35 所示。

四、桥台建模【资源 3.2.2】

(一)桩基础

1. 新建公制常规模型族文件

单击 Revit 界面左上角【新建】,选择新建【族】,选择"公制常规模型. rft",创建新的公制常规模型族文件。单击快速访问工具栏中的"保存"按钮,保存文件为"桥台"。

2. 建立桩基模型

桥台桩基和桥墩桩基的建模过程完全一致,使用【拉伸】功能以"上下"为拉伸方向建模,在【绘制】面板中选择【圆形】功能绘制桩基轮廓线,如图 3.2.36 所示,桩长 L 为 10m 且将楼层平面的参照标高即"0"高程作为地面标高,故在左侧【属性】面板中输入拉伸起点与拉伸终点"1700.0""-8300.0",单击【√】命令完成拉伸创建。桩基模型如图 3.2.37 所示。

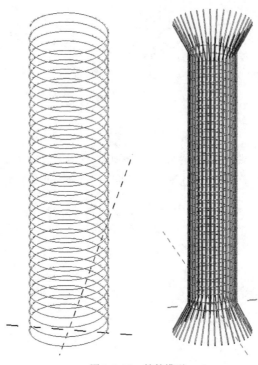

图 3.2.35 箍筋模型

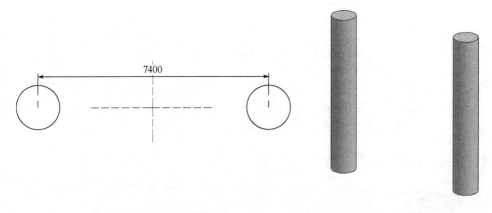

图 3.2.36 桩基拉伸轮廓线　　　　图 3.2.37 桩基模型

(二)台身

相较于桩基,台身的创建同样是使用【拉伸】功能,但是选定拉伸的方向不同,由于台身结构形状复杂,台身的建模以"左右"为拉伸方向最合适,绘制的台身轮廓线如图 3.2.38 所示,

具体尺寸如图3.2.8所示。单击功能区中【创建】选项卡,在【形状】面板中选择【拉伸】命令,在【修改|创建拉伸】选项卡下的【绘制】面板中选择【拾取线】功能,点选绘制好的轮廓线1,在左侧【属性】面板中输入拉伸起点与拉伸终点"5980.0""-5980.0",单击【修改|创建拉伸】选项卡下【模式】面板中的【√】命令完成建模。重复上述拉伸操作,拾取轮廓线2,拉伸起点与拉伸终点分别设为"5980.0""-5980.0",台身建模结果如图3.2.39所示。

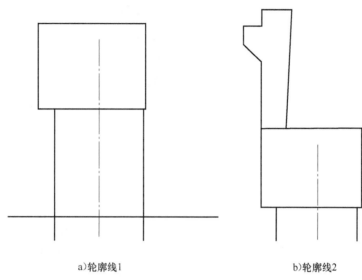

a)轮廓线1　　　　　b)轮廓线2

图3.2.38　台身拉伸轮廓线

(三)防震挡块

根据挡块的形状,通过【拉伸】功能建模,选"左右"作为拉伸方向合适。展开左侧项目浏览器中的"视图(全部)"总链,展开"立面"支链,双击"左",将轮廓线绘制在左立面上。单击功能区中【创建】选项卡,在【形状】面板中选择【拉伸】命令,在【修改|创建拉伸】选项卡下的【绘制】面板中选择【直线】功能,绘制轮廓线,如图3.2.40所示。拉伸起点与拉伸终点分别设为"5180.0""5580.0",由于两块防震挡块形状一致且位置对称,使用【镜像-拾取轴】功能可简化建模,在左侧项目浏览器中打开前立面,单击鼠标左键点选右侧建好的一个防震挡块,单击【修改】选项卡中的【镜像-拾取轴】功能,最后单击对称轴完成镜像操作,建模结果如图3.2.41所示。

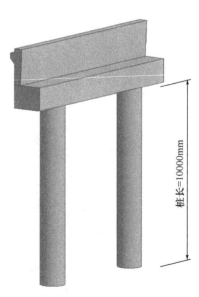

图3.2.39　台身模型

(四)挡土块

挡土块与防震挡块的建模过程类似,选"左右"作为拉伸方向合适。展开左侧项目浏览器中的"视图(全部)"总链,展开"立面"支链,双击"左",将轮廓线绘制在左立面上。单击功能区中【创建】选项卡,在【形状】面板中选择【拉伸】命令,在【修改|创建拉伸】选项卡下的【绘

制】面板中选择【直线】功能,绘制轮廓线,如图 3.2.42 所示。拉伸起点与拉伸终点分别设为 "5980.0""5730.0",最后使用【镜像-拾取轴】功能完成建模,建模结果如图 3.2.43 所示。

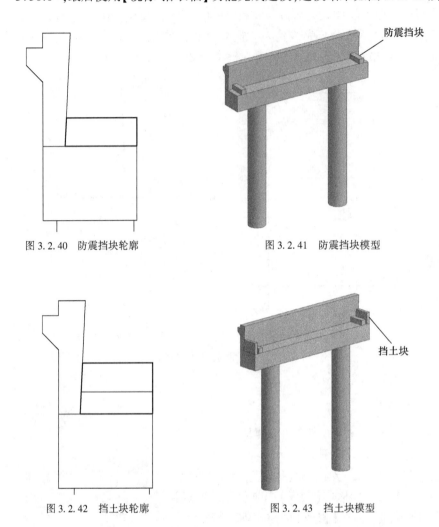

图 3.2.40　防震挡块轮廓　　　　　图 3.2.41　防震挡块模型

图 3.2.42　挡土块轮廓　　　　　图 3.2.43　挡土块模型

(五)支座

桥台支座和桥墩支座的建模过程完全一致,使用【拉伸】功能以"上下"为拉伸方向建模。单击功能区中【创建】选项卡,在【形状】面板中选择【拉伸】命令,在【修改|创建拉伸】选项卡下的【绘制】面板中选择【矩形】功能,绘制轮廓线,如图 3.2.44 所示。在左侧【属性】面板中输入拉伸起点与拉伸终点"3120.0""3000.0",单击【修改|创建拉伸】选项卡下【模式】面板中的【√】命令完成建模,支座模型如图 3.2.45 所示。

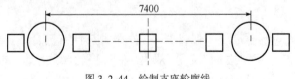

图 3.2.44　绘制支座轮廓线

（六）耳墙

受耳墙形状所限，通过一次拉伸操作完成建模，只有选"左右"作为拉伸方向合适。单击功能区中【创建】选项卡，在【形状】面板中选择【拉伸】命令，在【修改|创建拉伸】选项卡下的【绘制】面板中选择【直线】功能，尺寸如图 3.2.8 所示，绘制轮廓线，如图 3.2.46 所示。在左侧【属性】面板中输入拉伸起点与拉伸终点"5980.0""5480.0"，最后使用【镜像-拾取轴】功能完成建模，建模结果如图 3.2.47 所示。

五、参数化控制与导入项目

以上步骤结束后，可以得到一个公制常规模型样板的桥墩族或桥台族，但这个族只适用于绘制时所使

图 3.2.45 支座模型

用的图纸，将其导入 Revit 项目中，也只能得到一个固定形状和尺寸的桥墩/台，这对于大量的标准化设计显然是不满足要求的。可以通过在族中设定参数的方法，将族制作成一个可以任意、简便地修改尺寸参数和形状的参数化模型。

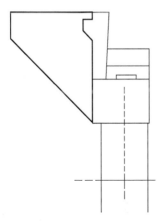

图 3.2.46 耳墙轮廓

图 3.2.47 桥台模型

例如，在之前已经创建好的桥台族中，桩基础的长度 L 设为 10m，现为桩长设置参数，首先点选【注释】面板中【尺寸标注】栏目中的【对齐】按键，对桩基础首尾距离进行标注；然后通过鼠标单击选中标注，选择左上方"标签"中的"<添加参数…>"，为该尺寸标注添加族参数"桩长"；确定保存之后，这个常规模型中就多了"桩长"这一族参数，可以在左上方【创建】选项卡的【属性】面板中的【族类型】中查看该族已有的参数，如果需要更改桩长，只需要在【族类型】中改变"桩长"的值即可，如图 3.2.48 所示。

接下来只需要将建好的下部结构模型文件导入"简支 T 梁桥"项目文件中即可，只要没有改动过三个初始平面的"定义原点"功能，常规模型导入项目中的插入点就始终是参照标高上的原点。所以在整体项目文件中设置好桥梁需要的各个高程后，应注意导入桥墩、桥台时工作平面与桥墩族或桥台族原点的对应，这一步应尽量谨慎核对，如果没有对齐，在体量不大的情况

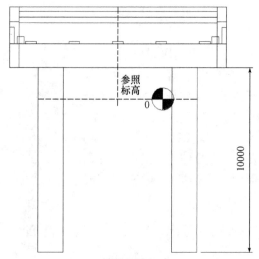

a) 标注桩长

b) 添加参数

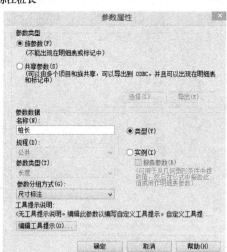

c) 设置参数

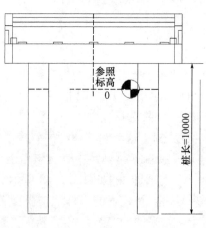

d) 自定义桩长

图 3.2.48 桩长的参数化控制

下也可以自行手动调整。至于平面上的对应,在设置好桥梁平面中心线以及相应轴网后与族原点对齐即可。

具体方法:先打开"简支 T 梁桥"项目文件,然后打开"桥墩"族文件,在族界面右上角选择【创建】选项卡中的【载入到项目】或【载入到项目并关闭】;或者在项目文件中单击【插入】选项卡中的【载入族】按键,然后按族文件的保存路径找到需要载入的族文件。

公制常规模型载入项目中后可以在左下角项目浏览器中找到,将其拖曳至工作区就可预览放置后的位置,确认中心位置对齐并确定工作平面标高无误后单击鼠标左键,桥墩族就被放置于项目中;调至三维视图,若发现位置有所偏移可以使用【移动】工具自行调整。同样地,在项目文件中,若需要调整族的尺寸参数,也不必重新编辑族,可以选中族实体,点击左侧【属性】面板中的"编辑类型"按键,在弹出的对话框中改变族参数即可。

六、梁桥上、下部结构组装【资源 3.2.3】

1. 新建项目文件

单击 Revit 界面左上角【新建】,选择【项目】,选择"构造样板",创建新的项目文件。单击快捷菜单中的"保存"按钮,保存文件为"梁桥组装"。

2. 载入上、下部结构模型

打开【插入】选项卡,单击【从库中载入】面板中的【载入族】和【作为组载入】功能,如图 3.2.49 所示。将建好的"桥墩、桥台.rfa"模型文件和"简支 T 梁桥.rvt"项目文件导入项目文件中,方便组装时调用。导入的桥墩、桥台在左侧项目浏览器中的"族"总链中的"常规模型"支链内可见,而导入的简支 T 梁桥项目文件在项目浏览器中的"组"总链中的"模型"支链内,如图 3.2.50 所示。

图 3.2.49 载入构件操作

3. 绘制轴网

(1)展开左侧项目浏览器中的"视图(全部)"总链,展开"楼层平面"支链,双击"场地",将轴网绘制在场地平面上。

(2)打开【建筑】选项卡,单击【基准】面板中的【轴网】进行轴网的绘制,利用【轴网】功能绘制安装辅助线,确定各个构件的放置位置,以便拼装。绘制间距均为 29300mm 的 4 条纵轴和间距均为 2400mm 的 5 条横轴所组成的轴网,如图 3.2.51 所示。

4. 放置构件

(1)桥台的放置。展开左侧项目浏览器中的"族"总链,展开"常规模型"支链,可见载入的桥台、桥墩构件都在"常规模型"支链中;再次展开"桥台"支链,长按鼠标左键可将桥台构件拖动到工作界面中,将其放置到轴网上相应位置,在不同立面通过【修改】选项卡中的【移动】

功能调整位置,最终结果如图 3.2.52 所示。

图 3.2.50 载入结果

图 3.2.51 轴网绘制

图 3.2.52 桥台放置结果

(2)桥墩的放置与上述桥台的放置操作方式一致,桥墩放置结果如图 3.2.53 所示。

(3)找到项目浏览器中"组"总链下的"模型"支链,展开后可找到第三章第一节组装好的主梁模型"简支 T 梁桥"文件,长按鼠标左键将其拖出放置到轴网相应位置,至此简支 T 梁桥建模完成,建模结果如图 3.2.54 所示。

图 3.2.53　桥墩放置结果

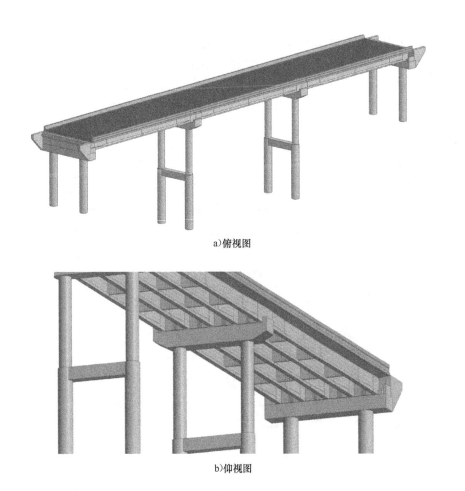

a)俯视图

b)仰视图

图 3.2.54　简支 T 梁桥

第三节 预应力混凝土连续箱梁桥

普通钢筋混凝土和预应力混凝土简支梁桥的经济跨径分别为20m和40m左右,当跨径超出此范围时,跨中恒载弯矩和活载弯矩将会迅速增大,从而导致梁的截面尺寸和自重显著增加,这样不但因材料耗用量大而不经济,而且很大的安装质量给装配式施工造成较大的困难。因此,为了降低材料用量指标,对于较大跨径的桥梁,宜采用能减小跨中弯矩值的其他体系桥梁,如连续体系梁桥。

一、结构与构造

(一)总体布置

当连续梁的主跨跨径接近或大于70m时,若主梁仍采用等截面布置,在恒载和活载作用下,主梁支点截面的负弯矩将比跨中截面的正弯矩大得多,从受力上讲就显得不太合理且不经济,此时采用变截面连续梁桥更符合受力要求,高度变化基本上与内力变化相适应。变截面形式的大跨径预应力混凝土梁桥,立面一般采用不等跨布置。但多于三跨的连续梁桥,除边跨外,其中间各跨一般采用等跨布置,以方便悬臂施工。当标准跨径较大时,有时为减少边跨正弯矩,将边跨跨径取小于中跨跨径的结构布置,一般边跨与中跨跨径之比为0.6~0.8,如图3.3.1所示。当采用箱形截面的三跨连续梁时,边孔跨径甚至可减少至中孔的50%~70%。

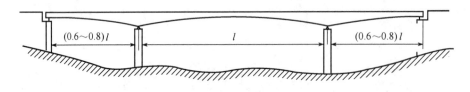

图3.3.1 变截面连续梁桥的立面布置

(二)主梁结构

1. 高跨比

变截面连续梁支点截面的梁高$H_支$为$(1/18 \sim 1/16)l$(l为中间跨跨长),一般不小于$l/20$,跨中梁高$H_中$为$(1/2.5 \sim 1/1.5)H_支$。在具体设计中,还要根据边跨与中跨跨径比例、荷载等级等因素,通过对几个方案进行分析和比较确定。在大跨径预应力混凝土连续梁桥中,除截面高度变化外,还可将截面的底板、顶板和腹板做成变厚度,以满足主梁内各截面的不同受力要求。

变截面连续梁的梁底曲线可采用二次抛物线、折线和介于折线与二次抛物线之间的1.5~1.8次抛物线变化形式,抛物线的变化规律应与连续梁的弯矩变化规律基本接近,采用折线形截面变化布置可使桥梁的构造简单、施工方便。具体的选用形式应按照各截面上下缘受力均匀、容易布筋确定。

2. 截面形式

连续体系梁桥的主梁多采用箱形截面,常用的箱形截面有单箱单室、单箱双室和分离式双箱单室等几种形式,以第一种应用得较多。

(1)顶板。

单箱单室截面的顶板宽度一般小于 20m,如图 3.3.2 a)所示;单箱双室的顶板宽度约为 25m,如图 3.3.2 b)所示;分离式双箱单室的顶板宽度为 40m 左右,如图 3.3.2c)所示。悬臂长度一般不大于 5m,当长度超过 3m 后,宜布置横向预应力束筋。

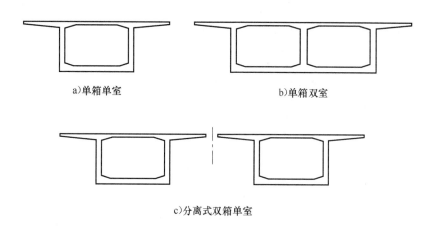

图 3.3.2 箱形截面形式

(2)底板。

箱梁底板厚度随箱梁负弯矩的增大而逐渐增加至墩顶,以适应箱梁下缘受压的要求。墩顶区域底板不宜过薄,否则压应力过高,由此产生的徐变将使跨中区域梁体下挠度较大。底板厚度与主跨之比宜为 1/170～1/140,跨中区域底板厚度则可按构造要求设计,一般为 0.22～0.28m。

(3)腹板。

箱梁腹板的主要功能是承受结构的弯曲剪应力和扭转剪应力所引起的主拉应力,墩顶区域剪力大,因而腹板较厚;跨中区域的腹板较薄,但腹板的最小厚度应考虑钢束管道布置、钢筋布置和混凝土浇筑的要求。一般地,等高度箱梁可采用直腹板或斜腹板,变高度箱梁宜采用直腹板。

3. 预应力筋

连续梁主梁的内力主要有三个,即纵向受弯、受剪以及横向受弯。通常所说的三向预应力,即纵向预应力、竖向预应力、横向预应力,就是为了抵抗上述三个内力:纵向预应力抵抗纵向受弯和部分受剪,竖向预应力抵抗受剪,横向预应力则抵抗横向受弯。预应力数量和布筋位置都需要根据结构在使用阶段的受力状态予以确定,同时,也要满足施工各阶段的受力需要。施工方法不同,施工阶段的受力状态差别很大,因此,结构配筋必须结合施工方法考虑。

(1)纵向预应力筋。

沿桥跨方向的纵向预应力筋又称为主筋,是用以保证桥梁在恒载和活载作用下纵向跨越能力的主要受力钢筋,可布置在顶板、底板和腹板中。

图3.3.3为连续梁采用悬臂施工方法的预应力筋布置方式。梁中除了正弯矩区和负弯矩区各需布置顶部和底部预应力筋外,在有正、负弯矩的区段内,顶板、底板中均需设置预应力筋。图3.3.3 a)为直线布束方式,即顶板预应力筋沿水平布置并锚固在横肋处,此种布束方式可减少预应力筋的摩阻损失,并且穿束方便,也改善了腹板的混凝土浇筑条件;底板预应力筋沿水平布置并锚固在两横肋中间,为跨中正弯矩区提供抗弯承载力。水平预应力筋的设计和构造仅由弯曲应力决定,而抗剪强度则由竖向预应力筋来提供。图3.3.3 b)为顶板预应力筋在腹板内弯曲并下弯锚固在腹板上,减小了外荷载所产生的剪力,此时腹板应具有足够的厚度以承受集中的锚固力。

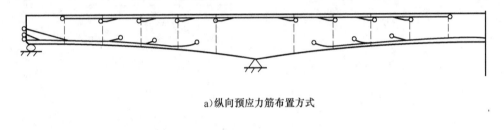

a)纵向预应力筋布置方式

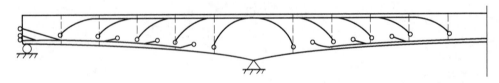

b)腹板预应力筋布置方式

图3.3.3 悬臂现浇连续梁的预应力筋布置图

当需要在梁内、梁顶或梁底锚固预应力筋时,应根据预应力筋锚固区的受力特点通过局部设置普通钢筋给予局部加强,以防开裂损坏。

(2)横向预应力筋。

横向预应力筋是用以保证桥梁的横向整体性、桥面板以及横隔板横向抗弯能力的主要受力钢筋,一般布置在横隔板和顶板中。图3.3.4示出了对箱梁截面的顶板施加横向预应力的力筋构造。由于目前大跨径梁式桥主梁大都采用箱形截面,顶板厚度一般为25~35cm,在保证大量纵向预应力筋穿过的前提下,所剩的空间位置有限,此时横向预应力筋趋向于采用扁锚体系,以减少布筋所需空间。

(3)竖向预应力筋。

竖向预应力筋布置在腹板中,主要作用是提高截面的抗剪能力。图3.3.4中还示出了对箱梁截面的腹板施加竖向预应力的力筋构造。竖向预应力筋在梁体腹板内沿纵向的布置间距可根据竖向剪力的分布而进行调整,靠支点截面位置较密,靠跨中位置较疏。竖向预应力筋比较短,故常采用高强粗钢筋以减少力筋张拉锚固时的回缩损失。但是由于粗钢筋强度较低

(小于1000MPa),长度较小,因而张拉延伸量小,在使用中容易造成预应力损失过大或失效,为克服这一问题,对施工提出二次张拉的要求是十分必要的,这样做可消除大部分混凝土弹塑性压缩引起的预应力损失。

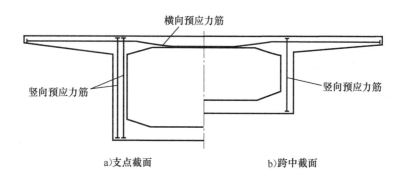

图 3.3.4 箱梁横向及竖向配筋布置方式

二、工程实例与建模思路

(一)工程实例

1. 工程概况

本工程为某路段预应力连续箱梁桥,设计荷载为公路Ⅰ级,主桥为双幅桥布置,跨径布置为 62m+105m+62m,桥面宽 2×17.75m,连续梁采用变截面单箱单室箱形梁,中支点梁高 6.8m,跨中梁高 2.8m,箱梁两侧挑臂长度各为 4.425m,如图 3.3.5、图 3.3.6 所示。

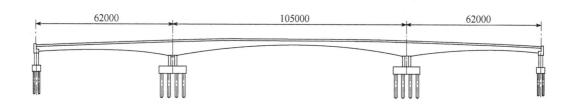

图 3.3.5 总体布置图(单位:cm)

2. 结构与构造

主桥横断面布置:2.25m(栏杆+人行道)+2.5m(非机动车道)+0.5m(护栏)+12m(机动车道)+0.5m(护栏)+5.0m(中央分隔带)+0.5m(护栏)+12m(机动车道)+0.5m(护栏)+2.5m(非机动车道)+2.25m(栏杆+人行道)=40.5m,如图 3.3.6a)所示。预应力混凝土箱梁采用 C50 混凝土,桥墩、盖梁采用 C40 混凝土,桥台、承台采用 C30 混凝土。

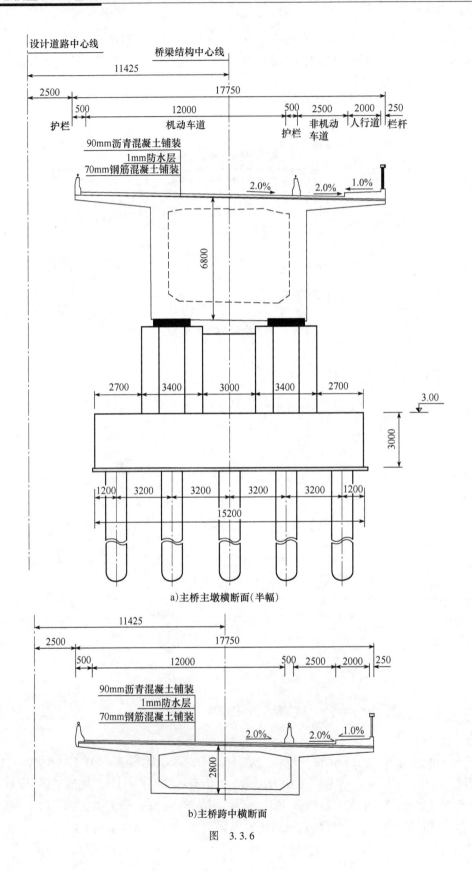

a) 主桥主墩横断面(半幅)

b) 主桥跨中横断面

图 3.3.6

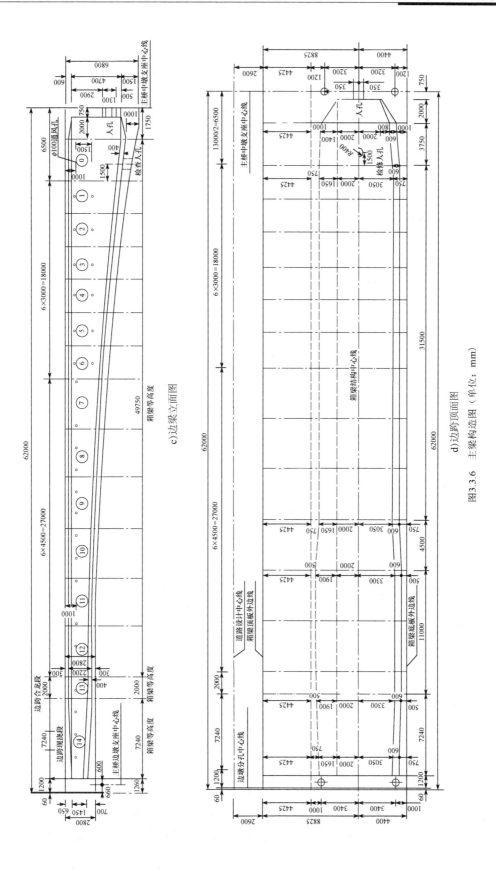

图3.3.6 主梁构造图（单位：mm）

3. 普通钢筋与预应力钢筋

钢绞线技术性能应符合《预应力混凝土用钢绞线》(GB/T 5224—2014),其抗拉强度标准值f_{p_k}=1860MPa,公称直径15.2mm,弹性模量E_p=1.95×10⁵MPa。主桥箱梁预应力管道采用塑料波纹管,以满足真空压浆工艺的要求。普通钢筋采用HPB300、HRB400钢筋。

(二)建模思路

1. 主梁创建

由于箱形截面主梁设计的标准化程度较高,且主梁截面变化较为频繁,使用轮廓族样板依次建立主梁截面轮廓过于烦琐,故本节主梁模型将直接在Revit的公制常规模型样板中建立箱梁轮廓并主要通过放样融合功能完成模型。

总体流程如下:

(1)使用Revit常规族样板中的参照线功能绘制箱梁各变化截面的轮廓,在建模时可直接点选绘制好的轮廓线。

(2)使用Revit常规族样板中的放样以及放样融合等功能创建边梁与中梁的模型,利用族参数控制桥梁纵向跨径布置。

2. 下部结构的创建

由于下部结构模型的组成简单,故直接和主梁模型在同一个公制常规模型样板文件中完成模型创建即可。

总体流程:主要使用Revit常规族样板中的拉伸和空心拉伸功能完成下部结构模型的建立。

3. 整体拼装

为了后期能够更好地集成桥梁其他构件,桥梁整体模型将在Revit项目中进行拼装。
总体流程如下:

(1)在项目文件中根据桥梁总体布置图,绘制安装辅助线,确定各构件族的放置位置。

(2)主梁模型与下部结构模型在项目文件中完成拼装。

(3)对安放好的族模型进行调整,以确保各构件相对位置准确。

三、主梁(以箱梁0#节段为例)建模【资源3.3.1】

(一)箱梁轮廓

1. 新建公制常规模型族

单击Revit界面左上角【新建】,选择【族】,在列表里找到"公制常规模型族.rft",创建新的模型族文件。单击快速访问工具栏中的"保存"按钮,保存文件,并命名为"0#节段"。

2. 绘制箱梁轮廓

展开左侧项目浏览器中的"视图(全部)"总链,展开"立面"支链,双击"左",将轮廓线绘制在左立面上。单击功能区中【创建】选项卡,在【基准】面板中选择【参照线】命令,将预制梁顶与参照标高0对齐,绘制主梁现浇段的轮廓线,具体尺寸及轮廓线绘制成果如图3.3.7所示。

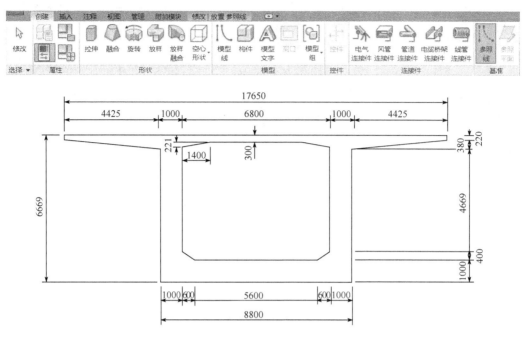

图 3.3.7 支点处箱梁轮廓线

将 0# 节段箱梁两端的轮廓线绘制在一起,方便建模时拾取轮廓线,如图 3.3.8 所示。

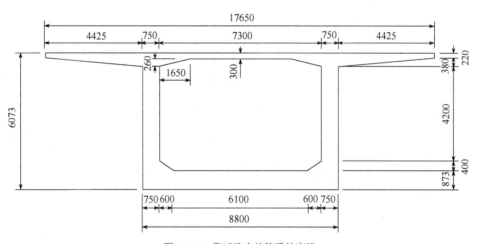

图 3.3.8 靠近跨中处箱梁轮廓线

(二)箱梁 0# 节段【资源 3.3.2】

使用【放样融合】、【空心放样融合】功能创建主梁变化段模型,使用【拉伸】功能创建主梁直线段模型。详细步骤如下:

1. 主梁 0# 变化段实体模型

(1)展开左侧项目浏览器中的"视图(全部)"总链,展开"楼层平面"支链,双击"参照标高",将放样路径设置在"楼层平面"上。

(2)单击功能区中【创建】选项卡,在【形状】面板中选择【放样融合】命令,进入"放样融合"功能界面。

(3)单击功能区中【修改|放样融合】选项卡,在【放样融合】面板中选择【绘制路径】命令,在距离参照平面左侧1750mm的位置绘制长为4750mm的轴线,如图3.3.9所示。单击功能区中【修改|放样融合>绘制路径】选项卡,在【模式】面板中选择【√】命令,完成放样路径的绘制。

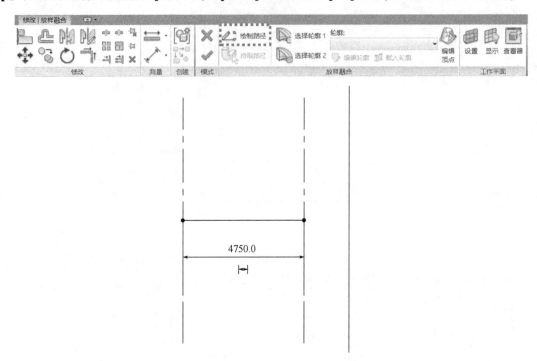

图3.3.9　变化段放样路径

(4)单击功能区中【修改|放样融合】选项卡,在【放样融合】面板中单击【选择轮廓1】,再点击【编辑轮廓】命令,在弹出的"转到视图"对话框中选择"立面:左",自动跳转到左立面后,使用【绘制】面板中的【拾取线】功能选中靠近支点的箱梁轮廓线,重复上述操作完成【选择轮廓2】的操作,选中远离支点的轮廓线,拾取的轮廓线如图3.3.10所示。然后单击【模式】面板中的【√】命令,完成变化段模型的创建,模型如图3.3.11所示。

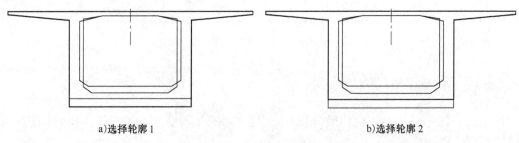

a)选择轮廓1　　　　　　　　　　　　　　b)选择轮廓2

图3.3.10　变化段放样轮廓选取

2. 主梁0#支点处实体模型

支点处箱梁模型轮廓并无变化,故使用【拉伸】功能以"左右"为拉伸方向建模。单击【创建】选项卡中的【拉伸】,使用【绘制】面板中的【拾取线】功能点选轮廓线,如图 3.3.10 a)所示。在左侧【属性】面板中输入拉伸起点与拉伸终点"-1750.0""0.0",最后在【模式】面板中选择【√】命令,完成全部 0#实体建模,模型如图 3.3.12 所示。

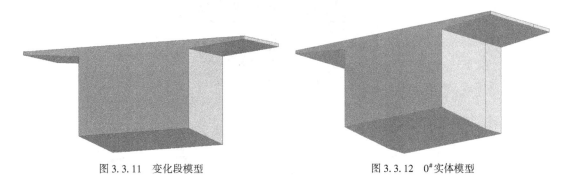

图 3.3.11　变化段模型　　　　　　　图 3.3.12　0#实体模型

3. 主梁 0#节段空心模型

(1)通过【空心放样融合】功能完成箱梁空心部分的建模。首先展开左侧项目浏览器中的"视图(全部)"总链,展开"楼层平面"支链,双击"参照标高",将放样路径设置在"楼层平面"上,单击【创建】选项卡,在【形状】面板中选择【空心形状】下拉列表中的【空心放样融合】命令。

(2)单击功能区中【修改|放样融合】选项卡,在【放样融合】面板中选择【绘制路径】命令,从现有模型最左侧向右绘制长为 3750mm 的轴线,在【模式】面板中选择【√】命令,完成放样路径的绘制。

(3)单击功能区中【修改|放样融合】选项卡,在【放样融合】面板中单击【选择轮廓 1】,再点击【编辑轮廓】命令,在弹出的"转到视图"对话框中选择"立面:左",自动跳转到左立面后,使用【绘制】面板中的【拾取线】功能选中左侧箱梁空心轮廓线,重复上述操作完成【选择轮廓 2】的操作,拾取的轮廓线如图 3.3.13 所示。然后单击【模式】面板中的【√】命令,完成空心模型的创建,如图 3.3.14 所示。

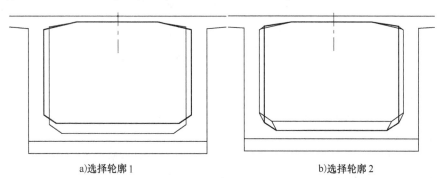

a)选择轮廓 1　　　　　　　　　　b)选择轮廓 2

图 3.3.13　空心放样轮廓选取

(4)创建另一个空心部分。同上使用【空心放样融合】功能完成,其中长方形轮廓尺寸为 4700mm×4000mm 且至支点轮廓下缘距离为 1369mm,建模操作流程一致,此处不再详细介绍。放样路径沿着箱梁的空心形状路径继续向内延伸 2000mm,放样轮廓如图 3.3.15 所示,模型如图 3.3.16 所示。

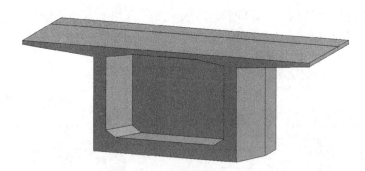

图 3.3.14　箱梁空心模型(前)

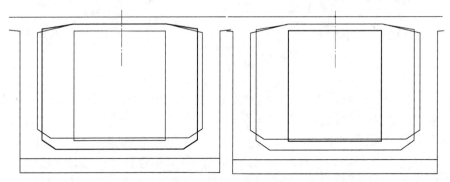

图 3.3.15　空心放样轮廓

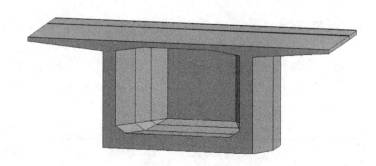

图 3.3.16　箱梁空心模型(后)

(5)建立人孔。使用【空心拉伸】功能,在左侧项目浏览器中打开"左立面",单击【创建】选项卡里【空心形状】下拉列表中的【空心拉伸】,使用【绘制】面板中的【拾取线】功能点选拉伸轮廓,轮廓由 600mm×700mm 的长方形与直径 700mm 的两个半圆组合而成,如图 3.3.17 所示。在【属性】面板中输入拉伸起点与拉伸终点"0.0""-750.0",最后在【属性】面板选择构件材料,至此 0#节段模型创建完成,建模结果如图 3.3.18 所示。

(三)箱梁其他节段【资源 3.3.3】

由于箱梁各节段建模过程及所用到的功能基本相同,且 1#~13#节段结构类似,其尺寸变化规律见表 3.3.1,同上使用【放样融合】、【空心放样融合】功能,故此处仅展示 1#、14#(边跨现浇段)和边跨整体模型,如图 3.3.19 所示。

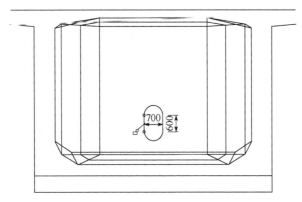

图 3.3.17 空心拉伸轮廓

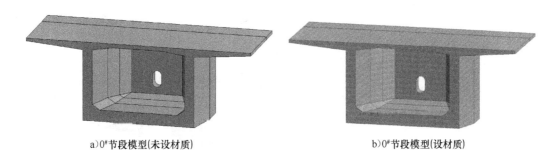

a) 0#节段模型(未设材质)　　　　　　　b) 0#节段模型(设材质)

图 3.3.18　0#节段模型

节段 1# ~ 13# 尺寸(单位:mm)　　　　　　　表 3.3.1

节段	1	2	3	4	5	6	7	8	9	10	11	12	13	14
截面	1—1	2—2	3—3	4—4	5—5	6—6	7—7	8—8	9—9	10—10	11—11	12—12	13—13	14—14	15—15
梁高	6073	5651	5258	4895	4560	4255	3978	3618	3324	3095	2931	2833	2800	2800	2800
顶板厚	300	300	300	300	300	300	300	300	300	261	300	300	300	300	261
底板厚	873	799	730	667	608	555	506	443	392	352	323	306	300	300	650
空心上倒角	1650×260									1900×300					1650×260

注:截面 1—1 的尺寸见图 3.3.8,箱梁空心部分下倒角的尺寸为 600mm×400mm,保持不变。

a) 1#节段模型

图　3.3.19

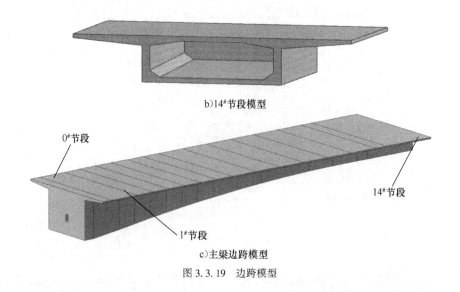

图 3.3.19 边跨模型

边跨建模完成后,灵活使用【修改】选项卡中的【复制】和【镜像】功能可以大幅减少重复的建模工作量,最终完成的箱梁主梁模型如图 3.3.20 所示。

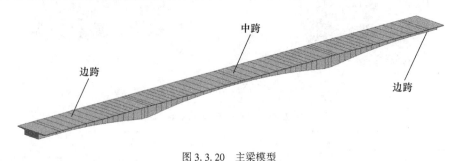

图 3.3.20 主梁模型

四、桥面铺装及附属设施建模【资源 3.3.4】

(一)桥面铺装

1. 新建公制常规模型族

单击 Revit 界面左上角【新建】,选择【族】,在列表里相应找到"公制常规模型族.rft",创建新的模型族文件。单击快速访问工具栏中的"保存"按钮,保存文件,并命名为"桥面铺装"。

2. 建模流程

(1) 桥面铺装由 90mm 沥青混凝土和 70mm 钢筋混凝土组成,两层间夹有 1mm 厚防水层,由于铺装层形状简单,使用【拉伸】功能分别对三者进行建模。

(2) 在项目浏览器中双击打开"左立面"绘制拉伸轮廓,点击【创建】选项卡中的【拉伸】功能进入"拉伸"界面,使用【绘制】面板中的【直线】功能绘制轮廓,如图 3.3.21 所示。建立半桥长的铺装模型后再通过【镜像】功能完成全桥铺装模型创建,故此处设拉伸起点为"61880.0"、拉伸终点为"-62000.0",钢筋混凝土铺装层的模型如图 3.3.22 所示。

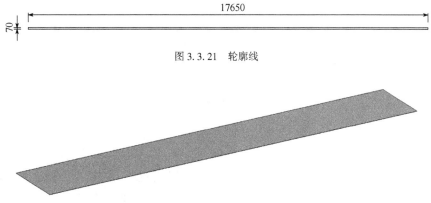

图 3.3.21　轮廓线

图 3.3.22　钢筋混凝土铺装层模型

(3)采用同样的操作建立沥青铺装层,在【属性】面板分别对两个铺装层赋予材质,建模结果如图 3.3.23 所示。

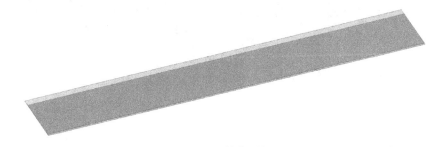

图 3.3.23　铺装层模型

(二)附属设施

由于附属设施模型结构简单,为简化拼装过程,下文附属设施模型除栏杆外均与桥面铺装模型建在同一个常规样板族文件中。

1. 栏杆

出于构件数量的原因,在常规样板族中直接进行栏杆建模过程较为烦琐,在项目文件中可以直接通过路径和栏杆样式的选择,将模型导入项目文件拼装完成后(拼装过程见后文),在项目浏览器中双击打开"场地"平面,单击【建筑】选项卡中【栏杆扶手】下拉列表中的"绘制路径",如图 3.3.24 所示。用【绘制】面板中的【直线】功能在桥梁两侧绘制路径,在左侧的【属性】面板中可以选择栏杆底端的参照标高和至此标高的距离,以此来调节栏杆的高低位置,同时在【属性】面板中也可以选择栏杆的样式,栏杆模型如图 3.3.25 所示。

对于具有纵坡的桥,由于栏杆族文件无法单独做成倾斜状,而需要与楼板、楼梯等 Revit 自带的族主体搭配,所以可以将人行道板或者路缘部分的小部分板先用楼板族制作,然后在其上设置栏杆即可。楼板的绘制操作与拉伸实体大致相同,也是先确定工作平面,再绘制轮廓,纵坡可以通过定义楼板坡度完成,勾选"修改边界"栏的"定义坡度",然后在红色的轮廓线旁边输入需要的坡度即可。

图 3.3.24 栏杆路径

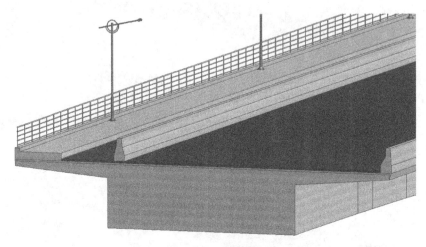

图 3.3.25 栏杆模型

2. 人行道

人行道模型通过【拉伸】功能完成,人行道拉伸轮廓如图 3.3.26 所示。拉伸数据与铺装层相同,建模结果如图 3.3.27 所示。

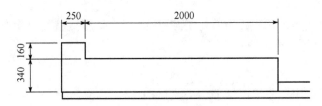

图 3.3.26 人行道拉伸轮廓

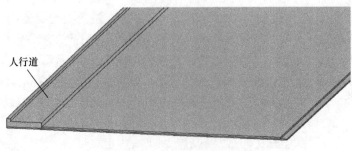

图 3.3.27 人行道模型

3. 防撞护栏

防撞护栏的建模同上，通过【拉伸】功能即可完成，此处不再赘述，建模结果如图 3.3.28 所示。

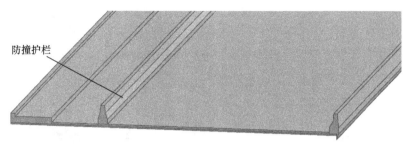

图 3.3.28　防撞护栏模型

4. 路灯、伸缩缝与排水设施等

与防撞护栏一样，在 Revit 中也自带丰富的照明设备的族，一般无须自行创建。单击【载入族】选项卡，选择"建筑"文件夹中的"照明设备"文件夹，其中有十分丰富的照明设备族可供选择，如图 3.3.29 所示，选择需要的族，单击"打开"。可以在项目界面左下方的项目浏览器的族库中查找到已经载入项目中的族文件，设置好工作平面，将族文件拖曳至工作区中所需要安装的位置，再次单击鼠标左键即可，切换至三维视图中检查，若位置有所偏移，可利用移动工具调整。若要更改其尺寸参数，可以在"编辑类型"对话框中予以修改。路灯效果如图 3.3.30 所示。

图 3.3.29　Revit 自带的照明设备族

伸缩装置的构造有许多种，例如模数式、齿块式，十分复杂，应根据实际需要单独建族，而简单的假缝可直接在创建上部结构时预留好，之后在交接处创建盖板（遮挡伸缩缝的构造，如图 3.3.31 所示）即可。

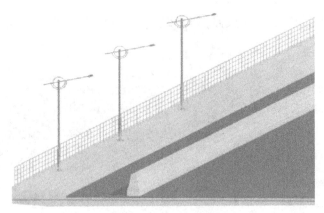

图 3.3.30 路灯模型

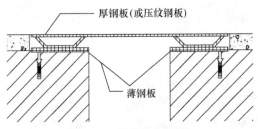

图 3.3.31 伸缩缝盖板构造

桥梁中的排水设施形式丰富多样,但一般均可通过前述的空心拉伸、放样融合的方法形成诸如纵向排水沟、横向排水孔道等,在此不再一一列举,仅以人行道板的横向排水孔道为例。在人行道板族中,先按照设计需要创建对应的排水孔道的中心参照面,然后以该参照平面为工作平面,绘制孔道中心参照线,分别以参照线为路径绘制空心放样,使用【剪切】工具即可得到设置了排水孔道的人行道板。

五、下部结构建模【资源3.3.5】

详细的下部结构建模流程见第三章第二节,此处仅简要介绍箱梁桥下部结构建模所使用到的功能并展示建模成果。

(一)立柱

由于此箱梁桥的立柱截面设计为六边形,所以使用【拉伸】功能建模时拉伸的方向唯一("上下"方向),在"参照标高"平面绘制拉伸轮廓进行拉伸操作,拉伸完成后再使用【空心拉伸】功能切去系梁低于立柱的部分,建模结果如图3.3.32所示。

(二)承台

由于承台形状构造简单,尺寸为15200mm×12000mm×3000mm,通过在任意方向使用【拉伸】功能即可完成建模,建模结果如图3.3.33所示。

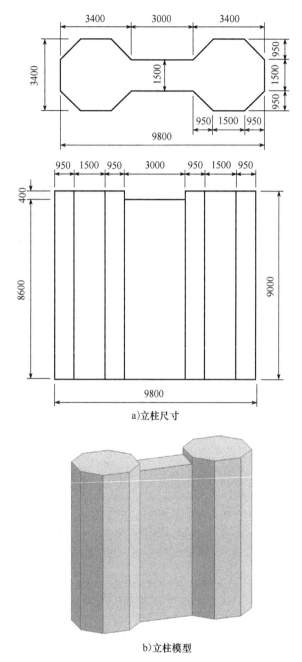

a)立柱尺寸

b)立柱模型

图 3.3.32 立柱尺寸与立柱模型(单位:mm)

(三)桩基

桩基与承台的建模操作流程基本一致,使用【拉伸】功能完成,桩基的尺寸及位置如图 3.3.34 所示。需要注意三个模型构件的拉伸数据,要使上一部分构件的拉伸终点数据与下一部分构件的拉伸起点数据相同,使模型相连接。桥墩模型如图 3.3.35 所示。

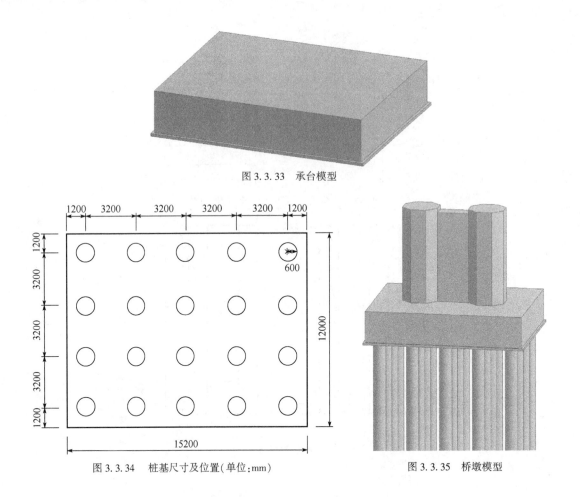

图 3.3.33　承台模型

图 3.3.34　桩基尺寸及位置(单位:mm)

图 3.3.35　桥墩模型

六、桥梁构件拼装【资源 3.3.6】

构件拼装的详细过程见第三章第二节,此处仅简要介绍拼装流程和展示成果。

打开已完成桥面铺装的主梁项目,载入边墩模型和中墩模型,在合适位置插入边墩和中墩,再通过【修改】选项卡中的【移动】功能调整位置,半桥模型如图 3.3.36 所示。

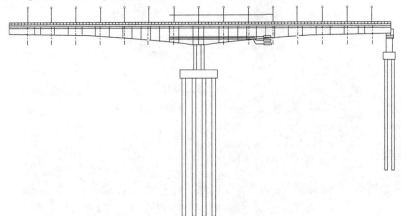

图 3.3.36　半个预应力混凝土连续箱梁桥模型

位置调整完成后,通过【修改】选项卡中的【镜像】功能完成建模,预应力混凝土连续箱梁桥模型如图 3.3.37 所示。

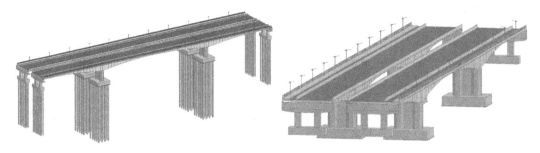

图 3.3.37 预应力混凝土连续箱梁桥模型

练习题

一、问答题

1. 在"公制轮廓"样板族里创建轮廓与直接在"公制常规模型"样板族里绘制轮廓线在建模使用方面有何不同?请简述两种方法的优缺点。

2. 在第一节中梁变化段建模过程中通过两次【放样】操作,分别创建了翼板、梁肋模型以及马蹄结构模型,如题图 3.0.1 所示,请解释此处分块建模的原因。只通过一次【放样】操作同样可以完成建模吗?不使用轮廓族,直接绘制放样轮廓可以完成建模吗?为什么?

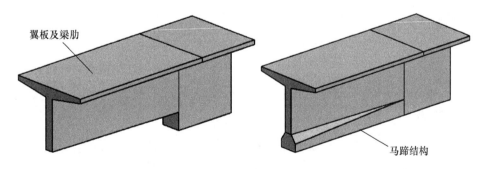

题图 3.0.1 中梁变化段模型

3. 第二节中使用"概念体量"样板族进行箍筋建模,请尝试使用"公制常规模型"样板族进行箍筋建模,若无法完成请简述原因。

4. 第二节中选择在项目文件中对下部结构与主梁进行拼装,请问:在"公制常规模型"族文件中可以进行组装吗?请对比两种模型组装方式的优缺点。

5. 栏杆、扶手及路灯等附属设施,可以在"公制常规模型"样板族中建模后导入项目文件中调用,但由于其结构较为复杂,除上述操作外,还可通过哪些功能简单、快捷地进行建模?

6. 请详读本章内容,简述连续梁桥与简支梁桥的建模操作有何异同之处。

二、操作应用题

1. 在"公制轮廓"样板族里创建如题图 3.0.2 所示的轮廓,并通过修改参数将马蹄的厚度 bm 改为 550mm,梁高改为 2.5m。

2. 根据题图 3.0.2 和题图 3.0.3 的参数,建立 T 形梁中梁变化段模型,变化段长 5m。

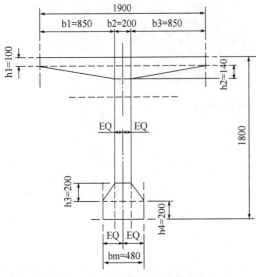

题图 3.0.2　T 形梁变化段截面轮廓 1　　　　题图 3.0.3　T 形梁变化段截面轮廓 2

3. 根据题图 3.0.4 给定的尺寸在项目样板中绘制标高轴网,将轴网的颜色设置成红色并标注尺寸,完成后将模型以"轴网"为文件名保存。

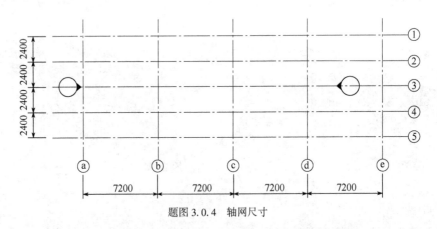

题图 3.0.4　轴网尺寸

4. 在 Revit"公制常规模型"样板族中创建如题图 3.0.5 所示的桥墩模型。

5. 在 Revit"公制常规模型"样板族中按尺寸要求创建箱梁模型,其中箱梁中支点处梁高 3.6m,合龙段及边跨直线段梁高 2.0m,箱梁顶板宽 12m,结构无横坡,两翼悬臂长 2.75m,顶板厚 0.45m(箱梁中心线处),对于腹板厚,跨中为 0.45m,支点处为 0.8m,底板厚由支点处 0.35m 变化至合龙段 0.24m,边跨直线段长 5m,中跨直线段长 6m,具体尺寸如题图 3.0.6 所示。

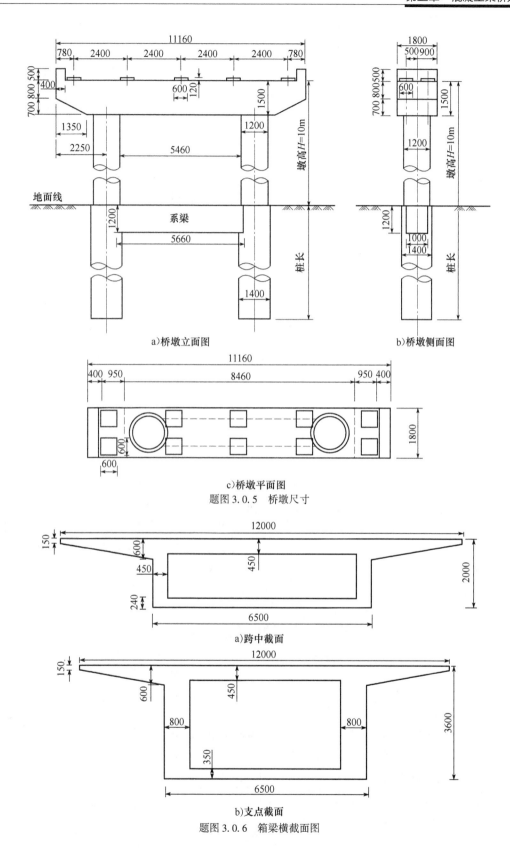

a) 桥墩立面图　　b) 桥墩侧面图

c) 桥墩平面图
题图 3.0.5　桥墩尺寸

a) 跨中截面

b) 支点截面
题图 3.0.6　箱梁横截面图

第四章
钢结构和组合结构梁桥建模

在梁式桥中,钢板梁桥、钢箱梁桥和钢桁梁桥是三种典型的钢结构和组合结构梁桥。其中,钢板梁桥的桥面板一般为钢筋混凝土结构,混凝土桥面板和钢梁组合形成钢-混凝土组合钢板梁桥;钢箱梁桥的桥面板一般为正交异性钢桥面板,为纯钢结构桥梁,也有少数一部分采用混凝土桥面板,称为钢-混凝土组合钢箱梁桥;钢桁梁桥的桥面板有混凝土桥面板也有钢桥面板,分别形成组合钢桁梁桥和纯钢桁梁桥。

第一节 钢 板 梁 桥

钢板梁桥的主梁,通常采用工字钢(I-beam)、H型钢(H-beam)、焊接工形梁(I-girder)等结构形式,主梁与主梁之间采用横梁(横联)和纵联相连形成整体受力结构,适用于直线桥。钢板梁桥的桥面板可以分为钢筋混凝土桥面板和钢桥面板两种。其中,根据桥面板是否参与主梁受力又分为组合钢板梁桥和非组合钢板梁桥。组合钢板梁桥的桥面板与主梁共同工作,钢板梁与桥面板结合后由组合截面承受外荷载;非组合钢板梁桥的桥面板不与主梁共同受力,外荷载由钢板梁单独承担。其中混凝土桥面板的组合钢板梁桥应用最为广泛。

一、结构和构造

(一)总体布置

钢板梁桥设计应根据建设条件、结构受力性能、耐久性、施工工期、经济性、景观、运营管理、养护等因素,合理确定跨径布置、立面布置及主要设计参数。

1. 跨径布置

钢板梁桥根据支承条件和受力特点可分为简支钢板梁桥、连续钢板梁桥和悬臂钢板梁桥。

简支钢板梁桥是最为简单的结构形式,其经济跨径一般在45m以内;当跨径需求为60~70m时,将改用连续钢板梁桥的结构形式。连续钢板梁桥具有伸缩缝少、噪声小、行车平稳、挠度小、截面经济等优点,但其对地基不均匀沉降问题较为敏感,特别是软土地基的连续钢板梁桥产生的附加弯矩较大。悬臂钢板梁桥是静定结构,其具有弯矩接近连续钢板梁桥、截面比简支钢板梁桥经济,以及对地基不均匀沉降不会产生附加弯矩等优点,但存在伸缩缝较多、悬臂挠度大、易产生折角等缺点,因此其目前较少被采用。

连续钢板梁桥的跨径布置范围较大。对于跨越道路、河流等平坦地形的情况,一般设置桥梁的边中跨比值在0.6左右较为合适;而当设置支点竖向调节装置时可以调低至0.5,这可使结构总长达到最小。对于跨越山谷的情况,并没有特别需要遵循的规律,边中跨比值可以达到0.8,如图4.1.1所示。但当采用更大的边中跨比值时,将会因为结构受力的不合理而影响经济性。

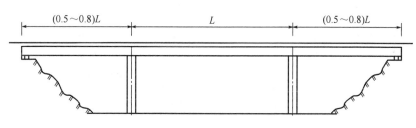

图 4.1.1 边中跨比例

2. 立面布置

根据需要,制造的板梁的高度也可以沿跨径变化。通常需要在增强负弯矩区承载力的情况下,增加中间支承处的梁高。对于低于50m的跨径,选择等高梁还是变高梁往往取决于施工与美学。对于超过50m的跨径,变高梁可以在中跨部分节省一定程度的成本。

等高梁立面布置(图4.1.2)是工厂化制造的最经济形式,能够方便钢梁的运输与施工安装,尤其是应用在顶推法施工。

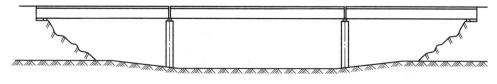

图 4.1.2 等高梁立面布置

对于大跨径桥梁,当钢梁采用吊装施工时,变高梁和等高梁在施工方面并无明显的差别,但采用等高梁将导致钢材用量指标的升高。此时,钢板梁可以采用各跨均改变梁高的布置方式(图4.1.3)。梁底曲线可以是抛物线、三次曲线或直线。

图4.1.3　变高钢板梁立面布置

梁高的变化将导致制造和安装的复杂化,因此变高梁只在特殊的情况下使用,如跨径很大或者有净空限制的时候。一座很长的桥梁可以采用等高和变高混合的结构,在跨越障碍物时采用变高梁以适应大跨需求,而在没有限制条件的地方采用较小的经济跨径。这种桥跨与梁高的布置突出了大跨并且相对于等高梁结构产生了变化,可以表现出较好的美学效果。

3. 主要设计参数

采用双主梁的组合钢板梁桥,其钢梁的高跨比(梁高与跨径的比值)通常为1/28~1/24。跨径大于50m时高跨比约为1/28;当跨径小于50m时,高跨比随跨径减小而增大,在跨径为30m左右时梁的高跨比接近1/24。而对于超过两跨的变截面梁,主梁的高跨比在跨中处为1/50~1/40、中间支点处为1/25~1/20。以上所述高跨比适用于桥宽为12m左右的桥梁,当桥宽增加时梁高应该适当增加,反之梁高可以适当减小。

(二)横截面形式

横截面布置主要是确定主梁的根数与间距。主梁的根数与间距直接影响主梁的受力大小与截面尺寸,同时当桥面板支承于主梁时,主梁的间距决定桥面板的跨径。主梁间距过大时,往往不得不设置纵梁或很密的横隔板来减小桥面板的跨径。另外,主梁的位置还会影响桥面板的受力,当车道的轮迹位于主梁之间且频率很高时,桥面板所受的弯矩较大,缩短桥面板的使用寿命。当车道的轮迹主要集中在主梁中心附近时,可以大大改善桥面板的受力,延长桥面板的使用寿命。因此,横截面的布置不仅要考虑主梁受力,还要尽可能地兼顾桥面板的受力。

1. 双主梁

双梁桥是最简单的组合结构桥梁形式。对于2~3车道的桥梁可采用2根主梁,它包括2根钢梁以及其上连接的混凝土桥面板,如图4.1.4所示。双主梁结构构造简单,大大减少了工厂钢结构制造的工作量,同时可以达到提高桥梁施工架设的速度和降低桥梁建设成本的目的。这样的方案常见于桥面板宽度小于13m、没有重荷

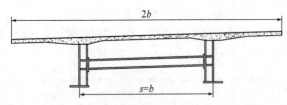

图4.1.4　双主梁截面形式

载的组合结构桥梁。对于双梁桥,如果桥面板宽度再增加,则需要加厚桥面板以抵抗横向弯曲。这无疑会增加桥面板质量,甚至还可能需要横向预应力。两个主梁的间距 s 一般约为 b ($1.0b$~$1.1b$), b 为桥面板宽度的一半。选择该间距是为了使作用于桥面板上的横向弯矩的

正负值相等。

(1) 小横梁组合梁。

双主梁组合钢板梁桥的两片钢主梁之间需设置横梁相互连接,混凝土桥面板与钢主梁通过连接件组合共同受力,横梁与桥面板不连接、不支撑桥面板,这种横梁被称为"小横梁"。

当桥面布置为单向通行、单向横坡时,两片主梁仍然保持相同,通过竖向高差调节横坡影响,如图 4.1.5 a)所示。当桥面布置为双向通行、双向横坡时,两片主梁相同,如图 4.1.5 b)所示。

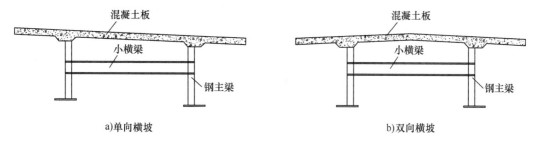

图 4.1.5 小横梁双主梁组合梁截面

不与组合钢板梁顶板混凝土连接的小横梁,通常采用工字钢截面。支点位置的横梁,由于要承受主梁传递的水平荷载,通常采用比较大的梁高并采用焊接结构形式。

小横梁的间距一般小于或等于 8m,在同一跨内通常为常数并尽量在一座桥梁保持相同,但是如有必要,不同跨内可以不同。横梁的尺寸和间距设置必须能够保证结构的侧扭稳定。

(2) 大横梁组合梁。

大横梁的组合钢板梁桥是指横梁与桥面板之间设有焊钉连接件连接并支撑桥面板,也就是横梁与桥面板组合共同受力,可以减小桥面板厚度并适应更宽桥面的桥梁。采用大横梁双主梁的组合钢板梁桥,结构施工较为复杂。通常在桥面板质量显著增加时采用,比如桥梁跨径大于 90m 时,或者桥面板较宽时。少数桥梁从桥梁景观角度考虑而采用具有大横梁的结构。

大横梁的纵向间距一般不做变化,以便简化构造,横梁间距一般为 4m 左右。大横梁构造体系又可分为有悬臂支撑横肋和无悬臂支肋横梁两种。对于有悬臂支撑横肋的大横梁构造体系,当桥面为单向横坡时,如图 4.1.6 a)所示,大横梁随桥面倾斜而倾斜,大横梁中间部分的高度保持不变,悬臂支撑横肋部分高度线性变化。当桥面为双向横坡时,如图 4.1.6 b)所示,主梁之间的横梁高度线性变化并在桥中心线处达到最高,悬臂支撑横肋高度线性变化。以上做法可以保持桥面板等厚度以方便施工。有时大横梁也可以采用等高的形式,这就需要调整桥面板厚度或桥面板在横梁处加腋。

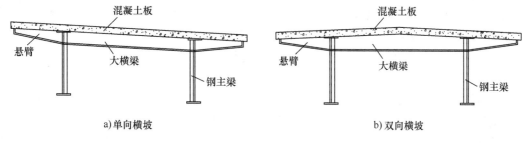

图 4.1.6 大横梁双主梁组合梁截面

2. 多主梁组合梁

当桥面较宽时,组合钢板梁桥可以采用多主梁形式(图4.1.7),多主梁结构的中间梁需要设置横梁及相应的竖向加劲肋,在一般情况下要比双主梁的造价高。因此,只有在桥面板宽度较大、梁高较小、现场不能使用大吊机而限制了吊装能力的情况下才会使用多主梁结构。

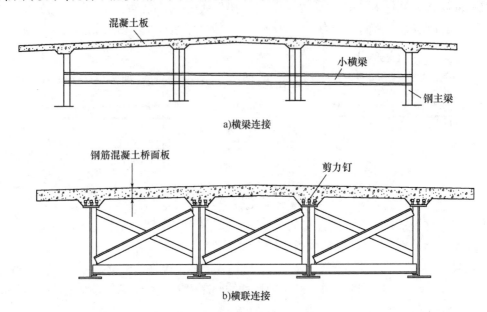

图4.1.7 四主梁组合梁截面(双向横坡)

(三)主梁

跨径20m以下钢板梁桥主梁通常直接采用工字钢和H型钢,可以降低工程造价。由于受到工厂轧制能力的限制,当钢板梁桥主梁跨径超过20m时,主梁需要采用焊接工形梁。焊接工形梁,是由上翼缘板、下翼缘板通过角焊缝与一块腹板焊接在一起所组成的工字形截面拼装梁,称为"Ⅰ-girder bridge"或"plate girder bridge"。

1. 主梁翼缘板

当桥梁在平面上为直线时,钢板梁桥主梁的翼缘板采用直线布置;当桥梁在平面上为曲线时,主梁的翼缘板通常也设置为曲线。为了方便施工,钢板梁上、下翼缘板的宽度在顺桥向基本不做变化。翼缘板厚度随横截面的位置不同而改变。由于钢主梁内力沿长度方向是变化的,故其所需板厚与板宽可依据实际所需,按设计规范的规定加以调整,同时达到节省钢材的目的。翼缘板的厚度变化(图4.1.8)可通过以下两种方式实现:

(1)腹板高度保持不变(内对齐),翼缘板厚度的变化将使钢梁整体高度变化,如图4.1.8 a)所示。尽管这种方法在工厂制造中是可行的,但往往会导致施工不便,例如桥面板顶推施工、钢梁顶推施工。当采用吊装施工时,可以只将下翼缘板朝下变厚,这样便于腹板下料和底板焊接。

(2)梁整体高度不变(外对齐),腹板高度随翼缘板厚度的改变而改变,如图4.1.8 b)所示。考虑到桥梁建设的便利性和美观性,这是一种常见的方法。对于上翼缘板,是为了便于桥面板施工;对于下翼缘板,是为了便于钢梁顶推施工。

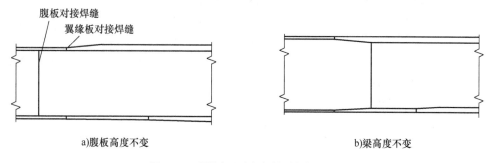

图 4.1.8 翼缘板和腹板板件厚度变化细节

当翼缘板变厚时,截面突变会引起应力集中,应限制下翼缘板厚度在-1/3～+1/2板厚范围内变化。因为上翼缘板与桥面板结合,这一限制对于上翼缘板可以适当放松,但桥面板要有足够的钢筋控制其裂缝。所有翼缘钢板厚度变化必须采用渐变,渐变的最大坡度应该控制在1/4以内(图 4.1.9)。也可采用连续变厚钢板作为翼缘板,这种形式可以提供良好的抗疲劳性能,但由于钢板成本高,应用很少。

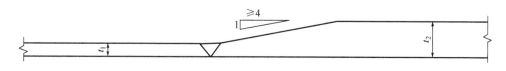

图 4.1.9 翼缘板厚度变化过渡

2. 主梁腹板

钢板梁桥在平面上为直线时,主梁腹板将是一块简单的直板;如果钢板梁桥在平面上是弯桥,主梁腹板一般随桥梁弯曲设置。腹板设计需要考虑立面形状,包括预拱度及翼缘板厚度变化。对于给定的截面弯矩值,上、下翼缘板面积随着距离的增大而减小,合理增大翼缘板之间的距离,有利于提高设计的经济性。对于钢板梁而言,在腹板高度增大的同时,为了使整个构件的自重实现最小化,应当适当减小腹板的厚度,但这同时也会使得腹板屈曲的可能性显著高于轧制型钢梁。为了防止腹板失稳,一般需要根据加劲肋所起的作用在梁腹板纵向上设置横向加劲肋和纵向加劲肋。

钢板梁桥设置横向加劲肋的主要目的在于增强腹板的抗剪能力,同时亦可作为横隔梁或横梁,或横联与主梁间的连接板。根据主要作用不同可以分为两类,一类是设置在主梁支点之间,主要用于防止腹板剪切失稳的横向加劲肋,称为中间横向加劲肋;另一类是设置在主梁支承处及外力集中处的支承加劲肋,它们除了防止腹板剪切失稳、增强抵抗反力外,同时亦具有提升支承处腹板的抗剪能力、避免腹板局部屈曲的功能,通常在其下还设有支承垫板。一般而言,钢板梁的支承正上方一定会加设支承加劲肋,但不一定会有横向加劲肋与纵向加劲肋,横向加劲肋与纵向加劲肋可共同存在或仅有横向加劲肋。横向加劲肋的"横向"是指其与主梁长度方向垂直。另外,从主梁侧面看,横向加劲肋为竖向或垂直布置,故工程界亦以"竖向加劲肋"或"垂直加劲肋"称之。

纵向加劲肋的作用主要是防止腹板在弯曲压应力作用下的弯压失稳，弥补腹板与横向加劲肋的不足。当腹板的高厚比比较大时，在受压区焊接腹板的纵向加劲肋是必要的。在这种情况下，腹板的高厚比通过设置纵向加劲肋而减小，可以抵消由可变的车辆荷载造成腹板平面外的微小位移。设置纵向加劲肋应仔细权衡，减小腹板厚度带来的好处必须大于增设纵向加劲肋的代价。从工程实践来看，只有高厚比很大的腹板、大跨径窄桥以及使用高强度钢材的桥梁，设置纵向加劲肋才是合适的。

纵向加劲肋通常单侧布置，可以与横向加劲肋设置在腹板同一侧或设置在不同侧。加劲肋通常设置在主梁之间，这样不影响桥梁的美观。钢板梁的加劲肋较多采用平板形、T 形和倒 L 形等开口加劲板[图 4.1.10 a)]，也可以选择具有抗扭转作用的闭口截面[图 4.1.10 b)]。

图 4.1.10 加劲肋的类型

焊接在钢板梁腹板上的横向加劲肋能提高主梁的抗剪承载力，因此，在支座区域横向加劲肋更密(图 4.1.11)。通常，支座区域加劲肋的间距大致为主梁的高度，跨中区域横向加劲肋间距可能增大至与横向联结系之间的距离相同，此时加劲肋作为横向联结系的一部分。

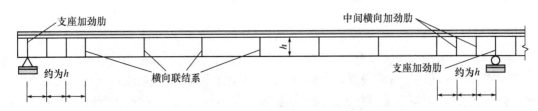

图 4.1.11 横向加劲肋布置

钢板梁在支承处及外力集中处应设置成对的支承加劲肋，有利于将支承反力均匀地传递到主梁上，避免因相对腹板平面不对称加劲而产生弯矩。支承加劲肋的截面选择取决于支座反力的大小。对于小跨径桥梁，最简单的办法是采用两块钢板作为支承加劲肋[图 4.1.12 a)]。如果支承可以沿纵向自由滑动，宜采用可以提供平面外刚度的 T 形加劲肋[图 4.1.12 b)]。然而，由于主梁的预拱或者主梁的变高度，主梁支承处的下翼缘板通常处于较低的位置，使用 T 形加劲肋可能会导致水和尘土在该区域积聚，积水进而影响主梁的耐久性。为了避免形成积水区，可以采用闭合加劲肋[图 4.1.12 c)]。当支承加劲肋承受较大的支反力时，需采用由钢板拼制而成的更加复杂的加劲肋[图 4.1.12 d)]，并对焊接给予高度关注，从而保证加劲肋制造的质量。

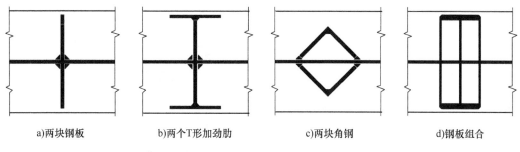

| a)两块钢板 | b)两个T形加劲肋 | c)两块角钢 | d)钢板组合 |

图 4.1.12 支承加劲肋的类型

二、工程实例与建模思路

(一)工程实例

本工程实例为某路段的一座连续组合钢板梁桥,设计荷载为公路Ⅰ级,跨径布置为 5×35m,上部结构分左右两幅,总宽度为26m。单幅设置4片钢板梁,主梁间距为3.1m,横断面如图4.1.13所示。

钢主梁的上翼缘板等宽,宽度取600mm,板厚以20mm为主,根据受力需要板厚取20~34mm。下翼缘板等宽,宽度取650mm,板厚以25mm为主,根据受力需要板厚取25~56mm。梁高取1650mm,腹板高度根据翼缘厚度相应变化;腹板厚度中墩附近14m范围内采用18mm,其余均采用16mm。钢主梁腹板一侧设置竖向加劲肋,加劲肋尺寸取16mm×190mm,加劲肋设置间距为1~1.5m。根据上下翼缘板的受力情况,加劲肋与之连接采用不同的形式,加劲肋仅与受压翼缘板采用焊接连接;对于拉压交替段翼缘板和受拉翼缘板,竖向加劲肋不与之连接。

边墩支承处设两道对称的支承加劲肋,离支座中心线50cm处设一道临时支承加劲肋;中墩支承处设三道对称的支承加劲肋,两侧离支座中心线50cm处各设一道临时支座加劲肋。

每跨设置5道中横梁,横梁间距:边跨为(4.99+4×6+4.5)m,中跨为(4.5+4×6+4.5)m。横梁采用工字形截面,梁高为400mm,上、下翼缘板尺寸均为200mm×12mm,腹板厚度为8mm,不设加劲肋。横梁与钢主梁连接处采用连接板连接,连接板宽为300mm,厚为16mm。

在边墩支点和中墩支点处设置端横梁。端横梁上翼缘板与钢主梁上翼缘板焊接,尺寸为400mm×14mm;下翼缘板与钢主梁下翼缘板焊接,尺寸为300mm×12mm。端横梁腹板厚度取14mm,在两主梁间腹板设1道竖向加劲肋。

组合钢板梁桥的桥面板为钢筋混凝土结构,以预制为主,中支点受拉力较大区域采用现浇施工。桥面横向全幅范围内设4块预制桥面板,沿桥梁中心线对称分布;预制桥面板纵横向通过湿接缝连成整体,纵向湿接缝宽为60cm,横向湿接缝宽为50cm;35m跨径桥梁跨内预制桥面板纵向总长度为26.5m,现浇桥面板纵向总长度为8.5m。桥面板分块示意图见图纸TZ-4.1.1,预制桥面板平面布置图见图4.1.14。

(二)建模思路

1. 钢主梁创建

本节建模实例桥型左右两幅结构分离,结构对称,两幅桥的间距为100mm,故只需建立单

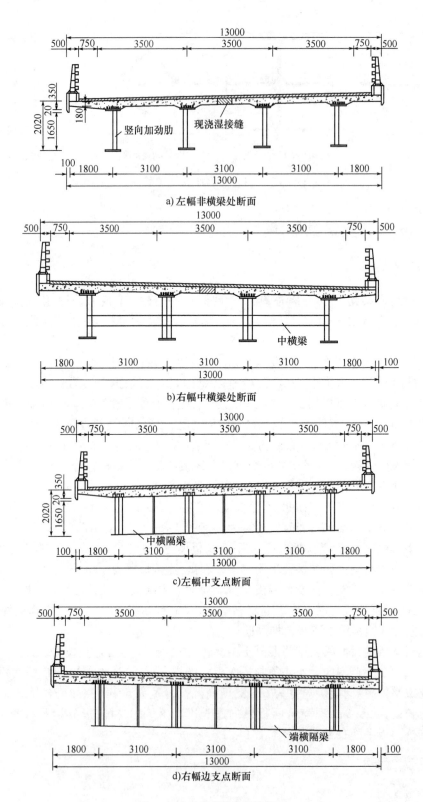

图 4.1.13 上部结构标准横断面

幅模型,以左侧单幅桥作为建模实例,最后由对称性可得到全桥模型。

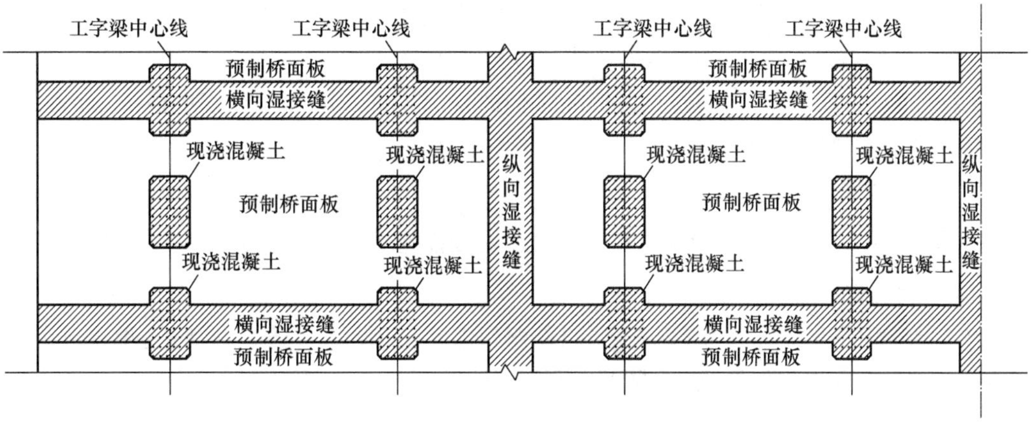

图 4.1.14 预制桥面板平面布置图

工字形截面的钢主梁设计标准化程度较高,可以较好地实现参数化控制模型。本节钢主梁模型将利用 Revit 中轮廓族样板与常规族样板的族参数实现参数化建模。

总体流程如下:

(1)根据钢主梁上、下翼缘板及腹板厚度的不同划分为 4 个截面,分别为支点截面、八分之一截面、八分之三截面以及跨中截面。钢主梁相对于跨中对称,完成半个钢主梁建模后可利用镜像功能辅助完成整个钢主梁的建模。

(2)在 Revit 常规族样板中导入创建好的轮廓族,并使用"放样"以及"放样融合"等功能创建钢主梁的模型,利用族参数控制桥梁纵向跨径布置。

2. 钢主梁加劲肋、横隔板加劲肋及连接板创建

本节的钢主梁加劲肋、横隔板加劲肋和连接板均采用"死族"的创建方法(即不设置族参数,以满足特殊的构造要求),用这种方法建立结构简单但形状不太常规的模型较为简便。

总体流程:在 Revit 常规族样板中利用"拉伸"功能及"编辑拉伸"功能完成创建。

3. 横梁创建

中横梁采用工字形截面,上、下翼缘板及腹板厚度无变化,采用与钢主梁相似但不需改变参数的方法建模。端横梁不是标准的工字形截面,其上、下翼缘板不常规,故对上、下翼缘板和腹板分别进行建模,再拼装成端横梁整体模型。

4. 钢板梁的整体拼装

为了将所创建的钢主梁、中横梁与端横梁模型集成钢板梁模型,桥梁整体模型将在 Revit 项目中进行拼装。

总体流程如下:

(1)在钢主梁模型创建之后,导入加劲肋族、连接板族等细部件,根据其安装位置绘制辅助线,安放细部件,建成带有加劲肋等细部件的钢主梁模型。

(2)根据桥梁平面布置图以及纵桥向布置图,绘制安装辅助线,定好族的放置点。

(3)导入钢主梁模型、中横梁及端横梁模型,在定好的放置点进行放置。

5. 混凝土预制桥面板创建

通过建立轮廓族,利用"放样""空心拉伸"等功能创建混凝土预制桥面板。

6. 混凝土桥面板中支点现浇段及梁端现浇段创建

由于现浇段的截面渐变,需建立各渐变截面的轮廓族,在 Revit 常规族样板中采用"放样"和"放样融合"功能建立模型。

7. 桥面铺装和护栏创建

桥面铺装和护栏全长截面相同,可以通过建立截面轮廓族,采用"放样"功能建立模型。

8. 混凝土桥面板整体拼装

在预制板、现浇板创建之后,导入横、纵向湿接缝族,桥面铺装族等细部件,根据其安装位置绘制辅助线,安放细部件,建成混凝土桥面板模型。

9. 钢主梁与混凝土桥面板整体拼装

为了将所创建的钢主梁和混凝土桥面板模型集成单跨钢板梁桥,桥梁整体模型将在钢主梁保存的项目中进行拼装。

总体流程如下:

(1)根据桥梁平面布置图以及纵桥向布置图,绘制安装辅助线,定好族的放置点。

(2)导入混凝土桥面板模型,在定好的放置点进行放置。

三、单根钢梁建模

(一)钢梁截面轮廓【资源 4.1.1】【资源 4.1.2】

1. 新建钢梁轮廓族

单击 Revit 界面左上角【新建】,选择【族】,在列表里相应找到"公制轮廓.rft",创建新的轮廓族文件。单击快速访问工具栏中的"保存"按钮,保存文件,并命名为"支点截面"。

2. 绘制钢梁轮廓

选择功能区中的【创建】选项卡,在【详图】面板中单击【直线】命令,在操作界面单击鼠标左键确定直线起点,移动鼠标选定直线方向后用键盘输入直线的长度,同理依次绘制钢梁的轮廓线。使用【创建】选项卡里【基准】面板中的【参照平面】功能绘制参照平面,再使用【修改】面板中的【对齐】命令使参照平面与轮廓线相关联,最后使用【创建】选项卡里【尺寸标注】面板中的【对齐】命令完成尺寸标注,如图 4.1.15 所示。

3. 钢梁尺寸参数化

单击轮廓线最上方的尺寸线"600",然后在标签栏选择"添加参数",为该尺寸附着相应的参数,并将其命名为"b1",完成参数化设置。依次完成其他尺寸线的参数设置,工字形截面梁参数化设置如图 4.1.16 所示。

4. 创建族类型并生成"八分之一截面"轮廓

单击【创建】选项卡下【属性】面板中的【族类型】,单击其中的【新建】命令,在弹出窗口的"名称"中输入"支点截面",将此时的参数信息附着至"支点截面"。点击"保存",再次点击

"另存为",修改名称为"八分之一截面"。再次使用【新建】命令,创建名为"八分之一截面"的族类型,并将该族类型中"h1"参数值修改为"20.0","h2"参数值修改为"1605.0","h3"参数值修改为"25.0",如图4.1.17a)所示,通过改变参数,完成八分之一截面轮廓的创建,删除"支点截面"类型。最后点击"保存",完成八分之一截面轮廓的绘制。

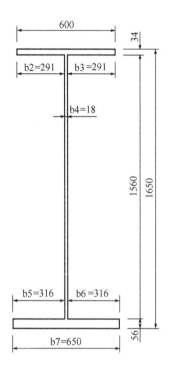

图4.1.15 支座处钢梁截面尺寸标注

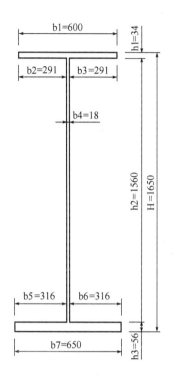

图4.1.16 参数化标签汇总

5. 创建"八分之三截面"与"跨中截面"轮廓族

创建"八分之三截面"与"跨中截面"轮廓族与创建"八分之一截面"轮廓族的方法相同。将其各自另存为"八分之三截面"与"跨中截面"后,调整族类型参数如图4.1.18及图4.1.19所示,从而完成"八分之三截面"与"跨中截面"轮廓的绘制。

(二)钢主梁模型【资源4.1.3】

1. 新建公制常规模型族文件

单击Revit界面左上角【新建】,选择新建【族】,选择"公制常规模型.rft",创建新的公制常规模型族文件。单击快速访问工具栏中的"保存"按钮,保存文件为"钢主梁"。

2. 插入钢主梁截面族

选择功能区中的【插入】选项卡,在【从库中载入】面板中单击【载入族】命令,将已绘制的钢梁截面轮廓族载入当前文件中,如图4.1.20所示。

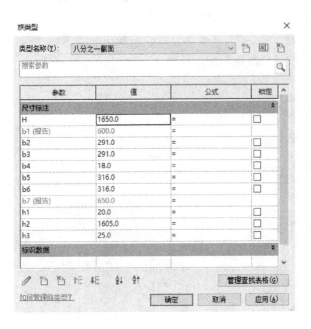
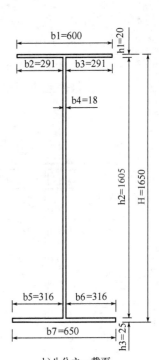

a) 修改参数建立"八分之一截面"轮廓　　　　　　　　b) 八分之一截面

图 4.1.17　八分之一截面轮廓

图 4.1.18　八分之三截面参数修改

第四章，钢结构和组合结构梁桥建模

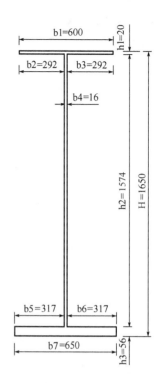

图 4.1.19　跨中截面参数修改

图 4.1.20　在当前文件中载入族

3. 建立钢主梁支点附近模型

（1）展开左侧项目浏览器中的"视图（全部）"总链，展开"楼层平面"支链，双击"参照标高"，将放样路径设置在"楼层平面"上，如图 4.1.21 所示。

（2）选择功能区中的【创建】选项卡，在【形状】面板中单击【放样】命令进入"放样"功能界面。

（3）选择功能区中的【修改|放样】选项卡，在【放样】面板中单击【绘制路径】命令

163

(图4.1.22),在绘制界面中绘制钢主梁支点附近中轴线(图4.1.23)。选择功能区中【修改|放样>绘制路径】选项卡,在【模式】面板中选择【√】命令,完成放样路径的绘制。

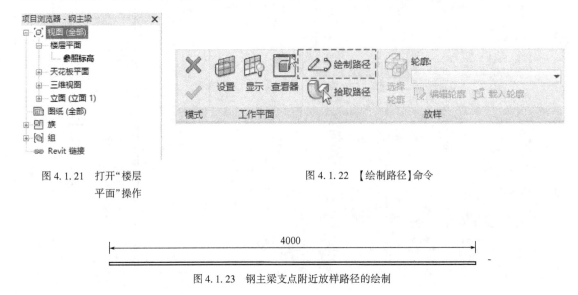

图4.1.21 打开"楼层平面"操作

图4.1.22 【绘制路径】命令

图4.1.23 钢主梁支点附近放样路径的绘制

(4)选择功能区中【修改|放样】选项卡,在【放样】面板中选择【选择轮廓】命令,在其下拉框中选择"支点截面"(图4.1.24),然后单击【模式】面板中的【√】命令,完成钢主梁支点附近模型的创建。

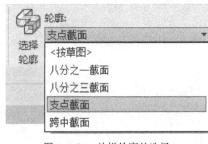

图4.1.24 放样轮廓的选择

4. 建立钢主梁渐变段模型

(1)选择功能区中的【创建】选项卡,在【形状】面板中单击【放样融合】命令,进入"放样融合"绘图界面。

(2)选择功能区中的【修改|放样融合】选项卡,在【放样融合】面板中单击【绘制路径】命令,绘制钢主梁1号渐变段的轴线(图4.1.25),完成放样融合路径的绘制。

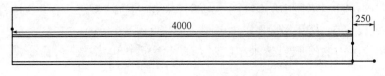

图4.1.25 钢主梁渐变段放样融合路径的绘制

(3)选择功能区中的【修改|放样融合】选项卡,在【放样融合】面板中选定【选择轮廓1】,在其下拉框中选择"支点截面",如图4.1.26 a)所示,再选定【选择轮廓2】,在其下拉框中选择"八分之一截面",如图4.1.26 b)所示,完成钢主梁1号渐变段模型的建立,如图4.1.26 c)所示。

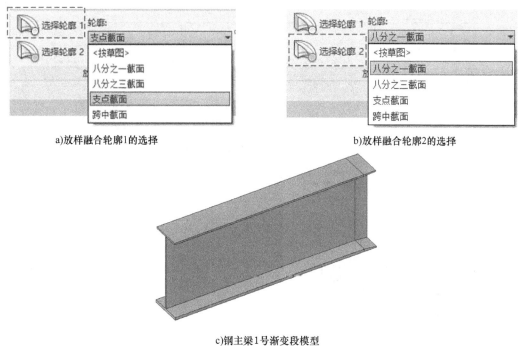

a)放样融合轮廓1的选择   b)放样融合轮廓2的选择

c)钢主梁1号渐变段模型

图4.1.26　钢主梁1号渐变段建模

5. 建立其余梁段模型

八分之一截面段模型、八分之三截面段模型和跨中截面段模型采用与支点截面段模型类似的方法创建,路径长度分别为2750mm、6500mm和3750mm;连接八分之三截面段和跨中截面段的2号渐变段模型的建立方法与1号渐变段模型类似,路径长度为250mm,此处不再赘述。钢主梁(一半)三维模型如图4.1.27所示。

图4.1.27　钢主梁(一半)三维模型

展开左侧项目浏览器中的"视图(全部)"总链,展开"立面"支链,双击"前",在打开的前立面视图中框选建好的中梁模型,选择功能区中【修改】选项卡,选择【镜像-拾取轴】功能,单击模型最右侧边,如图4.1.28所示。通过镜像功能完成的钢主梁最终模型如图4.1.29所示。

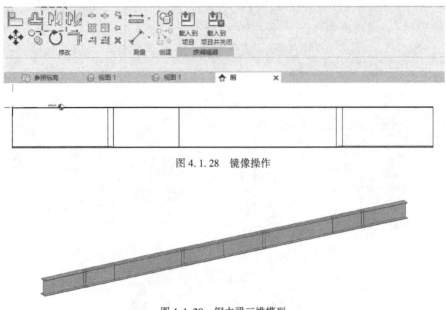

图 4.1.28 镜像操作

图 4.1.29 钢主梁三维模型

四、加劲肋与横梁小板建模

(一)加劲肋【资源 4.1.4】

1. 建立钢主梁加劲肋模型

(1)单击 Revit 界面左上角【新建】,选择新建【族】,在列表里选取"公制常规模型.rft",创建新的公制常规模型族文件,并保存文件为"加劲肋"。

(2)展开左侧项目浏览器中的"视图(全部)"总链,展开"立面"支链,双击"左",将加劲肋轮廓绘制在"左"侧上。选择功能区中【创建】选项卡,在【形状】面板中选择【拉伸】命令,进入拉伸功能界面。

(3)在【绘制】面板中选择【直线】绘制加劲肋轮廓[图 4.1.30 a)],并在左侧【属性】面板中将"拉伸终点"改为"8.0","拉伸起点"改为"-8.0"[图 4.1.30 b)],单击【√】命令完成拉伸创建,创建完成后模型如图 4.1.30 c)所示。

2. 建立其余型号加劲肋模型

其余型号加劲肋模型,宽度与厚度均为 190mm 和 16mm,加劲肋高度分别为 1460mm、1474mm、1505mm、1560mm、1574mm 和 1605mm。其建模方法与上述方法类似,故不再赘述。

3. T 形加劲肋

(1)创建新的"公制常规模型"族文件,并保存文件为"T 肋板"。使用【拉伸】功能以"前后"为方向拉伸建模,拉伸轮廓如图 4.1.31a)所示,将"拉伸终点"改为"8.0","拉伸起点"改为"-8.0",创建完成后模型如图 4.1.31 b)所示。

(2)使用【插入】选项卡下【从库中载入】面板中的【载入族】功能,将建好的高度为 1474mm 的板型加劲肋文件导入,展开左侧项目浏览器中的"族"总链中的"常规模型"支链,长按鼠标左键可将板型加劲肋构件拖动到工作界面中的相应位置,完成后 T 形加劲肋模型如图 4.1.31 c)所示。

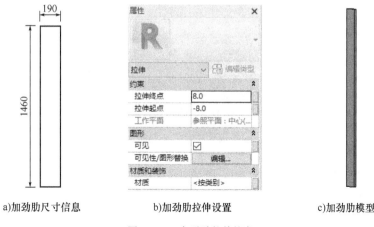

图 4.1.30 加劲肋拉伸轮廓

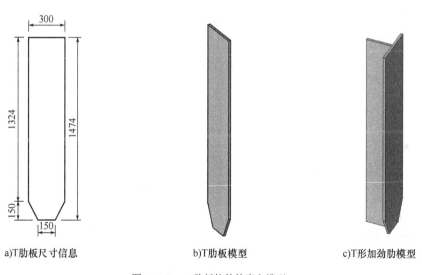

图 4.1.31 T 肋板拉伸轮廓和模型

(二)横梁小板【资源 4.1.5】

(1)单击 Revit 界面左上角【新建】,选择新建【族】,在列表里选取"公制常规模型.rft",创建新的公制常规模型族文件,并保存文件为"横梁小板"。

(2)展开左侧项目浏览器中的"视图(全部)"总链,展开"楼层平面"支链,双击"参照标高",将横梁小板轮廓绘制在"参照标高"上。选择功能区中【创建】选项卡,在【形状】面板中选择【拉伸】命令,进入拉伸功能界面。

(3)在【绘制】面板中选择【直线】功能绘制横梁小板轮廓[图 4.1.32 a)],并在左侧【属性】面板中将"拉伸终点"改为"6.5","拉伸起点"改为"-6.5"[图 4.1.32 b)],单击【√】命令完成拉伸创建,创建完成后模型如图 4.1.32 c)所示。

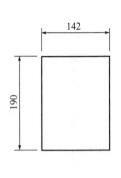

a) 横梁小板尺寸信息　　　　b) 横梁小板拉伸设置　　　　c) 横梁小板模型

图 4.1.32　横梁小板拉伸轮廓和模型

(三) 拼装加劲肋与钢主梁【资源 4.1.6】

(1) 将建好的钢主梁与加劲肋进行拼装,首先打开保存目录下的钢主梁模型文件"钢主梁.rfa",把文件另存为"带加劲肋的钢主梁(边).rfa",在【创建】选项卡下【基准】面板中选择【参照线】功能,绘制如图 4.1.33 所示的安装辅助线。

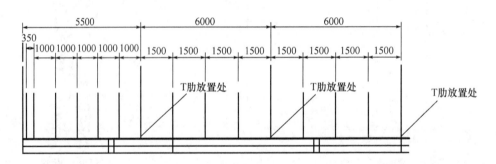

图 4.1.33　加劲肋安装辅助线(半跨)

(2) 使用【插入】选项卡下【从库中载入】面板中的【载入族】功能,将建好的各个构件的文件导入,展开左侧项目浏览器中的"族"总链中的"常规模型"支链,可见先前载入的构件都在"常规模型"支链中,长按鼠标左键可将构件拖动到工作界面中,将其放置到轴网上相应位置,如图 4.1.33 所示。

(3) 在项目浏览器中,打开前立面视图,可见此时加劲肋放置了一侧,另一侧的加劲肋通过镜像功能建立。用鼠标框选建好的左侧加劲肋,先单击【镜像-拾取轴】,再点击中轴线,如图 4.1.34 所示。拼装好的钢主梁(边)模型如图 4.1.35 所示。

(4) 带加劲肋的钢主梁(中)模型与带加劲肋的钢主梁(边)模型对称,故可使用镜像功能完成创建,对比图(半跨)如图 4.1.36 所示。

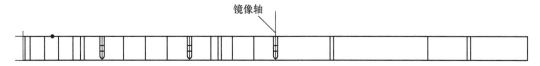

图4.1.34 使用镜像功能完成加劲肋建模

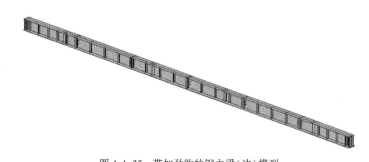

图4.1.35 带加劲肋的钢主梁(边)模型

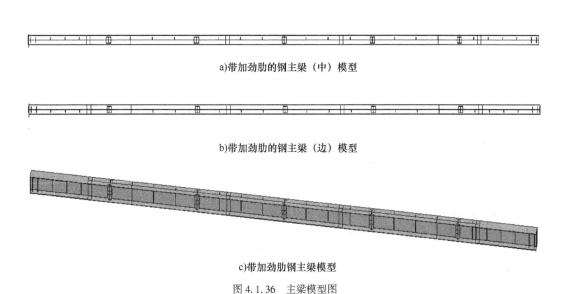

a)带加劲肋的钢主梁（中）模型

b)带加劲肋的钢主梁（边）模型

c)带加劲肋钢主梁模型

图4.1.36 主梁模型图

五、中横梁和端横梁建模

(一)中横梁【资源4.1.7】

（1）创建新的公制常规模型族文件,保存文件为"中横梁"。放样路径设置在"左"立面。单击【参照线】命令,绘制如图4.1.37所示的参照线。

（2）单击【放样】命令进入"放样"功能界面并选择【拾取路径】命令,在拾取界面中拾取中横梁放样路径,完成放样路径的拾取。

（3）在【放样】面板中选择【绘制轮廓】,在"转到视图"对话框中选择"立面:前",单击"打开视图",在"立面:前"视图中绘制中横梁截面,如图4.1.38 a)所示,完成中横梁模型创建,如图4.1.38 b)所示。

图4.1.37 放样拾取路径图示

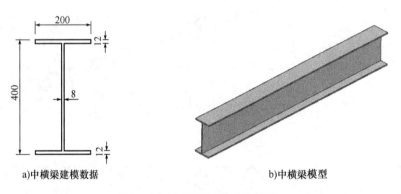

a)中横梁建模数据　　　　　　　　　　b)中横梁模型

图4.1.38 中横梁建模数据及模型

(4)钢主梁腹板厚度为18mm,中横梁长度随之改变。2679mm中横梁模型创建方式与中横梁模型创建方法类似,将绘制参考线中参数"2681"更改为"2679",其余参数不变,放样拾取路径图、轮廓图、模型图如图4.1.39所示。

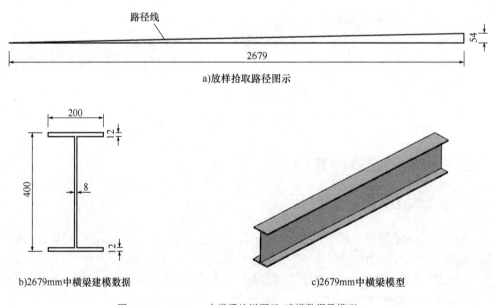

图4.1.39 2679mm中横梁放样图示、建模数据及模型

(二)端横梁【资源4.1.8】

1. 创建翼缘板模型

端横梁由上、下翼缘板,腹板和加劲肋焊接而成,所以在创建模型时也将端横梁分为四个结构进行创建,如图4.1.40所示。

(1)创建新的公制常规模型族文件,并保存文件为"端横梁上翼缘板"。使用【拉伸】命令以"前后"为方向拉伸建模,上翼缘板轮廓参数及模型如图4.1.41所示。将"拉伸终点"改为"7.0","拉伸起点"改为"-7.0",完成拉伸创建。

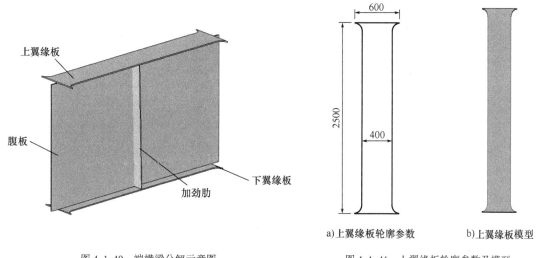

图4.1.40 端横梁分解示意图

图4.1.41 上翼缘板轮廓参数及模型

(2)展开左侧项目浏览器中的"视图(全部)"总链,展开"立面"支链,双击"左",将上翼缘板模型视图转到"左"侧。

(3)单击【参照线】命令,在操作界面单击鼠标左键确定直线起点,绘制如图4.1.42所示的参照线,留下斜线,删除其余参照线。

图4.1.42 上翼缘板斜参照线

(4)选择功能区中的【修改】选项卡,在【修改】面板中选择【旋转】命令,如图4.1.43 a)所示,再单击上翼缘板,将上翼缘板旋转至与斜参照线相同的角度,如图4.1.43 b)所示,完成端横梁上翼缘板模型的创建。

(5)端横梁下翼缘板、中横梁上翼缘板和中横梁下翼缘板模型的创建与端横梁上翼缘板模型的创建方法类似,此处不再赘述。翼缘板厚度均为14mm,各轮廓参数如图4.1.44所示,经旋转后完成各翼缘板模型的建立,旋转参照线均参考图4.1.42。

a)【旋转】命令

b)旋转后的端横梁上翼缘板模型

图 4.1.43 【旋转】命令和端横梁上翼缘板模型

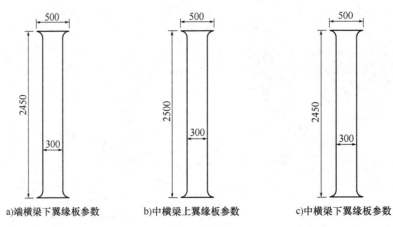

a)端横梁下翼缘板参数　　　b)中横梁上翼缘板参数　　　c)中横梁下翼缘板参数

图 4.1.44 各翼缘板轮廓参数

2. 创建腹板模型

（1）创建新的公制常规模型族文件,保存文件为"端横梁腹板"。使用【拉伸】功能以"左右"为方向拉伸建模,拉伸轮廓如图 4.1.45 a)所示,将"拉伸终点"改为"7.0","拉伸起点"改为"-7.0",创建完成后模型如图 4.1.45 b)所示。

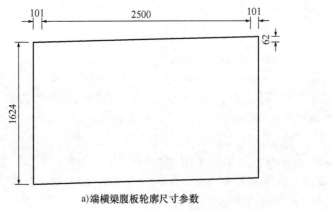

a)端横梁腹板轮廓尺寸参数　　　　　　　　　　b)端横梁腹板模型

图 4.1.45 端横梁腹板轮廓尺寸参数及模型

(2)中横梁腹板模型采用与端横梁腹板模型类似的方法进行创建,拉伸轮廓如图 4.1.46 a)所示,将"拉伸终点"改为"7.0","拉伸起点"改为"-7.0",创建完成后模型如图 4.1.46 b)所示。

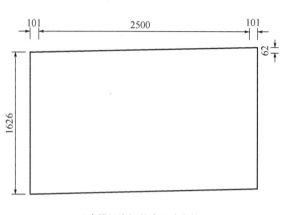

a)中横梁腹板轮廓尺寸参数　　　　　　b)中横梁腹板模型

图 4.1.46　中横梁腹板轮廓尺寸参数及模型

3. 创建端横梁加劲肋、中横梁加劲肋模型

(1)创建新的公制常规模型族文件,保存文件为"端横梁加劲肋"。使用【拉伸】命令以"左右"为方向拉伸建模,拉伸轮廓如图 4.1.47 所示,将"拉伸终点"改为"71.5","拉伸起点"改为"-71.5",完成端横梁加劲肋的创建。

图 4.1.47　端横梁加劲肋轮廓尺寸参数

(2)单击【参照线】命令,绘制如图 4.1.48 所示的参照线,留下斜线,删除其余参照线。

(3)单击【旋转】命令,将加劲肋旋转至与斜参照线相同的角度,完成端横梁加劲肋模型的创建,如图 4.1.49 所示。

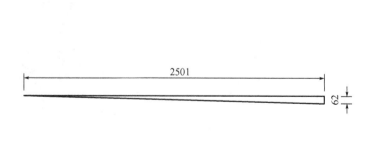

图 4.1.48　加劲肋斜参照线　　　　　　图 4.1.49　旋转后的端横梁
　　　　　　　　　　　　　　　　　　　　　　　　加劲肋模型

(4)中横梁加劲肋模型采用与端横梁加劲肋模型类似的方法进行创建,使用【拉伸】命令以"左右"为方向拉伸建模,拉伸轮廓如图4.1.50 a)所示,将"拉伸终点"改为"60.0","拉伸起点"改为"-60.0",然后使用【旋转】命令,将加劲肋旋转至与斜参照线相同的角度,参照线如图4.1.50 b)所示,完成中横梁加劲肋模型的创建,如图4.1.50 c)所示。

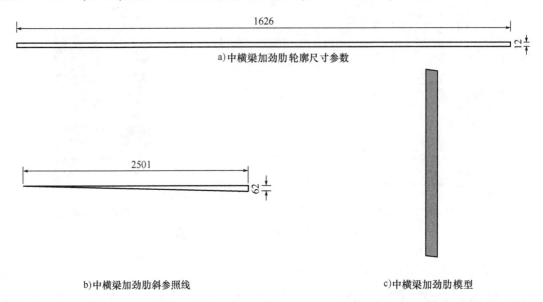

图4.1.50　中横梁加劲肋轮廓尺寸参数、斜参照线及模型

(5)将创建好的各个部件模型进行端横梁拼装,如图4.1.51所示,拼装完成后的模型如图4.1.40所示。

(6)中横梁模型的拼装过程和端横梁模型拼装过程类似,将创建好的各个部件模型进行中横梁拼装,如图4.1.52所示,拼装完成后的模型如图4.1.53所示。

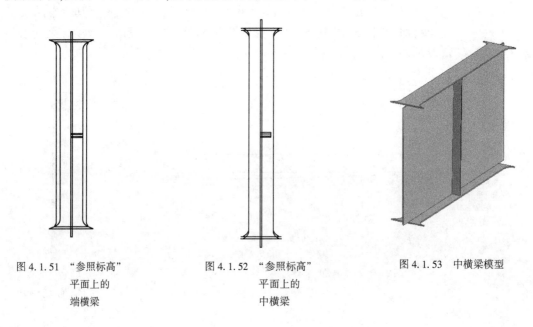

图4.1.51　"参照标高"平面上的端横梁　　　图4.1.52　"参照标高"平面上的中横梁　　　图4.1.53　中横梁模型

六、钢主梁结构的拼装【资源4.1.9】

1. 新建项目文件

单击Revit界面左上角【新建】,选择【项目】里的"构造样板",创建新的项目文件。单击右上角快捷菜单中的"保存"按钮,保存文件为"钢板梁桥钢梁模型"。

2. 载入构件模型

使用【载入族】功能,通过此操作将建好的各个桥梁构件模型导入项目文件中,方便拼装时调用。

3. 绘制轴网

(1)展开左侧项目浏览器中的"视图(全部)"总链,展开"楼层平面"支链,双击"场地",将轴网绘制在场地平面上。

(2)打开【建筑】选项卡,单击【基准】面板中的【轴网】进行轴网的绘制,利用轴网功能绘制安装辅助线,确定各个构件的放置位置,以便拼装。轴网绘制结果如图4.1.54所示。

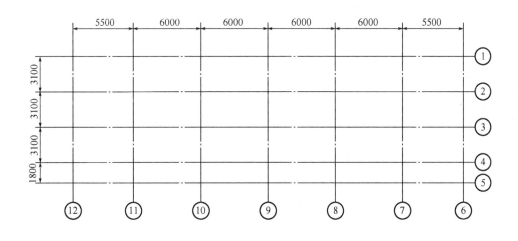

图4.1.54 轴网绘制结果

4. 放置构件

(1)放置钢主梁。展开左侧项目浏览器中的"族"总链,展开"常规模型"支链,可见先前载入的构件都在"常规模型"支链中,再次展开"带加劲肋的钢主梁(边)"支链,长按鼠标左键可将钢主梁构件拖动到工作界面中,将其放置到轴网上相应位置,如图4.1.55所示。

(2)"带加劲肋的钢主梁(中)"的放置与上述"带加劲肋的钢主梁(边)"的放置操作方式一致,钢主梁放置结果如图4.1.55所示。

(3)端横梁和中横梁位置按照结构设计位置放置,放置结果如图4.1.56所示。

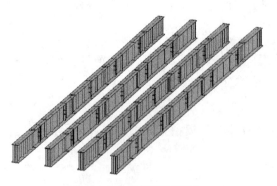
图 4.1.55 钢主梁放置结果

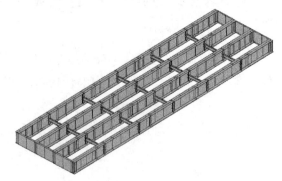
图 4.1.56 端横梁和中横梁放置结果

七、混凝土桥面板建模

(一)混凝土预制桥面板【资源 4.1.10】

(1)创建新的公制常规模型族文件,并保存文件为"预制 A1、A2 类"。使用【拉伸】功能以"左右"为方向拉伸建模,拉伸轮廓如图 4.1.57 a)所示。将"拉伸终点"改为"2500.0","拉伸起点"改为"0.0",完成拉伸创建。创建完成结果如图 4.1.57 b)所示。

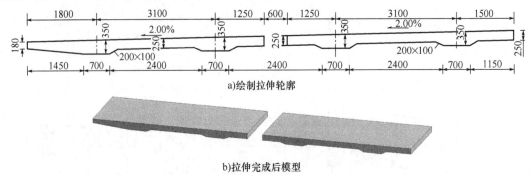

图 4.1.57 预制桥面板轮廓和完成拉伸的模型

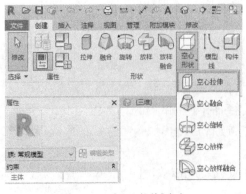

图 4.1.58 【空心拉伸】命令

(2)选择功能区中的【创建】选项卡,在【形状】面板中选择【空心形状】命令,在下拉选项框中选中【空心拉伸】命令,如图 4.1.58 所示,进入"空心拉伸"功能界面。展开左侧项目浏览器中的"视图(全部)"总链,将空心形状轮廓绘制在"参照标高"视图中,如图 4.1.59 a)所示。

(3)绘制空心形状轮廓,如图 4.1.59 b)所示,在左侧【属性】面板中将"拉伸终点"改为"5000.0","拉伸起点"改为"-5000.0",单击【√】命令完成拉伸创建,创建完成结果如图 4.1.59 c)所示。

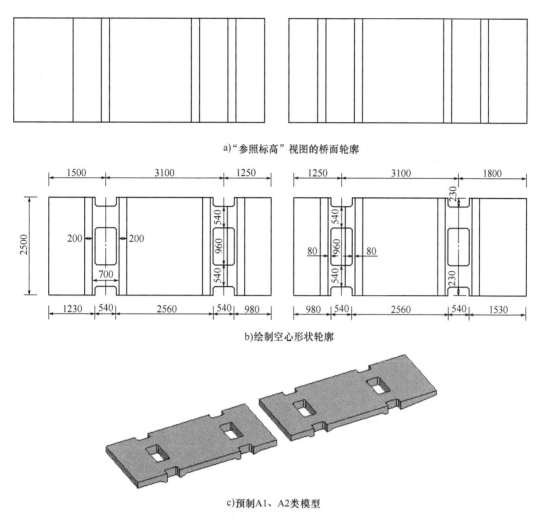

a)"参照标高"视图的桥面轮廓

b)绘制空心形状轮廓

c)预制A1、A2类模型

图 4.1.59 桥面板预制 A1、A2 类模型的构建流程

(二)预制板间现浇混凝土、湿接缝及拼装【资源 4.1.11】

1. 预制板间现浇混凝土

为了使横向湿接缝模型在预制桥面板间连续,现将预制板间现浇混凝土分为两种,分别进行建模。具体位置如图 4.1.60 所示。

(1)创建新的公制常规模型族文件,并保存文件为"现浇孔 1"。使用【拉伸】功能以"左右"为方向拉伸建模,拉伸轮廓如图 4.1.61a)所示,将"拉伸终点"改为"960.0","拉伸起点"改为"0.0"。

(2)使用【空心拉伸】命令,将空心形状轮廓绘制在"参照标高"视图中。绘制的空心形状轮廓如图 4.1.61b)所示,并将"拉伸终点"改为"5000.0","拉伸起点"改为"-5000.0",创建完成结果如图 4.1.61c)所示。

(3)将文件"现浇孔 1"另存为"现浇孔 2",进入"空心拉伸"功能界面。

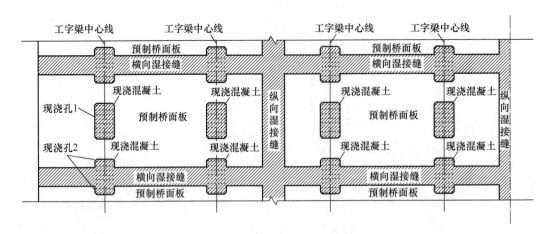

图 4.1.60 现浇混凝土分类示意图

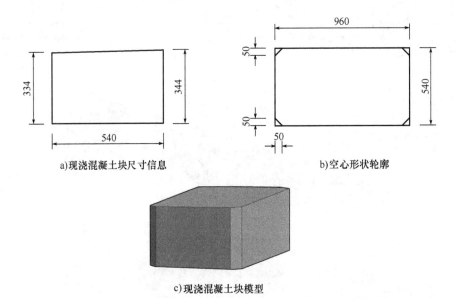

a) 现浇混凝土块尺寸信息

b) 空心形状轮廓

c) 现浇混凝土块模型

图 4.1.61 现浇孔 1 混凝土块尺寸信息、空心形状轮廓及模型

(4) 绘制空心形状轮廓如图 4.1.62 所示，并将"拉伸终点"改为"5000.0"，"拉伸起点"改为"-5000.0"，完成拉伸创建。创建完成结果如图 4.1.63 所示。

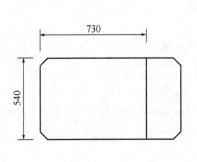

图 4.1.62 现浇孔 2 空心形状轮廓

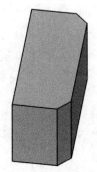

图 4.1.63 现浇孔 2 混凝土块模型

2. 横向湿接缝

(1)创建新的公制常规模型族文件,并保存文件为"横向湿接缝1"。使用【拉伸】功能以"左右"为方向拉伸建模,拉伸轮廓绘制参照图4.1.57a),"拉伸终点"改为"500.0","拉伸起点"改为"0.0",创建完成后模型如图4.1.64所示。

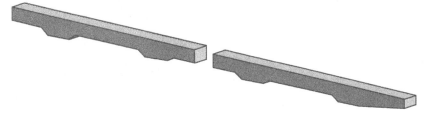

图4.1.64　横向湿接缝1模型

(2)横向湿接缝2模型可利用镜像功能创建,以横向湿接缝1最上侧或最下侧模型线为镜像轴,可得到横向湿接缝2模型。

3. 纵向湿接缝

创建新的公制常规模型族文件,并保存文件为"纵向湿接缝1"。使用【拉伸】功能以"左右"为方向拉伸建模,拉伸轮廓如图4.1.65所示,将"拉伸终点"改为"26500.0","拉伸起点"改为"0.0",创建完成后模型如图4.1.66所示。

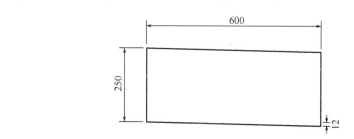

图4.1.65　绘制完成后的纵向湿接缝1轮廓

图4.1.66　纵向湿接缝1模型

4. 预制板及湿接缝拼装【资源4.1.12】

(1)创建新的公制常规模型族文件。单击快速访问工具栏中的"保存"按钮,保存文件为"预制湿接缝组合"。选择【参照线】功能,绘制如图4.1.67所示的安装辅助线。

(2)使用【载入族】功能,将建好的预制板、湿接缝等文件导入,展开左侧项目浏览器中的"族"总链中的"常规模型"支链,长按鼠标左键可将预制桥面板构件拖动到工作界面中,将其放置到轴网上相应位置,如图4.1.68所示,放置完成后如图4.1.69所示。

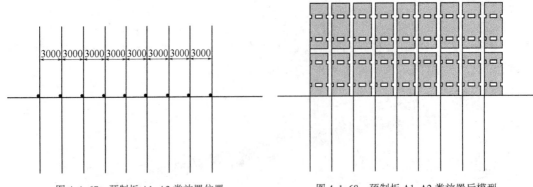

图4.1.67 预制板A1、A2类放置位置　　　　图4.1.68 预制板A1、A2类放置后模型

（3）其余构件放置方法与预制板A1、A2类放置方法类似,放置完成后的预制湿接缝组合模型如图4.1.69所示。

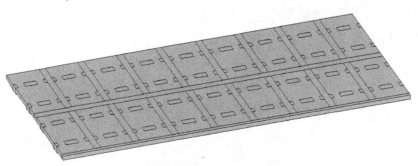

图4.1.69 预制湿接缝组合模型

（三）混凝土现浇段桥面板

1. 边支点现浇段桥面板【资源4.1.13】

将边支点现浇段桥面板划分为六个部分,其中五个部分可利用截面放样成型,对应截面编号分别为A、B、C、D和E,剩下部分为D、E部分间的过渡段,利用放样融合功能进行建模,各部分分类示意图如图4.1.70所示。

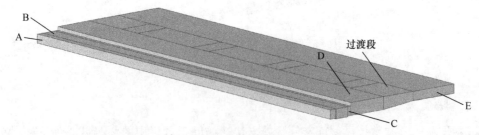

图4.1.70 边支点现浇段截面分类示意图(半桥面)

（1）创建新的轮廓族文件,并命名为"A截面"。选择【直线】命令,绘制现浇段截面的轮廓线。尺寸如图4.1.71所示。

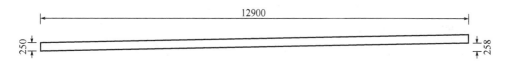

图 4.1.71 边支点现浇段 A 截面轮廓

(2)其余截面轮廓创建方法与 A 截面类似,此处不再赘述。各截面数据如图 4.1.72 所示。

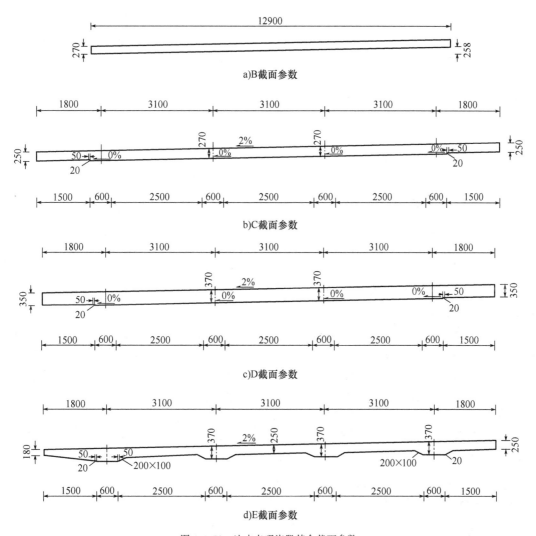

图 4.1.72 边支点现浇段其余截面参数

(3)创建新的公制常规模型族文件。保存文件为"边支点现浇"。使用【插入】选项卡【从库中载入】面板中【载入族】命令,将已绘制的边支点截面轮廓族载入当前文件中。

(4)将放样路径设置在"楼层平面"上,单击【放样】并选择【绘制路径】,绘制边支点现浇段 A 截面放样路径,放样路径长度为 190mm。

(5)在【选择轮廓】下拉框中选择"A 截面",然后单击【模式】面板中的【√】命令,完成边支点现浇段 A 截面模型的创建。创建完成后模型如图 4.1.73 所示。

（6）B 截面、C 截面和 D 截面模型的放样与 A 截面类似，此处不再赘述。其放样路径长度分别为 400mm、110mm 和 1100mm，放样路径与 A 截面放样路径首尾相接。用参照线绘制出一个过渡段的距离，如图 4.1.74 所示。接续放样 E 截面，其放样路径长度为 1390mm，放样过程与 A 截面类似，不再赘述。

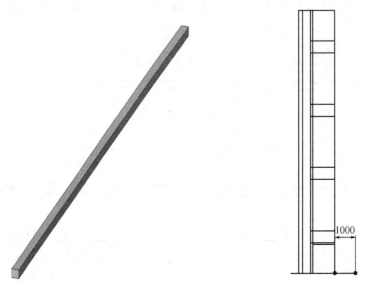

图 4.1.73　A 截面放样模型　　　　图 4.1.74　边支点现浇预留过渡段的距离

（7）使用【放样融合】功能并选择【拾取路径】命令，在拾取界面中拾取参照线，完成放样融合路径的拾取。

（8）为使建模结果正确，将 D 截面和 E 截面分块单独放样建模。单击功能区中【修改|放样融合】选项卡，单击【选择轮廓 1】并使用【编辑轮廓】绘制 D 截面分块放样区域，如图 4.1.75 a）所示；单击【选择轮廓 2】选择 E 截面分块放样区域，如图 4.1.75 b）所示；最后在【模式】面板中选择【√】命令，完成第一分块的建立，如图 4.1.75 c）所示。

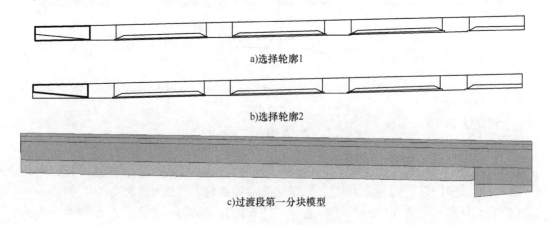

a）选择轮廓 1

b）选择轮廓 2

c）过渡段第一分块模型

图 4.1.75　第一分块轮廓示意图和模型

(9)第二、第三分块轮廓示意图及各分块模型如图4.1.76和图4.1.77所示。

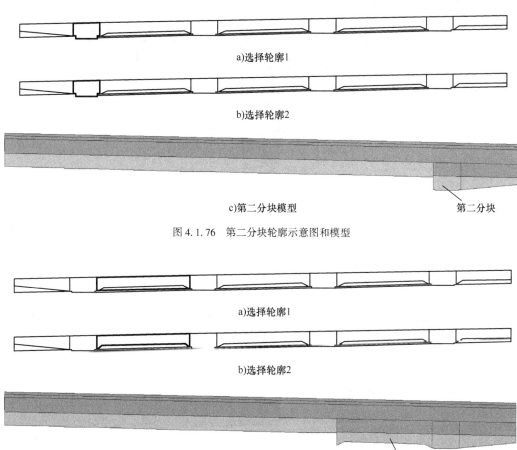

图4.1.76 第二分块轮廓示意图和模型

图4.1.77 第三分块轮廓示意图和模型

待放样完成后,边支点现浇段模型如图4.1.78所示。

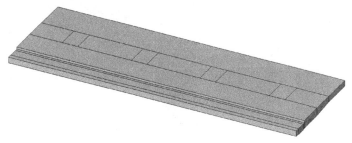

图4.1.78 边支点现浇段模型

2. 中支点现浇段桥面板【资源4.1.14】

与边支点现浇段建模步骤类似,将中支点现浇段桥面板分为三个截面,再利用放样及放样融合功能将这些截面放样成中支点现浇段模型。截面分类示意图如图4.1.79所示。

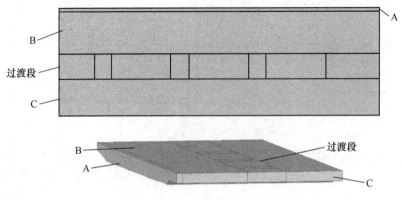

图 4.1.79 中支点现浇段截面分类示意图

(1)创建新的轮廓族文件,并命名为"A 截面"。选择【直线】命令,绘制现浇段截面的轮廓线,尺寸如图 4.1.80 所示。

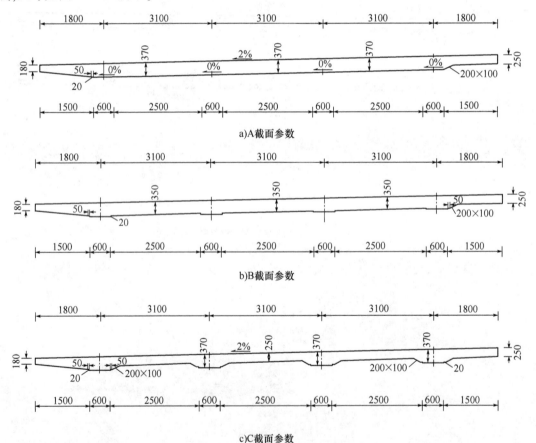

a)A截面参数

b)B截面参数

c)C截面参数

图 4.1.80 中支点现浇段各截面参数

(2)创建新的公制常规模型族文件。保存文件为"中支点现浇"。使用【插入】选项卡【从库中载入】面板中【载入族】命令,将已绘制的中支点截面轮廓族载入当前文件中。

(3)将放样路径设置在"楼层平面"上,单击【放样】并选择【绘制路径】,绘制中支点现浇段 A 截面放样路径,长度为 150mm。

(4)在【选择轮廓】下拉框中选择"A 截面",完成中支点现浇段 A 截面模型的创建,创建完成后模型如图 4.1.81 所示。

图 4.1.81　A 截面放样模型

(5)B 截面模型的放样与 A 截面类似,此处不再赘述。其放样路径长度为 1650mm,放样路径与 A 截面放样路径首尾相接。用参照线绘制出一个过渡段的距离,长度为 1000mm(绘制方法与边支点现浇段部分方法类似),接续放样 C 截面,放样路径长度为 1450mm,放样过程与 A 截面类似,此处不再赘述。

(6)使用【放样融合】功能并选择【拾取路径】命令,在拾取界面中拾取参照线,完成放样融合路径的拾取。

(7)为使建模结果正确,将 B 截面和 C 截面分块单独放样建模(建模方法与边支点现浇段部分方法类似)。具体操作参考边支点现浇段部分。

(8)第一、第二分块拾取轮廓线示意图及各分块模型如图 4.1.82 所示。

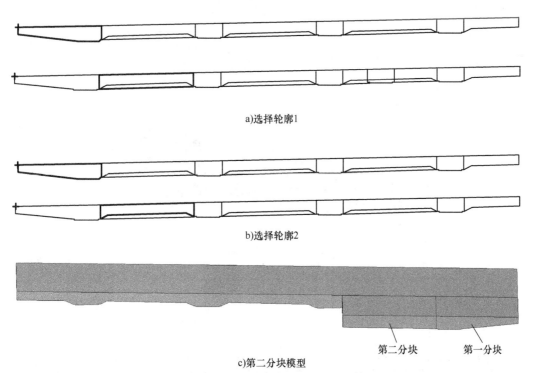

图 4.1.82　第二分块轮廓示意图和模型

待放样完成后,中支点现浇段模型如图 4.1.83 所示。

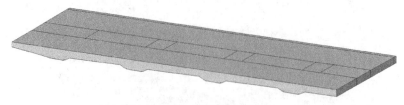

图 4.1.83 中支点现浇段模型

(四)混凝土桥面板拼装【资源 4.1.15】

(1)创建新的公制常规模型族文件。单击快速访问工具栏中的"保存"按钮,保存文件为"混凝土桥面板"。

(2)使用【载入族】功能,将建好的预制湿接缝组合、现浇段桥面板文件导入,展开左侧项目浏览器中的"族"总链中的"常规模型"支链,长按鼠标左键可将预制湿接缝组合构件拖动到工作界面中,并将现浇段桥面板拖动到相应位置,如图 4.1.84 所示,放置完成后如图 4.1.85 所示。

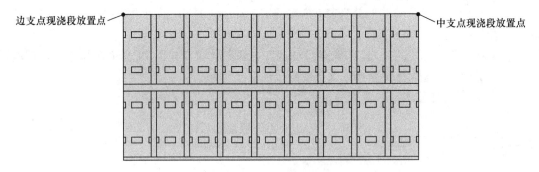

图 4.1.84 现浇段桥面板的放置位置

图 4.1.85 混凝土桥面板模型

(五)桥面铺装及防撞护栏【资源 4.1.16】

1. 桥面铺装

(1)创建新的公制常规模型族文件,并保存文件为"桥面铺装"。单击【参照线】命令,在左立面上绘制沥青铺装层的轮廓线。轮廓线绘制结果如图 4.1.86 所示。

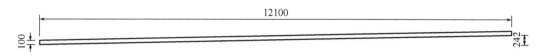

图 4.1.86 桥面铺装层轮廓

(2)单击【拉伸】命令,选择【拾取线】功能,点选绘制好的轮廓线。将"拉伸终点"改为"35000.0","拉伸起点"改为"0.0"。创建完成后模型如图 4.1.87 所示。

图 4.1.87 桥面铺装层模型

2. 防撞护栏

(1)创建新的轮廓族文件,并命名为"右护栏截面"。选择【线】命令,绘制护栏截面的轮廓线,尺寸如图 4.1.88 所示。

(2)创建新的公制常规模型族文件,并保存文件为"右护栏"。使用【载入族】命令,将已绘制的"右护栏截面"轮廓族载入当前文件中。

(3)将放样路径设置在"楼层平面"。单击【放样】命令并选择【绘制路径】命令,在界面中绘制右护栏放样路径,如图 4.1.89 所示。

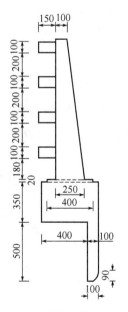

图 4.1.88 护栏截面轮廓尺寸参数

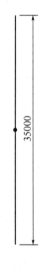

图 4.1.89 右护栏放样路径

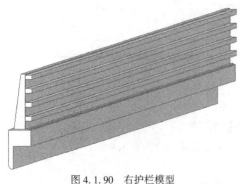

(4)单击【选择轮廓】命令,在其下拉框中选择"右护栏截面",完成右护栏模型的创建,如图4.1.90所示。

(5)利用【镜像|绘制轴】功能可得到左护栏模型,另存为并命名为"左护栏"。

(六)混凝土桥面铺装、防撞护栏拼装
【资源4.1.17】

1. 桥面铺装与防撞护栏拼装

(1)打开桥面铺装模型文件"桥面铺装.rfa",

图4.1.90 右护栏模型

另存为"铺装护栏组合.rfa"。

(2)使用【插入】选项卡中的【载入族】功能,导入相应文件,在左侧项目浏览器中将左护栏、右护栏构件拖动到工作界面中,将其放置到相应位置,拼装完成后如图4.1.91所示。

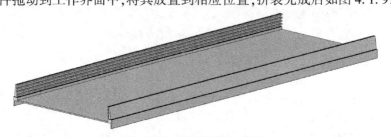

图4.1.91 铺装护栏组合模型

2. 混凝土桥面板及铺装整体拼装

(1)打开桥面板模型文件"混凝土桥面板.rfa",另存为"桥面板及铺装组合.rfa"。

(2)使用【插入】选项卡中的【载入族】功能,将建好的"铺装护栏组合"文件导入,在左侧项目浏览器中将桥面铺装构件拖动到工作界面中,将其放置到相应位置,放置完成后模型如图4.1.92所示。

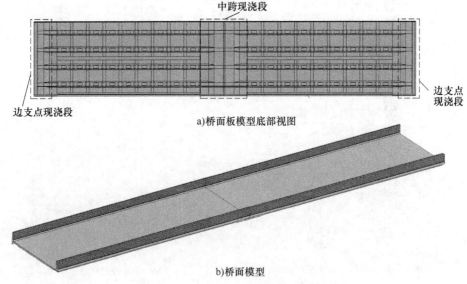

图4.1.92 桥面板及铺装组合模型

八、钢板梁桥模型整体拼装【资源 4.1.18】

1. 创建项目文件

打开钢梁模型文件"钢板梁桥钢梁模型.rvt",另存为"钢板梁桥.rvt"。

2. 载入构件模型

单击【插入】选项卡中的【载入族】功能,将建好的混凝土桥面板构件模型导入项目文件中。

3. 放置构件

(1)在左侧项目浏览器中长按鼠标左键可将钢主梁构件拖动到工作界面中,将其放置到相应位置,如图 4.1.93 所示。

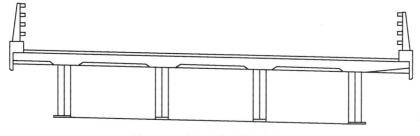

图 4.1.93 桥面板模型放置示意图

(2)构件拼装全部完成后,建成的钢板梁桥左幅两跨模型如图 4.1.94 所示。

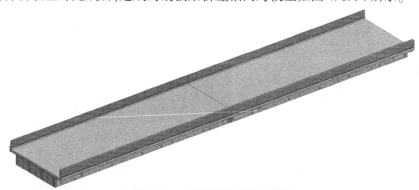

图 4.1.94 钢板梁桥左幅两跨模型

右侧桥幅上部结构可利用【镜像-拾取轴】功能进行镜像建模,两幅桥间距为 100mm,镜像轴如图 4.1.95 所示。镜像建模完成后如图 4.1.96 所示。

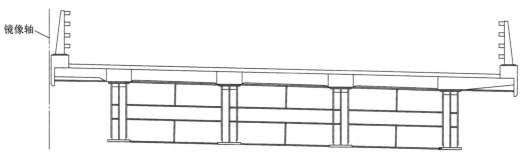

图 4.1.95 镜像轴示意图

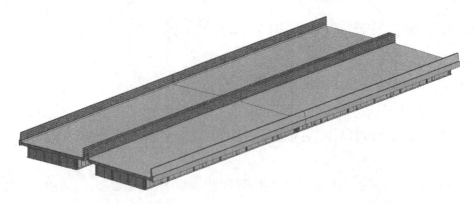

图 4.1.96　分离式钢板梁桥两跨模型

（3）整桥展示。下部结构的建模流程见第三章第二节，将下部结构和主梁放到轴网相应位置，至此钢板梁桥建模完成，建模结果如图 4.1.97 所示。

图 4.1.97　5×35m 钢板梁桥全桥模型

第二节　钢箱梁桥

钢箱梁因其具有整体性好、自重小、抗扭能力强、施工快速等特点，被广泛应用于城市高架桥、立交桥、大跨径桥梁以及有特殊要求的桥梁。钢箱梁桥主梁的横截面由闭口型箱形截面组成，钢箱梁的底板与腹板为钢结构，桥面板可采用混凝土结构或钢结构。当钢箱梁桥采用混凝土桥面板时，为钢-混凝土组合结构桥梁，简支梁跨径为 60m，连续梁跨径为 140m 以上；当钢箱梁桥采用钢桥面板时，连续梁桥跨径为 300m 以上。

一、结构与构造

（一）总体布置

1. 跨径布置

钢箱梁桥的跨径布置弹性很大，根据既有的工程实例，钢箱梁桥的边中跨比值分布在 0.5~1.0 的较大范围内，但常设置在 0.6~0.8 之间，如图 4.2.1 所示。当桥梁跨越山谷时，跨径布置没有特别需要遵循的规律，边中跨比值有时达到 0.8 也是合理的。当采用更大的边中跨比值时,将会因为结构受力的不合理而影响经济性,故只在特殊情况下采用。

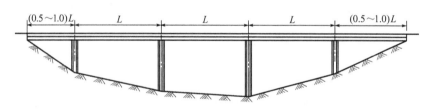

图 4.2.1 钢箱梁桥跨径布置

此外,钢箱梁桥与大多数混凝土桥不同,这种结构更能适应不规则的跨径布置。对于跨越道路、河流通航孔等较为平坦的地形情况,在支点采用竖向调节措施可以使得边中跨比值降低至 0.5 或 0.6,这样可以使主桥结构的总长达到最小,如图 4.2.2 所示。

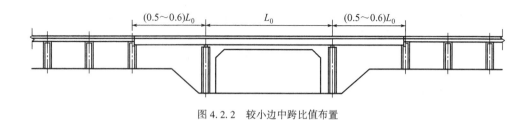

图 4.2.2 较小边中跨比值布置

2. 立面布置

(1)等高梁。

等高梁是钢箱梁桥最常见的结构形式,这种结构布置方式不仅方便工厂化制造,也方便运输、安装。特别是桥梁跨越山谷、河流,需要采用顶推法施工时,即使各中间跨采用不同跨径布置,选用等高梁常常也是最为经济的选择。等高梁桥式布置如图 4.2.3 所示。

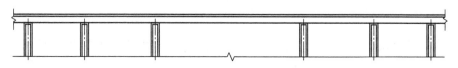

图 4.2.3 等高梁桥式布置

(2)变高梁。

梁高的变化将导致制造和安装的复杂化,常在特殊的情况下使用。梁底的变化曲线可以是抛物线、三次曲线或者直线。变高梁桥式布置如图 4.2.4 所示。以下三类常见情况下常采用变高梁:其一,跨径较大时为减少桥梁的用钢量;其二,净空和建筑高度受限时,为了同时满足结构受力和限制条件;其三,从环境方面考虑,为了达到美观效果。尽管变高梁结构制造不及等高梁简单,但可以有效减少钢材用量,且总体造价可能更具优势。

(3)混合梁高。

混合梁高布置方式主要针对只需跨越少量障碍物的长桥,在需要跨越障碍物的地方采用大跨径变高梁,在没有限制条件的地方采用跨径较小的等高梁。从审美的角度看,混合梁高布置方式可以突出大跨造型并且相对于等高梁结构产生了变化的美感。如图4.2.5所示。

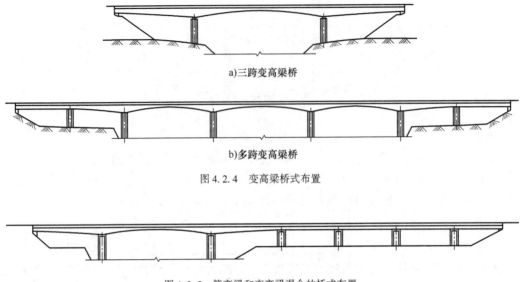

a)三跨变高梁桥

b)多跨变高梁桥

图4.2.4 变高梁桥式布置

图4.2.5 等高梁和变高梁混合的桥式布置

(4)端部变高梁。

对于主跨作为功能需求,而边跨作为配跨的典型三跨连续梁结构形式,它的边梁采用变高梁的结构形式不仅可以适应边跨较短的情况,还可以使其端部梁高减少约三分之一。另外,在连续梁的两侧衔接有跨径较小的经济跨径桥梁,通过减小连续梁边跨梁端的高度,可以和两侧的桥梁高度协调一致,使桥梁的总体美学效果更好。端部变高梁桥式布置如图4.2.6所示。

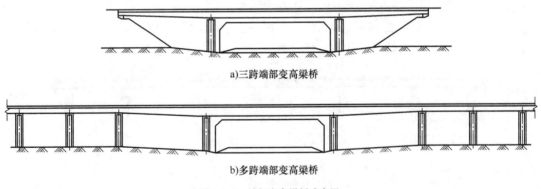

a)三跨端部变高梁桥

b)多跨端部变高梁桥

图4.2.6 端部变高梁桥式布置

(二)构造形式

对于中小跨径的钢箱梁桥,通过混凝土桥面板与槽形的开口钢箱梁连接,形成封闭的箱形截面(图4.2.7)。槽形钢箱梁由两道腹板、下缘底板、上翼缘板以及按照一定间距设置的横隔系组成,腹板和下缘底板通常设有纵向加劲肋,槽形钢箱梁通过设于上翼缘板的连接件与混凝土桥面板结合形成组合结构。槽形钢箱梁在混凝土板漏水时比较麻烦,特别是在北方地区。在平面曲线半径较小、抗扭要求高、施工阶段槽形开口钢梁承载力不满足等情况下可以使用闭口钢箱梁的组合梁[图4.2.7 b)]。混凝土桥面与箱梁的顶板通过剪力连接件相结合形成组合桥面板结构,在混凝土浇筑过程中钢箱梁顶板充当混凝土的支撑模板,并要保证混凝土板完全无渗透。对于大跨径桥梁或特大跨桥梁,为了减小结构构件自重,采用正交异性钢桥面板代替混凝土桥面板[图4.2.7 c)],该结构形式主要应用于梁桥。为了提高桥梁在风荷载作用下的性能,特大跨径缆索承重桥梁采用流线型截面而非简单的矩形截面,一般称为扁平钢箱梁[图4.2.7 d)]。图4.2.7所示的四种钢箱截面形式中,混凝土桥面板-槽形钢箱梁[图4.2.7 a)]和正交异性钢桥面板钢箱梁[图4.2.7 c)]变化形式较多。

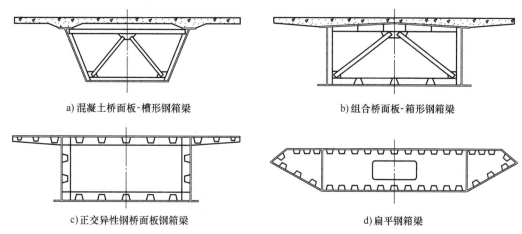

图4.2.7 箱形梁截面形式

1. 槽形钢箱组合梁

(1)无外加劲槽形钢箱梁。

①单室截面(桥面板无横肋支撑)。

槽形钢箱梁中腹板与垂直方向的夹角不应超过20°~25°,否则在浇筑混凝土桥面板时应采用特殊的措施以保证其几何外形。采用梯形的其中一个原因是提供合适的宽度来支撑混凝土桥面板,使得桥面板的横向正负弯矩大小相同,这样的几何外形同时能减小槽形钢箱梁底板宽度,从而当主梁受负弯矩作用时,能减少使底板有效受压所需的纵向加劲肋数量。值得一提的是,可以在底部受压钢板上设置混凝土,并用剪力连接件把两者相连,在中间支座处形成双组合截面。

当桥面板施加横向预应力时,桥面宽度为20m左右。对于桥面更宽的桥梁,由于混凝土桥面板受横向控制作用,上述截面形式难以满足要求,可将上下行车道分成左右两幅建设。左右两幅可以适应4~6车道高速公路桥梁以及8车道城市桥梁(无紧急停车带)的建设需求。在大部分情况下,上下行车道分幅建设有其技术、经济方面的合理性,并方便桥面整修时车辆的转移。一般双幅桥面的桥墩与基础也需要分开,如采用顶推法安装钢梁,相应顶推工作需要重复进行。当遇到深山、峡谷等自然条件时,桥梁分幅建设的经济性将受到挑战,采用整幅桥面的方案可能更具有竞争力。

②单室截面(箱内桥面板有小纵梁或横肋支撑)。

为了减小桥面板的横向受力,或减小桥面板厚度,一种方法是在槽形钢箱梁的中间设置小纵梁并使之与桥面板结合,形成对桥面板的支撑,可有效减小桥面板的横向受力,截面形式如

图4.2.8 a)所示。另一种方法是在箱内设置横肋直接支撑桥面板,箱中间桥面板为纵向承重,以减小桥面板厚度、降低结构自重,截面形式如图4.2.8 b)所示。对于小跨径的桥梁来说,钢梁由于底部较宽,从受力需求出发可以减小底板厚度,钢梁下翼缘钢板厚度往往受构造控制,将导致结构钢材用量指标的上升。

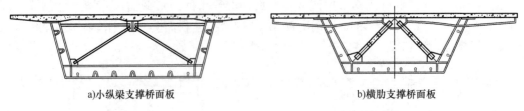

a)小纵梁支撑桥面板　　　　　　　b)横肋支撑桥面板

图4.2.8　内部有小纵梁或横肋支撑桥面板的组合钢箱梁截面

③双室截面。

当桥面宽度较大,为20~30m,综合各方面条件需要采用整幅桥面时,单箱双室或多室截面将是可供选择的形式之一。根据桥梁的跨径、宽度以及施工方法等方面的情况,桥面板可以采用横肋支撑桥面板,也可以不设横肋支撑桥面板。这种单箱双室截面的结构形式,其钢梁设有3道腹板,腹板与横隔系的材料指标将高于单室2道腹板的结构形式。

委内瑞拉圭亚那的卡罗尼河公铁两用桥,桥面宽度30.4m,采用3道腹板的单箱双室截面,见图4.2.9。钢梁横隔系纵向间距3.75m,桥面板与横隔系上缘的横肋结合,可将混凝土桥面板的厚度从40cm减少到24cm,这对于大跨径桥梁具有很大的经济效益。除非有类似的铁路过桥等特殊需要,否则具有很宽的底板及3道腹板的钢箱梁截面形式的经济性较差,对常规跨径的公路桥梁将不具有经济竞争优势。

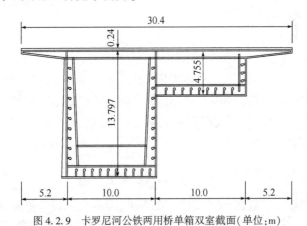

图4.2.9　卡罗尼河公铁两用桥单箱双室截面(单位:m)

(2)有外加劲槽形钢箱梁。

对于宽桥面整幅桥梁,钢梁两侧桥面板悬臂的合理长度是有限的,而依靠增加钢箱宽度来减小桥面板的悬臂长度,大多数情况下并不是合理的选择,因为加宽钢箱会导致钢箱底板宽度增加,同时引起用钢量增加。这种情况下,可通过在钢主梁上设置较强的横肋或设置较弱的横肋并辅以斜撑加劲,使混凝土桥面板在横肋的支撑下满足受力要求并合理控制桥面板的厚度,如此可以形成具有大悬臂的组合截面形式。这种结构形式以其技术与经济上的合理性成为很有竞争力的新结构。

①钢梁外加小横肋与斜撑。

大悬臂截面形式的中心钢梁上部腹板的间距通常为桥面总宽的1/3左右,钢梁底板宽度通常小于桥面总宽的1/3,外侧带斜撑的横向受力系统类似于桁架的受力体系,如图4.2.10所示。这种大悬臂整幅截面形式显著提高了钢材的利用率。横隔系由腹板与底板加劲肋、上翼缘板横肋以及箱内外斜撑构成,特别在预制桥面板安装阶段,截面横向受力呈现以轴向拉压为主的桁架行为,体现了受力的高效性,因此具有很好的经济性,对于桥面宽度小于20m或大于30m的桥梁也能适用。

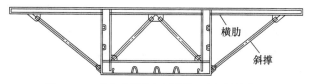

图4.2.10 外加小横肋与斜撑的组合钢箱梁截面

德国的维尔德格拉桥,桥面宽度27m,钢箱底板宽度仅7.6m,箱内外的斜撑以及与桥面板结合的受拉横肋共同组成了间距6m的横隔系来承担整个截面的荷载,如图4.2.11所示。

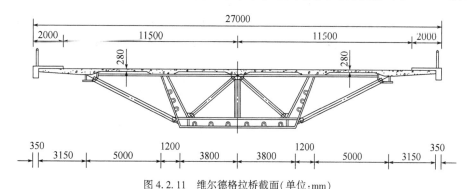

图4.2.11 维尔德格拉桥截面(单位:mm)

②钢梁外加大横肋。

钢梁外加大横肋截面形式,如图4.2.12所示。从两侧悬臂部分的受力看,仅用外伸大横肋与桥面板结合并没有比外加斜撑的解决方案的效率高,但这并不影响它在一些条件下所具有的技术、经济优势。当桥梁跨径不大、相应梁高较小且桥面很宽时,组合截面的大悬臂若采用斜撑加劲,则由于斜撑角度很小而使其加劲效率大打折扣,同时斜撑上下端的连接构造也更为复杂。此时,采用钢梁外加大横肋的组合钢箱梁形式就成为恰当的选择。与采用钢梁外加小横

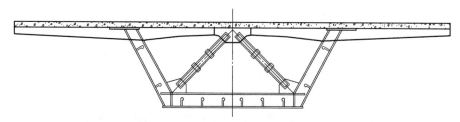

图4.2.12 钢梁外加大横肋的组合钢箱梁截面

肋和斜撑的组合钢箱梁一样,中心钢梁上部腹板的间距通常为桥面总宽的1/3左右,钢梁底板宽度通常小于桥面总宽的1/3。

2. 闭口钢箱组合梁

(1)单室截面(无外加劲)。

对于弯梁,当施工过程承受很大扭矩等情况时,组合钢箱梁可采用闭口钢箱梁的截面形式。图4.2.13 a)为无外加劲的单室闭口钢箱组合梁。相对于槽形钢箱梁,闭口钢箱梁的上缘是封闭的,在上缘顶板设有横肋及纵向加劲肋。顶板、腹板、底板的横向加劲肋与箱内加劲斜撑共同构成横隔系,沿桥梁纵向以一定间距布置。与槽形钢箱梁相比,闭口钢箱梁在采用顶推法施工以及桥面板安装等施工阶段,具有强大的抗扭能力;而在桥面板与钢箱梁组合后,两者的受力性能相差不大。组合钢箱梁通过设于钢梁顶板的连接件与混凝土板结合,连接件主要设置在对应腹板的顶板带状范围,在顶板的其他范围设有较稀疏的连接件,使上翼缘钢板与混凝土板形成组合板共同受力。

(2)单室截面(有外加劲)。

在组合闭口钢箱梁的钢箱梁外侧设置水平横肋和斜撑形成桁架式结构,来解决长悬臂桥面板的受力问题,如图4.2.13 b)所示。在钢箱梁外侧斜撑角度可以很大的情况下,比仅采用横肋加劲更有效率。但是要减小中心箱梁的宽度并使外侧斜撑保持较大的水平角度,在桥面宽度一定的情况下,主要取决于梁高,而梁高主要取决于桥梁跨径。显然,这种截面形式更适用于跨径相对较大的情况,当跨径较小、梁高有限时采用钢横肋加劲的方式更为合适。

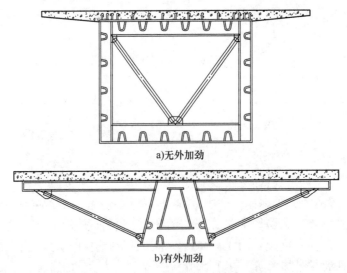

图4.2.13 闭口钢箱梁的组合钢箱梁截面

(3)窄幅箱梁截面。

窄幅箱梁适用于小跨径桥梁,特别是城市高架桥梁。窄幅箱梁便于运输、安装,并可以为桥面板现浇施工提供支撑平台。图4.2.14所示是一座实桥采用窄幅箱梁的组合梁横截面布置。由于箱体宽度较小,单片梁难以满足运营期间结构抗扭需要,这决定了窄幅箱梁常以两片梁的形式出现。与传统钢板梁相比,窄幅箱梁自身具有一定的抗扭刚度和侧向抗弯刚度,具有更好的侧向稳定性能,且容易满足安装阶段横向受力与稳定需要,这样可以在两片梁之间少设或不设横梁连接。与钢箱梁相比,窄幅箱梁的构造简单,钢梁制造安装及桥面板施工方便。因此,这种结构形式不仅结构简洁,还具有较好的经济性。

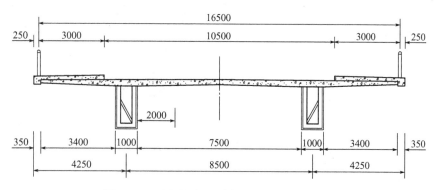

图 4.2.14　窄幅箱梁的组合钢箱梁截面(单位:mm)

3. 正交异性钢桥面板钢箱梁

(1)单箱钢箱梁。

正交异性钢桥面板钢箱梁由顶板、底板、腹板焊接成闭口截面,在箱内设置横隔板和纵横加劲肋。钢箱梁具有较大的抗弯刚度和抗扭刚度,单梁承载力较大。当桥宽较小(通常桥宽在 3 车道以内)时,可以采用单箱单室结构[图 4.2.15 a)]。当桥梁的桥宽与跨径之比(宽跨比)不大(跨径通常是桥宽的 10 倍以上)时,采用单箱结构形式较为经济。当桥宽在 4~6 车道时,也可以采用上下行线完全分离的双幅单箱梁桥。

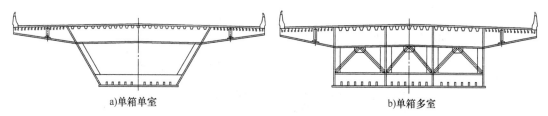

a)单箱单室　　　　　　　　　　　　b)单箱多室

图 4.2.15　单箱钢箱梁截面

单箱钢梁桥在钢箱两侧设置较大的悬臂,可以有效地减小钢箱的宽度。为了减小挑梁的悬臂长度,还常常将箱梁做成倒梯形的结构形式。钢箱梁采用悬臂式钢桥面板还可以增加翼缘板的有效宽度。一般情况下,当主梁腹板间距不大于等效跨径的 1/5 或者主梁悬臂长度不大于等效跨径的 1/10 时,箱梁全宽有效。这里,简支梁的等效跨径与主梁计算跨径相同,连续梁的等效跨径为反弯点间的距离。

对于钢桥面结构,挑梁主要是为了提高桥面板的刚度,挑梁处箱内需要设置横隔板或横肋将荷载均衡地传递到箱梁,防止应力集中。采用开口加劲肋时的挑梁间距一般为 1.5~3m,采用闭口加劲肋时挑梁间距可以适当增加,一般为 2~4m。通常由于挑梁高度较小,闭口截面形式的加工制作困难,一般做成工字形截面。

单箱钢梁桥较少采用单箱多室的结构形式[图 4.2.15 b)],单箱多室结构的中间腹板对箱梁的抗扭刚度贡献不大,有效工作宽度不明确,而且会增加用钢量,所以采用较少,只在梁高受到限制时采用。

(2) 双箱钢箱梁。

以下两种情况可以考虑采用双箱结构(图4.2.16)：当桥宽较大或单箱结构尺寸过大时，其在制作、运输、安装与架设阶段的困难增大；或者当单箱有效宽度很小时结构设计不经济。双箱中单个箱与单箱单室钢箱梁构造相同，两箱之间设有横向联结系将两箱连接在一起共同受力。由于多箱结构的用钢量较大，只有跨径较小且桥宽很大时采用。为了使得各主梁受力均匀并改善桥面板的受力情况，多箱钢梁桥的主梁尽可能等间距布置。

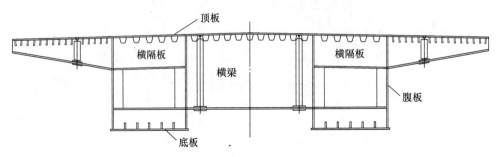

图4.2.16 双箱钢箱梁截面

4. 扁平钢箱梁

大跨斜拉桥、悬索桥及拱桥的主梁通常采用由众多纵横加劲肋和盖板组成的封闭式扁平钢箱梁结构形式。与普通钢箱梁相比，扁平钢箱梁高宽比比较小，有自重小、抗风性能好等优点。典型的扁平钢箱梁横截面如图4.2.17所示，截面由顶板、底板、腹板、横隔板和风嘴组成，两边的风嘴有降低风压和提高临界风速的作用，部分桥梁还在梁体中间布置有纵隔板，纵隔板通常选用实腹式和桁架式两种结构形式。

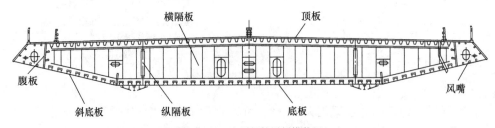

图4.2.17 扁平钢箱梁桥横截面

二、工程实例与建模思路

(一)工程实例

1. 工程概况

某工程为跨径布置6×110m的等高钢箱梁桥，单箱双室结构，桥面宽度为33.1m，桥面横坡2.5%，桥梁上部结构高度为4.5m，梁高与跨径比值为1/24.4。桥梁横断面如图4.2.18所示。

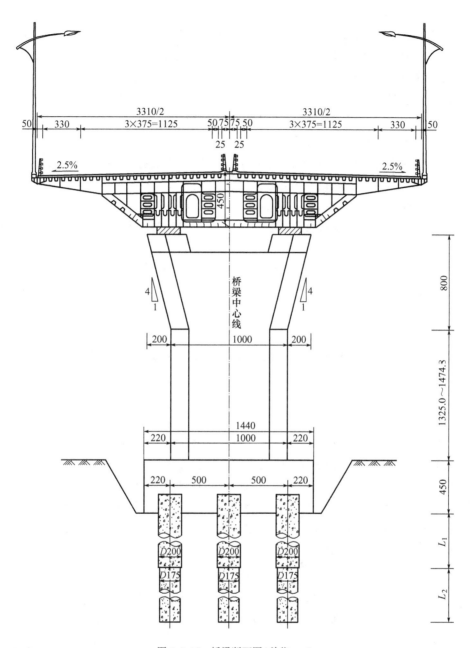

图 4.2.18　桥梁断面图(单位:cm)

2. 结构与构造

建模实例中的钢箱梁主要由底板、斜底板、横隔板、横肋、中腹板、边腹板、顶板组成。

（1）顶板。

顶板厚度为24mm,大部分采用刚度较大的U形加劲肋形式加劲,U形加劲肋标准横向间距600mm,高度为294mm,板厚8mm;顶板局部区域根据构造要求采用板肋加劲形式,板肋标准间距350mm,高度为194mm,板厚20mm。

(2) 底板与斜底板。

底板厚度为28mm，采用板肋加劲肋，板肋标准间距600mm，高度为280mm，厚度为28mm。斜底板厚度为22mm，两侧各设置两道U形加劲肋，U形加劲肋高度为260mm，板厚为6mm；其余采用板肋形式加劲，板肋高度为220mm，厚度为22mm。

(3) 横隔板与横肋。

横隔板标准间距10m，两道横隔板之间设置三道横肋板，横肋板标准间距2.5m。

横隔板上半部分板厚为24mm，下半部分板厚为20mm。

横肋为T形截面，翼缘板尺寸为300mm×16mm，横肋在顶板处、中腹板处、边腹板处、斜底板处板厚均为16mm，在底板处板厚为28mm。横肋的竖向加劲肋板厚均为10mm，横肋由多块尺寸不一的板件构成。

钢箱梁外侧与横隔板和横肋对应位置均设置挑臂，挑臂腹板厚度为16mm。翼缘板厚度为24mm。竖向加劲肋板厚均为10mm。

(4) 中腹板。

中腹板厚度为24mm。中腹板采用板肋加劲，加劲肋仅在中腹板的一侧布置，方向为朝向钢箱梁桩号增大方向的左侧。加劲肋板厚与中腹板厚度相同，为24mm。

(5) 边腹板。

边腹板厚度为22mm，边腹板对接采取板件内缘对齐的形式。边腹板采用板肋加劲，加劲肋板厚对应边腹板厚度22mm。

(二) 建模思路

由于钢箱梁桥模型构件的标准化程度并不高，参数化模型不适用于钢筋梁桥，因此需要将每个构件都通过"死族"的方法构造，即将构件轮廓画出，通过拉伸等一些常规功能进行构建。对于不同构件的拼接，采用的方法是将底板、横隔板、横肋、中腹板、边腹板、顶板分别建在各自的族里面，拼装时导入同一个族文件进行拼装，这样不仅建模思路清晰，而且对于大跨钢箱梁桥结构，横隔板及横肋等重复构件可以不用多次建模。

大致按以下顺序建模：底板→横隔板→横肋→中腹板、边腹板→顶板。

1. 底板的构建

底板构件包括底板、斜底板、板肋、U形肋。建模过程自下而上，首先用"拉伸"功能构建底板和斜底板，之后分别在底板和斜底板上用"拉伸"功能创建板肋和U形肋。

2. 横隔板的构建

横隔板构件包括横隔板母板、板上加劲肋、附属构件。建模过程自下而上，首先用"拉伸"功能构建横隔板母板，之后用"空心拉伸"功能构建横隔板母板上的U形肋和板肋的切口，再用"拉伸"功能构建板上的各种加劲肋，最后创建新的"族"文件，构建横隔板的附属构件，创建完成后将其导入，完成横隔板的拼装。

3. 横肋的构建

横肋的构建流程与横隔板相近，主要差别在于横肋构件被拆分成了许多板块，需要先单独构建各个板块，再与横肋上的各种纵横向加劲肋拼装。

4. 中腹板、边腹板的构建

中腹板与边腹板的构建流程相同,主要由腹板与腹板加劲肋组成,建模过程自下而上,首先用"拉伸"功能构建腹板,之后用"拉伸"功能构建板上的加劲肋。

5. 顶板的构建

顶板构件包括顶板、板肋、U形肋。建模过程自上而下,首先用"拉伸"功能构建顶板,之后分别在顶板上用"拉伸"功能创建板肋和U形肋。

三、底板与斜底板建模【资源4.2.1】

(一)底板及斜底板母板

(1)单击 Revit 界面左上角【新建】,选择新建【族】[图4.2.19 a)],在列表里选择"公制常规模型.rft"[图4.2.19b)],创建新的公制常规模型族文件,并保存文件为"底板"。

a)选择"族"   b)选择"公制常规模型"

图4.2.19 创建"底板"族文件

(2)单击功能区中【创建】选项卡,在【形状】面板中选择【拉伸】命令,进入"拉伸"功能界面。

(3)在【绘制】面板中选择【直线】绘制底板与斜底板轮廓[图4.2.20 a)],并在左侧【属性】面板中将"拉伸终点"设置为"5988.1","拉伸起点"设置为"0.0",如图4.2.20 b)所示,单击【√】命令完成拉伸创建,建模结果如图4.2.20 c)所示。

(二)板肋

斜底板与底板上板肋的尺寸如图4.2.21、图4.2.22所示,所有在底板与斜底板上的加劲肋分布如图4.2.23所示。单击功能区中的【创建】选项卡,在【形状】面板中选择【拉伸】命令,进入"拉伸"功能界面。在【绘制】面板中选择【直线】命令绘制板肋轮廓,并在左侧【属性】面板中将"拉伸终点"设置为"5988.1","拉伸起点"设置为"0.0",单击【√】命令完成拉伸创建,建模结果如图4.2.24所示。创建一个板肋后可以通过【修改】面板中的【复制】功能完成剩余板肋的创建。

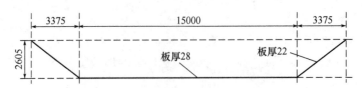

a)绘制底板与斜底板拉伸轮廓

b)输入拉伸参数

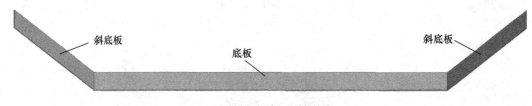

c)完成底板与斜底板结构构建

图 4.2.20　底板与斜底板构建过程

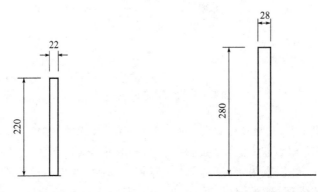

图 4.2.21　斜底板上板肋轮廓　　　图 4.2.22　底板上板肋轮廓

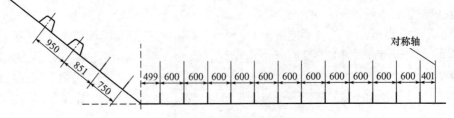

图 4.2.23　加劲肋分布(左侧)

(三)U 形肋

(1)单击功能区中【创建】选项卡,在【形状】面板中选择【拉伸】命令,进入"拉伸"功能界面。

(2)在【绘制】面板中选择【直线】命令绘制 U 形肋轮廓[图 4.2.25 a)],先绘制成图 4.2.25 b)所示的初始轮廓。

(3)单击位于菜单栏的【绘制】面板中的【圆角弧】命令[图 4.2.25 c)],光标点击选中 U 形肋基本轮廓线对角的两条相交线[图 4.2.25 b)],输入对应的半径,创建 U 形肋轮廓线的弧形部分,轮廓线如图 4.2.25 a)所示。

(4)在左侧【属性】面板中将"拉伸终点"改为"6000.0","拉伸起点"改为"0.0",单击【√】命令完成拉伸创建,U 形肋建模结果如图 4.2.25 d)所示。

图 4.2.24　板肋模型

(5)创建 U 形肋完成后,使用【复制】功能完成剩余 U 形肋的创建。

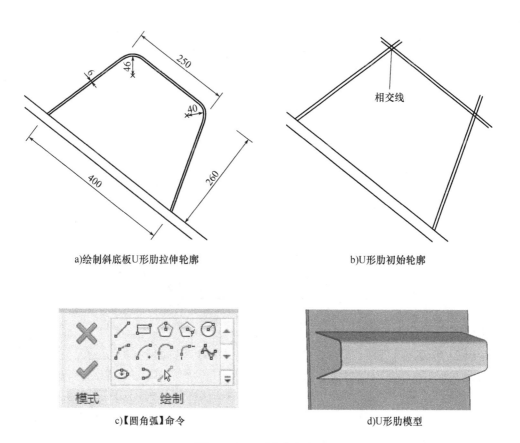

a)绘制斜底板U形肋拉伸轮廓　　　　　b)U形肋初始轮廓

c)【圆角弧】命令　　　　　d)U形肋模型

图 4.2.25　U 形肋构建过程

(6)底板与斜底板完整的建模效果如图 4.2.26 所示。

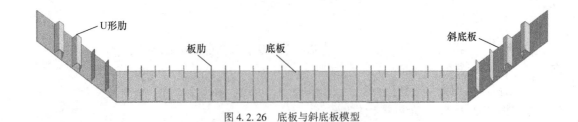

图 4.2.26 底板与斜底板模型

四、横隔板建模

横隔板是钢箱梁结构中十分重要的构件,既可以防止钢箱梁截面畸变与横向弯曲变形,又可以防止过大的局部应力。下文以钢箱梁桥支座处的横隔板为例介绍横隔板的建模流程,先建立通用的不带支座加劲肋的横隔板,之后构建支座加劲肋,再组装成支座处的横隔板。

(一)横隔板底板【资源 4.2.2】

(1)单击 Revit 界面左上角【新建】,选择新建【族】,在列表里选取"公制常规模型.rft",创建新的公制常规模型族文件,并保存文件为"横隔板"。

(2)单击功能区中【创建】选项卡,在【形状】面板中选择【拉伸】命令,进入"拉伸"功能界面,在【绘制】面板中选择【直线】命令绘制 N2 轮廓(图 4.2.27),注意顶部存在 500mm 的水平段。并在左侧【属性】面板中将"拉伸终点"设置为"20.0","拉伸起点"设置为"0.0",单击【√】命令完成拉伸创建,建模结果如图 4.2.28 所示。

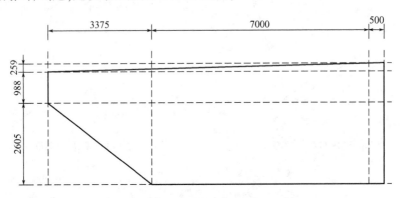

图 4.2.27 横隔板 N2 轮廓

(3)单击功能区中【创建】选项卡,在【形状】面板中选择【拉伸】命令,进入"拉伸"功能界面,在【绘制】面板中选择【直线】命令绘制 H1 轮廓(H1 轮廓与 N2 顶部相同,可以以 N2 顶部的斜线段为拉伸路径,将 N2 顶部线段作为 H1 的中轴线,尺寸为 180mm×20mm×10073mm。10073mm 包括前面 500mm 的水平段,后面 9573mm 为沿 N2 顶部斜线段的长度)。在左侧【属性】面板中将"拉伸终点"设置为"164.0","拉伸起点"设置为"-20.0"(图 4.2.29),单击【√】命令完成拉伸创建。

(4)重复步骤(3)完成 H6(尺寸为 140mm×20mm×300mm)建模,建模结果如图 4.2.30所示。

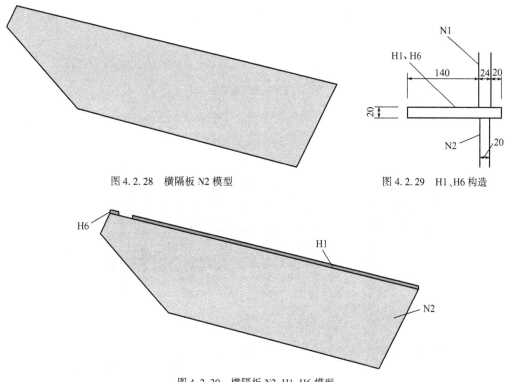

图 4.2.28　横隔板 N2 模型

图 4.2.29　H1、H6 构造

图 4.2.30　横隔板 N2、H1、H6 模型

(5)单击功能区中【创建】选项卡,在【形状】面板中选择【拉伸】命令,进入"拉伸"功能界面,在【绘制】面板中选择【直线】命令绘制 N1 轮廓(图 4.2.31),可以以构建好的 H1、H6 作为 N1 的拉伸路径。在左侧【属性】面板中将"拉伸终点"设置为"20.0","拉伸起点"设置为"0.0",单击【√】命令完成拉伸创建,建模结果如图 4.2.32 所示。

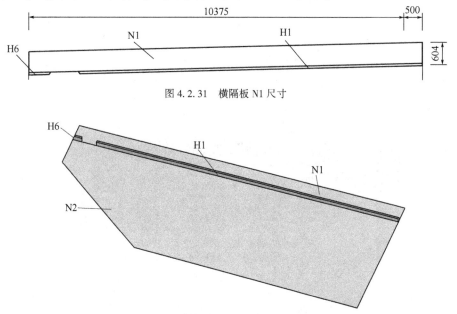

图 4.2.31　横隔板 N1 尺寸

图 4.2.32　横隔板 N1、N2、H1、H6 模型

(6) 双击 N1 或者 N2 构件进入"拉伸"界面,根据 H1、H6 修改 N1、N2 的连接部分,连接部分位置如图 4.2.33 所示,修改完成后单击【√】命令,结果如图 4.2.34 所示。

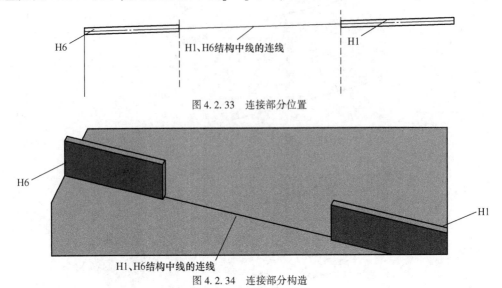

图 4.2.33 连接部分位置

图 4.2.34 连接部分构造

(7) 横隔板上的纵横向加劲肋构建方式与 H1、H6 相同,都采用【拉伸】功能,在建模之前要确定好加劲肋的尺寸和位置(图 4.2.35)。全部加劲肋模型创建完成后如图 4.2.36 所示。

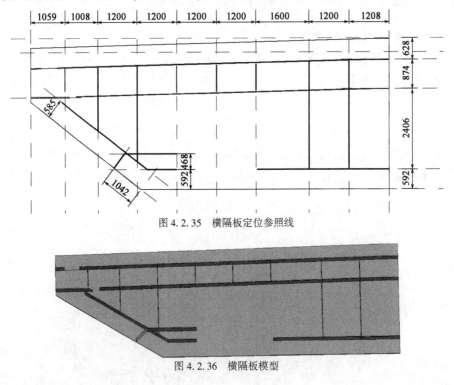

图 4.2.35 横隔板定位参照线

图 4.2.36 横隔板模型

(二)开孔

横隔板上有 U 形肋开孔、板肋开孔、导线孔、人孔,这些开孔部分使用【空心拉伸】功能创建即可。下文以板肋开孔为例。

（1）单击功能区中【创建】选项卡,在【形状】面板中选择【空心形状】,在下拉菜单中选择【空心拉伸】[图4.2.37a)],进入"空心拉伸"功能界面。

（2）在【绘制】面板中选择【直线】命令绘制板肋开孔轮廓,如图4.2.37 b)所示。在左侧【属性】面板中将"拉伸终点"设置为"20.0","拉伸起点"设置为"0.0",单击【√】命令完成拉伸创建,建模结果如图4.2.38所示。开孔后横隔板模型如图4.2.39所示。

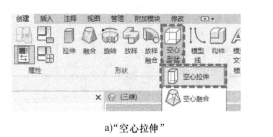

a)"空心拉伸"　　　　　　b)板肋开孔轮廓

图4.2.37　板肋开孔构建过程

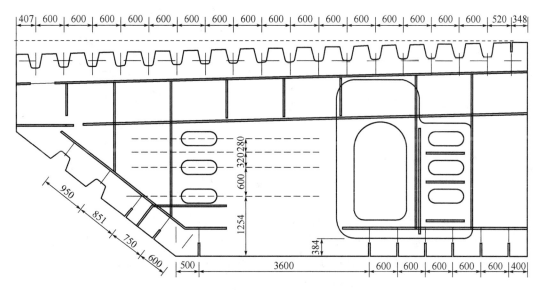

图4.2.38　板肋开孔定位参照线

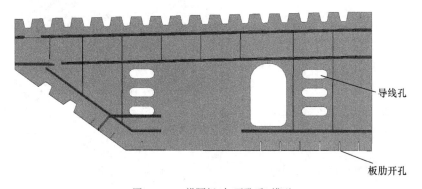

图4.2.39　横隔板(加开孔后)模型

(三)N11 与 N12 构件【资源 4.2.3】

N11 与 N12 模型均使用"拉伸"和"空心拉伸"功能创建,此处仅以 N11 构件为例介绍建模过程。

(1)单击 Revit 界面左上角【新建】,选择新建【族】,在列表里选取"公制常规模型.rft",创建新的公制常规模型族文件,并保存文件为"N11 构件"。

(2)单击功能区中【创建】选项卡,在【形状】面板中选择【拉伸】命令,进入"拉伸"功能界面,在【绘制】面板中选择【直线】命令绘制 N11 轮廓,再使用【绘制】面板中的【圆角弧】命令修改图形的圆弧角部分,如图 4.2.40 a)所示。在左侧【属性】面板中将"拉伸终点"设置为"60.0","拉伸起点"设置为"0.0",单击【√】命令完成拉伸创建,建模结果如图 4.2.40 b)所示。

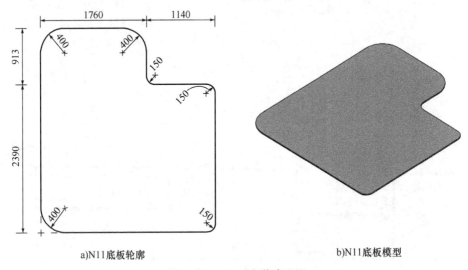

a)N11 底板轮廓　　　　　　　　b)N11 底板模型

图 4.2.40　N11 底板构建过程

(3)单击功能区中【创建】选项卡,在【形状】面板中选择【拉伸】命令,进入"拉伸"功能界面,在【绘制】面板中选择【直线】命令绘制 N11 上的纵横向加劲肋,如图 4.2.41a)所示。在左侧【属性】面板中将"拉伸终点"设置为"90.0","拉伸起点"设置为"60.0",单击【√】命令完成拉伸创建,创建完成后如图 4.2.41b)所示。

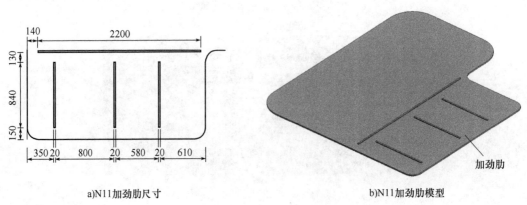

a)N11 加劲肋尺寸　　　　　　　　b)N11 加劲肋模型

图 4.2.41　N11 加劲肋构建过程

(4)单击功能区中【创建】选项卡,在【形状】面板中选择【空心形状】,在下拉菜单中选择【空心拉伸】,进入"空心拉伸"功能界面。在【绘制】面板中选择【直线】命令绘制 N11 构件上的"导线孔""人孔",如图 4.2.42 a)~c)所示。在左侧【属性】面板中将"拉伸终点"设置为"60.0","拉伸起点"设置为"0.0",单击【√】命令完成拉伸创建,建模结果如图 4.2.42 d)所示。

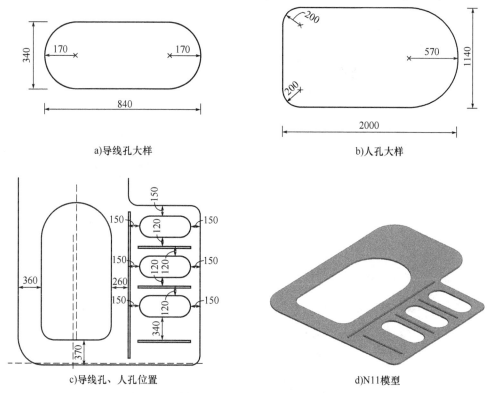

图 4.2.42　N11 开孔构建过程

(5)点击【修改】菜单栏中的【载入到项目】,如图 4.2.43 a)所示,选择之前创建的"横隔板",导入后在"横隔板"的族文件中进行拼装。注意 N11 与 N12 构件是紧贴着横隔板背面的,载入时构件是放置在参考平面上的,在参考平面上放置到正确位置后,还需要切换立面,让构件紧贴着横隔板底板的背侧,如图 4.2.43 b)所示。

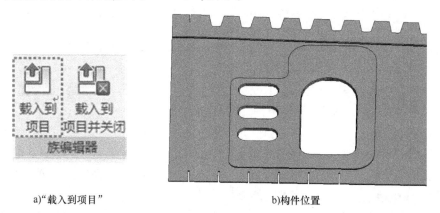

图 4.2.43　构件载入过程

(四)横隔板(未带支座加劲肋)

挑臂部分的建模流程与本体的建模流程相同,这里仅做一个结构展示,构建完成的挑臂部分模型如图 4.2.44 所示。完整的未带支座加劲肋的横隔板模型如图 4.2.45 所示。

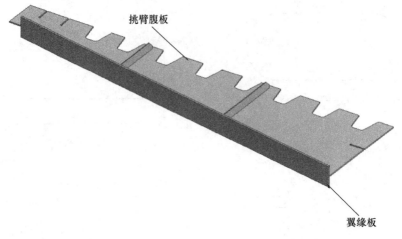

图 4.2.44 挑臂部分模型

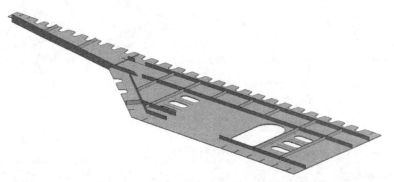

图 4.2.45 横隔板(未带支座加劲肋)模型

(五)支座加劲肋 V5【资源 4.2.4】

完成横隔板(未带支座加劲肋)部分的建模后,只要再完成支座加劲肋的构建,然后将二者组装,就可以完成支座加劲肋的建模。

(1)单击 Revit 界面左上角【新建】,选择新建【族】,在列表里选取"公制常规模型.rft",创建新的公制常规模型族文件,并保存文件为"支座加劲肋 V5"。

(2)单击功能区中【创建】选项卡,在【形状】面板中选择【拉伸】命令,进入"拉伸"功能界面。在【绘制】面板中选择【直线】命令绘制支座加劲肋的底板轮廓,如图 4.2.46 a)所示,并在左侧【属性】面板中将"拉伸终点"设置为"60.0","拉伸起点"设置为"0.0",单击【√】命令完成拉伸创建,建模结果如图 4.2.46 b)所示。

(3)在左侧项目浏览器中打开"左立面"[图 4.2.47 a)],单击【创建】选项卡里【拉伸】命令,使用【绘制】面板中的【直线】功能绘制 N5 轮廓,如图 4.2.47 b)所示,并在左侧【属性】面板中将"拉伸终点"设置为"20.0","拉伸起点"设置为"0.0",单击【√】命令完成拉伸创建,建模结果如图 4.2.47 c)所示。

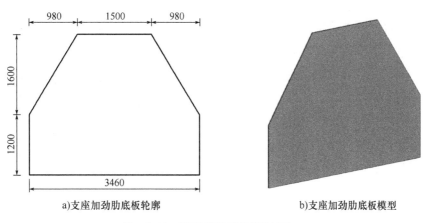

图 4.2.46 支座加劲肋底板构建过程

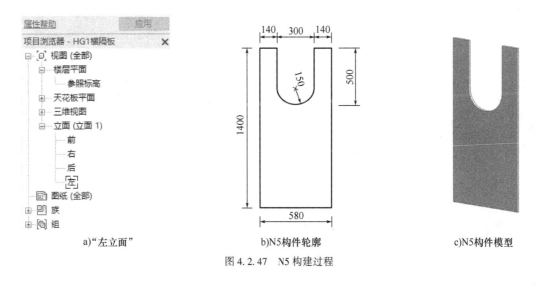

图 4.2.47 N5 构建过程

（4）创建完成后,双击项目浏览器中的"参照标高",将视图切换回"参照标高"平面[图 4.2.48 a)]。使用【修改】选项卡中的【移动】功能,将 N5 构件放到正确的位置上,如图 4.2.48 b)所示。其余加劲肋的构建过程与 N5 相同。构件定位如图 4.2.49 所示。最终创建出的支座加劲肋构件模型如图 4.2.50 所示。N5 放置的区域参照线没有标注。

（5）在导入"横隔板"族文件的时候,先在左侧的【属性】面板中取消勾选"总是垂直",然后勾选"基于工作平面",如图 4.2.51 a)所示,如果省去这个步骤的话,构件在导入后会无法在切换立面后旋转。然后选择"支座加劲肋"的族文件,将构件载入,点击【放置在工作平面上】[图 4.2.51 b)],将构件放置在横隔板平面上,如图 4.2.51 c)所示,之后只要将构件旋转到正确方向,如图 4.2.51 d)所示,然后切换回"参照标高",将支座加劲肋移动到正确的位置。

下一个支座加劲肋的载入只需要单击【创建】选项卡里的【构件】[图 4.2.51e)],再单击左侧【属性】面板中的"支座加劲肋 V5"[图 4.2.51 f)]即可完成载入。最终完成的完整的支座横隔板效果图如图 4.2.52 所示。

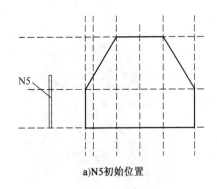 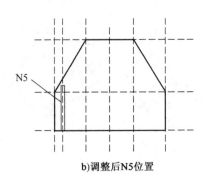

a)N5初始位置　　　　　　　　　　　b)调整后N5位置

图 4.2.48　N5 位置

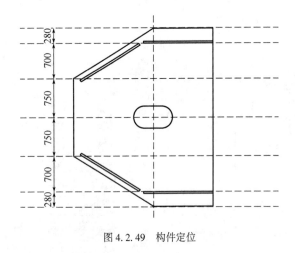 

图 4.2.49　构件定位　　　　　　　图 4.2.50　支座加劲肋构件模型

五、横肋建模

横肋的创建方式与横隔板相似,但没有横隔板那么繁杂,这里仅提供一个流程并作结构展示。

横肋建模流程如下:

(1)单击 Revit 界面左上角【新建】,选择新建【族】,在列表里选取"公制常规模型.rft",创建新的公制常规模型族文件,并保存文件为"横肋"。

(2)使用【拉伸】功能构建横肋的各个构件,然后按照正确的位置拼接。横肋各构造效果图如图 4.2.53 所示。

(3)使用【拉伸】功能构建横肋上的各个纵横向加劲肋,并使用【空心拉伸】构建横肋上的各个开孔,构建完成后如图 4.2.54 所示。

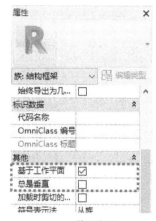

a) 前置步骤　　　　　　　　　　　b)"放置在工作平面上"

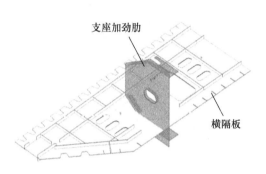
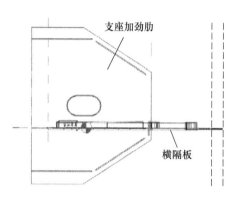

c) 支座加劲肋初始位置　　　　　　d) 调整后的支座加劲肋

e)"构件"　　　　　　　　　　　　f) 支座加劲肋V5

图 4.2.51　人孔构件导入

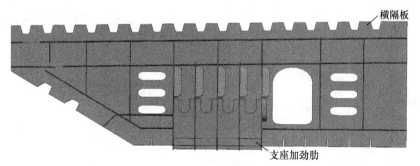

图 4.2.52　支座横隔板效果图

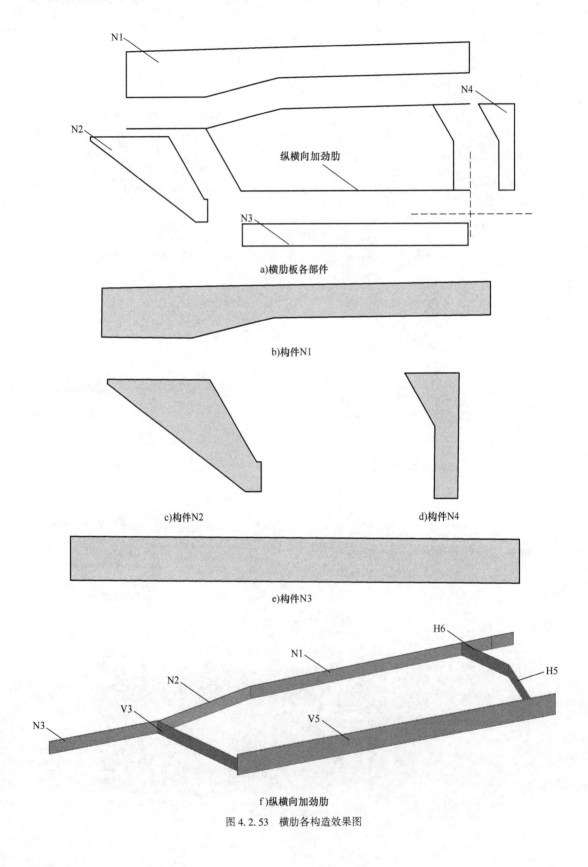

图 4.2.53 横肋各构造效果图

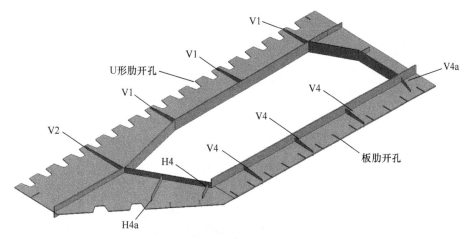

图 4.2.54　横肋模型

六、中腹板与边腹板建模【资源 4.2.5】

中腹板与边腹板构造相近,下文以中腹板为例介绍腹板建模流程。

(1)单击 Revit 界面左上角【新建】,选择新建【族】,在列表里选取"公制常规模型.rft",创建新的公制常规模型族文件,并保存文件为"中腹板"。

(2)单击功能区中【创建】选项卡,在【形状】面板中选择【拉伸】命令,进入"拉伸"功能界面。在【绘制】面板中选择【直线】命令绘制中腹板底板轮廓,如图 4.2.55 所示,并在左侧【属性】面板中将"拉伸终点"设置为"24.0","拉伸起点"设置为"0.0",单击【√】命令完成拉伸创建。

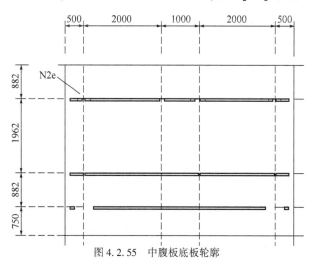

图 4.2.55　中腹板底板轮廓

(3)中腹板上加劲肋的构建以 N2e 为例,N2e 位置如图 4.2.56 a)所示。单击项目浏览器中的"后"将视图切换到"后立面",再单击功能区中【创建】选项卡,在【形状】面板中选择【拉伸】命令,进入"拉伸"功能界面。在【绘制】面板中选择【直线】命令绘制 N2e 轮廓,如图 4.2.56b)所示,并在左侧【属性】面板中将"拉伸终点"设置为"24.0","拉伸起点"设置为"0.0",单击【√】命令完成拉伸创建。最后将视图切换回"参照标高"平面,将构件放到正确位置(图 4.2.55),同理可以创建其余的加劲肋。创建好的中腹板模型如图 4.2.57 所示。

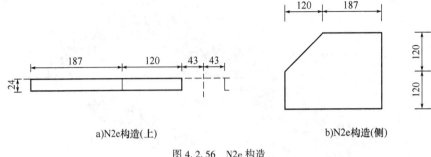

a) N2e构造(上)　　　　　　b) N2e构造(侧)

图 4.2.56　N2e 构造

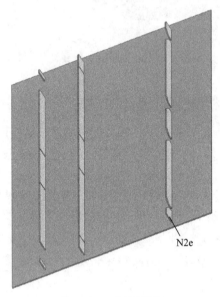

图 4.2.57　中腹板模型

七、顶板建模【资源 4.2.6】

(一)顶板

(1)单击 Revit 界面左上角【新建】,选择新建【族】,在列表里选取"公制常规模型.rft",创建新的公制常规模型族文件,并保存文件为"顶板"。

(2)单击功能区中【创建】选项卡,在【形状】面板中选择【拉伸】命令,进入"拉伸"功能界面。在【绘制】面板中选择【直线】命令绘制左侧顶板轮廓,如图 4.2.58 a)所示,并在左侧【属性】面板中将"拉伸终点"设置为"5988.1","拉伸起点"设置为"0.0",顶板厚度为 24mm,单击【√】命令完成拉伸创建,建模结果如图 4.2.58 b)所示。

(二)顶板加劲肋

(1)单击功能区中【创建】选项卡,在【形状】面板中选择【拉伸】命令,进入"拉伸"功能界面。构建顶板上 U 形肋,如图 4.2.59 所示,U 形肋的建模流程可以参考上文"底板"部分。之后在左侧【属性】面板中将"拉伸终点"设置为"5988.1","拉伸起点"设置为"0.0",单击【√】命令完成拉伸创建。

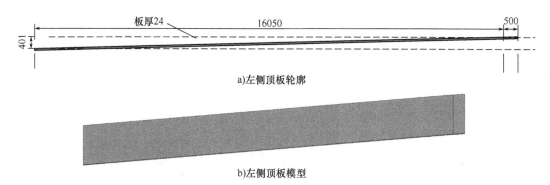

a) 左侧顶板轮廓

b) 左侧顶板模型

图 4.2.58 左侧顶板构建

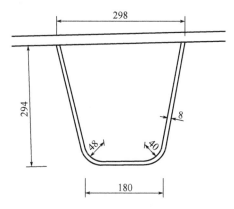

图 4.2.59 顶板 U 形肋构造

（2）完成一个 U 形肋的构建后，使用【复制】功能完成剩余 U 形肋的构建，U 形肋分布如图 4.2.60 所示。板肋（图 4.2.61）的创建可以参考上文"底板"部分。

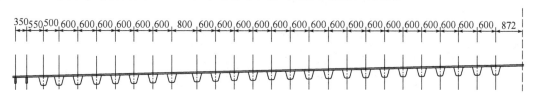

图 4.2.60 左侧顶板 U 形肋分布

（三）顶板上附加构件

（1）单击功能区中【创建】选项卡，在【形状】面板中选择【拉伸】命令，进入"拉伸"功能界面。在【绘制】面板中选择【直线】命令绘制 N5 轮廓（图 4.2.62），并在左侧【属性】面板中将"拉伸终点"设置为"5988.1"，"拉伸起点"设置为"0.0"，单击【√】命令完成拉伸创建。

（2）重复上述步骤，创建 N6 构件模型，建模结果如图 4.2.63 所示。

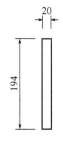

图 4.2.61 顶板板肋构造

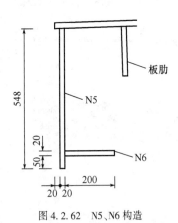

图4.2.62 N5、N6构造

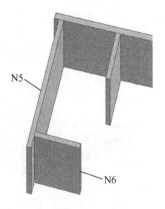

图4.2.63 N5、N6模型

(四)镜像复制

(1)点击【参照线】绘制,对称轴,如图4.2.64 a)所示。

(2)框选顶板部分所建立的结构,单击功能区的【修改|放样融合】选项卡,在【修改】面板中选择【镜像-拾取轴】功能[图4.2.64 b)],选择图4.2.64 a)中的对称轴,得到如图4.2.64 c)所示的结构。构建完成的顶板模型如图4.2.65所示。

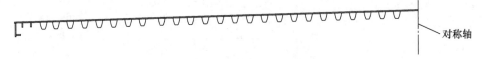

a)对称轴

b)镜像-拾取轴

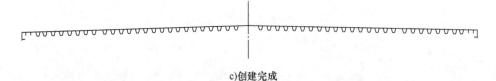

c)创建完成

图4.2.64 顶板创建

图4.2.65 顶板模型

八、钢箱梁桥梁段拼接【资源 4.2.7】

钢箱梁桥梁段的拼接建议按照底板、斜底板→横隔板→中腹板→边腹板→横肋板→顶板的顺序进行。安装流程如下：

(1) 放置底板与斜底板模型，安装结果如图 4.2.66 所示。

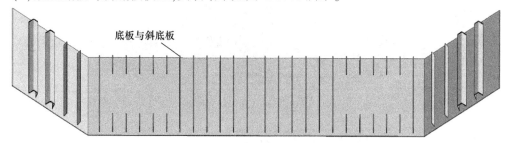

图 4.2.66　钢箱梁桥梁段拼接(一)

(2) 在底板上加装左右两块支座横隔板的模型，安装结果如图 4.2.67 所示。

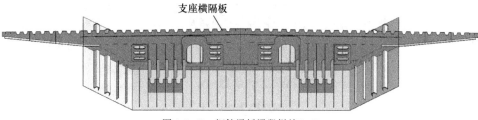

图 4.2.67　钢箱梁桥梁段拼接(二)

(3) 在底板上加装左右两块横隔板的模型，安装结果如图 4.2.68 所示。

图 4.2.68　钢箱梁桥梁段拼接(三)

(4) 安装中腹板以及两块边腹板，安装结果如图 4.2.69 所示。

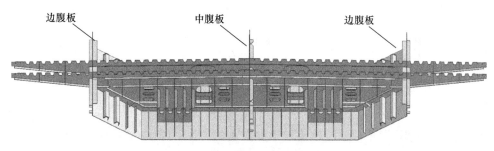

图 4.2.69　钢箱梁桥梁段拼接(四)

(5)加装四块横肋板,安装结果如图4.2.70所示。

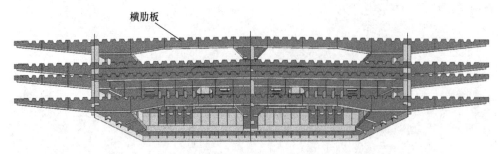

图4.2.70 钢箱梁桥梁段拼接(五)

(6)加装顶板,完成梁段建模,如图4.2.71所示。

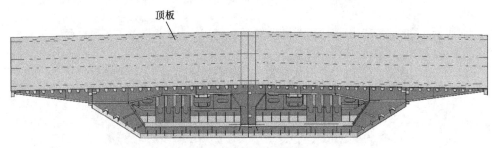

图4.2.71 钢箱梁桥梁段拼接(六)

九、整桥展示

下部结构的建模流程见第三章,将下部结构和主梁放置到轴网相应位置,至此钢箱梁桥建模完成,建模结果如图4.2.72所示。

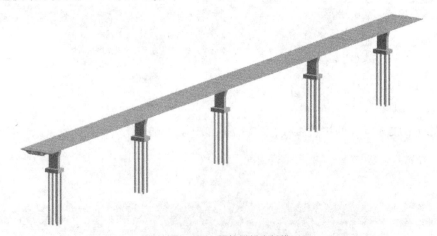

图4.2.72 Revit钢箱梁桥全桥模型

全桥的渲染采用了Lumion10,渲染效果如图4.2.73、图4.2.74所示。

图 4.2.73　全桥模型 1

图 4.2.74　全桥模型 2

第三节　钢桁梁桥

　　钢桁梁的应用非常广泛,它是一种具有较强跨越能力的桥梁结构,在钢结构桥梁中占有重要的地位。半个多世纪以来,以武汉长江大桥为代表,国内已经修建了数百座大型钢桁梁桥。钢桁梁桥在刚度上的优势,使它成为铁路桥梁和公铁(公轨)两用桥梁的首选桥型。特别是近年来,随着高速铁路和城市轨道交通的发展以及钢结构制造水平的提高,大跨径钢桁梁桥增多趋势明显。现代钢桁梁结构能给人轻盈的美感,公路钢桁梁桥(甚至小跨径桥梁)也逐渐增多。

一、结构与构造

　　钢桁梁桥按桥面位置的不同,可分为上承式钢桁梁桥、下承式钢桁梁桥和双层钢桁梁桥。以一座下承式简支钢桁梁为例,钢桁梁桥由主桁、联结系、桥面联结系组成,如图 4.3.1 所示。

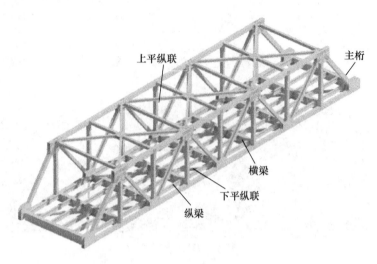

图 4.3.1 下承式简支钢桁梁模型

(一)总体布置

1. 适用跨径

近年来,钢桥在我国公路与城市道路上正逐步推广应用。其中钢桁梁桥在跨径 80~350m 范围内具有较强的优势,是介于钢箱梁桥与斜拉桥之间的一种适宜桥型。跨径大于 120m 的多孔桥,采用连续钢桁梁较为合理,其竖向及横向刚度均比简支梁大,内力分布更趋合理,比简支梁节省 8%~10%的钢材。

2. 主桁

主桁是钢桁梁桥的主要承重结构,最常采用的是平面桁架。主桁由上弦杆、下弦杆和腹杆组成。与钢板梁相比,其特点是以弦杆代替翼缘板、以腹杆代替腹板,通过焊缝或其他连接方式将腹杆和弦杆互相连接制成主桁。主桁整体受弯时表现为上、下弦杆的轴心受压和受拉,剪力则表现为各腹杆的轴心受压或受拉。

桁架沿其跨径划分为若干个节间,节间多为等分,个别为非等分。从稳定角度看,上弦杆受压节间可短些,下弦杆受拉节间可长些。桁架杆件交会处称为节点,同时有竖杆和斜杆交会的节点称为大节点,其受力及构造较复杂,节点板的尺寸也大;仅有竖杆或斜杆交会的节点称为小节点,其受力及构造相对简单,节点板尺寸较小。桁架节点数量、节间长度由桁架形式决定。节间长度也是桥面系横梁的间距及纵梁的跨径。

3. 纵向和横向联结系

与钢板梁桥相同,钢桁梁桥的联结系也分为纵向联结系和横向联结系,它们将两片主桁架联成空间桁架结构,能承受任何方向的荷载并可靠地传递到支座。

纵向联结系设在主桁的上、下弦杆平面内,分别称为上平纵联和下平纵联。平纵联的作用是承受作用于桥跨结构上的横向水平荷载,对主桁的弦杆提供面外支撑,增加弦杆的面外稳定性。其构造示意图如图 4.3.2 所示。

横向联结系设在桥跨结构的横向平面内,设在主桁端部的称为端横联,在下承式钢桁梁桥中称为桥门架,设在桥跨结构中间的称为中间横联,其构造示意图如图 4.3.3 所示。桥门架设在主桁架端斜杆平面内;中间横联设在主桁架竖杆平面内,主桁架没有竖杆时,中间横联可设在主桁架中间斜杆平面内。中间横联的间距一般不大于两倍节间长度。

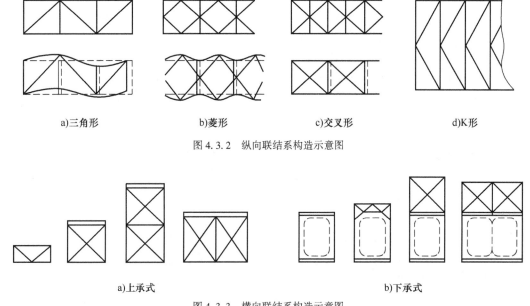

a)三角形　　　　b)菱形　　　　c)交叉形　　　　d)K形

图 4.3.2　纵向联结系构造示意图

a)上承式　　　　　　b)下承式

图 4.3.3　横向联结系构造示意图

4. 桥面联结系

钢桥的桥面联结系是指支撑桥面的纵梁和横梁,见图 4.3.1。桥面传来的荷载先作用于纵梁,再由纵梁传至横梁,然后由横梁传至主桁架节点。纵梁之间的联结系将两片纵梁联成整体。

5. 桥面板

桥面板是供车辆行驶和行人行走的部分。根据桥面联结系形式不同,桥面板的形式也有所不同。

(二)主要构造

1. 主桁架的构造

(1)主桁架的形式。

①三角形桁架。

由斜腹杆与弦杆组成等腰三角形的桁架称为三角形桁架,又称华伦桁架,如图 4.3.4 a)所示。它是目前世界上应用最广的一种桁架式样,适用于大中等跨径的下承式钢桁梁桥。

②斜杆形桁架。

相邻斜杆互相平行的桁架称为斜杆形桁架,又称柏氏桁架,如图 4.3.4 b)所示。与三角形桁架相比,其弦杆规格多,每个节间都有变化;竖杆不仅规格多,而且内力大,所有节点都有斜杆交会,均为大节点。因此,斜杆形桁架在构造及用钢量方面都不及三角形桁架优越,目前已很少采用。

③K形桁架。

斜杆与竖杆构成K形的桁架称为K形桁架,如图 4.3.4 c)所示。由于主桁架同一节间内的剪力由两根斜杆分担,其斜杆截面较上述两种类型要小。但这种桁架的杆件规格品种多,节点多,节间较短,纵、横梁的件数和连接较多,用于中小跨径桥梁时,构造显得复杂,偶尔在大跨径桥上采用。K形桁架具有杆件短小、轻便的优点,故适宜于装拆式桥梁。

④双重腹杆体系桁架。

双重腹杆体系桁架(又称菱形桁架或"米"字形桁架)是将两个三角形桁架叠合而成,一般适用于下承式钢桁梁桥,如图4.3.4 d)所示。双重腹杆体系桁架的明显优点是,随着桁高的增加,节间长度和斜腹杆长度仍然可以保持在合理范围之内,因此适用于大跨径桥梁。同时由于斜杆截面小,在节点板上的连接栓钉数也少,有助于解决大跨径桁架节点复杂问题。对于这种桁架形式需要注意的是,在端部和中间支点集中力作用处必须设大竖杆,以便使两个腹杆体系均衡传力。

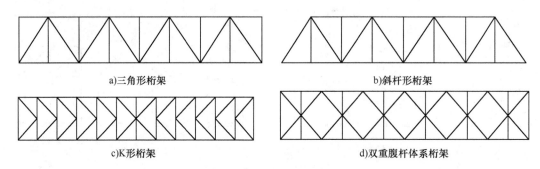

图4.3.4 主桁架基本几何图示

(2)主桁架的主要尺寸。

在确定主桁架具体尺寸前,应先确定其桥梁跨径。钢桁梁桥设计应以上、下部结构建设费的总和最省为基准来确定其经济跨径。钢桁梁桥主桁架的主要尺寸包括桁架高度、节间长度、斜杆倾角和主桁架的中心距。这些尺寸对钢桁梁桥的技术、经济指标有着决定性的影响。

①桁架高度。

桁架高度是依据用钢量、杆件内力和桁架挠度等来确定的。在上承式钢桁梁桥中,还要考虑容许建筑高度的要求,下承式钢桁梁桥应保证净空要求。

桁架高度大,弦杆受力较小,截面也小,可以减少弦杆的用钢量,但腹杆增长,用钢量会有所增加;桁架高度小,则相反。对于下承式钢桁梁桥,不但要考虑桥下净空要求,还要满足桥上行车净空要求。

②节间长度。

主桁架的节间长度直接影响主桁架纵横梁的跨径和斜腹杆的倾角。节间长,则纵梁的跨径大,纵梁用钢量多,横梁数量减少,横梁用钢量也减少。由于纵梁占桥面系用钢量的比值较大,因此纵梁跨径(节间长度)不宜过大。适当压缩主桁节间长度和减小纵梁跨径可以解决主桁节间长度与纵梁跨径之间的矛盾。

③斜杆倾角。

斜杆倾角由桁架高度与节间长度的比值决定,对腹杆用钢量和节点构造有很大影响。有竖杆的桁架倾角不应小于45°,合理倾角为50°左右;无竖杆的桁架的合理倾角为60°左右。腹杆斜度明显影响节点大小,合理的斜度可使节点紧凑,减小节点板尺寸,降低节点次应力。

当斜杆倾角与桁架高度、节间长度有矛盾时,可在合理范围内进行调整。

④主桁架的中心距。

钢桁梁桥主桁架的中心距由横向刚度和稳定性决定。下承式钢桁梁桥的主桁中心距还应满足桥梁建筑限界的要求。上承式钢桁梁桥的主桁中心距还要考虑横向倾覆稳定性的要求,抗倾覆稳定安全系数不得小于1.3。在拟定具体尺寸时,需考虑标准化和模数化,目的在于简化及方便设计、制造、安装、养护和更换工作。

2. 桥面系梁格构造

桥面系梁格一般由纵梁、横梁及纵梁之间的联结系组成。

(1)纵梁和横梁。

纵梁与横梁一般均为板梁。当跨径小于6m时,纵梁也可用大号工字钢。铁路桥纵梁上翼缘板直接承受桥枕压力,纵梁的上翼缘板宽度不宜小于240mm,其伸出肢的宽厚比不得超过10。铁路桥的纵、横梁翼缘板与腹板的厚度至少是10mm,公路桥至少是8mm。

(2)纵梁与横梁的连接。

图4.3.5a)所示为等高的纵、横梁的连接形式,在纵梁腹板上设一对连接角钢,与横梁腹板相连。在纵梁上、下翼缘板上各设一块鱼形板,与横梁及相邻的纵梁的翼缘板相连。这种构造简单、传力较好,目前常采用这种构造。

对于公路桥梁,其横梁跨径较大,要求较大的梁高,纵、横梁常采用不等高的形式,可将纵梁梁端向下方局部加高,如图4.3.5 b)所示。

当受建筑高度限制而必须降低纵梁高程时,可采用如图4.3.5 c)所示的形式,但上鱼形板从横梁腹板穿过,削弱了横梁截面。

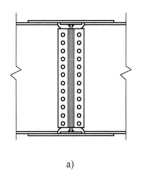 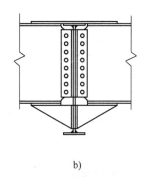 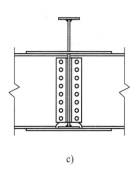

a)　　　　　　　　　　　　b)　　　　　　　　　　　　c)

图4.3.5　纵、横梁的连接形式

(3)横梁与主桁的连接。

腹板与节点板连接,横梁接头板的腹板需开坡口,然后与节点板焊接。一般情况下要求熔透,特别困难时,只要应力不高也可不熔透。

当主桁没有竖杆时,接头板的上翼缘板应直接从节点内隔板的上边延伸过去,与隔板焊接,如图4.3.6 a)所示。如果主桁有竖杆,接头板的上翼缘板伸不过去,也不便于另设鱼形板,一般是使上翼缘板用熔透角焊缝与节点板焊接,如图4.3.6 b)所示。当桥面板为整体正交异性板时,由于桥面板需与弦杆的上翼缘板同高,它的下翼缘板不能与弦杆的下翼缘板齐平,而是要将节点板向下延伸,为此,主桁节点板须局部加高,并增设内隔板,使之与接头板的下翼缘板连接,如图4.3.6 c)所示。

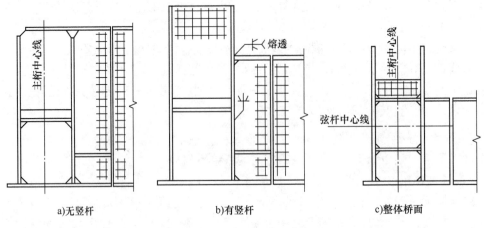

图4.3.6 横梁与主桁的连接

3. 节点构造

钢桁梁的节点既是主桁杆件交会的地方,也是纵联、横联杆件以及横梁与主桁连接的地方,节点连接位于主桁、纵联、横联三个正交平面内的杆件,构造一般都比较复杂。

外贴式节点的杆件全部采用焊接组成,在杆件两侧放节点板,然后用高强螺栓把杆件连接起来,如图4.3.7所示。由于使用大量的拼接板,因此用钢量大,同时工地拼装的工作量也很大。

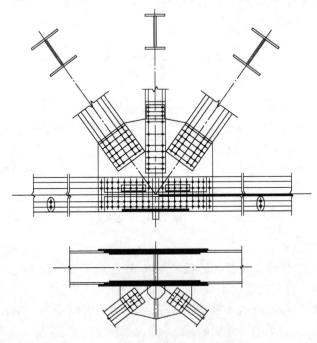

图4.3.7 外贴式节点(散装节点)构造

内插式整体节点板是预先在工厂用坡口焊缝将节点和弦杆的腹板焊成整体,在两块节点板中间插入腹杆,并用螺栓把二者连接起来,如图4.3.8所示。

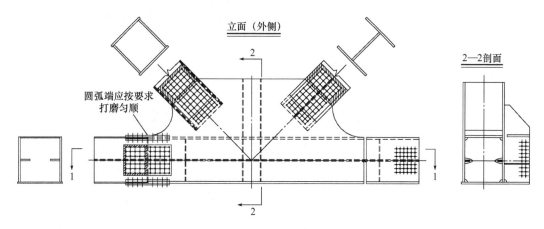

图 4.3.8　内插式整体节点构造

全焊接整体节点构造如图 4.3.9 所示。这种节点形式由于工地焊缝较多,焊接变形不易控制,目前应用还不够广泛。

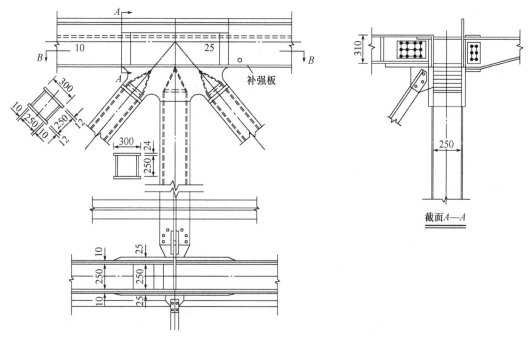

图 4.3.9　全焊接整体节点构造

二、工程实例与建模思路

(一)工程实例

1. 工程概况

某下承式简支钢桁梁桥,跨越通航河流,跨径 51.6m,设计荷载为公路 I 级,桥面布置:

0.5m(护栏)+9m(车行道)+0.5m(护栏),桥面横坡0.5%。桥梁上部结构高度为8m,跨中横断面图如图4.3.10所示。

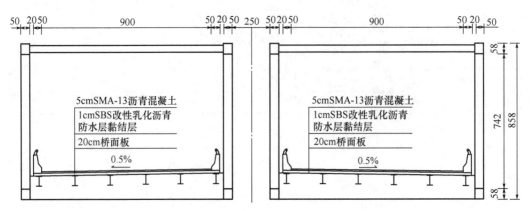

图4.3.10 跨中横断面图(单位:cm)

2. 结构与构造

主桁采用带竖杆的华伦式三角形腹杆体系,节间长度6.45m,主桁高度8m,高跨比为1/6.45。两片主桁中心距采用10.9m,宽跨比为1/4.73,桥面宽度10m。

主桁上、下弦杆均采用箱形截面,截面宽度500mm,高度均为580mm,板厚16mm。除端斜杆采用箱形截面以增加面内外刚度外,其余腹杆均采用焊接H形截面,截面宽度400mm,高度均为500mm,最大板厚20mm。

桥面系为联合梁,由下部的钢梁和上面的桥面板结合而成,其钢梁部分仍采用纵横梁体系。本设计横梁高1100~1152mm,为工字形截面;纵梁高580mm,也采用工字形截面。

上、下平面纵向联结系均采用双X形式,与弦杆在节点处相连,在桁梁两端斜杆所在的斜平面设置桥门架,上弦每2个节点处设一道横向联结系,如图4.3.11所示。

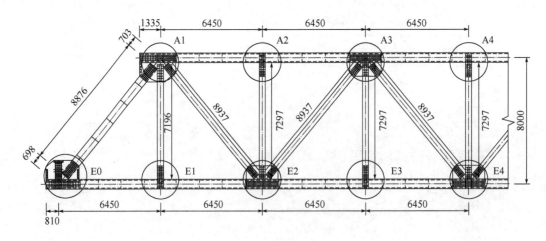

图4.3.11 主桁立面图(单位:mm)

(二)建模思路

1. 节点创建

钢桁梁节点处结构比较复杂,同时部分节点结构相同,故利用 Revit 中的放样功能和空心放样功能创建节点族。

总体流程如下:在 Revit 常规族样板中利用拉伸功能完成创建钢板件,利用空心放样功能创建螺栓孔,并使用复制与镜像等功能辅助建模。

2. 桁梁创建

由于桁杆件结构简单,故使用放样功能创建族文件即可。

总体流程如下:绘制参照线,以便确定杆件的角度和方向,然后依据参照线利用放样功能进行构件的创建,最后保存为族文件。

3. 纵、横梁创建

桥梁纵、横梁结构形式较复杂,需要重复利用 Revit 中的放样功能和空心放样功能创建族文件,连接角钢也需要创建并放入族文件。

总体流程如下:绘制参照线,利用旋转、移动、镜像和复制等功能对参照线进行调整。在参照线的参照下利用放样和空心放样功能创建纵、横梁和连接角钢等构件。

4. 节点与桁梁的整体拼装

为了将所创建的节点和桁梁模型集成钢桁梁桥,桥梁整体模型将在 Revit 项目中进行拼装。

总体流程如下:

(1)根据桥梁平面布置图以及纵桥向布置图,绘制安装辅助线,定好族的放置点。

(2)导入主梁模型与横隔板模型,在定好的放置点进行放置。

三、主桁建模

主桁结构主要包括节点、桁梁、纵梁与横梁,依次对这些部分进行建模,如图 4.3.12 所示。

(一)节点

节点由桁梁、板件、螺栓孔等构件拼接而成,现就节点大样 A1 的创建进行详细的说明。节点大样 A1 的模型如图 4.3.13 所示。

1. 节点大样 A1 桁梁结构的构建【资源 4.3.1】

节点大样 A1 桁梁结构如图 4.3.14 所示。

(1)展开左侧项目浏览器中的"视图(全部)"总链,展开"楼层平面"支链,双击"参照标高",将放样路径设置在"楼层平面"上。

(2)单击功能区中【创建】选项卡,在【模型】面板中选择【模型线】功能,使用【绘制】面板的【直线】命令绘制轴线,绘制结果如图 4.3.15 所示。

(3)桁梁 X3 及相关板件使用【放样】功能创建。单击功能区中【创建】选项卡,在【形状】面板中选择【放样】命令进入"放样"功能界面。

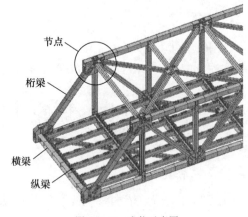

图 4.3.12 主桁示意图

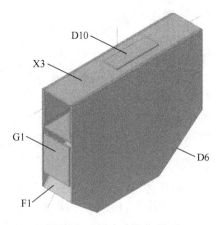

图 4.3.13 节点大样 A1 模型

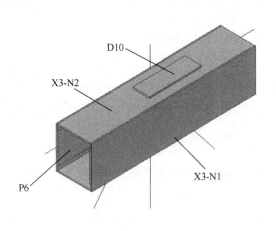

图 4.3.14 节点 A1 处上桁梁 X3 及 P6、D10 板件

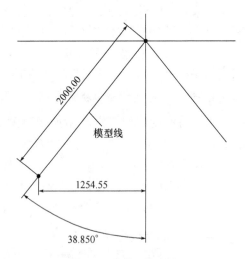

图 4.3.15 模型线绘制

(4)单击功能区中【修改|放样】选项卡,在【放样】面板中选择【绘制路径】命令,在工作界面中绘制大样 A1 中桁梁 X3-N1 板件的中轴线,如图 4.3.16 所示。单击功能区中【修改|放样>绘制路径】选项卡,在【模式】面板中选择【√】命令,完成放样路径的绘制。

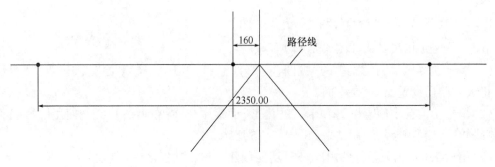

图 4.3.16 大样 A1 中桁梁 X3-N1 板件处放样路径的绘制

(5)单击功能区中【修改|放样】选项卡,依次在【放样】面板中选择【选择轮廓】、【编辑轮廓】命令,将视图切换到"左视图",绘制 X3-N1 板件轮廓(图 4.3.17),然后单击【模式】面板中的【√】命令,完成 X3-N1 板件模型的创建(图 4.3.18)。

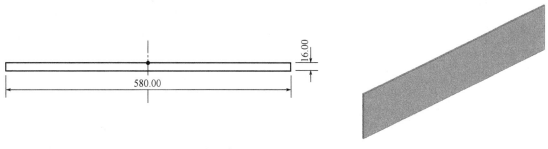

图 4.3.17　绘制 X3-N1 板件轮廓　　　　　　　　图 4.3.18　X3-N1 板件模型

(6)同上述操作方法,参考图纸 TZ-3.3.1,利用【放样】功能创建出 A1 节点上桁梁 X3 其余各板件 P6、D10、X3-N2(图 4.3.14)。

(7)使用【空心放样】功能创建 X3-N2 手孔结构。单击功能区中【创建】选项卡,在【形状】面板中选择【空心形状】列表中的【空心放样】命令进入"空心放样"功能界面。单击功能区中【修改|放样】选项卡,在【放样】面板中选择【绘制路径】命令。接着在【工作平面】面板中选择【设置】命令,在弹出的对话框(图 4.3.19)中选择"拾取一个平面",拾取 X3-N2 板件左平面(图 4.3.20),点击"确定"关闭对话框。

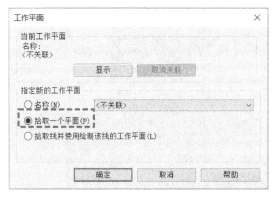 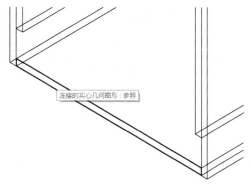

图 4.3.19　"工作平面"对话框　　　　　　　　图 4.3.20　拾取的平面

(8)在工作界面中绘制大样 A1 中桁梁 X3-N2 板件手孔厚度的路径(图 4.3.21)。单击功能区中【修改|放样>绘制路径】选项卡,选择"左立面"为绘制平面,绘制放样路径,在【模式】面板中选择【√】命令,完成放样路径的绘制。

(9)单击功能区中【修改|放样】选项卡,依次在【放样】面板中选择【选择轮廓】、【编辑轮廓】命令,将视图切换到"前立面",绘制手孔轮廓(图 4.3.22),然后单击【模式】面板中的【√】命令,完成手孔结构模型的创建(图 4.3.23)。

(10)同上述操作方法,参考图纸 TZ-3.3.1,利用【空心放样】和【放样】功能分别绘制出 A1

节点其余桁梁 F1、F2、S1,节点大样 A1 桁梁结构建模结果如图 4.3.24 所示。

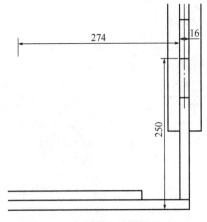
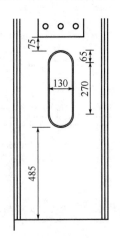

图 4.3.21　大样 A1 中桁梁 X3-N2 板件手孔厚度的路径绘制

图 4.3.22　绘制手孔轮廓

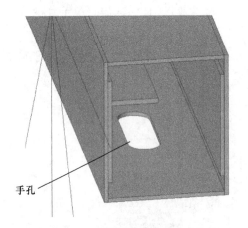
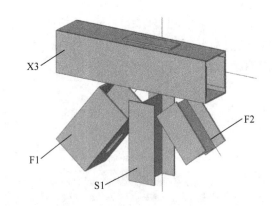

图 4.3.23　手孔结构模型

图 4.3.24　节点大样 A1 桁梁结构模型

2. 节点大样 A1 节点板 D6 及节点加强板件 G1 结构的构建【资源 4.3.2】

节点大样 A1 节点板 D6 及节点加强板件 G1 结构如图 4.3.25 所示。

(1)节点板 D6 使用【放样】功能创建。单击功能区中【创建】选项卡,在【形状】面板中选择【放样】命令进入"放样"功能界面。

(2)单击功能区中【修改|放样】选项卡,在【放样】面板中选择【绘制路径】命令,在工作界面中绘制节点板 D6 的放样路径,如图 4.3.26 所示,图中"20.00"代表 D6 板厚为 20mm。单击功能区中【修改|放样>绘制路径】选项卡,在【模式】面板中选择【√】命令,完成放样路径的绘制。

(3)单击功能区中【修改|放样】选项卡,依次在【放样】面板中选择【选择轮廓】、【编辑轮廓】命令,将视图切换到"参照标高"视图,绘制 D6 板件轮廓(图 4.3.27),然后单击【模式】面板中的【√】命令,完成节点板 D6 板件模型的创建(图 4.3.28)。

（4）将视图切换到"左"视图，选中节点板 D6，单击功能区中【修改|放样】选项卡，在【修改】面板中选择【复制】命令，绘制另一侧的节点板 D6，如图 4.3.29 所示。

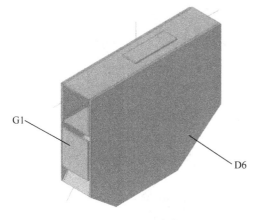

图 4.3.25　D6、G1 板件模型

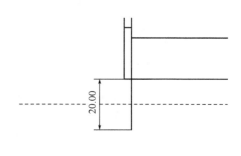

图 4.3.26　节点板 D6 放样路径的绘制

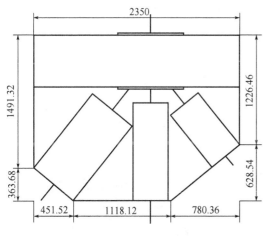

图 4.3.27　绘制 D6 板件轮廓

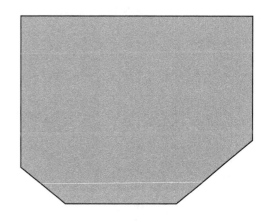

图 4.3.28　节点板 D6 板件模型

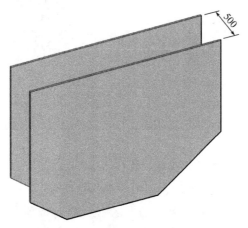

图 4.3.29　两块节点板 D6 板件模型

(5)同上述步骤,参考图纸 TZ-3.3.1,使用【放样】命令,根据图纸尺寸创建出三块板件(图4.3.30),将这三块板件组合拼装成节点加强板件 G1,如图 4.3.31 所示。

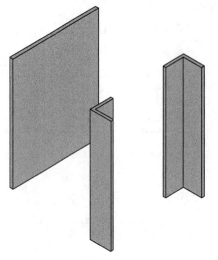
图 4.3.30 板件 G1-1、G1-2 模型

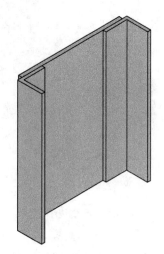
图 4.3.31 节点加强板件 G1 模型

3. 节点大样 A1 的拼装

(1)使用【移动】命令,将节点板 D6 移动到相应的位置,与桁梁模型结合,如图 4.3.32 所示。

(2)使用【移动】命令,将节点加强板件 G1 移动到相应的位置,与桁梁和节点板模型结合,如图 4.3.33 所示。

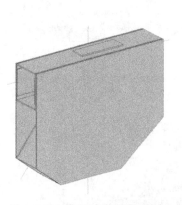
图 4.3.32 节点板与桁梁模型结合

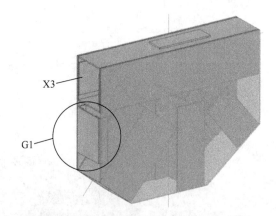
图 4.3.33 节点板、桁梁与节点加强板件模型结合

(3)至此,节点大样 A1 相关板件模型的构建完成,如图 4.3.13 所示。

4. 节点大样 A1 螺栓孔结构的构建【资源4.3.3】

由于节点的螺栓孔数量众多,现就取其中一部分螺栓孔进行建模说明。

(1)创建板件 D10 上的螺栓孔。单击功能区中【创建】选项卡,在【形状】面板中点击【空心形状】,再选择【空心放样】功能。在【工作平面】面板的【设置】命令中选择【拾取一个平面】

命令,拾取板件的侧面(图4.3.34),接着绘制螺栓孔路径(图4.3.35),在【模式】面板中选择【√】命令,完成放样路径的绘制。

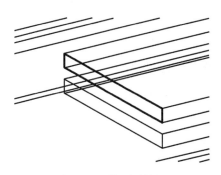

图4.3.34 拾取板件侧面

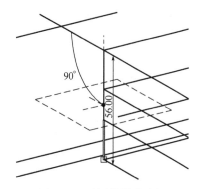

图4.3.35 绘制螺栓孔路径

图4.3.36 螺栓孔轮廓

(2)单击功能区中【修改|放样】选项卡,依次在【放样】面板中选择【选择轮廓】、【编辑轮廓】命令,将视图切换到"后立面",选择【绘制】面板中的【圆形】工具,绘制螺栓孔轮廓(图4.3.36),然后单击【模式】面板中的【√】命令,再选择功能区中【修改|放样】选项卡,单击【模式】面板中的【√】命令,完成螺栓孔模型的创建。

(3)选中步骤(2)创建的螺栓孔,使用【移动】命令,根据图纸要求移动到相对应的位置,如图4.3.37所示。至此,完成一个螺栓孔的创建,如图4.3.38、图4.3.39所示。

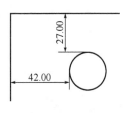

图4.3.37 移动螺栓孔

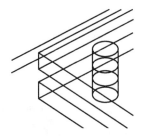

图4.3.38 板件螺栓孔线框图

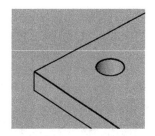

图4.3.39 板件螺栓孔真实图

(4)使用【阵列】和【复制】功能布置螺栓孔。选中螺栓孔结构,在【修改|空心 放样融合】选项卡中选择【阵列】命令,如图4.3.40所示。

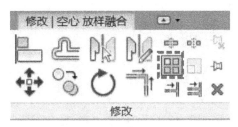

图4.3.40 【阵列】命令

(5)在选项卡中选择【线性】,不勾选"成组并关联",填写"项目数",选择移动到"第二个",不勾选"约束"(图4.3.41)。

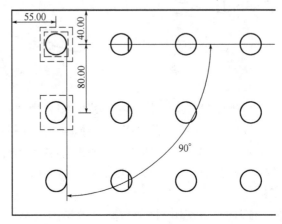

图4.3.41 【阵列】选项卡

(6)在工作界面中确定阵列的方向及距离,点击鼠标左键即可完成绘制(图4.3.42)。依次进行阵列功能操作,完成螺栓孔模型的创建(图4.3.43、图4.3.44)。

图4.3.42 使用阵列功能绘制螺栓孔结构

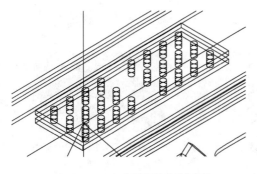

图4.3.43 D10板件螺栓孔线框图

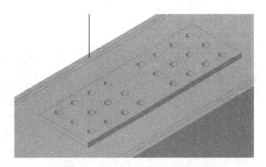

图4.3.44 D10板件螺栓孔模型

(7)同步骤(1)~(6)操作方法,参考图纸TZ-3.3.1,使用【空心放样】功能创建出节点A1所有板件上的螺栓孔。至此,节点A1即可完成创建(图4.3.45、图4.3.46)。

5. 完成其余节点的模型创建

其余节点模型的创建步骤与节点A1相同,参考图纸TZ-3.3.2,依次完成节点大样A1、大样A2、大样A3、大样A4、大样E0、大样E1、大样E2、大样E3、大样E4的创建,如图4.3.47所示。接着完成上平纵联大样A1、A3、XA2、XA4(参考图纸TZ-3.3.3)和下平纵联大样E0、E2、XE1的创建(参考图纸TZ-3.3.4),如图4.3.48所示。

第四章 钢结构和组合结构梁桥建模

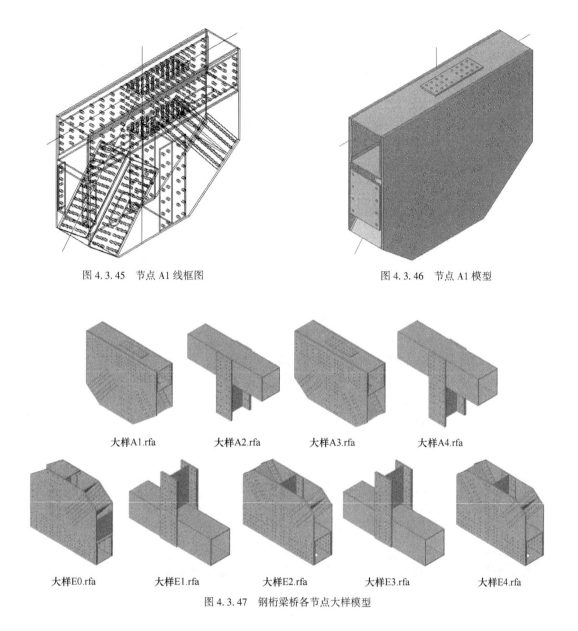

图 4.3.45 节点 A1 线框图　　　　　图 4.3.46 节点 A1 模型

图 4.3.47 钢桁梁桥各节点大样模型

(二)桁梁【资源 4.3.4】

1. 新建公制常规模型族文件

单击 Revit 界面左上角【新建】,选择新建【族】,选择"公制常规模型.rft",创建新的公制常规模型族文件。单击快速访问工具栏中的"保存"按钮,保存文件为"桁梁 F1"。

2. 建立桁梁 F1 模型

桁梁 F1 由 F1-N1、F1-N2、F1-N3 板件组成(图 4.3.49)。

(1)展开左侧项目浏览器中的"视图(全部)"总链,展开"立面"支链,双击"前"立面,将放样路径设置在"前"立面上。

237

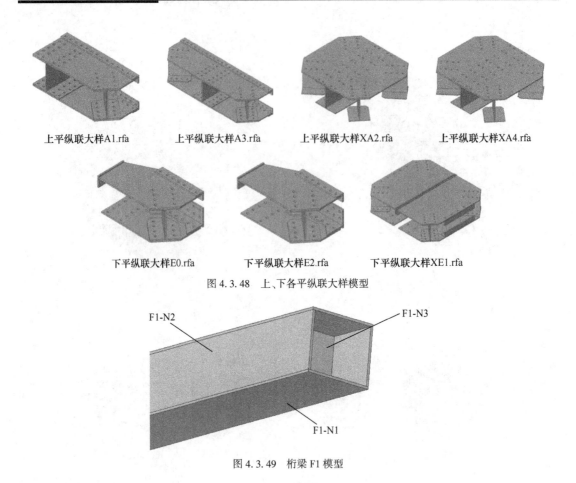

图4.3.48 上、下各平纵联大样模型

图4.3.49 桁梁F1模型

(2)单击功能区中【创建】选项卡,在【模型】面板中选择【模型线】命令开始绘制轴线,绘制结果如图4.3.50所示。

(3)单击功能区中【创建】选项卡,在【形状】面板中选择【放样】命令进入"放样"功能界面。

(4)单击功能区中【修改|放样】选项卡,在【放样】面板中选择【绘制路径】命令,在绘制界面中绘制桁梁F1-N1的路径(图4.3.51)。单击功能区中【修改|放样>绘制路径】选项卡,在【模式】面板中选择【√】命令,完成放样路径的绘制。

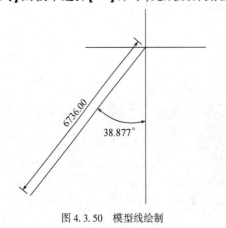

图4.3.50 模型线绘制

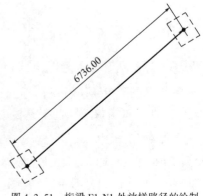

图4.3.51 桁梁F1-N1处放样路径的绘制

(5)单击功能区中【修改|放样】选项卡,依次在【放样】面板中选择【选择轮廓】、【编辑轮廓】命令,调整视图,绘制 F1-N1 板件轮廓(图 4.3.52),然后单击【模式】面板中的【√】命令,完成 F1-N1 板件模型的创建,建模结果如图 4.3.53 所示。

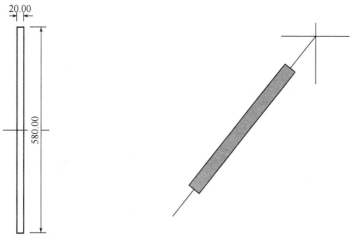

图 4.3.52　绘制 F1-N1 板件轮廓　　　　图 4.3.53　F1-N1 板件模型

(6)使用【复制】功能得到另一块 F1-N1 板件,然后使用【放样】和【复制】功能沿模型线绘制另两块 F1-N2 板件(图 4.3.54)。

(7)使用【放样】和【复制】功能创建 5 块 F1-N3 板件模型,如图 4.3.55 所示,根据图纸控制板件的位置,完成桁梁 F1 的创建。

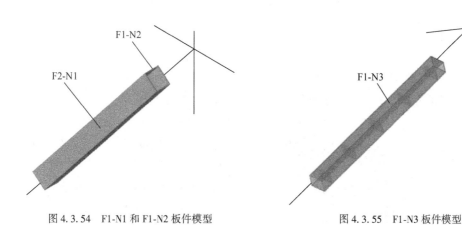

图 4.3.54　F1-N1 和 F1-N2 板件模型　　　　图 4.3.55　F1-N3 板件模型

3. 其余纵梁的建模

其余纵梁的建模方法和步骤与桁梁 F1 一致,参考图纸 TZ-3.3.5,依次完成桁梁 F2、桁梁 F3、桁梁 F4、桁梁 L1、桁梁 L1′、桁梁 L2、桁梁 L3、桁梁 L11、桁梁 S1、桁梁 S2、桁梁 S3、桁梁 S4、桁梁 X1、桁梁 X2、桁梁 X3、桁梁 X4 模型的创建(图 4.3.56)。

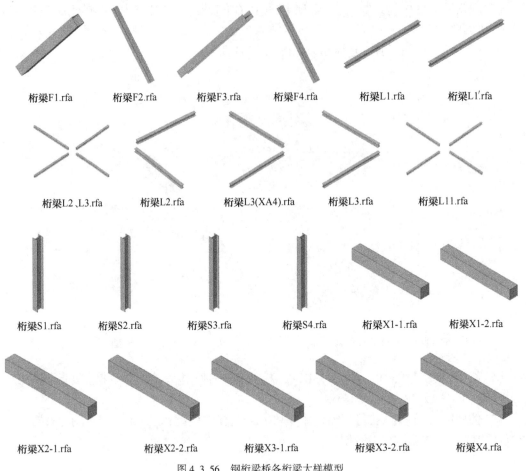

图 4.3.56 钢桁梁桥各桁梁大样模型

(三)纵、横梁【资源 4.3.5】

1. 新建公制常规模型族文件

单击 Revit 界面左上角【新建】,选择新建【族】,选择"公制常规模型.rft",创建新的公制常规模型族文件。单击快速访问工具栏中的"保存"按钮,保存文件为"大样端横梁 H1"。

2. 建立大样端横梁 H1 模型

端横梁 H1 局部模型如图 4.3.57 所示。

(1)展开左侧项目浏览器中的"视图(全部)"总链,展开"楼层平面"支链,双击"参照标高",将放样路径设置在"楼层平面"上。

(2)单击功能区中【创建】选项卡,在【模型】面板中选择【模型线】命令开始绘制轴线,如图 4.3.58 所示。

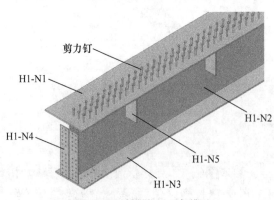

图 4.3.57 端横梁 H1 局部模型

第四章 钢结构和组合结构梁桥建模

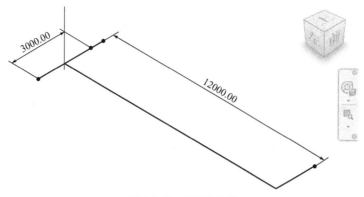

图 4.3.58 模型线绘制

（3）单击功能区中【创建】选项卡，在【形状】面板中选择【放样】命令进入"放样"功能界面。

（4）单击功能区中【修改|放样】选项卡，在【放样】面板中选择【绘制路径】命令，在绘制界面中绘制大样端横梁 H1 中下翼缘板 H1-N3 的轴线（图 4.3.59）。单击功能区中【修改|放样>绘制路径】选项卡，在【模式】面板中选择【√】命令，完成放样路径的绘制。

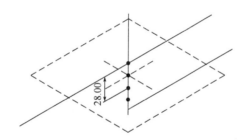

图 4.3.59 大样端横梁 H1 中下翼缘板 H1-N3 处放样路径的绘制

（5）单击功能区中【修改|放样】选项卡，依次在【放样】面板中选择【选择轮廓】、【编辑轮廓】命令，将视图切换到"参照标高"视图，绘制 H1-N3 板件轮廓（图 4.3.60），然后单击【模式】面板中的【√】命令，完成 H1-N3 板件模型的创建（图 4.3.61）。

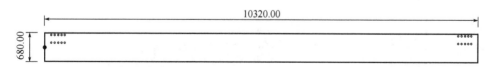

图 4.3.60 H1-N3 板件轮廓

（6）参考图纸 TZ-3.3.6，使用【放样】功能创建 H1-N2 板件，注意此板件两短边长度不一样。将 H1-N2 板件与 H1-N3 板件拼装起来。继续使用【放样】功能创建 H1-N1 板件，使用【旋转】功能将 H1-N1 板件与 H1-N2 板件贴合，建模结果如图 4.3.62 所示。

（7）同样使用【放样】功能，参考图纸 TZ-3.3.6，可创建出 4 个 H1-N4 连接件模型，如图 4.3.63 所示。继续使用【放样】功能创建加劲肋 H1-N5 和 H1-N6 模型，加劲肋与上翼缘板、腹板紧密连接。建模结果如图 4.3.64 所示。

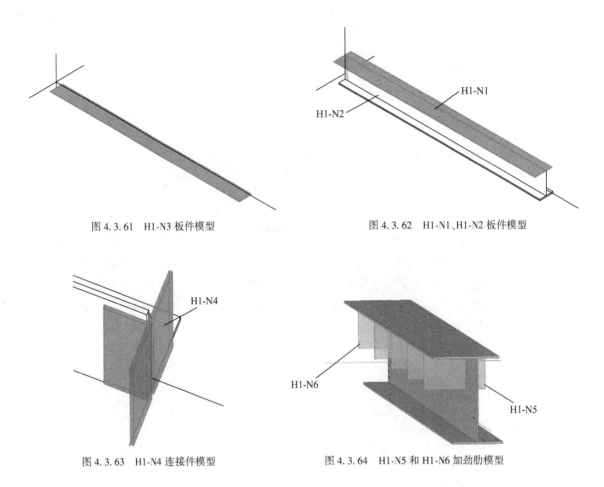

图 4.3.61　H1-N3 板件模型　　　　　图 4.3.62　H1-N1、H1-N2 板件模型

图 4.3.63　H1-N4 连接件模型　　　　图 4.3.64　H1-N5 和 H1-N6 加劲肋模型

(8)使用【空心放样】功能创建螺栓孔空心结构,并根据图纸调整其位置,建模结果如图 4.3.65 所示。先使用【放样】功能创建剪力钉,再用【复制】和【阵列】功能布置剪力钉,如图 4.3.66 所示。

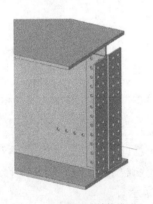 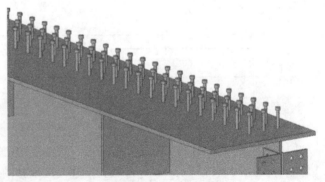

图 4.3.65　螺栓孔结构模型　　　　　　图 4.3.66　剪力钉模型

(9)端横梁 H1 模型创建完成,建模结果如图 4.3.67 所示。

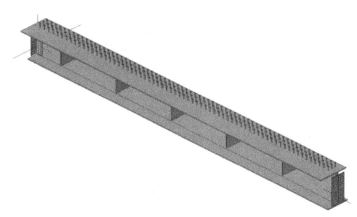

图 4.3.67 端横梁 H1 模型

3. 其余横梁和纵梁的建模

中横梁、中纵梁和边纵梁的创建步骤与端横梁一致,参考图纸 TZ-3.3.7,依次完成端横梁 H1、中横梁 H2、中横梁 H2′、纵梁的创建(图 4.3.68)。

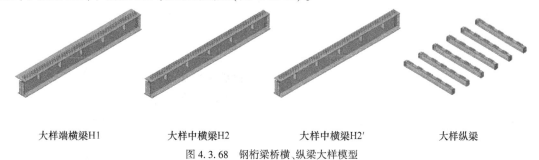

图 4.3.68 钢桁梁桥横、纵梁大样模型

四、桥梁构件的拼装【资源 4.3.6】

(一)新建项目文件

单击 Revit 界面左上角【新建】,选择【项目】里的"构造样板",创建新的项目文件。单击右上角快捷菜单中的"保存"按钮,保存文件为"钢桁梁桥"。

(二)载入构件模型

打开【插入】选项卡,单击【从库中载入】面板中的【载入族】功能(图 4.3.69),通过此操作将建好的各个桥梁构件模型(图 4.3.70)导入项目文件中,方便拼装时调用。

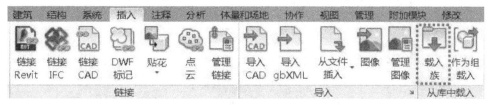

图 4.3.69 载入构件操作

图 4.3.70 载入构件模型列表

(三)绘制轴网

图 4.3.71 打开上平联中心轴线平面操作

(1)展开左侧项目浏览器中的"视图(全部)"总链,根据图纸上、下平联标高,依次点击【视图】、【平面视图】、【楼层平面】创建楼层平面。展开"楼层平面"支链,如图 4.3.71所示,双击"上平联中心轴线",将轴网绘制在上平联中心轴线平面上。

(2)打开【建筑】选项卡,单击【基准】面板中的【轴网】进行轴网的绘制,利用轴网功能绘制安装辅助线,确定各个构件的放置位置,以便拼装。绘制间距均为 6450mm 的 7 条纵轴和间距均为 5450mm 的 3 条横轴所组成的轴网(图 4.3.72)。

(3)同上操作,绘制下平联中心轴线平面的轴网。绘制间距均为 6450mm 的 9 条纵轴和间距均为 5450mm 的 3 条横轴所组成的轴网(图 4.3.73)。

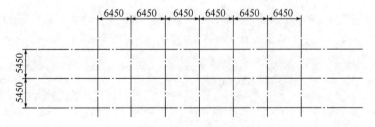

图 4.3.72 轴网绘制结果(一)

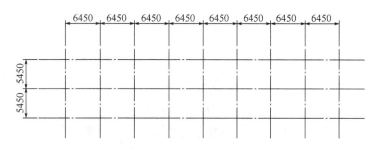

图 4.3.73 轴网绘制结果(二)

(四)放置构件

(1)进行节点的放置。展开左侧项目浏览器中的"族"总链,展开"常规模型"支链,可见先前载入的构件都在常规模型支链中(图 4.3.74),再次展开"大样 A1"支链,长按鼠标左键可将节点 A1 构件拖动到工作界面中,将其放置到轴网上相应位置(图 4.3.75)。

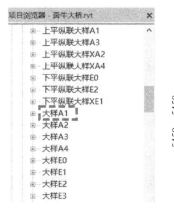
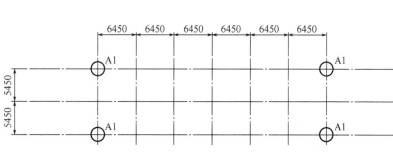

图 4.3.74 常规模型支链　　　　　　　　图 4.3.75 放置节点 A1

(2)其余各节点的放置与上述节点 A1 的放置操作方式一致,参考图纸 TZ-3.3.7,节点放置结果如图 4.3.76 所示。

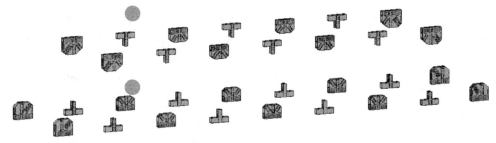

图 4.3.76 节点放置结果

(3)根据轴网与节点位置,放置桁梁、横梁、纵梁、桥门架等构件。下部结构的建模流程见第三章,将下部结构和主梁放置到轴网相应位置,至此构件拼装全部完成,建成的简支钢桁梁桥模型如图 4.3.77 所示。

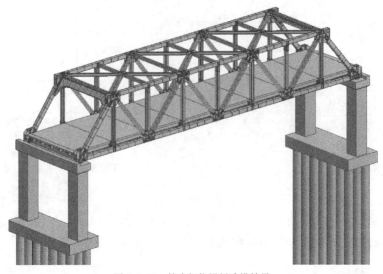

图 4.3.77 简支钢桁梁桥建模结果

练习题

一、问答题

1. 建立等截面模型时,何时使用"拉伸"操作?何时使用"放样"操作?为什么?简述其各自的优缺点。
2. 使用"放样融合"操作时应注意哪些问题?
3. 钢箱梁的横隔板是如何构建的?请简要叙述流程。
4. 简要叙述单个梁段钢箱梁的组装流程,并说明其优点。
5. 简要叙述钢桁梁桥模型的组装流程。
6. 钢桁梁桥的节点构件中螺栓孔的建模有两种方法:①采用空心放样功能一次建立;②先用空心放样功能建立一个孔,之后用【复制】命令建立其他孔。分别用两种方法完成建模,并指出哪种方法更加便利。
7. 钢桁梁桥中大样端横梁 H1 的上翼缘板侧面相对于竖直方向有一定的夹角,该如何建模才能精确定位?

二、操作应用题

1. 在 Revit 公制常规模型样板族中创建题图 4.0.1 所示的等截面钢主梁模型,梁长 5m。
2. 在 Revit 公制常规模型样板族中创建题图 4.0.2、题图 4.0.3 所示的预制混凝土桥面板模型。

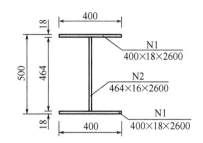

题图 4.0.1　钢主梁截面构造图(单位:mm)

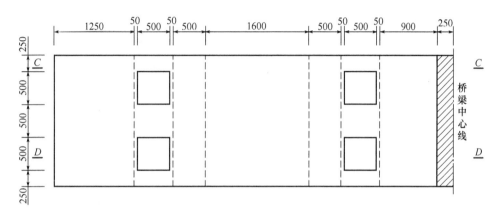

题图 4.0.2　预制混凝土桥面板尺寸图(单位:mm)

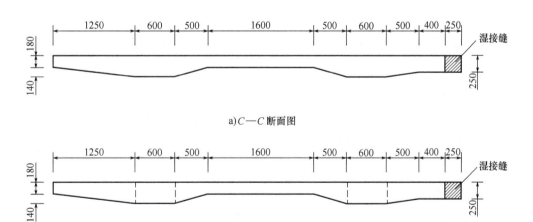

a) C—C 断面图

b) D—D 断面图

题图 4.0.3　预制混凝土桥面板截面尺寸图(单位:mm)

3. 用"公制常规模型"建族,创建符合题图 4.0.4 要求的 U 形加劲肋族(N5 拉伸长度为 5000mm,N6 拉伸长度为 60mm),并以"U 形加劲肋"为文件名保存下来。

4. 用"公制常规模型"建族,按照题图 4.0.5 给出的尺寸创建人孔构件模型,底板及加劲肋厚度均为 20mm,并以"人孔构件"为文件名保存下来。

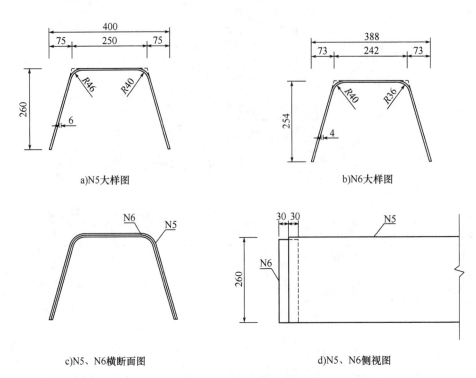

a)N5大样图   b)N6大样图

c)N5、N6横断面图   d)N5、N6侧视图

题图 4.0.4　U 形加劲肋 N5、N6 大样图

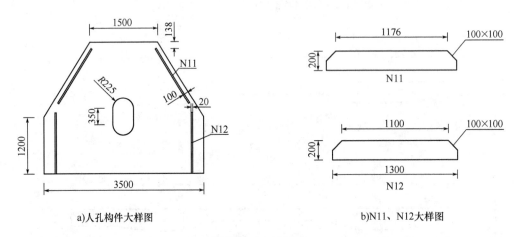

a)人孔构件大样图   b)N11、N12大样图

题图 4.0.5　人孔构件

5. 用"公制常规模型"建族,创建符合题图 4.0.6 要求的工字钢桁梁族 F2,其中螺栓孔的直径为 26mm,并以"桁梁 F2"为文件名保存下来。

6. 用"公制常规模型"建族,按照题图 4.0.7 给出的尺寸创建节点加强板件 G1 模型,螺栓孔的直径为 26mm,结果以"节点加强板件 G1"为文件名保存下来。

7. 用"公制常规模型"建族,按照题图 4.0.8 给出的尺寸创建 T 形加劲肋模型,以"T 形加劲肋"为文件名保存下来。

8. 用"公制常规模型"建族,根据题图 4.0.9 给出的尺寸完成横隔板构件的构建,厚度为 20mm。

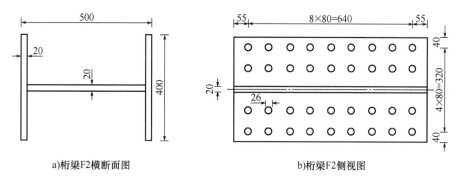

a)桁梁F2横断面图   b)桁梁F2侧视图

题图 4.0.6 桁梁 F2(单位:mm)

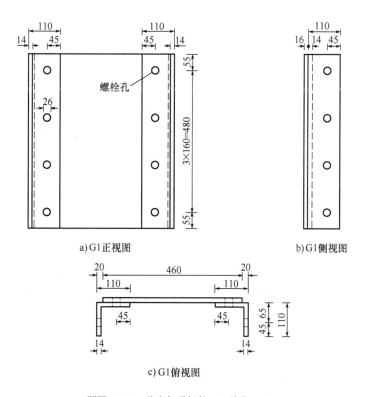

a)G1正视图   b)G1侧视图

c)G1俯视图

题图 4.0.7 节点加强板件 G1(单位:mm)

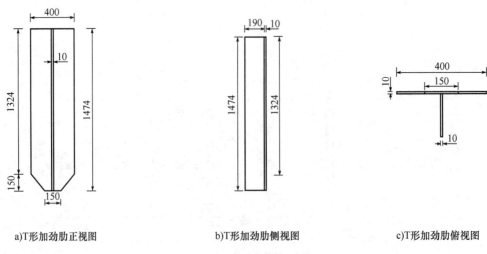

a) T形加劲肋正视图　　b) T形加劲肋侧视图　　c) T形加劲肋俯视图

题图 4.0.8　T形加劲肋构件（单位：mm）

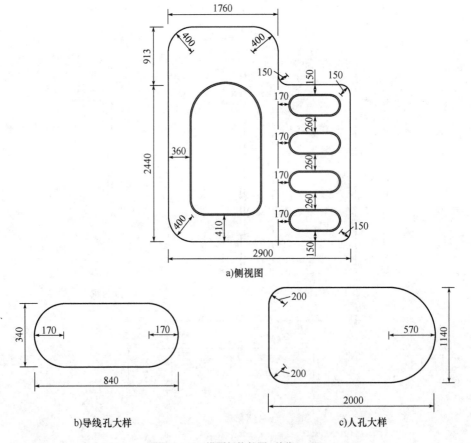

a) 侧视图

b) 导线孔大样　　　　　c) 人孔大样

题图 4.0.9　横隔板构件图（单位：mm）

第五章 大跨径桥梁建模

大跨径桥梁是经济发展、科学进步及社会发展的产物,20世纪以来,大跨径桥梁在设计理论、建筑材料和施工方法等方面取得突破性进展,我国已经建成了一大批结构新颖、技术复杂、设计和施工难度较大的大跨径桥梁。大跨径桥梁常用的结构体系有拱桥结构体系、斜拉桥结构体系及悬索桥结构体系。这三种结构体系中,拱桥继承了中国古典桥梁的流线型,加以现代的桥梁设计理论,从而越来越多地走进设计师的视野当中;斜拉桥凭借着优美的外形以及良好的跨越能力在跨径500~1000m的桥梁中极具竞争力;悬索桥有着出众的跨越能力,所以一直以来是跨径1000m以上桥梁类型的首选。本章大跨径桥梁建模实例提供了拱桥、斜拉桥和悬索桥的建模方法。

第一节 拱 桥

随着拱桥技术的不断创新与发展,拱桥以造型优美、造价低和结构独特等优势在世界各地得到大量修建。对于现代桥梁,虽然其结构形式日益丰富,可供选择桥型众多,但在山区地质条件良好的桥位处,拱桥仍是具有很强竞争力的桥型,国内拱桥在设计、施工等方面已经取得了举世瞩目的成绩。本节以某一工程实例为基础,介绍上承式混凝土拱桥的建模方法,其他类型拱桥的建模流程亦可参照本节内容。

一、结构与构造

(一)总体布置

拱桥总体布置包括:拟定结构体系及结构形式,桥梁长度、跨径、孔数,拱的主要几何尺寸,桥梁的高度,墩台及其基础形式和埋置深度,桥上及桥头引道的纵坡等。

1. 桥梁长度

通过水文、水力计算和技术经济等方面的比较,确定两岸桥台台口之间的总长度之后,在纵、平、横三个方向综合考虑桥梁与两头路线的衔接,可以确定桥台的位置和长度,从而确定桥梁的全长。

2. 桥梁分孔

根据桥址处的地形、地质等情况,并结合选用的结构体系、结构形式和施工条件,可以确定选择单孔桥梁还是多孔桥梁。如采用多孔拱桥并且跨越通航河流,在确定孔数与跨径时,首先要进行通航净空论证和防洪论证。分孔时,除应保证净孔径之和满足设计洪水通过的需要外,还应确定一孔或两孔作为通航孔。通航孔跨径和通航高程的大小应满足航道等级规定的要求,并与航道部门协商。通航孔多半布置在常水位时的河床最深处或航行最方便的地方。对于航道可能变迁的河流,必须设置多个通航的桥跨,以确保即使主流位置变迁,也能满足航道要求。对于不通航孔或非通航河段,桥孔划分可按经济原则考虑,尽量使上下部结构的总造价最低。

在分孔时,为了避开深水区或不良地质地段(如软土层、溶洞、岩石破碎带等),需要将跨径加大;在水下基础结构复杂且施工困难的地方,为减少基础工程量,也可考虑采用较大跨径。对跨越高山峡谷、水流湍急的河道或宽阔的水库的桥梁,建造多孔小跨径桥梁不如建造大跨径桥梁经济合理。通常情况下,全桥宜采用等跨或分组等跨的分孔方案,并尽量采用标准跨径,这样既便于施工和修复,又能改善下部结构的受力并节省材料。多孔拱桥中,连孔数量大于或等于 4 时,需要设置单向推力墩,以防止孔坍垮而引起全桥坍垮。此外,分孔时,还需注重整座桥的造型应美观,有时这可能成为一个主要考虑因素。

3. 设计高程

拱桥有四个高程,即桥面高程、拱顶底面高程、起拱线高程、基础底面高程。

拱桥的桥面高程代表建桥的高度。在纵坡相同的情况下,桥高会使两端的引桥或引道工程量显著增加,这将提高桥梁的总造价;桥矮则会有被洪水冲毁的危险,并且影响桥下通航的正常运行。故桥面高程必须综合考虑有关因素,正确、合理地确定。

建在山区河流上的拱桥,桥面高程一般由两岸线路的纵断面设计控制;建在平原区河流上的拱桥,桥面高程一般由桥下净空控制。为了保证桥梁的安全,桥下必须留有足够的排泄设计洪水流量的净空。为了保证漂浮物能通过,在任何情况下,拱顶底面都应高出设计洪水位 1.0m。对于有淤积的河床,桥下净空尚应适当加高。对于通航河流,通航孔的最小桥面高度除满足以上要求外,还应满足对不同航道等级所规定的桥下净空界限的要求。

拱顶底面高程由桥面高程减去拱顶处的建筑高度得到。

拟定起拱线高程时,为了减小墩台基础底面的弯矩,节省墩台的工程量,一般宜选择低拱脚的设计方案,但对于有铰拱桥,拱脚需高出设计洪水位 0.25m 以上。为了防止病害,有铰拱和无铰拱拱脚均应高出最高流冰面 0.25m。当洪水带有大量漂浮物时,若拱上建筑采用立柱,宜将起拱线高程提高,使主拱圈不被淹没过多,以防漂浮物撞击立柱或挂留在立柱上。

基础底面高程主要根据冲刷深度、地基承载能力等因素确定。

4. 矢跨比

矢跨比是拱桥的一个重要参数,它不但影响主拱圈内力,还影响拱桥施工方法的选择。同时,矢跨比对拱桥的外形能否与周围景物相协调也有很大影响。当矢跨比减小时,拱的推力增加,反之则推力减小。矢跨比小,则推力大,相应地,在主拱圈内产生的轴向力也大,这对主拱圈本身的受力状况是有利的,但对墩台基础不利。同时,矢跨比小,则弹性压缩、混凝土收缩和温度等附加内力均较大,对主拱圈不利。在多孔情况下,矢跨比小的连拱作用较矢跨比大的显著,对主拱圈也不利。然而,矢跨比小却能增加桥下净空,降低桥面纵坡,方便拱圈的砌筑和混凝土的浇筑。因此,在设计时,矢跨比的大小应经过综合比较进行选择。

(二)主要构造

拱桥由桥跨结构(上部结构)及下部结构两部分组成。根据行车道的位置,拱桥的桥跨结构可以做成上承式、中承式和下承式三种类型,如图 5.1.1 所示。

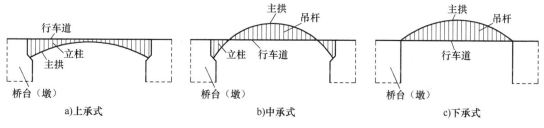

图 5.1.1 拱桥结构类型

一般的上承式拱桥,桥跨结构由主拱圈(肋、箱)构成。主拱圈是主要承载构件,承受桥上的全部荷载,并把荷载传递给墩台及基础。由于主拱圈是曲线形,一般情况下车辆无法直接在弧面上行驶,所以要有供行车的桥面系结构和连接拱圈与桥面系的结构。

拱桥的下部结构由桥墩、桥台及基础等组成,用以支承桥跨结构,将桥跨结构的荷载传至地基,并与两岸路堤相连接。

上部结构和下部结构各主要组成部分的名称如图 5.1.2 所示。

拱桥的形式多种多样,构造各有差异,可以按照不同的方式进行分类。按照主拱圈所使用的建筑材料可以分为圬工拱桥、钢筋混凝土拱桥、钢管混凝土拱桥及钢拱桥等,按照结构体系可分为简单体系拱桥和组合体系拱桥,按照拱上建筑的形式可以分为实腹式拱桥及空腹式拱桥,按照拱轴线的形式可以分为圆弧拱桥、抛物线拱桥、悬链线拱桥等,按照拱圈的截面形式可分为板拱桥、肋拱桥、双曲拱桥、箱形拱桥等。

拱桥因所用材料的不同,其构造也会有非常大的不同。本节以钢筋混凝土箱形拱为例,对其结构与构造进行介绍。

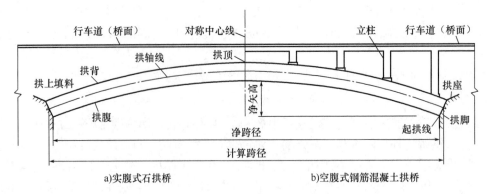

a)实腹式石拱桥　　　　　　　　b)空腹式钢筋混凝土拱桥

图 5.1.2　拱桥的主要组成部分的名称

1. 主拱圈

主拱圈为整体的箱形截面时,称之为箱拱或箱形拱,箱形拱主要用于钢筋混凝土拱桥中。由于截面挖空,箱形拱的截面抗弯矩远大于相同截面面积的板拱,从而能大大减小弯曲应力并节省材料。另外,闭口箱形截面的抗扭刚度大,结构的整体性和稳定性均较好,它是国内外大跨径钢筋混凝土拱桥主拱圈的基本形式,如图 5.1.3 所示。

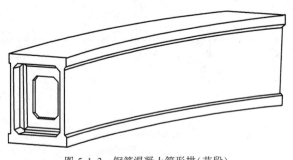

图 5.1.3　钢筋混凝土箱形拱(节段)

2. 拱上立柱

拱上建筑又分为实腹式拱上建筑和空腹式拱上建筑两种类型,空腹式拱上建筑多采用拱上立柱(图 5.1.4),用以传递桥面荷载至主拱圈。

3. 桥墩

拱桥中的普通桥墩(图 5.1.5)用以支承桥面、传递荷载,除了承受相邻两跨结构传来的垂直反力外,一般不承受恒载水平推力。

4. 桥台

桥台位于拱桥两端,支承桥梁上部结构并与路堤相衔接。其除能传递桥梁上部结构的荷载到基础外,还具有抵挡台后的填土压力、稳定桥头路基、使桥头线路和桥上线路可靠而平稳地连接的作用。上承式拱桥的桥台与梁式桥相同。桥台具有多种形式,主要分为重力式桥台、轻型桥台、组合式桥台、齿槛式桥台和空腹式桥台等。其中,重力式桥台应用较多的是 U 形桥台,U形桥台的台身由前墙和平行于行车方向的两侧翼墙构成,它的水平截面呈U形。常采用锥形护坡与路堤连接,锥形护坡的坡度根据加固形式、坡高、地形等确定。桥台构造示意图如图5.1.6所示。

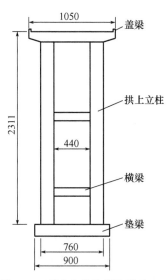

图 5.1.4 拱上立柱示意图(单位:cm)

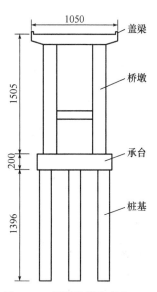

图 5.1.5 桥墩示意图(单位:cm)

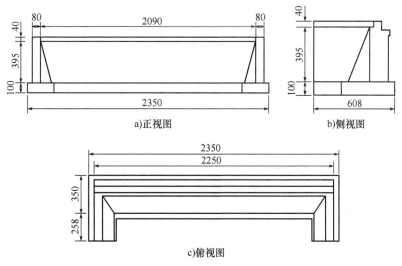

图 5.1.6 桥台构造示意图(单位:cm)

5. 主拱台

主拱台位于主拱圈两端,主拱台上设拱座以传递荷载,主拱台底部设群桩基础以抵抗水平推力。主拱台示意图如图5.1.7所示。

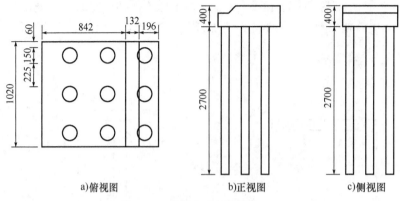

图 5.1.7 主拱台示意图(单位:cm)

二、工程实例与建模思路

(一)工程实例

本工程为位于某路段的钢筋混凝土箱形截面拱桥(图 5.1.8),该桥为单跨拱桥,主拱净跨径为 130m,拱轴系数为 1.9,矢跨比为 1/5。全线桥涵设计荷载采用公路 I 级,桥面净宽为 10m,两侧各 0.5m 宽防撞护墙。主拱圈由 6 片拱箱组成,两端固定在主拱台拱座上,主拱台底部设群桩基础抵抗水平推力;拱上立柱设在拱圈垫梁之上,采用实心变截面墩;桥面结构采用跨径为 13m 的钢筋混凝土空心板。桥墩设在岸上,用以支承引桥的上部结构,采用双柱式桥墩,承台底部设桩基;桥台采用重力式 U 形桥台,位于拱桥桥面两端,支承引桥上部结构并与路堤相衔接。

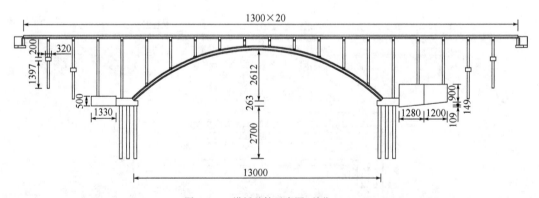

图 5.1.8 拱桥总体示意图(单位:cm)

(二)建模思路

由于拱桥模型构件的标准化程度并不高,参数化模型不适用于其他类型的桥梁设计,因此需要将每个构件都通过"死族"的方法构造,即将构件轮廓画出,通过拉伸、放样、放样融合等一些常规方法进行构建。由于拱桥的细部结构不多,若采用将构件创建在不同族后导入拼装的方法,构建过程会变得烦琐,因此本节将所有模型建在一个族里,通过空间位置的移动完成不同构件的放置,省去烦琐的拼接过程。

按以下顺序建模:主拱台及桩基→主拱圈→拱上立柱、桥墩→桥面板及防撞栏→桥台。

1. 主拱台及桩基的构建

主拱台为等截面结构,可直接采用【拉伸】功能进行构建;圆柱形的桩基以【拉伸】功能构建为宜。

2. 主拱圈的构建

主拱圈为箱形截面,可先用【放样】功能构建出其中一根箱形拱肋,之后构建出横隔板,采用【阵列】及【镜像】功能构建出一根箱形拱肋中所有的横隔板结构,通过【复制】及【镜像】功能完成全部六根拱肋的构建;采用【放样】功能完成拱肋间连接构造的构建。

3. 拱上立柱、桥墩的构建

拱上立柱及桥墩均采用【拉伸】或【放样融合】功能构建主体,因为③号结构需要用到放样融合,其余可以使用【放样融合】,也可以使用【拉伸】。

4. 桥面板及防撞栏、桥台的构建

桥面板及防撞栏、桥台部分构件模型的构建通过使用【拉伸】和【放样】功能即可完成。

三、主拱台及桩基建模【资源 5.1.1】

(一)主拱台

(1)单击 Revit 界面左上角【新建】,选择新建【族】,在列表里选取"公制常规模型.rft",创建新的公制常规模型族文件,并保存文件为"拱桥"。

(2)单击功能区中【创建】选项卡,在【形状】面板中选择【拉伸】命令,进入"拉伸"功能界面。

(3)使用工作界面右上角的视角功能将视角转换至"右"立面,在【绘制】面板中选择【线】绘制主拱台轮廓,如图 5.1.9 所示,并在左侧【属性】面板中将"拉伸终点"设置为"1020.0","拉伸起点"设置为"0.0",如图 5.1.10 所示,单击【√】命令完成拉伸创建。主拱台结构建模结果如图 5.1.11 所示。

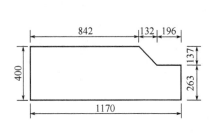

图 5.1.9 绘制主拱台轮廓

图 5.1.10 主拱台拉伸数据

(4)在界面左侧项目浏览器中展开"视图(全部)"总链,接着展开"立面"支链,单击"右",然后打开功能区中【创建】选项卡,在【模型】面板中选择【模型线】功能,绘制图 5.1.12 所示的辅助线,并使用【镜像-拾取轴】功能完成另一主拱台的构建。两主拱台结构建模结果如图 5.1.13 所示。

图 5.1.11 主拱台结构图

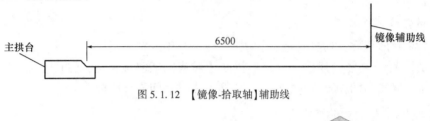

图 5.1.12 【镜像-拾取轴】辅助线

图 5.1.13 主拱台"镜像"

(二)桩基

(1)单击【创建】选项卡【形状】面板中的【拉伸】命令,进入"拉伸"功能界面。

(2)使用工作界面右上角的视角功能将视角转换至"上"立面,之后在【绘制】面板中选择【线】绘制桩基轮廓,如图 5.1.14a)所示,并在左侧【属性】面板中将"拉伸终点"设置为"2700.0","拉伸起点"设置为"0.0",如图 5.1.14b)所示,单击【√】命令完成拉伸创建。单桩建模结果如图 5.1.14c)所示。

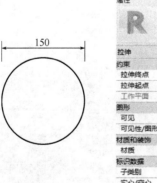

a)绘制桩基轮廓　　　　b)桩基拉伸数据　　　c)完成单桩的构建

图 5.1.14 单桩的创建流程

(3)单击【修改】选项卡中的【复制】功能,如图 5.1.15 所示,在工作窗口用鼠标左键选中建好的单桩模型,横向连续进行两次(轮廓中心)距离为"375"的复制操作,完成横向一排桩基的构建。长按鼠标左键选中建好的一排桩基模型,再次单击【修改】选项卡中的【复制】功能,纵向连续进行两次(轮廓中心)距离为"375"的复制操作,完成桩基的构建,如图 5.1.16 所示。最后使用【移动】功能将桩基顶移至与主拱台相接。桩基与主拱台的相对位置如图 5.1.17 所示,拼接完成后如图 5.1.18 所示。

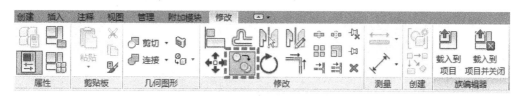

图 5.1.15　选择【复制】功能

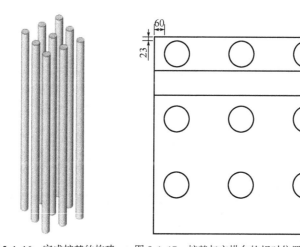

图 5.1.16　完成桩基的构建　　图 5.1.17　桩基与主拱台的相对位置示意图

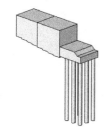

图 5.1.18　桩基与主拱台拼接完成

四、主拱圈建模

(一)拱肋【资源 5.1.2】

(1)在界面左侧项目浏览器中展开"视图(全部)"总链,接着展开"立面"支链,单击"左",然后打开功能区中【创建】选项卡,在【模型】面板中选择【模型线】功能(图 5.1.19),选择【绘制】面板中的【起点-终点-半径弧】,绘制图 5.1.20 所示的拱肋放样路径。

图 5.1.19 选择【模型线】功能

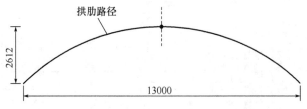

图 5.1.20 绘制拱肋路径线

(2)通过放样创建单个拱肋。

①展开左侧项目浏览器中的"视图(全部)"总链,展开"楼层平面"支链,双击"参照标高",如图 5.1.21 所示,将放样路径设置在"楼层平面"上。

图 5.1.21 打开楼层平面操作

②单击功能区中的【创建】选项卡,选择【形状】面板中的【放样】功能,如图 5.1.22 所示。

图 5.1.22 选择【放样】功能

③在【修改|放样】选项卡中【放样】面板上点击【拾取路径】命令,如图 5.1.23 所示。

图 5.1.23 点击【拾取路径】命令

④选择图 5.1.20 中绘制的拱肋路径线,绘制图 5.1.24 所示的拱肋轮廓,确认无误后点击【模式】面板中的【√】命令,得到图 5.1.25 所示的拱肋结构。

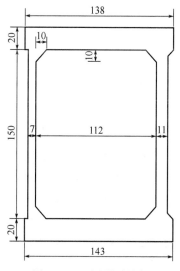
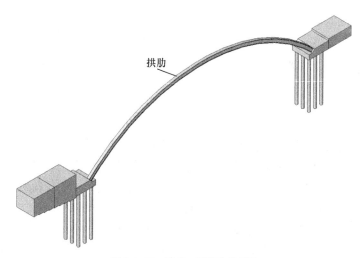

图 5.1.24 绘制拱肋轮廓　　　　　　　图 5.1.25 完成一根拱肋的创建

(3)使用【修改】选项卡中的【复制】及【镜像】功能,使用【镜像-取轴】功能,在左侧项目浏览器中打开"前"立面,左键点选右侧建好的一个拱肋,最后单击对称轴完成镜像操作,用以上操作完成所有拱肋的构建。连接构造的构建方法与拱肋类似,轮廓如图 5.1.26 所示,具体步骤此处不再赘述,最终完成拱肋和连接构造截面如图 5.1.27 所示,完成主拱圈的构建如图 5.1.28 所示。

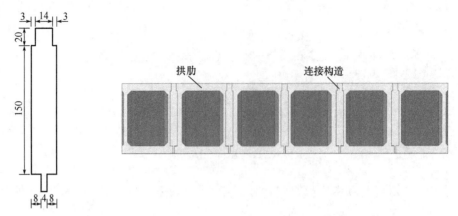

图 5.1.26　绘制连接构造轮廓　　　　图 5.1.27　拱肋和连接构造截面

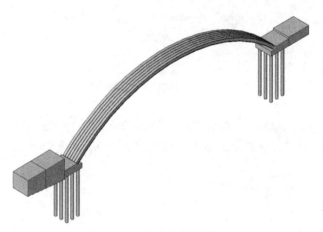

图 5.1.28　完成主拱圈的构建

(二)横隔板【资源 5.1.3】

(1)单击功能区中【创建】选项卡,在【形状】面板中选择【拉伸】命令,进入"拉伸"功能界面。首先在【工作平面】面板中选择【设置】,选择"拾取一个平面"并点击"确定",选择图 5.1.29 所示的平面(拱脚截面),用以确定第一块横隔板的位置。

在【绘制】面板中选择【线】命令,绘制外轮廓,如图 5.1.30 所示,并在左侧【属性】面板中将"拉伸终点"设置为"10.0","拉伸起点"设置为"0.0",单击【应用】命令完成拉伸创建。创建的横隔板模型如图 5.1.31 所示。

(2)单击功能区中【创建】选项卡,在【工作平面】面板中选择【设置】功能,选择"拾取一个平面"并点击"确定",拾取平面如图 5.1.31 所示。

(3)单击功能区中【创建】选项卡,在【模型】面板中选择【模型线】功能,再单击【绘制】面板中的【线】命令,绘制图 5.1.32 所示的路径。

(4)单击功能区中【创建】选项卡,在【形状】面板中选择【放样融合】功能,如图 5.1.33 所示,在【修改|放样融合】选项卡中的【放样融合】面板上点击【拾取路径】命令,选择绘制好的路径线(图 5.1.32)。

(5)点击【放样融合】面板上的【选择轮廓1】功能,选择【编辑轮廓】命令,在【绘制】面板中选择【线】命令,绘制图5.1.34所示的轮廓,完成后点击【模式】面板中的【√】命令。重复以上操作进行轮廓2的编辑,得到图5.1.35所示的轮廓。轮廓1、轮廓2及路径编辑完成后点击面板中的【√】命令完成放样融合编辑过程,得到图5.1.36所示的结构。

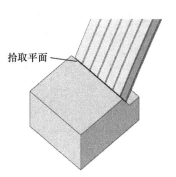

图5.1.29 拾取拱脚截面

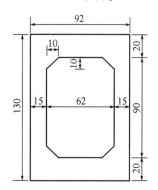

图5.1.30 绘制外轮廓

图5.1.31 横隔板模型

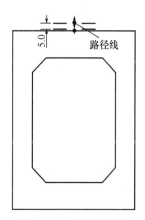

图5.1.32 绘制路径线

图5.1.33 选择【放样融合】功能

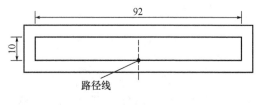

图5.1.34 绘制轮廓1

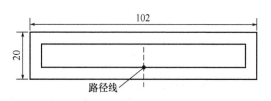

图5.1.35 绘制轮廓2

(6)同上,使用【放样融合】功能完成图5.1.37a)中结构的构建,其轮廓1、轮廓2如图5.1.37b)、c)所示,放样路径垂直于侧面,长度为5cm。通过【镜像】功能完成横隔板所有结构的构建,如图5.1.37d)所示。

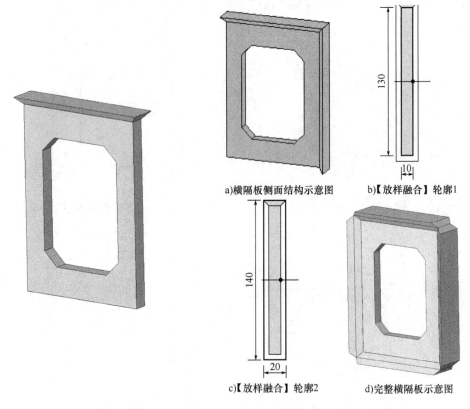

图5.1.36 完成结构的构建　　　　　　　图5.1.37 横隔板构建流程

(7)展开左侧项目浏览器中的"视图(全部)"总链,展开"立面"支链,双击"右",打开右立面视图,选择构建完成的横隔板结构,将其选择为阵列对象,如图5.1.38所示,在【修改|模型组】选项卡的【修改】面板中选择【阵列】命令,如图5.1.39所示。

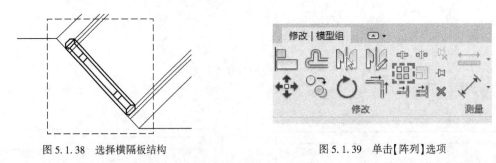

图5.1.38 选择横隔板结构　　　　　　　图5.1.39 单击【阵列】选项

(8)单击【阵列】功能后,在右上角的阵列功能选项中选择旋转阵列,勾选"成组并关联",在"项目数"内填入"57",在"移动到"选项中勾选"最后一个",如图5.1.40所示。单击【旋转中心】:"地点",并选择拱桥路径线的圆心,如图5.1.41所示。

图 5.1.40　填入或选择阵列选项

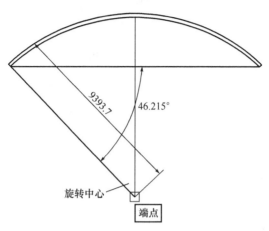

图 5.1.41　选择圆心为旋转中心

（9）完成一根拱肋中横隔板的构建,如图 5.1.42a)所示,之后通过【复制】及【镜像】功能完成所有横隔板的构建,如图 5.1.42b)所示。将横隔板进行拼接,如图 5.1.43 所示。

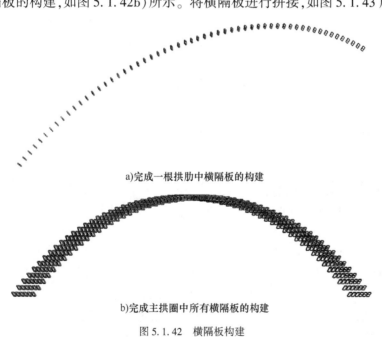

a)完成一根拱肋中横隔板的构建

b)完成主拱圈中所有横隔板的构建

图 5.1.42　横隔板构建

五、拱上立柱、桥墩建模【资源 5.1.4】

拱上立柱与桥墩的结构形式相同,以图 5.1.51 中⑥号拱上立柱为例进行简要介绍,最终拱上立柱模型如图 5.1.44 所示。

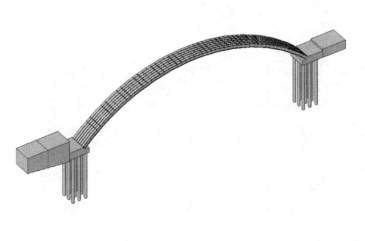

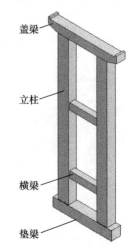

图 5.1.43 完成横隔板的拼接　　　　　　　图 5.1.44 拱上立柱总体图

(一)垫梁的创建

(1)单击功能区中【创建】选项卡,在【形状】面板中选择【拉伸】命令,进入"拉伸"功能界面。

图 5.1.45 垫梁轮廓图

(2)展开左侧项目浏览器中的"视图(全部)"总链,展开"楼层平面"支链,双击"参照标高",在任意空白位置画出垫梁拉伸轮廓,如图 5.1.45 所示,并在左侧【属性】面板中将"拉伸终点"设置为"138.0","拉伸起点"设置为"0.0"。

(二)立柱的创建

(1)单击功能区中【创建】选项卡,在【工作平面】面板中选择【设置】功能,选择"拾取一个平面"并点击"确定",拾取垫梁上表面。

(2)单击功能区中【创建】选项卡,在【形状】面板中选择【拉伸】命令,进入"拉伸"功能界面。

(3)将右上角视角转换至"上",之后在【绘制】面板中选择【线】绘制立柱轮廓(图 5.1.46),并在左侧【属性】面板中将"拉伸终点"设置为"2191.0","拉伸起点"设置为"0.0",单击【应用】命令完成拉伸创建。完成以上步骤得到一根立柱。

(4)将视角切换至"上",绘制图 5.1.46 所示的辅助线,使用【镜像-拾取轴】功能完成另一立柱的创建。完成后的立柱如图 5.1.47 所示。

(三)横梁的创建

(1)单击功能区中【创建】选项卡,在【形状】面板中选择【拉伸】命令,进入"拉伸"功能界面。

(2)将右上角视角转换至"上",之后在【绘制】面板中选择【线】绘制横梁轮廓

(图 5.1.48),并在左侧【属性】面板中将"拉伸终点"设置为"443.0","拉伸起点"设置为"343.0",单击【应用】命令完成拉伸创建。完成以上步骤得到横梁结构。另一横梁的轮廓绘制方法相同,"拉伸终点"设置为"1343.0","拉伸起点"设置为"1243.0"。最终完成图 5.1.49 所示的结构。

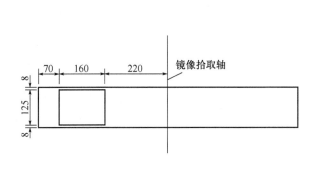

图 5.1.46 绘制立柱轮廓图　　　　　　图 5.1.47 完成立柱的构建

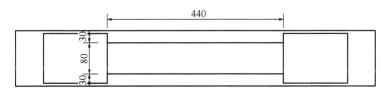

图 5.1.48 绘制横梁轮廓图

(四)盖梁的创建

(1)单击功能区中【创建】选项卡,在【工作平面】面板中选择【设置】功能,选择"拾取一个平面"并点击"确定",拾取图 5.1.49 所示的平面。

(2)单击功能区中【创建】选项卡,在【形状】面板中选择【拉伸】命令,进入"拉伸"功能界面。

(3)将右上角视角转换至"前",之后在【绘制】面板中选择【线】绘制盖梁轮廓,如图 5.1.50a)所示,并在左侧【属性】面板中将"拉伸终点"设置为"-125.0","拉伸起点"设置为"0.0",单击【应用】命令完成拉伸创建。完成以上步骤得到图 5.1.50b)所示的结构。

(五)其余桥墩及拱上立柱的构建

其余桥墩及拱上立柱的建模均可参考以上步骤。以下给出桥墩及拱上立柱布置情况和尺寸大小。桥墩及拱上立柱的编号如图 5.1.51 所示。①号结构与⑲号结构相同,②号结构与⑱号结构相同,③号结构与④号结构相同,⑤号结构与⑯号结构相同;拱上立柱呈对称布置。所以只给出不同结构的尺寸标注,如图 5.1.52 所示。

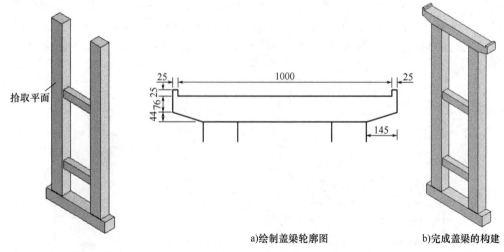

图 5.1.49 完成横梁的构建　　　　　a)绘制盖梁轮廓图　　　b)完成盖梁的构建

图 5.1.50 盖梁的绘制

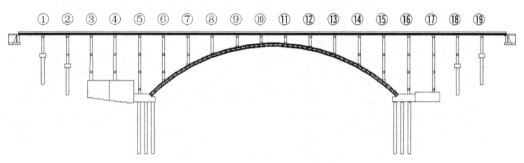

图 5.1.51 桥墩及拱上立柱的编号

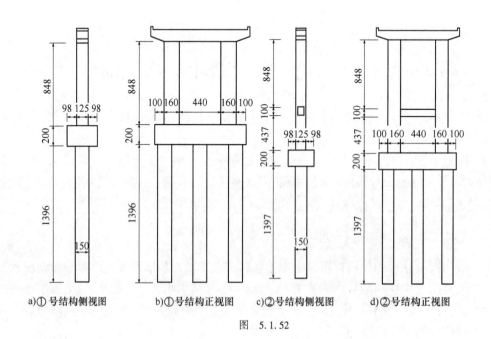

a)①号结构侧视图　　b)①号结构正视图　　c)②号结构侧视图　　d)②号结构正视图

图 5.1.52

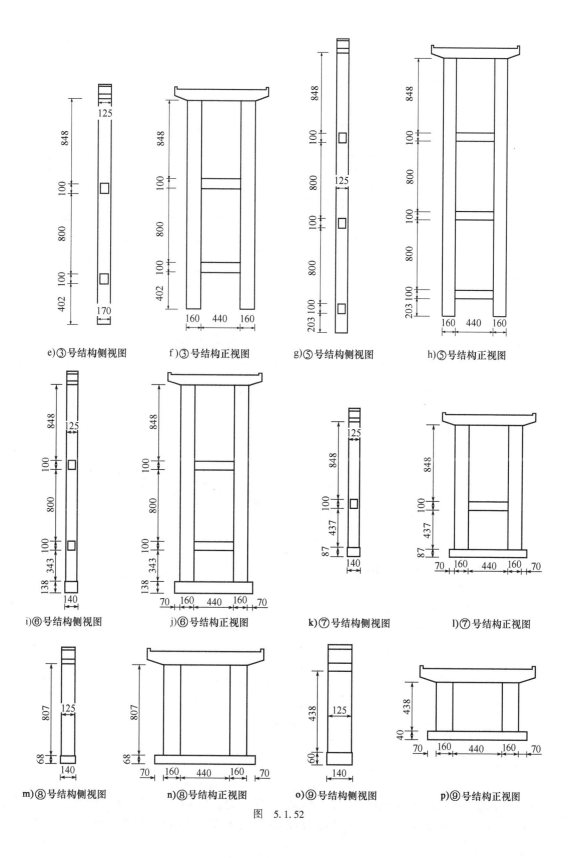

图 5.1.52

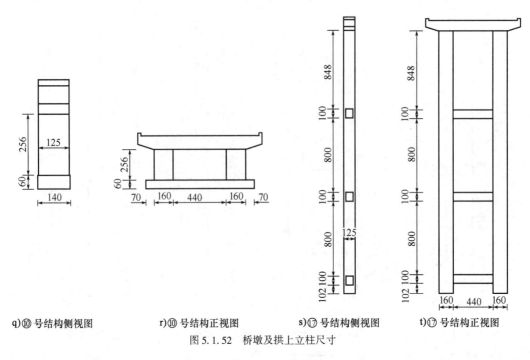

q) ⑩号结构侧视图　　r) ⑩号结构正视图　　s) ⑰号结构侧视图　　t) ⑰号结构正视图

图 5.1.52　桥墩及拱上立柱尺寸

根据以上尺寸标注即可构建所有拱上立柱和桥墩,得到的立体结构效果如图 5.1.53 所示。

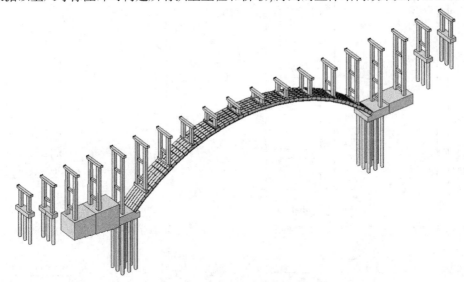

图 5.1.53　完成拱上立柱及桥墩的构建

六、桥面板及防撞栏建模【资源 5.1.5】

(一)桥面板

(1)在界面左侧项目浏览器中展开"视图(全部)"总链,接着展开"立面"支链,单击"左",然后打开功能区中【创建】选项卡,在【模型】面板中选择【模型线】功能,选择【绘制】面板中的

【线】,绘制图 5.1.54 所示的路径。

图 5.1.54　绘制桥面板路径线

（2）单击功能区中的【创建】选项卡,选择【形状】面板中的【放样】功能,在【修改|放样】选项卡的【工作平面】面板上点击【拾取路径】命令,选择图 5.1.54 中绘制的桥面板路径线,绘制图 5.1.55 所示的桥面板轮廓,确认无误后点击【模式】面板中的【√】命令。

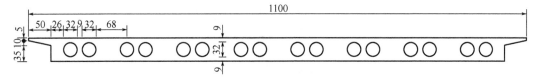

图 5.1.55　绘制桥面板轮廓

（二）防撞栏

单击功能区中的【创建】选项卡,选择【形状】面板中的【放样】功能,在【修改|放样】选项卡的【工作平面】面板上点击【拾取路径】命令,选择图 5.1.54 中绘制的桥面板路径线,绘制图 5.1.56 所示的防撞栏轮廓,确认无误后点击【模式】面板中的【√】命令。镜像后得到另一侧防撞栏结构,之后将防撞栏与桥面板拼装完成,防撞栏、桥面板、盖梁的相对位置如图 5.1.57 所示,立体效果图如图 5.1.58 所示。防撞栏、桥面板与已完成的结构拼装完成后如图 5.1.59 所示。

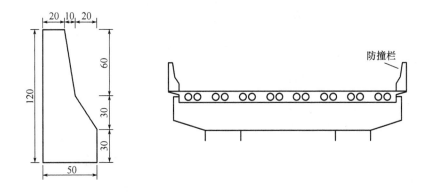

图 5.1.56　绘制防撞栏轮廓　　图 5.1.57　防撞栏、桥面板、盖梁相对位置示意图

七、桥台建模【资源 5.1.6】

桥台构建完成如图 5.1.60 所示,将其分为图中的①、②、③、④号结构分别进行结构的构建。

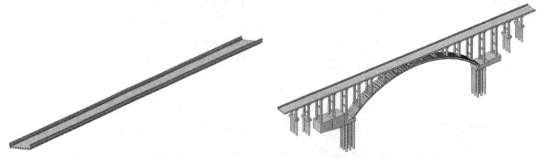

图 5.1.58 完成桥面板及防撞栏的构建　　图 5.1.59 完成桥面板、防撞栏与已完成结构的拼装

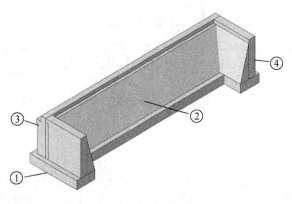

图 5.1.60 桥台示意图

（一）①号结构的构建

（1）单击功能区中【创建】选项卡，在【形状】面板中选择【拉伸】命令，进入"拉伸"功能界面。

（2）使用工作界面右上角的视角功能将视角转换至"上"立面，之后在【绘制】面板中选择【线】绘制①号结构轮廓（图 5.1.61），并在左侧【属性】面板中将"拉伸终点"设置为"100.0"，"拉伸起点"设置为"0.0"，单击【应用】命令完成拉伸创建。完成以上步骤得到图 5.1.62 所示的结构图。

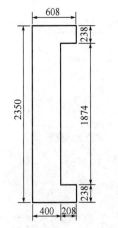 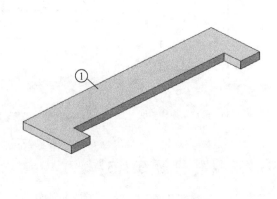

图 5.1.61 绘制①号结构轮廓　　　　　图 5.1.62 完成①号结构的构建

（二）②号结构的构建

（1）单击功能区中【创建】选项卡，在【模型】面板中选择【模型线】功能，再单击【绘制】面板中的【线】命令，绘制图5.1.63所示的路径，路径长度为"2090"。

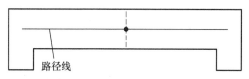

图5.1.63　绘制②号结构路径线

（2）单击功能区中的【创建】选项卡，选择【形状】面板中的【放样】功能，在【修改|放样】选项卡的【工作平面】面板上点击【拾取路径】命令，选择图5.1.63中绘制的路径线，绘制图5.1.64所示的②号结构轮廓，确认无误后点击【模式】面板中的【√】命令，得到图5.1.65中的②号结构。

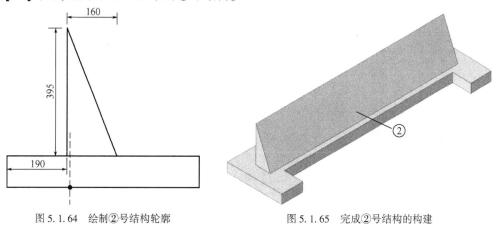

图5.1.64　绘制②号结构轮廓　　　　　图5.1.65　完成②号结构的构建

（三）③号结构的构建

（1）单击功能区中【创建】选项卡，在【模型】面板中选择【模型线】功能，再单击【绘制】面板中的【线】命令，绘制图5.1.66所示的路径，路径长度为"2250"。

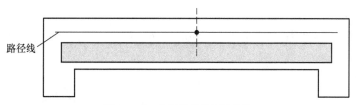

图5.1.66　绘制③号结构路径线

（2）单击功能区中的【创建】选项卡，选择【形状】面板中的【放样】功能，在【修改|放样】选项卡的【工作平面】面板上点击【拾取路径】命令，选择图5.1.66中绘制的路径线，绘制图5.1.67所示的轮廓，确认无误后点击【模式】面板中的【√】命令，得到图5.1.68中的③号结构。

（四）④号结构的构建

（1）单击功能区中【创建】选项卡，在【形状】面板中选择【拉伸】命令，进入"拉伸"功能界面。

（2）将右上角视角转换至"前"，之后在【绘制】面板中选择【线】绘制④号结构轮廓（图5.1.69），并在左侧【属性】面板中将"拉伸终点"设置为"-488.0"，"拉伸起点"设置为"0.0"，单击【应用】命令完成拉伸创建。完成以上步骤并通过镜像功能得到图 5.1.70 所示的结构图。

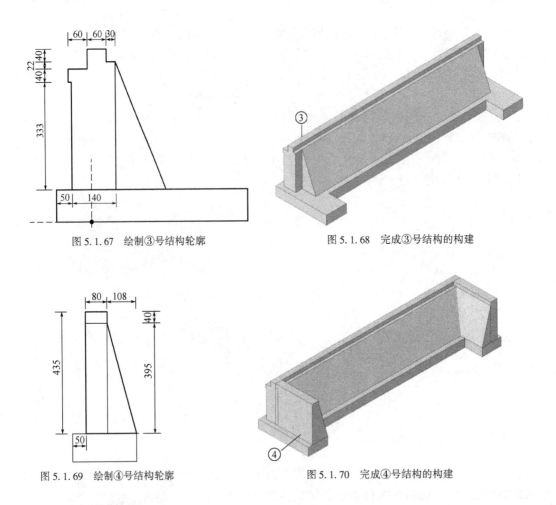

图 5.1.67　绘制③号结构轮廓　　　　　图 5.1.68　完成③号结构的构建

图 5.1.69　绘制④号结构轮廓　　　　　图 5.1.70　完成④号结构的构建

八、移动拼装

由于所有结构都是建在一个族里,可以很方便地通过移动放置在指定位置,最终得到图 5.1.71 所示的拱桥结构。

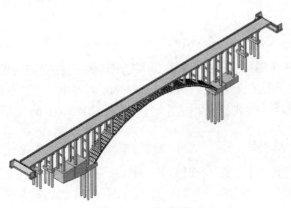

图 5.1.71　拱桥整体

第二节 斜 拉 桥

斜拉桥是一种高次超静定组合结构体系,具有较大的整体刚度、优良的抗风性能、强大的跨越能力、多样的结构布置方式以及优美的外观,已成为世界范围内发展最快、最具竞争力的桥型之一。同时现代斜拉桥具有轴向受力呈自锚体系、悬臂施工方法简便等特点,在经济性特别是适应恶劣的地质条件等方面具有明显的优势。因此,在超大跨径桥梁方案选型上,斜拉桥作为同悬索桥最具有竞争力的桥型越来越受到设计师的青睐。

一、结构与构造

斜拉桥主要由主梁、索塔和斜拉索三大部分组成。主梁和索塔是以受压为主的压弯构件,斜拉索为受拉构件。索塔两侧的斜拉索产生的水平推力自我平衡,形成自锚体系。斜拉索对梁的多点弹性支撑作用,使得其与同跨径连续梁相比,弯矩分布均匀且绝对值小,并且斜拉索越密集,主梁的弯矩越小。

(一)总体布置

斜拉桥根据地形和使用要求可以设计成单跨、双跨或者多跨结构(图5.2.1)。单跨斜拉桥为地锚或无背锁结构体系,建设成本高,较少采用;独塔双跨和双塔三跨结构是常见的斜拉桥结构形式;三跨以上的斜拉桥由于中间桥塔没有端锚索限制其变形,结构刚度小,施工过程中形状控制困难,较少采用。

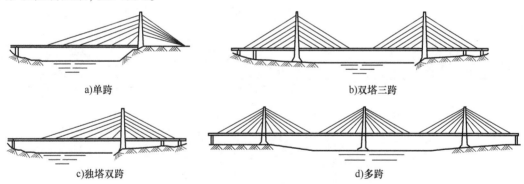

a)单跨　　　　　　　　　　　　b)双塔三跨

c)独塔双跨　　　　　　　　　　d)多跨

图 5.2.1　斜拉桥结构的基本形式

(二)结构形式

斜拉桥结构体系有很多分类方法,下面根据不同的分类方法介绍斜拉桥的结构形式。

1. 塔梁之间的结合方式

根据塔梁之间结合方式的不同,斜拉桥结构体系分为漂浮体系、支承体系(包括半漂浮体系)、塔梁固结体系、刚构体系等多种体系(图5.2.2)。

2. 拉索的锚固方式

根据拉索锚固方式的不同,斜拉桥可分为图5.2.3所示的自锚式、地锚式和部分地锚式三种结构体系。

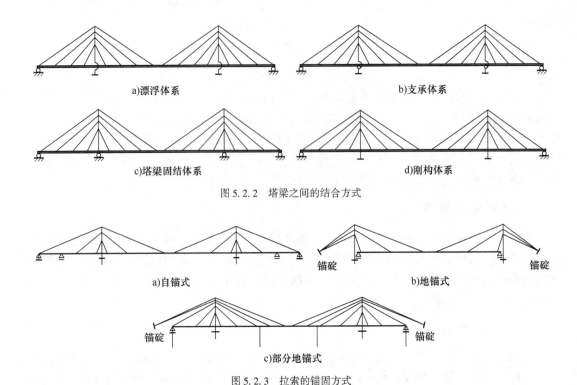

图 5.2.2 塔梁之间的结合方式

图 5.2.3 拉索的锚固方式

3. 拉索的布置形式

斜拉桥的索面布置有图 5.2.4 所示的单索面、双索面和双斜索面三种结构形式。

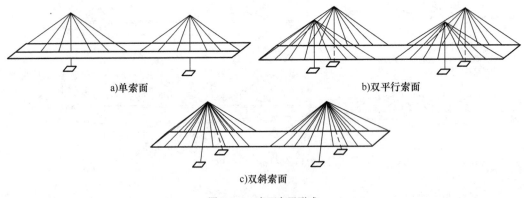

图 5.2.4 索面布置形式

拉索在顺桥向有图 5.2.5 所示的辐射形、扇形和竖琴形三种布置形式。

(三)索塔

索塔的纵向结构形式多种多样,大多数斜拉桥采用单柱式[图 5.2.6a)],只有当设计要求桥塔的纵向刚度很大时才采用图 5.2.6b)、c)所示的倒 V 形和倒 Y 形。

索塔的横向结构形式也很多。图 5.2.7 所示为常见的索塔横向结构形式。其中,图 5.2.7a)适用于单索面斜拉桥,图 5.2.7b)适用于双索面斜拉桥。

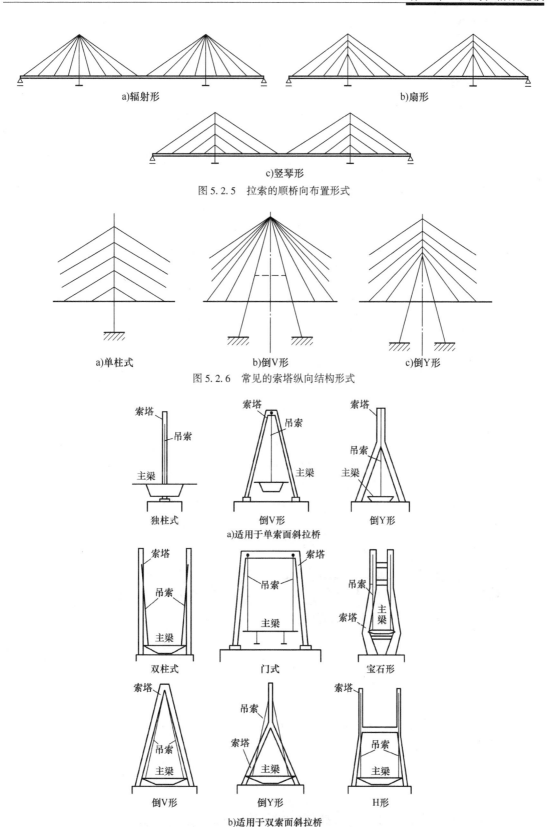

图 5.2.5 拉索的顺桥向布置形式

图 5.2.6 常见的索塔纵向结构形式

图 5.2.7 常见的索塔横向结构形式

(四)斜拉索

1. 斜拉索组成

斜拉索主要由钢索、两端的锚具、减振装置和保护装置组成(图5.2.8)。

一根斜拉索可划分为两端的锚固段、过渡段和中间段三个部分。其中,锚固段用来将斜拉索分别固定在索塔和主梁上,分为固定端和张拉端两种;过渡段包括锚定板、预埋钢管和减振装置、填充材料;中间段即为锁体。

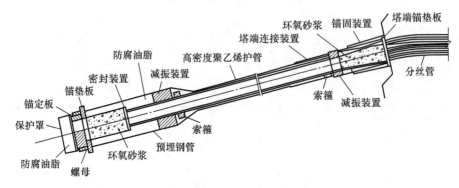

图5.2.8 斜拉索的组成

2. 斜拉索类型

斜拉索根据捆绑形式的不同分为封闭式钢索、平行钢丝索、钢绞线三种形式,比较常用的是由φ5或φ7热镀锌钢丝组成的平行钢丝索,强度一般为1670MPa。钢丝斜拉索的截面形式如图5.2.9所示。

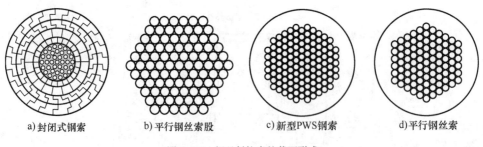

图5.2.9 钢丝斜拉索的截面形式

3. 斜拉索的锚具形式

斜拉索的锚具形式与斜拉索类型有关,钢丝斜拉索锚具有热铸锚、墩头锚、冷铸墩头锚等多种形式(图5.2.10)。其中冷铸墩头锚在斜拉桥中广泛采用,热铸锚与墩头锚采用较少。

(五)主梁

斜拉桥主梁根据制作材料的不同可分为钢主梁、混凝土主梁、组合梁和混合梁四种形式。

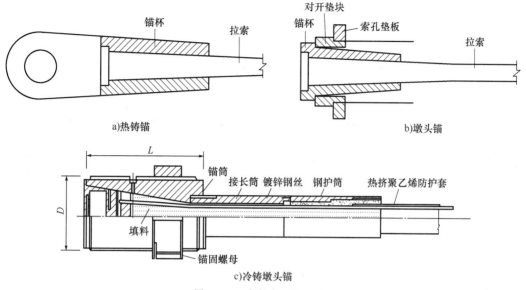

图 5.2.10 斜拉索的锚具形式

1. 钢主梁

钢主梁斜拉桥是一种比较常用的结构形式,早期斜拉桥以及大跨径斜拉桥多采用钢主梁。

钢主梁有桁架梁和钢箱梁两种形式。桁架梁的截面高度大、刚度大,特别适用于双层桥面的桥梁(公铁两用),满足下层车道的空间要求。相对于桁架梁,钢箱梁截面高度小,抗风性能好,截面刚度低,截面有单箱单室、多箱单室、多箱多室等几种形式。

2. 混凝土主梁

混凝土主梁常采用的截面有板式截面、半封闭双箱形截面和箱形截面等几种形式。

3. 组合梁

组合梁是钢梁和混凝土板通过抗剪连接件连成整体而共同受力的承重构件,其能够充分发挥钢材抗拉、混凝土抗压性能好的优点,具有承载力高、刚度大、抗震和动力性能好、构件截面尺寸小、施工方便等优点。现有组合梁所采用的钢梁形式有工字形、箱形、钢桁架、蜂窝形等。

4. 混合梁

混合梁斜拉桥的主梁沿梁的长度方向由两种不同材料组成,主跨的梁体为钢梁,边跨的梁体为混凝土梁。混合梁斜拉桥的主跨采用钢梁,具有较强的跨越能力;而边跨采用混凝土梁,则起到了很好的锚固作用,并且降低了建桥成本。

5. 斜拉索与主梁锚固形式

斜拉桥与一般梁桥的不同之处在于斜拉索与主梁的锚固。根据传力点位置不同,斜拉索在主梁的锚固位置有顶板、腹板和底板三种。

斜拉索与钢主梁在锚固时,由于钢主梁顶板面外变形刚度比较小,在索力作用下容易发生比较大的变形,使锚固位置成为结构的薄弱部位,因此索力应通过锚固体系直接传到腹板。斜拉索与钢主梁的锚固形式大体有五种:散索鞍座加锚固梁式[图 5.2.11a)]、锚固梁或锚固块式[图 5.2.11b)]、支架或牛腿式[图 5.2.11c)]、钢管式[图 5.2.11d)]和节点板式[图 5.2.11e)]。

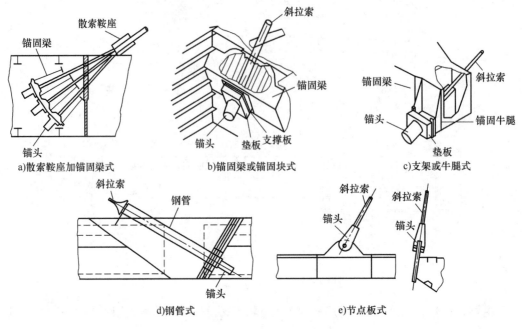

图 5.2.11 斜拉索与钢主梁的锚固形式

二、工程实例与建模思路

(一)工程实例

1. 工程概况

本工程为某公路大桥的主桥,全线桥涵设计荷载采用公路Ⅰ级,桥径布置为100m+100m+300m+1088m+300m+100m+100m 共2088m 的双塔双索面钢箱梁斜拉桥(图5.2.12)。

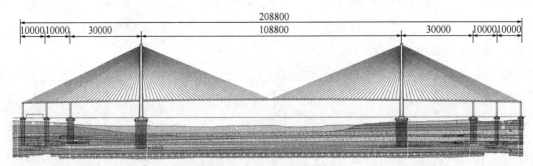

图 5.2.12 斜拉桥整体图(单位:cm)

2. 结构与构造

该桥主梁采用扁平流线型钢箱梁(图5.2.13)。钢箱梁含风嘴全宽4100cm,不含风嘴宽3540cm,底板宽为900cm+2300cm+900cm;中心线处高为400cm。

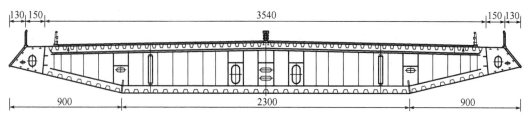

图 5.2.13 钢箱梁示意图(单位:cm)

该桥索塔采用倒 Y 形(图 5.2.14),并在主梁下方设置 1 道下横梁。采用高 300.4m 的混凝土塔,桥面以上高度为 230.41m,高跨比为 0.1212。斜拉索采用 1770MPa 平行钢丝斜拉索,最大规格为 PES7-313,单根最大质量为 59t。斜拉索在钢箱梁上锚固点的标准间距为 1600cm,边跨尾索区为 1200cm;在塔上锚固点间距为 230~270cm。

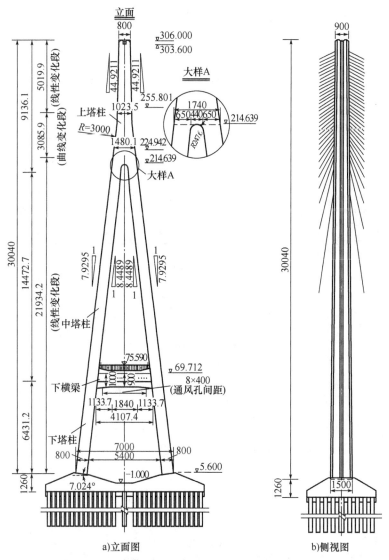

a)立面图   b)侧视图

图 5.2.14 索塔一般构造图(尺寸单位:cm;高程单位:m)

该桥主塔上斜拉索钢锚箱构造如图 5.2.15 所示;钢箱梁上斜拉索采用钢管式锚箱构造,如图 5.2.16 和图 5.2.17 所示。

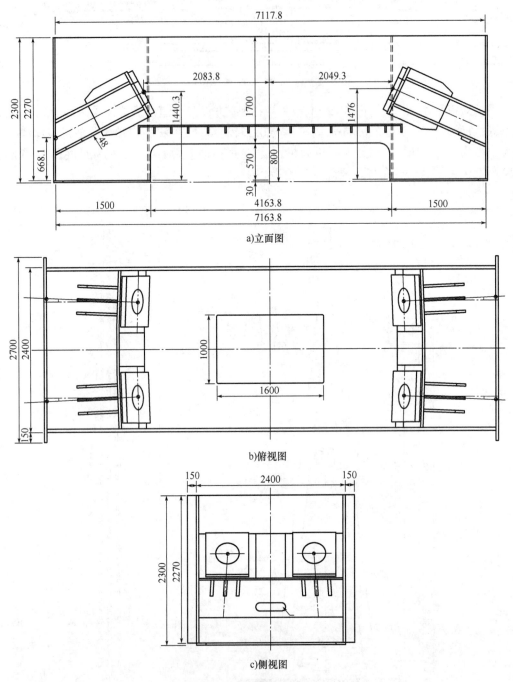

图 5.2.15 钢锚箱图(单位:mm)

(二)建模思路

由于斜拉桥模型构件的标准化程度并不高,参数化模型不适用于其他类型的桥梁设计,因此需要将每个构件都通过"死族"的方法构造,即将构件轮廓画出,通过拉伸、放样、放样融合等一些常规方法进行构建。最后通过将不同部件进行拼接,完成斜拉桥模型的构建。

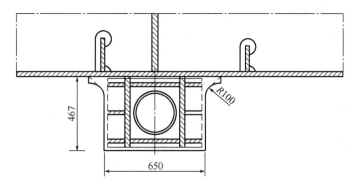

图 5.2.16 钢锚箱俯视图(单位:mm)

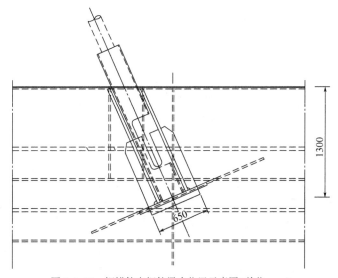

图 5.2.17 钢锚箱在钢箱梁中位置示意图(单位:mm)

大致按以下顺序建模:桥塔→钢箱梁→斜拉索。

1. 桥塔的构建

建模过程自上而下,将桥塔分为图 5.2.18 所示的①、②、③、④、⑤、⑥号节段,塔顶,横隔梁。使用【拉伸】、【放样】等常规方法及【空心拉伸】、【放样】等空心构建方法进行模型的构建。①、②号节段为索塔锚固段,内部为空心结构,且有钢锚箱布置其中,需要对其进行详细的构建描述。最后将各个部分进行拼接,完成桥塔模型的构建。

2. 钢箱梁的构建

由于第四章第二节已经对钢箱梁内部进行了详细的构建,因此本节仅构建钢箱梁的外部轮廓。通过【放样】功能对钢箱梁进行构建,主梁上斜拉索锚固装置的构建采用【拉伸】及【放样】功能即可完成。

3. 斜拉索的构建

斜拉索的构建方法简单,采用【放样】或【拉伸】功能均可。

三、桥塔建模

桥塔建模最终结果如图 5.2.18 所示,可将桥塔分为图 5.2.18 所示的几个部分分别进行构建。

(一)塔顶模型的构建

可将塔顶分为几个部分,分别进行结构的构建。在构建过程中采用常规的构建方法即可,参考 TZ-5.2.1,此处不再赘述,最终得到图 5.2.19 所示的塔顶模型。

(二)①、②号节段模型的构建【资源 5.2.1】

①、②号节段模型为索塔锚固段模型。①号节段模型尺寸参考 TZ-5.2.2。现就②号节段模型的构建、斜拉索锚固构造的创建及钢锚箱的创建进行详细的说明。

1. ②号节段实心模型的构建

(1)展开左侧项目浏览器中的"视图(全部)"总链,展开"立面"支链,双击"前",将放样融合路径设置在"前"立面上。

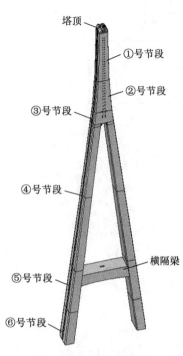

图 5.2.18 桥塔总体图

(2)单击功能区中【创建】选项卡,在【形状】面板中选择【放样融合】命令进入"放样融合"功能界面。

(3)单击功能区中【修改|放样融合】选项卡,在【放样融合】面板中选择【绘制路径】命令,在绘制界面绘制路径(图 5.2.20)。单击功能区中【修改|放样融合>绘制路径】选项卡,在【模式】面板中选择【√】命令,完成放样融合路径的绘制。

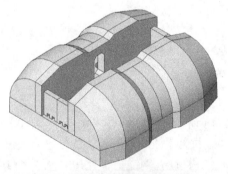

图 5.2.19 完成塔顶模型的构建

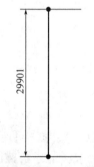

图 5.2.20 绘制②号节段模型放样融合路径

(4)单击功能区中【修改|放样融合】选项卡,在【放样融合】面板中选择【选择轮廓 1】命令,单击【编辑轮廓】命令,绘制轮廓 1[图 5.2.21a)];选择【选择轮廓 2】命令,单击【编辑轮廓】命令,绘制轮廓 2[图 5.2.21b)],操作同上;最后在【模式】面板中选择【√】命令,完成②号节段实心模型的构建(图 5.2.22)。

2. ②号节段空心模型的构建

②号节段空心结构如图 5.2.23 所示,由于空心结构的形状不规则,可将其分为几个部分,

分别进行空心结构的构建,其中第一部分及第二部分为空心主体,用于放置钢锚箱,第三部分空心用于放置锚垫板。

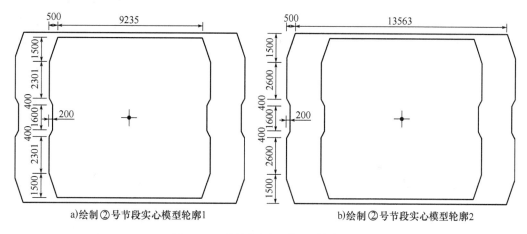

a)绘制②号节段实心模型轮廓1　　　　b)绘制②号节段实心模型轮廓2

图 5.2.21　②号节段实心模型的构建过程

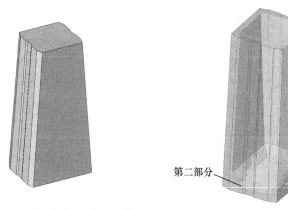

图 5.2.22　完成②号节段实心模型的构建　　图 5.2.23　②号节段空心结构

(1)第一部分。

①展开左侧项目浏览器中的"视图(全部)"总链,展开"立面"支链,双击"前",将放样融合路径设置在"前"立面上。

②单击功能区中【创建】选项卡,在【形状】面板中选择【空心放样融合】命令进入"空心放样融合"功能界面。

③单击功能区中【修改|放样融合】选项卡,在【放样融合】面板中选择【绘制路径】命令,在绘制界面绘制路径(图 5.2.24)。单击功能区中【修改|放样融合>绘制路径】选项卡,在【模式】面板中选择【√】命令,完成路径的绘制。

④单击功能区中【修改|放样融合】选项卡,在【放样融合】面板中选择【选择轮廓 1】命令,单击【编辑轮廓】命令,绘制轮廓 1 (图 5.2.25);选择【选择轮廓 2】命令,单击【编辑轮廓】命令,绘制轮廓 2(图 5.2.26),操作同上;最后在【模式】面板中选择【√】命令,完成第一部分空心模型的创建。

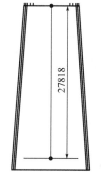

图 5.2.24　绘制第一部分空心结构的路径

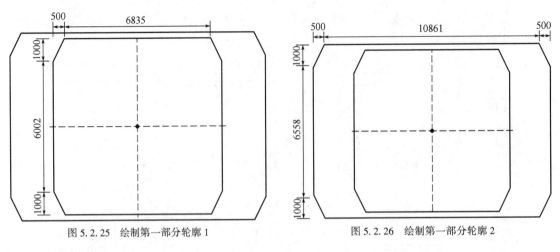

图 5.2.25 绘制第一部分轮廓 1　　　　　图 5.2.26 绘制第一部分轮廓 2

(2)第二部分。

①展开左侧项目浏览器中的"视图(全部)"总链,展开"立面"支链,双击"前",将放样融合路径设置在"前"立面上。

②单击功能区中【创建】选项卡,在【形状】面板中选择【空心放样融合】命令进入"空心放样融合"功能界面。

③单击功能区中【修改|放样融合】选项卡,在【放样融合】面板中选择【绘制路径】命令,在绘制界面绘制路径(图 5.2.27)。单击功能区中【修改|放样融合>绘制路径】选项卡,在【模式】面板中选择【√】命令,完成放样融合路径的绘制。

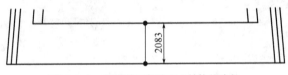

图 5.2.27 绘制第二部分空心结构的路径

④单击功能区中【修改|放样融合】选项卡,在【放样融合】面板中选择【选择轮廓 1】命令,单击【编辑轮廓】命令,绘制轮廓 1(图 5.2.28);选择【选择轮廓 2】命令,单击【编辑轮廓】命令,绘制轮廓 2(图 5.2.29),操作同上;最后在【模式】面板中选择【√】命令,完成第二部分空心模型的创建。

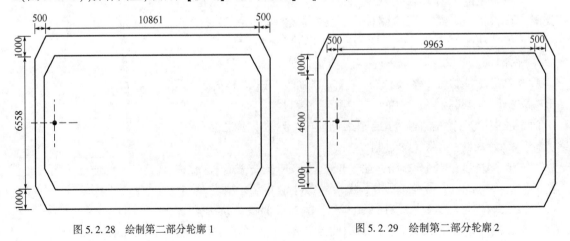

图 5.2.28 绘制第二部分轮廓 1　　　　　图 5.2.29 绘制第二部分轮廓 2

(3)第三部分。

①展开左侧项目浏览器中的"视图(全部)"总链,展开"楼层平面"支链,双击"参照标高",将放样路径设置在"参照标高"上。

②单击功能区中【创建】选项卡,在【形状】面板中选择【空心放样】命令进入"空心放样"功能界面。

③单击功能区中【修改|放样】选项卡,在【放样】面板中选择【绘制路径】命令,在绘制界面绘制路径(图5.2.30)。单击功能区中【修改|放样>绘制路径】选项卡,在【模式】面板中选择【√】命令,完成放样路径的绘制。

④单击功能区中【修改|放样】选项卡,在【放样】面板中选择【选择轮廓】命令,单击【编辑轮廓】命令,绘制轮廓(图 5.2.31);最后在【模式】面板中选择【√】命令,完成第三部分空心模型的创建。

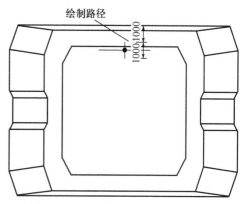

图 5.2.30　绘制第三部分空心结构的路径

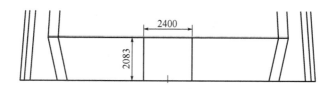

图 5.2.31　绘制第三部分空心结构的轮廓

⑤展开左侧项目浏览器中的"视图(全部)"总链,展开"立面"支链,双击"右",在打开的视图中框选建好的第三部分空心模型,单击功能区中【修改】选项卡,选择【镜像-拾取轴】功能,单击已建好的模型,通过镜像功能完成另一侧模型的创建。最终得到图 5.2.23 所示的结构。

(三)钢锚箱创建及放置

以 A 类钢锚箱的创建为例,最终完成的钢锚箱模型如图 5.2.32 所示,可将其分为图 5.2.32 所示的三个部分,分别进行结构的构建。

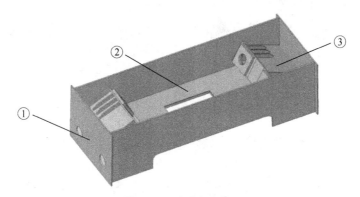

图 5.2.32　钢锚箱模型图

(1)①号部件的构建。【资源5.2.2】

①展开左侧项目浏览器中的"视图(全部)"总链,展开"楼层平面"支链,双击"参照标高",将放样路径设置在"参照标高"上。

②单击功能区中【创建】选项卡,在【形状】面板中选择【放样】命令进入"放样"功能界面。

③单击功能区中【修改|放样】选项卡,在【放样】面板中选择【绘制路径】命令,在绘制界面绘制路径(图5.2.33)。单击功能区中【修改|放样>绘制路径】选项卡,在【模式】面板中选择【√】命令,完成放样路径的绘制。

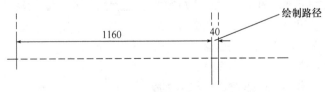

图5.2.33 绘制侧板(长边)路径

④单击功能区中【修改|放样】选项卡,在【放样】面板中选择【选择轮廓】命令,单击【编辑轮廓】命令,绘制轮廓(图5.2.34);最后在【模式】面板中选择【√】命令,完成侧板(长边)模型的构建(图5.2.35)。

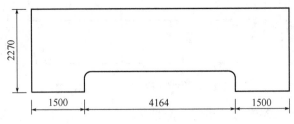

图5.2.34 绘制侧板(长边)轮廓

⑤以同样的方法完成侧板(短边)模型的构建,尺寸参照图5.2.15b),此处不再赘述,最终完成模型如图5.2.36所示。

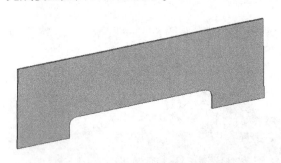

图5.2.35 完成侧板(长边)模型的构建

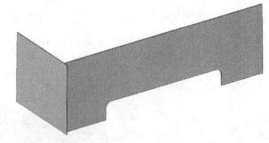

图5.2.36 完成侧板(短边)模型的构建

⑥单击功能区中【创建】选项卡,在【形状】面板中选择【空心放样融合】命令,进入"空心放样融合"功能界面。

⑦单击功能区中【修改|放样融合】选项卡,在【放样融合】面板中选择【绘制路径】命令,在绘制界面绘制路径[图5.2.37a)]。单击功能区中【修改|放样融合>绘制路径】选项卡,在

【模式】面板中选择【√】命令,完成放样融合路径的绘制。

⑧单击功能区中【修改|放样融合】选项卡,在【放样融合】面板中选择【选择轮廓1】命令,单击【编辑轮廓】命令,绘制轮廓1[图5.2.37b)];选择【选择轮廓2】命令,单击【编辑轮廓】命令,绘制轮廓2[图5.2.37b)],操作同上;最后在【模式】面板中选择【√】命令,完成侧孔的构建(图5.2.38)。

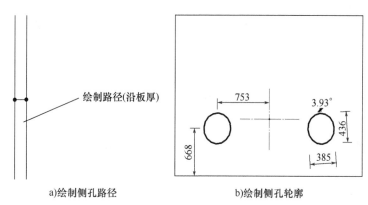

a)绘制侧孔路径　　　　　　b)绘制侧孔轮廓

图5.2.37　侧孔的构建过程

⑨通过镜像完成①号部件的构建,如图5.2.39所示。

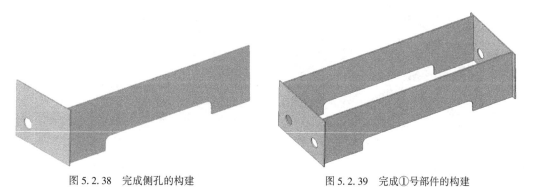

图5.2.38　完成侧孔的构建　　　　图5.2.39　完成①号部件的构建

(2)②号部件的构建。【资源5.2.3】

①展开左侧项目浏览器中的"视图(全部)"总链,展开"楼层平面"支链,双击"参照标高",将放样路径设置在"参照标高"上。

②单击功能区中【创建】选项卡,在【形状】面板中选择【放样】命令进入"放样"功能界面。

③单击功能区中【修改|放样】选项卡,在【放样】面板中选择【绘制路径】命令,在绘制界面绘制路径[图5.2.40a)]。单击功能区中【修改|放样>绘制路径】选项卡,在【模式】面板中选择【√】命令,完成放样路径的绘制。

④单击功能区中【修改|放样】选项卡,在【放样】面板中选择【选择轮廓】命令,单击【编辑轮廓】命令,绘制轮廓[图5.2.40b)];最后在【模式】面板中选择【√】命令,完成模型的构建[图5.2.40c)]。

⑤通过复制完成图5.2.41所示结构的构建。

⑥单击功能区中【创建】选项卡,在【形状】面板中选择【放样】命令进入"放样"功能界面。

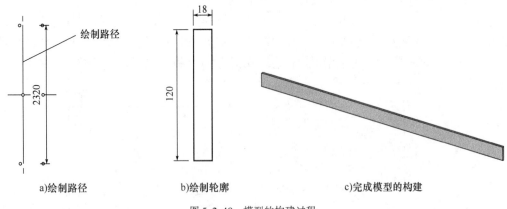

a) 绘制路径　　　　　　b) 绘制轮廓　　　　　　c) 完成模型的构建

图 5.2.40　模型的构建过程

⑦单击功能区中【修改|放样】选项卡,在【放样】面板中选择【绘制路径】命令,再依次绘制路径(图 5.2.42)。单击功能区中【修改|放样>绘制路径】选项卡,在【模式】面板中选择【√】命令,完成放样路径的绘制。

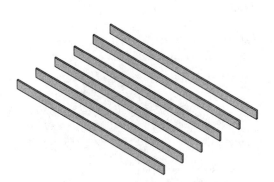

图 5.2.41　通过复制完成结构的构建

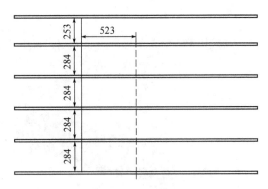

图 5.2.42　绘制路径

⑧单击功能区中【修改|放样】选项卡,在【放样】面板中选择【选择轮廓】命令,单击【编辑轮廓】命令,绘制轮廓[图 5.2.40b)];最后在【模式】面板中选择【√】命令,并通过镜像完成模型的构建(图 5.2.43)。

⑨以同样的方法完成剩余结构的构建(图 5.2.44)。

⑩单击功能区中【创建】选项卡,在【形状】面板中选择【放样】命令进入"放样"功能界面。

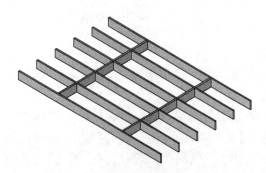

图 5.2.43　通过镜像完成结构的构建

⑪单击功能区中【修改|放样】选项卡,在【放样】面板中选择【绘制路径】命令,在绘制界面绘制路径[图 5.2.45a)]。单击功能区中【修改|放样>绘制路径】选项卡,在【模式】面板中选择【√】命令,完成放样路径的绘制。

⑫单击功能区中【修改|放样】选项卡,在【放样】面板中选择【选择轮廓】命令,单击【编辑轮廓】命令,绘制轮廓[图 5.2.45b)];最后在【模式】面板中选择【√】命令,完成②号部件模型

的构建[图 5.2.45c)]。

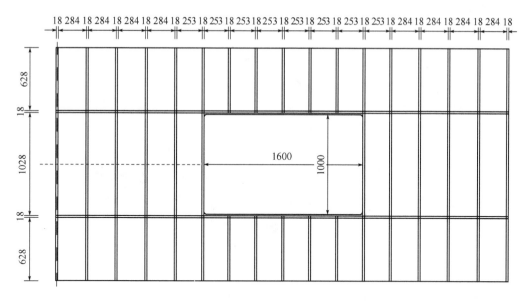

a)结构尺寸

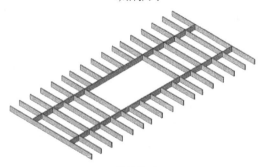

b)结构模型

图 5.2.44 完成剩余结构的构建

(3)③号部件的构建。【资源 5.2.4】
①展开左侧项目浏览器中的"视图(全部)"总链,展开"立面"支链,双击"右"。
②单击功能区中【创建】选项卡,在【形状】面板中选择【放样】命令进入"放样"功能界面。
③单击功能区中【修改|放样】选项卡,在【放样】面板中选择【绘制路径】命令,在绘制界面绘制路径[图 5.2.46a)]。单击功能区中【修改|放样>绘制路径】选项卡,在【模式】面板中选择【√】命令,完成放样路径的绘制。
④单击功能区中【修改|放样】选项卡,在【放样】面板中选择【选择轮廓】命令,单击【编辑轮廓】命令,绘制轮廓[图 5.2.46b)];最后在【模式】面板中选择【√】命令,完成模型的构建[图 5.2.46c)]。
⑤单击功能区中【创建】选项卡,在【形状】面板中选择【放样】命令进入"放样"功能界面。
⑥单击功能区中【修改|放样】选项卡,在【放样】面板中选择【绘制路径】命令,在绘制界面绘制路径[图 5.2.47a)]。单击功能区中【修改|放样>绘制路径】选项卡,在【模式】面板中选择【√】命令,完成放样路径的绘制。

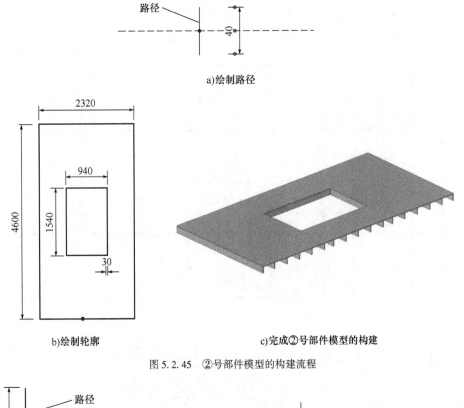

图 5.2.45 ②号部件模型的构建流程

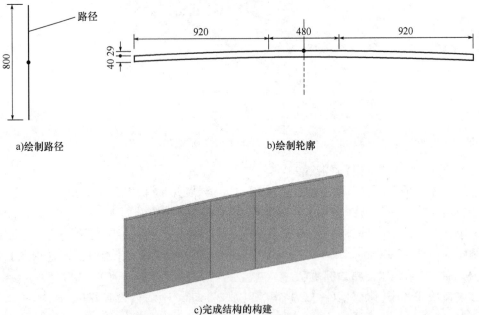

图 5.2.46 ③号部件模型的构建流程(一)

⑦单击功能区中【修改|放样】选项卡,在【放样】面板中选择【选择轮廓】命令,单击【编辑轮廓】命令,绘制轮廓[图 5.2.47b)];最后在【模式】面板中选择【√】命令,完成模型的构建[图 5.2.47c)]。

⑧单击功能区中【创建】选项卡,在【形状】面板中选择【空心放样】命令进入"空心放样"功能界面。

⑨单击功能区中【修改|放样】选项卡,在【放样】面板中选择【绘制路径】命令,在绘制界面绘制路径[图 5.2.48a)]。单击功能区中【修改|放样>绘制路径】选项卡,在【模式】面板中选择【√】命令,完成放样路径的绘制。

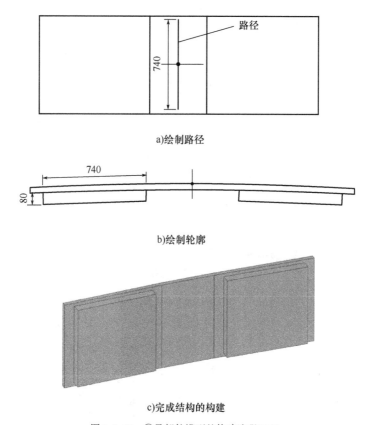

a)绘制路径

b)绘制轮廓

c)完成结构的构建

图 5.2.47　③号部件模型的构建流程(二)

⑩单击功能区中【修改|放样】选项卡,在【放样】面板中选择【选择轮廓】命令,单击【编辑轮廓】命令,绘制轮廓[图 5.2.48b)];最后在【模式】面板中选择【√】命令,通过镜像完成两侧空心模型的构建[图 5.2.48c)]。

⑪单击功能区中【创建】选项卡,在【形状】面板中选择【放样】命令进入"放样"功能界面。

⑫单击功能区中【修改|放样】选项卡,在【放样】面板中选择【绘制路径】命令,在绘制界面绘制路径[图 5.2.49a)]。单击功能区中【修改|放样>绘制路径】选项卡,在【模式】面板中选择【√】命令,完成放样路径的绘制。

⑬单击功能区中【修改|放样】选项卡,在【放样】面板中选择【选择轮廓】命令,单击【编辑轮廓】命令,绘制轮廓[图 5.2.49b)];最后在【模式】面板中选择【√】命令。

⑭以同样的方法绘制其余路径及轮廓,如图 5.2.49c)、d)所示,最终完成的模型如图 5.2.49e)所示。

⑮单击功能区中【创建】选项卡,在【形状】面板中选择【放样】命令进入"放样"功能界面。

⑯单击功能区中【修改|放样】选项卡,在【放样】面板中选择【绘制路径】命令,在绘制界面绘制路径[图 5.2.50a)]。单击功能区中【修改|放样>绘制路径】选项卡,在【模式】面板中选择【√】命令,完成放样路径的绘制。

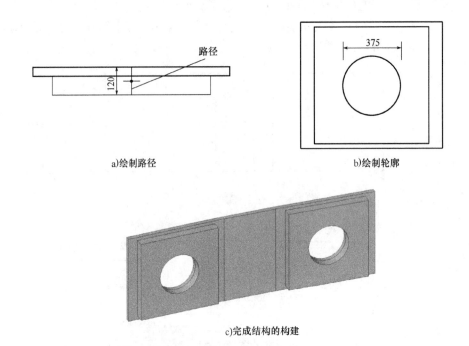

图 5.2.48 ③号部件模型的构建流程(三)

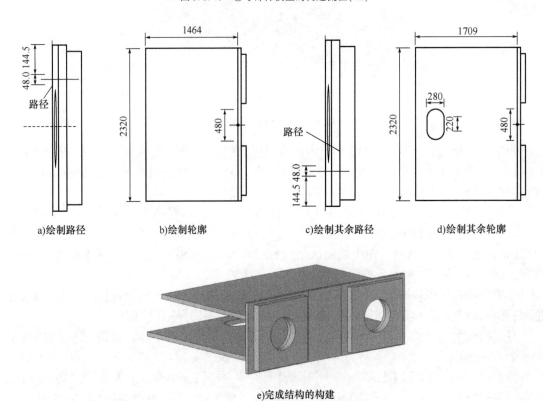

图 5.2.49 ③号部件模型结构的构建流程(四)

⑰单击功能区中【修改|放样】选项卡,在【放样】面板中选择【选择轮廓】命令,单击【编辑轮廓】命令,绘制轮廓[图5.2.50b)];最后在【模式】面板中选择【√】命令。

⑱单击功能区中【创建】选项卡,在【形状】面板中选择【放样】命令进入"放样"功能界面。

⑲单击功能区中【修改|放样】选项卡,在【放样】面板中选择【绘制路径】命令,在绘制界面绘制路径[图5.2.51a)]。单击功能区中【修改|放样>绘制路径】选项卡,在【模式】面板中选择【√】命令,完成放样路径的绘制。

⑳单击功能区中【修改|放样】选项卡,在【放样】面板中选择【选择轮廓】命令,单击【编辑轮廓】命令,绘制轮廓[图5.2.51b)];最后在【模式】面板中选择【√】命令,完成模型的构建[图5.2.51c)]。

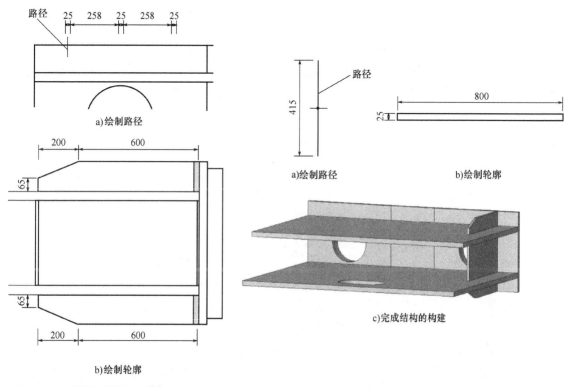

图5.2.50　③号部件模型的构建流程(五)　　　图5.2.51　③号部件模型的构建流程(六)

㉑通过镜像及复制最终完成图5.2.52及图5.2.53所示的结构。

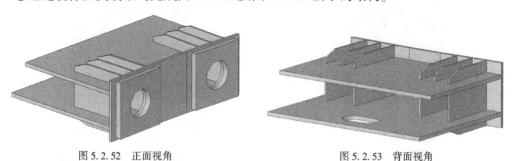

图5.2.52　正面视角　　　　　　　　图5.2.53　背面视角

(4)将①、②、③号部件拼接到指定位置,部件相对位置参照图5.2.15,完成钢锚箱的构建(图5.2.54)。【资源5.2.5】

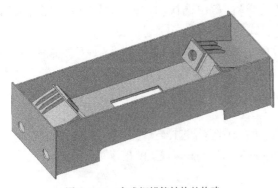

图 5.2.54 完成钢锚箱结构的构建

将已创建好的钢锚箱模型插入①、②号模型中,将钢锚箱模型拉到"参照标高"指定位置即可完成放置,参照 TZ-5.2.3。

(四)斜拉索及其套筒的构建
【资源 5.2.6】

斜拉索套筒的构建主要参考钢锚箱斜拉索套筒构造图纸,构建的难点是空间线方向的确定,可以先在一个方向上确定角度,然后在另外一个方向上通过旋转确定角度。斜拉索的位置确定与套筒的位置确定方法一致,此处不再赘述,下面以 A34 号斜拉索套筒的构建为例。

(1)确定套筒中心轴的位置。单击功能区中【创建】选项卡,在【基准】面板中选择【参照平面】命令进入"参照平面"功能界面,绘制图 5.2.55 所示的参照平面。

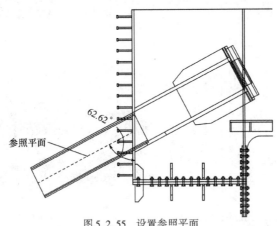

图 5.2.55 设置参照平面

(2)单击功能区中【创建】选项卡,在【工作平面】面板中选择【设置】功能,勾选"拾取一个平面"并单击"确定",选择上文中绘制的参照平面,在弹出的【转到视图】窗口中选择【三维视图:{三维}】。在【模型】面板中选择【模型线】功能,再单击【绘制】面板中的【线】命令,绘制图 5.2.56 所示的线,接着通过"旋转"1.21°得到图 5.2.57 所示的一侧套筒的空间路径线。

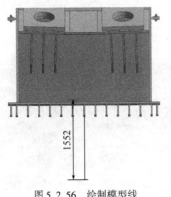

图 5.2.56 绘制模型线

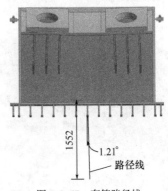

图 5.2.57 套筒路径线

(3)单击功能区中【创建】选项卡,在【形状】面板中选择【放样】功能,再点击【工作平面】面板中的【拾取路径】,选择上文中绘制的线,确认无误后点击【模式】面板中的【√】命令。

(4)点击【放样】面板中【绘制轮廓】,切换视图至【前】,绘制图 5.2.58 所示的轮廓图,接着再次点击【√】命令完成构建,得到图 5.2.59 所示的结构。通过"镜像"可以得到另一侧的套筒结构,最终得到图 5.2.60 所示的结构。

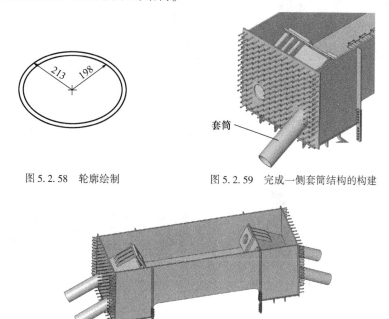

图 5.2.58　轮廓绘制　　　　图 5.2.59　完成一侧套筒结构的构建

图 5.2.60　完成 A34 号斜拉索套筒结构的构建

(五)其余截面模型

其余截面模型的创建与上述塔顶模型的创建基本相同,整体也都是按照先创建实心模型,然后挖空(即创建空心模型)的步骤一步一步地进行,主要还是使用【放样融合】与【放样】两个功能,前几章多次介绍了两者的使用方法,此处不再赘述,参照工程实例中的索塔一般构造图 TZ-5.2.4,即可创建模型,建模结果如图 5.2.61 所示。

(六)桥塔模型的拼装

1. 新建项目文件

单击 Revit 界面左上角【新建】,选择【项目】里的构造样板,创建新的项目文件。单击右上角快捷菜单中的"保存"按钮,保存文件为"斜拉桥桥塔"。

2. 载入构件模型

打开【插入】选项卡,单击【从库中载入】面板中的【载入族】功能,通过此操作将建好的各个桥塔构件模型导入项目文件中,方便拼装时调用。

3. 绘制标高

(1)展开左侧项目浏览器中的"视图(全部)"总链,展开"立面"支链,双击"东"将标高绘制在"东"立面上。

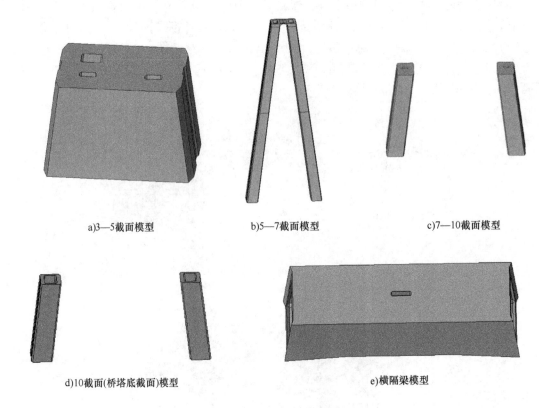

a) 3—5截面模型　　　　b) 5—7截面模型　　　　c) 7—10截面模型

d) 10截面(桥塔底截面)模型　　　　e) 横隔梁模型

图 5.2.61　其余结构模型图

(2)标高的绘制相对比较简单,只要把桥塔每个截面的标高绘制出来即可。

4. 放置构件

打开项目浏览器中"视图(全部)"总链,展开"楼层平面"支链,双击"场地"将构件放置在场地标高上,然后打开"立面"支链中的"东"将构件放置到指定标高位置,同时点击进入"北"立面,观察模型是否对齐。桥塔模型拼装完成,如图5.2.62所示。

四、钢箱梁及其钢锚箱建模

(一)钢箱梁的构建【资源 5.2.7】

1. 新建族文件

创建新的公制常规模型族文件,保存文件为"钢箱梁模型"。

2. 建立钢箱梁模型

(1)在"前"立面上,选择【拉伸】命令进入"拉伸"功能界面,在左侧【属性】面板中编辑"拉伸终点""拉伸起点"[图5.2.63 a)],在【拉伸】面板中绘制钢箱梁外部轮廓[图5.2.63 b)],在【模式】面板中选择【√】命令,完成模型构建[图5.2.63 c)]。

图 5.2.62　桥塔模型

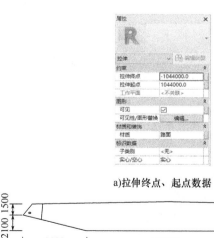

a)拉伸终点、起点数据

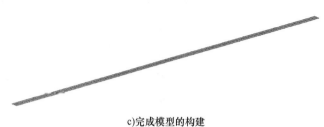

b)钢箱梁外部轮廓绘制

c)完成模型的构建

图 5.2.63　钢箱梁模型的构建过程

（2）斜拉桥主梁与基础的构建与钢箱梁相同，运用"拉伸"，将桥墩"拉伸终点"设置为"0.0"，"拉伸起点"设置为"6000.0"，模型如图 5.2.64 所示。

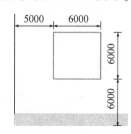

a)桥墩尺寸

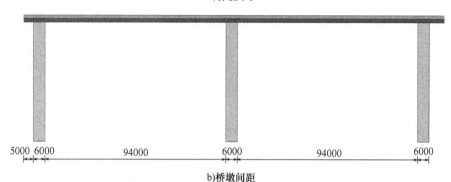

b)桥墩间距

图　5.2.64

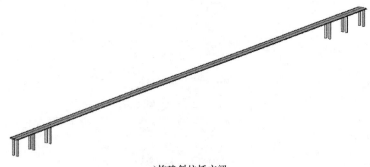

c) 构建斜拉桥主梁

图 5.2.64 完成斜拉桥主梁的构建

(二)梁上钢锚箱的构建【资源 5.2.8】

以其中一类钢锚箱为例,最终完成结构如图 5.2.65 所示,可将其分为图 5.2.65 所示的几个部分,自下而上进行建模。

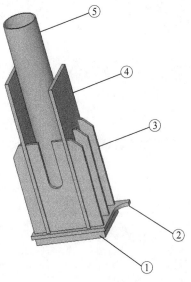

图 5.2.65 梁上钢锚箱模型

1. 新建族文件

创建新的公制常规模型族文件,保存文件为"梁上钢锚箱模型"。

2. 建立钢锚箱模型

(1)①号部件模型的构建。

①在界面左侧项目浏览器中展开"视图(全部)"总链,接着展开"楼层平面"支链,单击"参照标高"。

②单击功能区中【创建】选项卡,在【形状】面板中选择【拉伸】命令,进入"拉伸"功能界面。在【绘制】面板中选择【线】命令,绘制轮廓(图 5.2.66)。

③在左侧【属性】面板中将"拉伸终点"设置为"65.0","拉伸起点"设置为"0.0",单击【应用】命令完成拉伸创建。①号部件如图 5.2.67 所示。

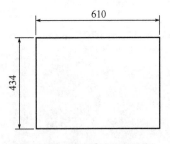

图 5.2.66 绘制①号部件轮廓

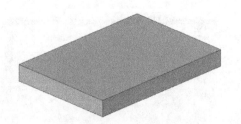

图 5.2.67 完成①号部件的建模

(2)②号部件模型的构建。

①单击功能区中【创建】选项卡,在【形状】面板中选择【拉伸】命令,进入"拉伸"功能界

面。在【绘制】面板中选择【线】命令,绘制轮廓(图 5.2.68)。

②在左侧【属性】面板中将"拉伸终点"设置为"95.0","拉伸起点"设置为"65.0",单击【应用】命令完成拉伸创建。②号部件构建完成后如图 5.2.69 所示。

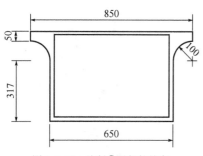

图 5.2.68　绘制②号部件轮廓

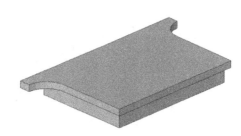

图 5.2.69　完成②号部件的建模

(3)③号部件模型的构建。

①单击功能区中的【创建】选项卡,在【形状】面板中选择【放样】命令,再点击【修改|放样】选项卡上【工作平面】面板中的【绘制路径】命令,绘制图 5.2.70 所示的路径,确认无误后点击【模式】面板上的【√】命令。

②点击【放样】面板中【绘制轮廓】命令,转到【立面:前】,绘制图 5.2.71 所示的轮廓图,接着再次点击【模式】面板上的【√】命令完成构建。

③可通过镜像完成另一侧模型的构建,通过更改轮廓完成中间模型的构建。③号部件构建完成后如图 5.2.72 所示。

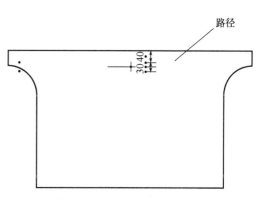

图 5.2.70　绘制③号部件路径

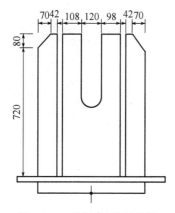

图 5.2.71　绘制③号部件轮廓

图 5.2.72　完成③号部件的建模

(4)④号部件模型的构建。

①单击功能区中【创建】选项卡,在【形状】面板中选择【拉伸】命令,进入"拉伸"功能界面。在【绘制】面板中选择【线】命令,绘制轮廓(图 5.2.73)。

②在左侧【属性】面板中将"拉伸终点"设置为"95.0","拉伸起点"设置为"1374.0",单击【应用】命令完成拉伸创建。

③通过相同的方法完成另一侧模型的构建。④号部件构建完成后如图5.2.74所示。

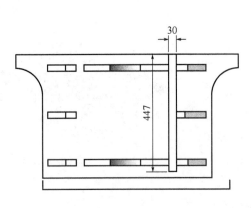

图5.2.73 绘制④号部件轮廓

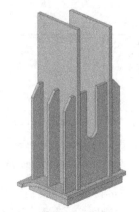

图5.2.74 完成④号部件的建模

（5）⑤号部件模型的构建。

①单击功能区中【创建】选项卡,在【形状】面板中选择【拉伸】命令,进入"拉伸"功能界面。在【绘制】面板中选择【线】命令,绘制轮廓(图5.2.75)。

②在左侧【属性】面板中将"拉伸终点"设置为"95.0","拉伸起点"设置为"1918.0",单击【应用】命令完成拉伸创建。⑤号部件构建完成后如图5.2.76所示。

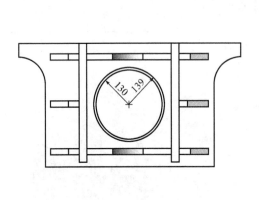

图5.2.75 绘制⑤号部件轮廓

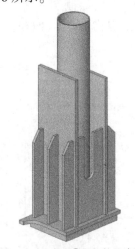

图5.2.76 完成⑤号部件的建模

（6）导入钢箱梁模型。

根据图纸将钢锚箱模型导入钢箱梁模型结构中(图5.2.77)。

五、斜拉索建模【资源5.2.9】

以一根斜拉索及其锚固结构为例,对其操作进行阐述。

（1）将建好的"钢箱梁模型"族文件导入"桥塔"族文件,并隐藏桥塔及钢箱梁结构,将梁上钢锚箱模型放置到相应位置,并在"右"及"后"立面,将梁上钢锚箱旋转到与主塔钢锚箱套筒相对应的位置(图 5.2.78),相对位置参考 TZ-5.2.5。

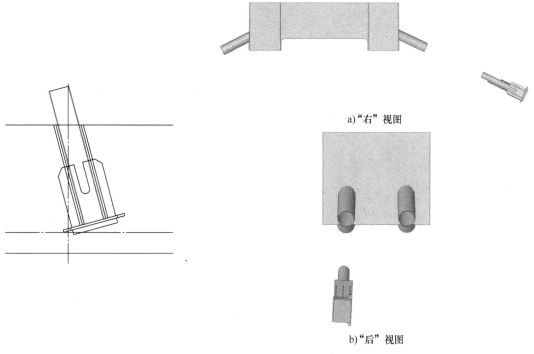

图 5.2.77　钢锚箱的安装　　　　　图 5.2.78　将梁上钢锚箱移动并旋转到指定位置

(2)将梁上钢锚箱的⑤号部件延长至与主塔钢锚箱套筒相连接(图 5.2.79)。

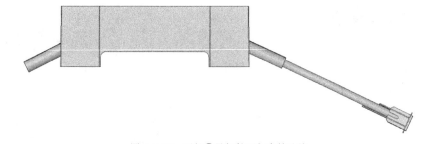

图 5.2.79　延长⑤号部件至与套筒连接

(3)其余斜拉索的模型可依照以上所述进行构建。最终完成模型如图 5.2.80 所示。

图 5.2.80　斜拉索构建完成

六、人行道栏杆及防撞护栏建模

人行道栏杆和防撞护栏构建方法见第三章,参考 TZ-5.2.6,此处不再赘述,建模结果如图 5.2.81、图 5.2.82 所示。

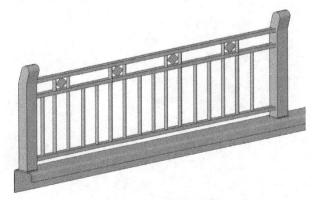

图 5.2.81 人行道栏杆节段模型

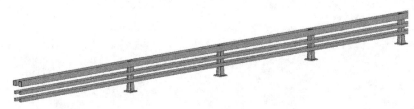

图 5.2.82 防撞护栏模型

七、斜拉桥整体拼装

前文已经讲解了斜拉桥桥塔的拼装方法,此处不再新建项目,直接把斜拉桥桥面板、主梁与栏杆的模型载入桥塔模型所在的项目文件中进行拼装即可,方法同斜拉桥桥塔的拼装,最终斜拉桥模型如图 5.2.83 所示。

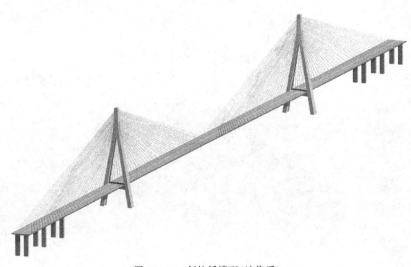

图 5.2.83 斜拉桥模型(渲染后)

第三节 悬索桥

索结构是三大桥梁基本结构体系之一,也是跨越能力最强的结构。与拱结构相似,其主结构也是曲线,在竖向荷载作用下支承处会产生水平反力,方向与拱结构相反,主索(缆索、主缆)只受拉,充分利用了索结构抗拉性能强的特点。从缆索垂下许多吊杆,把桥面吊住,在桥面和吊杆之间常设置加劲梁,同缆索形成组合体系,以减小荷载引起的挠度变形。本节首先介绍悬索桥的结构与构造,再以工程实例为基础,介绍悬索桥的建模方法。

一、结构与构造

悬索桥(也称吊桥)是以悬挂在塔架上的缆索作为上部结构主要承重构件的桥梁。悬索桥一般由主缆(缆索)、桥塔(索塔)、主鞍(索鞍)、锚碇、加劲梁、吊索及桥面结构等几部分组成(图5.3.1)。

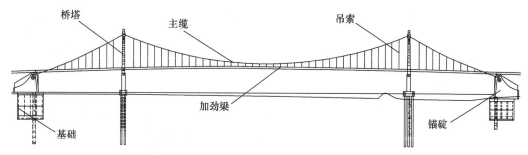

图5.3.1 悬索桥总体布置图

悬索桥依据不同的加劲梁布置形式可分为单跨悬索桥、三跨简支悬索桥和三跨连续悬索桥,各布置形式如图5.3.2所示。

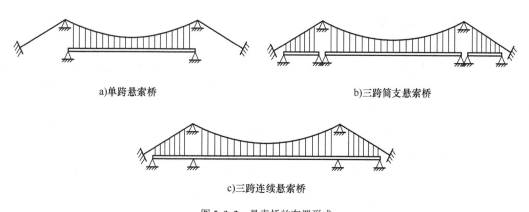

图5.3.2 悬索桥的布置形式

依据主缆的锚固形式不同,悬索桥常分为地锚式(external anchored)悬索桥及自锚式(self-anchored)悬索桥。地锚式锚固应用在绝大多数悬索桥中,即主缆通过重力式锚碇或隧道式锚碇传递拉力至地面以达到结构平衡,从而实现较为优良的受力模式;而自锚式锚固仅适用于小跨径悬索桥,通过将主缆直接锚固在加劲梁上的方式,利用加劲梁产生的轴向反力抵消主缆产生的拉力,使整个结构处于平衡状态。

(一)总体布置

1. 跨径

对于悬索桥,应先依据地形和地质条件确定桥塔和桥台位置(由于悬索桥跨越能力强,跨径一般不由通航净空要求所控制),再对其跨径作出拟定。桥塔将全桥划分为中跨和边跨,其中边跨长度需要考量经济条件及锚固位置后确定,而中跨长度一般设置为边跨长度的2倍或4倍。

2. 主缆矢高及塔高

悬索桥的受力性能与主缆的矢跨比有关,若拟定中跨主缆的矢高为f,跨径为l,则矢跨比为f/l。矢高f越大,主缆中的内力越小,可以达到降低钢材使用量的目的;但桥塔的高度和主缆的长度均有所增加,主缆的加长会导致跨径四分点处挠度增大。矢跨比一般设置为1/7~1/6最为合理。而对于桥塔高度的设计,通常采用桥面标高加上跨中吊杆最小高度和矢高来确定。

3. 吊杆间距

吊杆间距的设置应进行经济比较,从而能够更优地选择桥面构造和桥面材料的用量。对于跨径为80~200m的悬索桥,吊杆间距一般为5~8m;而当跨径增大时,吊杆间距也应适当增大。

4. 缆索倾角

缆索(边跨缆索)倾角的确定应遵循以下原则:缆索的倾角和主缆在桥塔的水平倾角应相等或相近,从而使中跨缆索与边跨缆索的拉力相等或接近。缆索倾角示意图如图5.3.3所示,常按$\varphi_1 = \varphi_0$来确定,同时考虑刚度和经济两方面,缆索倾角常取30°~40°。此外,对于受地形限制的大跨径桥梁,为了减小中跨缆索和边跨缆索中的内力差值,两角差值一般控制在10°以内。

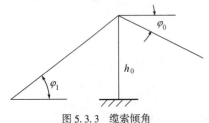

图5.3.3 缆索倾角

5. 加劲梁截面形式与高度

加劲梁截面形式多采用桁架式或箱形。桁架式加劲梁的桁架高较箱形加劲梁的梁高要更大,适合布置双层桥面。箱形加劲梁的材料用量较少并且其自重较小,多适用于单层桥面大跨径悬索桥。对于加劲梁的梁高,主要依据刚度条件和最少材料用量来确定;桁架式加劲梁的梁高一般为8~14m,箱形加劲梁的梁高一般为2.5~4.5m。

桁架式加劲梁的梁体是透空的,抗风稳定性很好,同时有较大的抗扭刚度,不容易产生颤振、抖振和涡激共振;对于箱形加劲梁,若设置梁高较小,则容易产生涡振和抖振现象,故需要控制其高宽比在1/11~1/7之内。对于大跨径悬索桥,通常在加劲梁断面初选后,进行节段模型的风洞试验,并修改至合适参数以确保稳定性。

6. 横截面

悬索桥横截面内通常布置2根主缆,吊杆与主缆在同一竖直面内;当主缆截面过大时,为了使索夹构造简便,可布置4根主缆。主缆的横向间距由横向刚度及稳定性决定。对于中小跨径桥梁,其主缆间距不应小于$L/30$(L为桥梁主跨跨径);对于大跨径桥梁,由于缆索截面较大导致刚度影响突出,故对主缆的横向间距要求降低,其主缆间距可小于$L/35$。

行车道和人行道的布置通常有三种形式。当加劲梁是钢箱梁时,常把行车道布置在上下两层,当人行道能布置在加劲梁范围内时,一般不采用外悬臂人行道。当钢箱梁截面形式为流线型时,常把行车道布置在箱上,且为了减小箱宽,一般将人行道布置在悬索外侧的悬臂上。当加劲梁为桁架时,若加劲肋间距能包括人行道宽度,则常把人行道布置在加劲梁范围内,但当车道数较多时,为了减小主缆间距,常把人行道布置在主缆的外侧。

(二)主要构造

1. 主缆

主缆作为悬索桥的主要承重结构,将加劲梁自重及其上面的荷载通过吊索传递到自身承受,最终传递给锚碇及基础。目前主缆多采用平行钢丝主缆,由高强度镀锌平行钢丝束组成。主缆在全桥范围内一般设置两根,分别布置于加劲梁两侧的吊点上。

主缆一般由若干根钢丝束股组成,截面形式有尖顶型和平顶型两种,本节以尖顶型主缆(图 5.3.4)为例;而钢丝束股则由直径为 5mm 的镀锌钢丝捻制而成,其中丝股的架设截面形式多采用正六边形,以保证丝股的稳定性和相对密实程度。

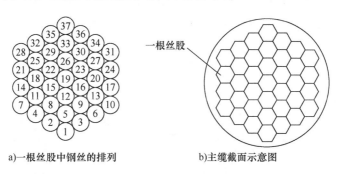

a)一根丝股中钢丝的排列　　b)主缆截面示意图

图 5.3.4　悬索桥主缆丝股

2. 桥塔

桥塔主要对主缆起到支承作用,并分担主缆的竖向荷载,将其传递给基础。桥塔按照材料形式的不同,可分为圬工桥塔、钢桥塔和钢筋混凝土桥塔。桥塔在早期多由石料砌筑而成,直到 20 世纪逐渐选择钢结构形式,而近几十年来随着爬升式活动模板的出现,桥塔多采用混凝土结构,本节以此为例(图 5.3.5)。

3. 加劲梁

加劲梁是直接承担竖向荷载,并具有一定扭转性能的结构。目前加劲梁多采用钢结构,如钢桁架梁或扁平钢箱梁。其中,钢桁架梁常见的是有竖杆的简单三角形式,其在双层桥面的适应性方面较钢箱梁优,故用于交通量较大或公铁两用的桥梁的情况较多;而常见的扁平钢箱梁由有加劲肋的钢板焊接而成,并设置横隔板或横撑在箱内,其优点则是自重较小、风阻力系数较小和建筑高度较低。此外,两者桥面常采用正交异性钢桥面板。本节以钢箱梁为例,如图 5.3.6所示(内部构造省略)。

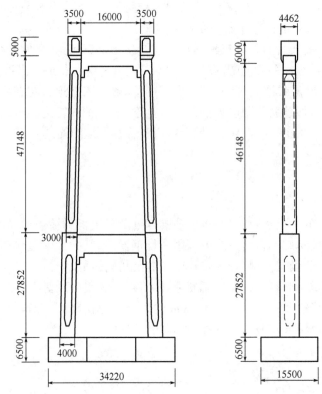

图 5.3.5 桥塔立面图(单位:mm)

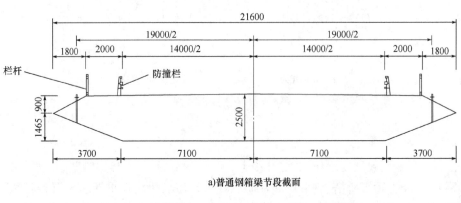

a)普通钢箱梁节段截面

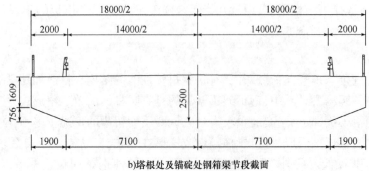

b)塔根处及锚碇处钢箱梁节段截面

图 5.3.6 钢箱梁截面图(单位:mm)

4. 锚碇

锚碇由锚块、基础、主缆锚固系统及防护结构等构成,起到锚固主缆、平衡主缆所传递拉力的作用。悬索桥主缆有地锚与自锚两种锚固方式,多数采用地锚式锚碇进行锚固。地锚式锚碇又分为重力式锚碇(gravity anchorage)和隧洞式(或岩洞式)锚碇(tunnel anchorage)。其中,重力式锚碇通过混凝土自重实现对主缆的锚固,而隧洞式锚碇是借助两岸天然岩体开凿隧洞并浇筑混凝土以达到锚固作用。本节以重力式锚碇(图5.3.7)为例。

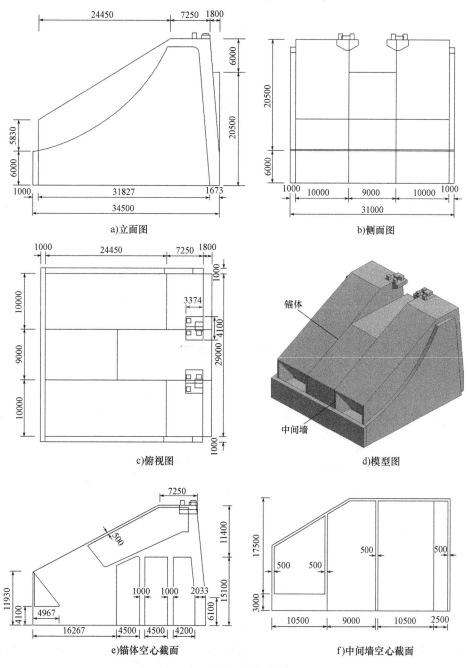

图 5.3.7 锚碇示意图(单位:mm)

5. 吊索及索夹

吊索起到将加劲梁上的竖向荷载传递给主缆的作用,其常用钢丝绳、平行钢丝束或钢绞线等材料制作而成。吊索的下端通过锚头与加劲梁锚箱连接,上端通过销钉与索夹连接,通常按等间距和等截面布置。其中,销钉连接采用的方法是在索夹(此时为上下两半)下半部分的下垂板上设置钉孔眼,以及吊索上端设置开口套筒,使得两者相连。吊索上端连接采用销钉连接方式,细部构造如图5.3.8a)所示,索夹与主缆的相对位置如图5.3.8b)所示。

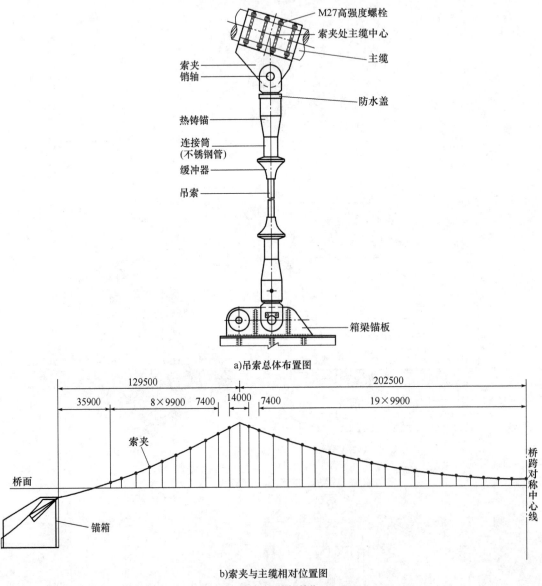

a)吊索总体布置图

b)索夹与主缆相对位置图

图5.3.8 索夹布置图(单位:mm)

此外,通常为了保证传力途径的可靠性,需在主缆上安装索夹(cable band)。本节悬索桥中的索夹(图5.3.9)由铸钢制作成上下两个部分,安装后通过高强螺杆将两半拉紧,从而使索夹内壁对主缆产生压力,避免索夹向低处滑动。

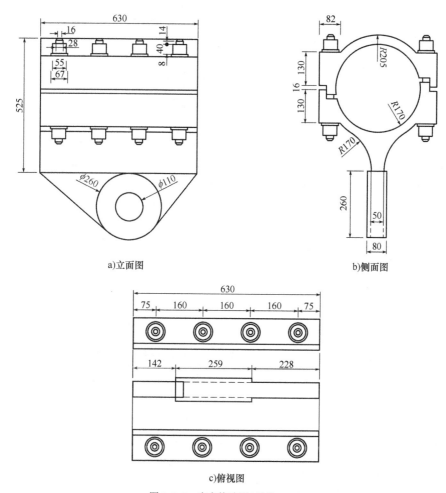

图 5.3.9 索夹构造图(单位:mm)

6. 鞍座

鞍座分为塔顶主索鞍和锚碇散索鞍。

塔顶主索鞍是支承主缆并将荷载传递给桥塔的构造,设置在塔顶上,又被称为索鞍或鞍座(tower saddle)。塔顶主索鞍一般由铸钢件或铸焊结合结构构成,构造如图 5.3.10 所示。塔顶主索鞍一般在纵向设置两段或三段以便于吊装,并在吊装至塔顶后利用高强螺栓进行连接。

锚碇散索鞍在锚碇前墙处(或在锚碇之内支架处)主缆需要散开成丝股,并在散开的同时有一向下的转折角时设置。其功能一是改变缆索的方向,二是把主缆的丝股在水平和竖直方向分散开,然后将丝股引入各自的锚固位置。锚碇散索鞍构造如图 5.3.11 所示。

二、工程实例与建模思路

(一)工程实例

1. 工程概况

本工程实例为某三跨连续钢箱梁悬索桥,在桥塔处不设竖向支承,而采用吊索悬吊的全漂浮体系,主跨跨径405m,全长1856m,总体布置如图5.3.1所示。

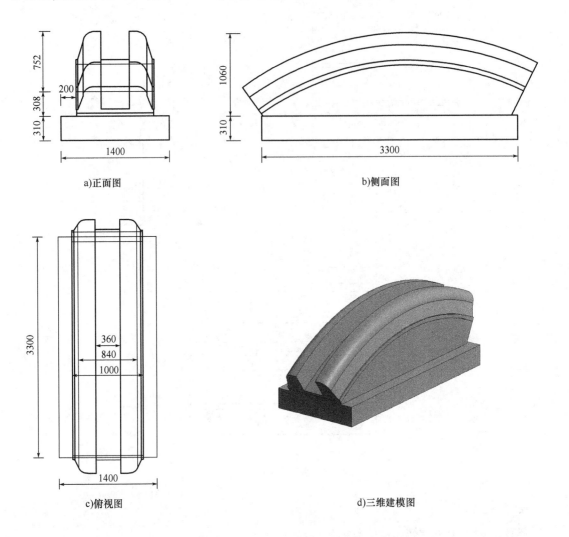

图 5.3.10 塔顶主索鞍构造图(单位:mm)

2. 结构与构造

主缆采用预制平行钢丝索股(图5.3.4),边、中跨截面相同,每根主缆由多根平行钢丝束组成,每根索股由多根钢丝组成。桥塔形式为门形框架式(图5.3.5),桥面以上高度60m,承台以上高度91m。钢箱梁(截面如图5.3.6所示)设计梁高为2.5m,高跨比1/162,宽度21.6m,宽跨比1/18.75,主要材料采用16Mn钢板。锚碇设计紧密结合了锚碇处的地形地质条件、结构受力的合理性和结构造型的景观效果等因素,采用重力式锚碇(图5.3.7)。吊索上下两端均采用销钉连接方式(图5.3.8)。鞍座分为塔顶主索鞍(图5.3.10)和锚碇散索鞍(图5.3.11)。塔顶主索鞍采用全焊接形式,座板用螺栓杆锚固于塔顶。锚碇散索鞍采用摆轴式散索鞍,散索鞍由鞍槽和鞍体组成。索夹(图5.3.9)采用铸钢铸造成销接带耳板的形式,上下分半,两半索夹用螺杆夹紧,接缝处嵌以橡胶防水条防水。

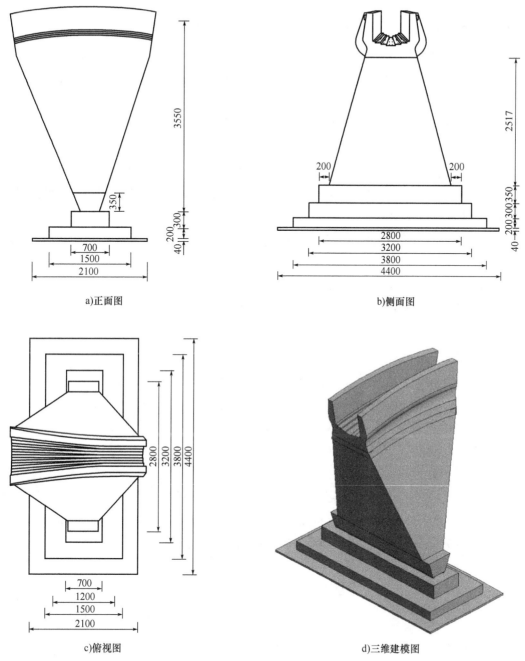

图 5.3.11 锚碇散索鞍构造图(单位:mm)

(二)建模思路

由于悬索桥模型构件的标准化程度并不高,参数化模型不适用于其他类型的桥梁设计,因此需要将每个构件都通过"死族"的方法构造,即将构件轮廓画出,通过拉伸、放样、放样融合等一些常规方法进行构建。对于不同构件的拼接,采用的方法是将所有模型建在一个族里,通过设置参照平面完成不同构件的建模,省去烦琐的拼接过程,但需要读者有较强的空间想象

313

能力。

按以下顺序建模:桥塔→钢箱梁→主缆→吊索系统→锚碇。

1. 桥塔的构建

桥塔构件包括承台、塔柱、横梁、主鞍以及内部空心构造。建模过程自下而上,首先用【拉伸】功能构建承台;塔柱为变截面结构,用【放样融合】功能更加适宜;横梁可用【拉伸】功能构建;主鞍及内部挖空的形状用【空心放样融合】功能构建。

2. 钢箱梁的构建

由于本书第四章第二节已经对钢箱梁内部进行了详细的构建,因此本节仅构建钢箱梁的外部轮廓及梁上栏杆、防撞栏。对于栏杆,可先构建出其中一节,再用【复制】功能构建其他节段,善用【镜像】功能可大量地减少工作量;防撞栏因截面形状不变,可用【放样】功能构建。

3. 主缆的构建

主缆的构建可用【放样】功能,但需要分开成中跨主缆、边跨主缆、主鞍上主缆三段,通过【拾取路径】功能及【绘制轮廓】功能进行构建。此构件内部丝股数量较多,不再逐一构建,只构建出其外部轮廓。

4. 吊索系统的构建

吊索系统包括索夹、吊索以及钢箱梁上的锚箱。索夹分为上下两个部分,用高强螺杆将两个部分栓紧,构件的形状复杂,需要用到不同的构建方法。吊索分为上下两节过渡段以及吊索主体,过渡段截面为圆形,但立面形状并不规则,适合用【旋转】功能构建。吊索主体为细长杆件,可用【放样】或【拉伸】功能构建。

5. 锚碇的构建

锚碇包括左右锚体、中间墙及装饰墙。可先用【拉伸】功能构建出外部轮廓,再用【空心拉伸】功能构建出前后锚室。中间墙的构建方法与锚体类似,即先构建出整体,再用【空心拉伸】功能构建内部空心部分。装饰墙的构建采用【放样】功能即可。

三、桥塔建模【资源 5.3.1】

(一)承台

(1) 单击 Revit 界面左上角【新建】,选择【族】[图 5.3.12a)],在列表里选取"公制常规模型.rft"[图 5.3.12b)],创建新的公制常规模型族文件,并保存文件为"悬索桥"。

(2) 单击功能区中【创建】选项卡,在【形状】面板中选择【拉伸】命令,进入"拉伸"功能界面。

(3) 在【绘制】面板中选择【线】及【起点-终点-半径弧】绘制承台轮廓[图 5.3.13a)],并在左侧【属性】面板中将"拉伸终点"设置为"6500.0","拉伸起点"设置为"0.0"[图 5.3.13b)],单击【应用】命令完成拉伸创建。完成以上步骤得到图 5.3.13c)所示的承台结构图。

第五章 大跨径桥梁建模

a)选择【族】

b)选择"公制常规模型"

图 5.3.12 创建"悬索桥"族文件

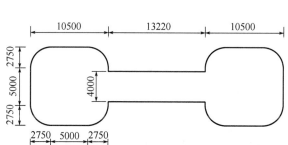

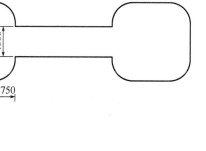

a)绘制承台拉伸轮廓

b)输入拉伸参数

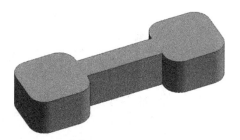

c)完成承台结构构建

图 5.3.13 承台结构构建过程

315

(二)塔柱

(1)在界面左侧项目浏览器中展开"视图(全部)"总链,接着展开"楼层平面"支链,双击"参照标高"[图 5.3.14a)]。单击功能区中【创建】选项卡,在【工作平面】面板中选择【设置】功能,勾选"拾取一个平面"[图 5.3.14b)]并单击"确定",选择图 5.3.14c)中横向的虚线,在弹出的【转到视图】窗口中选择【立面:前】。

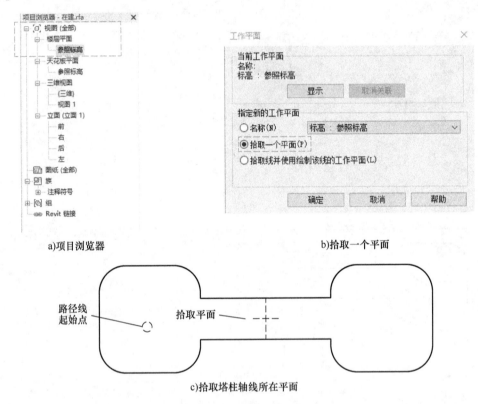

a)项目浏览器　　　　　　　　　　　　b)拾取一个平面

c)拾取塔柱轴线所在平面

图 5.3.14　拾取塔柱轴线平面流程

(2)下塔柱的构建。

①单击功能区中【创建】选项卡,在【模型】面板中选择【模型线】功能,再单击【绘制】面板中的【线】命令,选择图 5.3.14 中的路径线起始点,并输入长度"27860",偏转角度"88.56°",绘制图 5.3.15 所示的路径。

②单击功能区中【创建】选项卡,在【形状】面板中选择【放样融合】命令,在【修改|放样融合】选项卡中的【放样融合】面板中选择【拾取路径】功能,选择图 5.3.15 中的路径线,单击【模式】面板中的【√】命令。

③单击【放样融合】面板中的【选择轮廓 1】,选择【编辑轮廓】功能,在【绘制】面板中选择【线】命令,并在

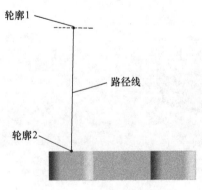

图 5.3.15　下塔柱放样融合路径

右上角将视图方向切换至【上】,绘制图 5.3.16 所示的轮廓,完成后单击【模式】面板中的【√】命令。

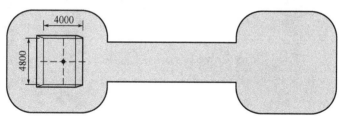

图 5.3.16　绘制下塔柱轮廓 1

④单击【放样融合】面板中的【选择轮廓 2】,选择【编辑轮廓】功能,在【绘制】面板中选择【线】命令,并在右上角将视图方向切换至【上】,绘制图 5.3.17 所示的轮廓,完成后单击【模式】面板中的【√】命令。接着单击【模式】面板中的【√】命令完成"放样融合"的编辑过程。得到图 5.3.18d)所示的下塔柱结构。

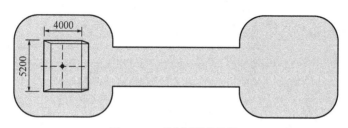

图 5.3.17　绘制下塔柱轮廓 2

⑤选择上文所建立的结构[图 5.3.18d)],单击功能区的【修改|放样融合】选项卡,在【修改】面板中选择【镜像-拾取轴】功能[图 5.3.18a)],切换至【参照标高】窗口[图 5.3.18b)],选择图 5.3.18c)中的竖向虚线,得到图 5.3.18e)所示的结构。

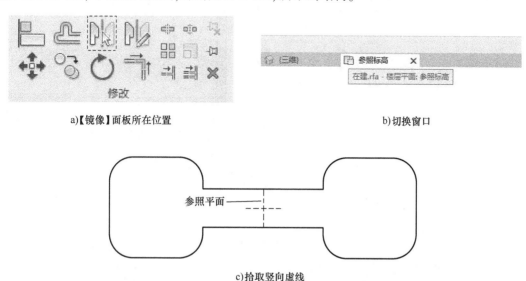

图　5.3.18

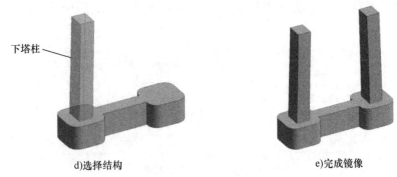

d)选择结构　　　　　　　　e)完成镜像

图 5.3.18　镜像流程

(3)上塔柱的构建。

上塔柱的结构与下塔柱相似,构建方法与下塔柱相同,因此此处不再对其构建过程进行详细的介绍,仅给出路径及轮廓。其中上塔柱的路径线为下塔柱路径线的延长线,延长长度为"46300",上塔柱轮廓见图 5.3.19a)、图 5.3.19b),完成一侧上塔柱的构建后,以图 5.3.18c)中的竖向虚线为镜像轴,进行镜像,构建完成如图 5.3.19c)所示。

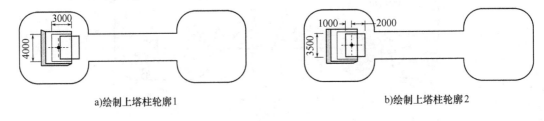

a)绘制上塔柱轮廓1　　　　　　　　b)绘制上塔柱轮廓2

c)完成上塔柱的构建

图 5.3.19　上塔柱的构建流程

(三)横梁

1. 下横梁的构建

(1)单击功能区中【创建】选项卡,在【形状】面板中选择【拉伸】命令,进入"拉伸"功能界面。

(2)在【修改|创建拉伸】选项卡中的【工作平面】面板上选择【设置】功能,勾选"拾取一个平面"并单击"确定"。转到【参照标高】窗口,选择图5.3.14c)中的横向虚线,弹出【转到视图】窗口,选择【立面:前】,在【绘制】面板中选择【线】命令,绘制下横梁拉伸轮廓,如图5.3.20所示,下横梁与塔柱相对位置的确定参考图5.3.5,下横梁上端至承台上端距离为"27852"。

(3)在左侧【属性】面板中将"拉伸终点"设置为"-1875.0","拉伸起点"设置为"1875.0",单击【应用】命令完成拉伸创建。下横梁结构如图5.3.21所示。

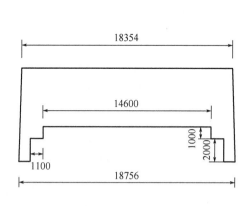

图5.3.20 绘制下横梁拉伸轮廓

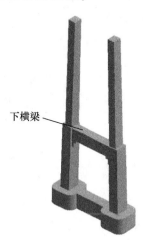

图5.3.21 完成下横梁构建

2. 上横梁的构建

上横梁的结构与下横梁相似,构建方法与下横梁相同,因此此处不再对其构建过程进行详细的介绍。上横梁轮廓如图5.3.22a)所示,上横梁上端至承台上端距离为"75000",构建完成后如图5.3.22b)所示。

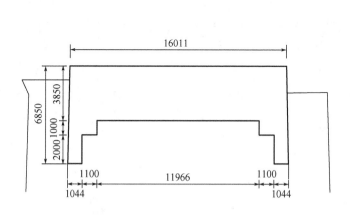

a)上横梁轮廓图　　　　b)完成上横梁构建

图5.3.22 上横梁的构建

(四)桥塔顶部【资源5.3.2】

桥塔顶部结构完成如图5.3.23所示,可将其分为如图所示的两部分进行构建。

1. 第一部分的构建

(1)单击功能区中【创建】选项卡,选择【工作平面】面板中的【设置】功能,勾选"拾取一个平面"并单击"确定"。转到【参照标高】窗口,选择图5.3.14c)中的横向虚线,弹出【转到视图】窗口,选择【立面:前】。单击【模型】面板中的【模型线】功能,在【修改|放置线】选项卡中选择【绘制】面板上的【线】命令,路线起点为上塔柱中点下方"137.4"处,并输入长度"1000",绘制图5.3.24所示的路径。

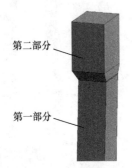

图5.3.23 完成桥塔顶部结构的构建

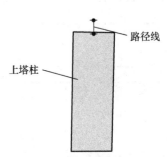

图5.3.24 绘制放样融合路径

(2)单击功能区中【创建】选项卡,在【形状】面板中选择【放样融合】命令,在【修改|放样融合】选项卡中选择【放样融合】面板上的【拾取路径】功能,选择上文中绘制的路径线,单击【模式】面板中的【√】命令。

(3)单击【放样融合】面板中的【选择轮廓1】,选择【编辑轮廓】功能,在【绘制】面板中选择【线】命令,并将视图方向切换至【上】,绘制图5.3.25a)所示的轮廓,完成后单击【模式】面板中的【√】命令。

(4)单击【放样融合】面板中的【选择轮廓2】,选择【编辑轮廓】功能,在【绘制】面板中选择【线】命令,并将视图方向切换至【上】,绘制图5.3.25b)所示的轮廓。接着单击【模式】面板中的【√】命令完成放样融合的编辑过程。完成以上步骤得到图5.3.23中的第一部分结构。

a)绘制桥塔顶部第一部分轮廓1　　　　b)绘制桥塔顶部第一部分轮廓2

图5.3.25 绘制桥塔顶部第一部分轮廓

2. 第二部分的构建

(1)单击功能区中【创建】选项卡,在【形状】面板中选择【拉伸】命令,进入"拉伸"功能界面。在【修改|创建拉伸】选项卡中的【工作平面】面板上选择【设置】功能,勾选"拾取一个平面"并点击"确定",单击右上角【主视图】转换至三维视图,拾取图5.3.26所示的平面。

(2)将视图方向切换至【上】,在【修改|创建拉伸】选项卡中的【绘制】面板中选择【线】命令,绘制轮廓如图 5.3.27 所示。

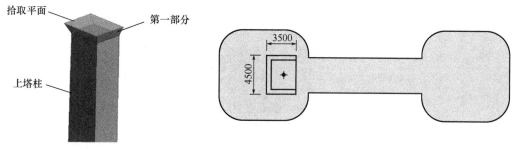

图 5.3.26　拾取平面　　　　　　　　图 5.3.27　绘制桥塔顶部第二部分轮廓

(3)在左侧【属性】面板中将"拉伸终点"设置为"5000.0","拉伸起点"设置为"0.0",单击【应用】完成拉伸创建。

(4)全选上文中所构建的两个结构,在【修改|选择多个】选项卡中的【修改】面板上选择【镜像-拾取轴】功能,切换至【参照标高】窗口,选择图 5.3.18c)中的竖向虚线,镜像得到图 5.3.28 所示的结构。

(五)桥塔空心部分

以下塔柱空心结构、上塔柱空心结构及塔顶空心结构的构建为例。

1. 下塔柱空心结构的构建

(1)单击功能区中【创建】选项卡,选择【工作平面】面板中的【设置】功能,勾选"拾取一个平面"并单击"确定",选择图 5.3.14c)中的横向虚线,弹出【转到视图】窗口,选择【立面:前】,再选择【模型】面板中的【模型线】,在【修改|放置线】选项卡中选择【绘制】面板中的【线】命令,起点与下塔柱路径线起点重合,绘制图 5.3.29 所示的路径。

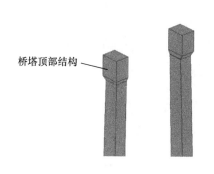
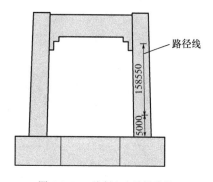

图 5.3.28　完成桥塔顶部结构　　　　　　图 5.3.29　绘制空心放样路径

(2)单击功能区中【创建】选项卡,在【形状】面板中选择【空心形状】命令,接着选择【空心放样】,在【修改|空心放样】选项卡中选择【工作平面】面板上的【拾取路径】功能,选择上文中绘制的路径线,单击【模式】面板中的【√】命令。

(3)单击【放样】面板中的【选择轮廓】,并单击【编辑轮廓】命令,在【绘制】面板中选择

【线】命令,并将视图方向切换至【上】,绘制图 5.3.30 所示的轮廓。单击【模式】面板中的【√】命令,完成"空心放样"。

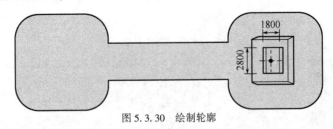

图 5.3.30 绘制轮廓

(4)选择上文所构建的空心结构,在【修改|放样】选项卡中的【修改】面板上选择【镜像-拾取轴】功能,切换至【参照标高】窗口,选择图 5.3.18c)所示的竖向虚线,得到镜像空心结构。

2. 上塔柱空心结构的构建

上塔柱空心结构与下塔柱空心结构相似,构建方法与下塔柱空心结构相同,因此此处不再对其构建过程进行详细的介绍。上塔柱空心部分路径线如图 5.3.31a)所示,输入长度"38648",方向与上塔柱方向平行。上塔柱空心结构轮廓如图 5.3.31b)所示。

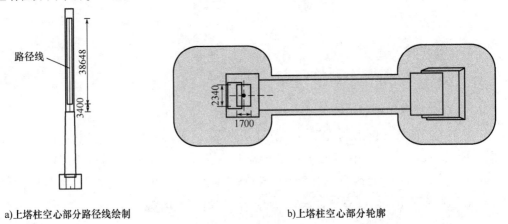

a)上塔柱空心部分路径线绘制 b)上塔柱空心部分轮廓

c)完成空心结构构建

图 5.3.31 上塔柱空心结构的构建

3. 塔顶空心结构的构建

(1)单击功能区中【创建】选项卡,在【形状】面板中选择【空心形状】命令,接着选择【空心拉伸】进入"空心拉伸"功能界面。

(2)在【修改|创建空心拉伸】选项卡中的【工作平面】面板上点击"设置"功能,接着选择"拾取一个平面"并点击"确定",切换至【参照标高】窗口,选择图 5.3.14c)中的横向虚线,弹出【转到视图】窗口,选择【立面:前】。

(3)在【绘制】面板中选择【线】命令绘制空心拉伸轮廓(图 5.3.32),并在左侧【属性】面板中将"拉伸终点"设置为"-2250.0","拉伸起点"设置为"2250.0",单击【应用】命令完成空心拉伸。

(4)空心结构镜像处理。

单击右上【几何图形】面板中的【剪切】,再点击【剪切几何图形】命令,选择空心构件,接着选择需要剪切的构件,完成剪切,如图 5.3.33 所示,构建完成如图 5.3.31c)所示。

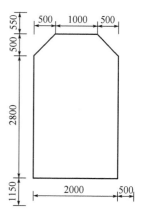

图 5.3.32 绘制空心拉伸轮廓

a)选择空心结构

b)选择需剪切的构件

c)完成剪切

图 5.3.33 剪切过程

(六)另一桥塔的构建

(1)单击功能区中的【创建】选项卡,在【基准】面板中选择【参照线】命令,切换至【参照标高】窗口,单击图 5.3.14c)中横向虚线的任意一点,并在右上角"偏移"量中填入"202500.0"(图 5.3.34),接着单击横向虚线上不同的另一点,得到图 5.3.35 所示的参照平面。

图 5.3.34 输入偏移参数

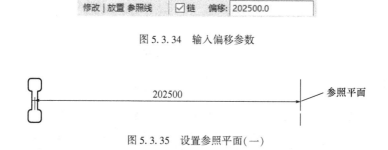

图 5.3.35 设置参照平面(一)

(2)选择桥塔结构,单击功能区中的【修改|选择多个】,在【修改】面板中选择【镜像-拾取轴】功能,切换至【参照标高】窗口,选择图 5.3.35 中的平面,使用【镜像】功能得到图 5.3.36 所示的结构。

图 5.3.36　完成另一桥塔的构建

四、钢箱梁建模

(一)钢箱梁主体【资源 5.3.3】

钢箱梁主体部分的梁段划分如图 5.3.37 所示,在塔根及锚碇处横截面与钢箱梁一般横截面不同,其中塔根梁段为图中 E 段,锚碇处梁段为图中 I、H、G 段,因此需要分成几段进行构造。

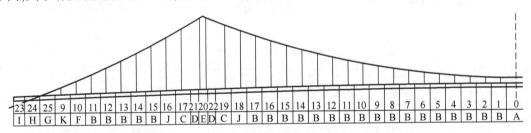

图 5.3.37　梁段划分图

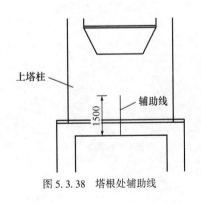

图 5.3.38　塔根处辅助线

(1)单击功能区中【创建】选项卡,选择【工作平面】面板中的【设置】功能,勾选"拾取一个平面"并点击"确定",选择图 5.3.18c)中的竖向虚线,弹出【转到视图】窗口,选择【立面:右】进行钢箱梁轴线的绘制及划分。

(2)单击功能区中【创建】选项卡,选择【模型】面板中的【模型线】功能,单击【修改|放置线】选项卡上【绘制】面板中的【线】命令,绘制图 5.3.38 所示的辅助线,并用"镜像"功能绘制另一桥塔塔根处同样位置

的辅助线。

(3)单击【绘制】面板中的【起点-终点-半径弧】命令,选择辅助线的两个上端点,按下键盘上的"Enter"输入钢箱梁轴线的半径大小"8191860",绘制出图 5.3.39 所示的轴线。

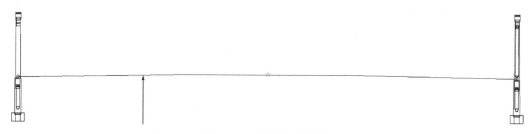

图 5.3.39　绘制钢箱梁轴线

(4)结合图纸延长轴线至钢箱梁两端,选择【模型】面板中的【模型线】功能,单击【修改|放置线】选项卡上【绘制】面板中的【线】命令,绘制图 5.3.40 所示的辅助线。

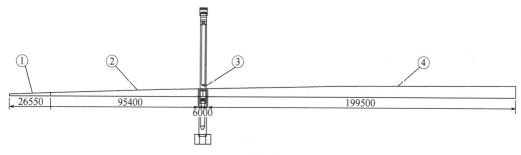

图 5.3.40　梁段划分辅助线

(5)单击功能区中的【修改】选项卡,在【修改】面板中选择【拆分图元】功能(图 5.3.41),选择辅助线与轴线的交点进行拆分,选择辅助线并按下键盘上的"Backspace"进行删除,划分出①、②、③、④节段,其中①、③节段为"塔根及锚碇处钢箱梁截面",②、④节段为"普通钢箱梁截面"。

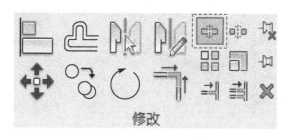

图 5.3.41　拆分图元

(6)各钢箱梁段的构建。

①单击功能区中的【创建】选项卡,选择【形状】面板中的【放样】功能,在【修改|放样】选项卡中【工作平面】面板上点击【拾取路径】命令,分别选择图 5.3.40 中绘制的①、③梁段线,确认无误后点击【模式】面板中的【√】命令。

②单击【放样】面板中【绘制轮廓】命令,切换视图至【前】,在【绘制】面板中选择【线】命令,绘制图 5.3.42a)所示的轮廓图,点击【模式】面板中【√】命令完成构建。

③普通钢箱梁段的构建方法与锚碇处钢箱梁段和塔根处钢箱梁段的构建方法一致,普通钢箱梁段的轮廓如图 5.3.42b)所示。

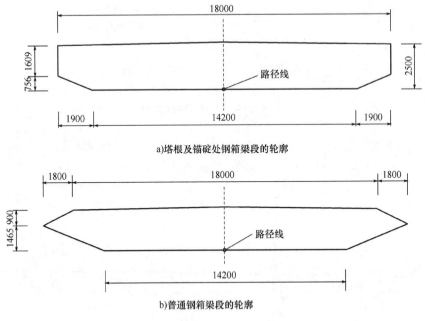

图 5.3.42 绘制钢箱梁段的轮廓

④单击功能区中的【修改】选项卡,点击【修改】面板中的【镜像-选取轴】命令,全选上文中构建的梁段之后,切换至【参照标高】窗口,选择图 5.3.35 中的参照平面,得到图 5.3.43 所示的结构。

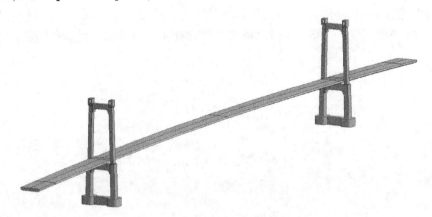

图 5.3.43 完成钢箱梁主体的构建

(二)栏杆

栏杆的构建方法已在前文中详细说明,此处不再赘述,参考 TZ-5.3.1,建模结果如图 5.3.44 所示。栏杆在桥梁中的具体位置如图 5.3.6 所示。

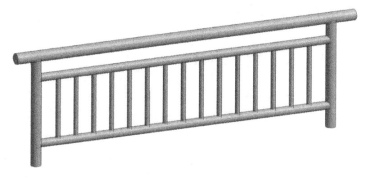

图 5.3.44 栏杆模型

(三)防撞栏【资源 5.3.4】

防撞栏立面如图 5.3.45 所示,防撞栏与桥梁的相对位置如图 5.3.6 所示,由于防撞栏结构有多处空心,可以考虑"构建整体外形然后挖空"的方式,也可以考虑"分块构建"的方法。笔者采用后一种方法对防撞栏模型进行构建。

(1)单击功能区中的【创建】选项卡,在【基准】面板中选择【参照平面】功能,单击桥梁轴线上任意一点,在右上角的"偏移"中填入"7000",再次点击桥梁轴线上另一点,即可得到图 5.3.46 所示的"参照平面"。

(2)选择【工作平面】面板中的【设置】命令,勾选"拾取一个平面"并单击"确定",拾取图 5.3.46 中设置的参照平面,弹出【转到视图】窗口,选择【立面:右】进行防撞栏路径的绘制。可参照钢箱梁辅助线的构建方法(图 5.3.38),此时辅助线长度为"3895",绘制路径线。

(3)单击功能区中的【创建】选项卡,在【模型】面板中选择【模型线】命令,单击【修改|放置线】选项卡上【绘制】面板中的【线】命令,结合图纸绘制图 5.3.47 所示的路径。

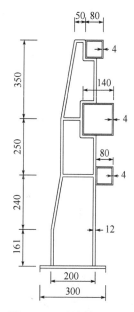

图 5.3.45 防撞栏立面图

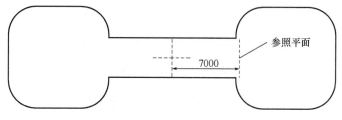

图 5.3.46 设置参照平面(二)

(4)将防撞栏划分为图 5.3.48 中的七个部分,分别编号为①、②、③、④、⑤、⑥、⑦。先对①部分进行构建,单击功能区中的【创建】选项卡,在【形状】面板中选择【放样】命令,再点击【修改|放样】选项卡上【工作平面】面板中的【拾取路径】命令,选择防撞栏的路径,确认无误

后点击【模式】面板上的【√】命令。

图 5.3.47　绘制防撞栏路径

（5）点击【放样】面板中【绘制轮廓】命令,在弹出的【转到视图】窗口中选择【立面:前】,绘制图 5.3.49 所示的轮廓图,接着再次点击【模式】面板上的【√】命令完成构建。

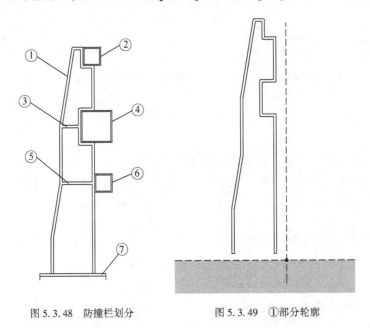

图 5.3.48　防撞栏划分　　　　图 5.3.49　①部分轮廓

（6）其余的②、③、④、⑤、⑥、⑦部分的构建方法与①部分一样,此处不再赘述,参考图 5.3.45 完成以上结构的构建,如图 5.3.50 所示。最后通过"镜像"完成另一侧防撞栏的构建。

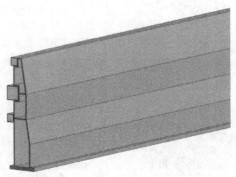

图 5.3.50　完成防撞栏结构的构建

五、主缆建模【资源 5.3.5】

主缆可分为边跨主缆与中跨主缆两个部分,并且在桥塔塔顶主鞍处进行衔接,由此可将主缆的构建过程划分为边跨、中跨主缆及主鞍上主缆的构建。

(一)主鞍

主鞍的外形复杂,应用普通的建模方法很难完成构建,因此文中简化其构造,只对主鞍的大致外形进行构建,最终结果如图 5.3.51 所示。将主鞍分成图 5.3.51 中的①、②、③部分进行构建。

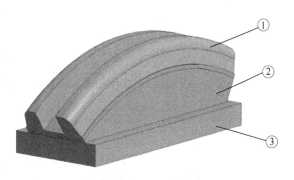

图 5.3.51 主鞍建模图

1. ①部分的构建

(1)单击功能区中的【创建】选项卡,在【基准】面板中选择【参照平面】命令,转到【参照标高】窗口,单击桥梁轴线上任意一点,在右上角的"偏移"中填入"9500",再次点击桥梁轴线上另一点,即可得到图 5.3.52 所示的"参照平面"。

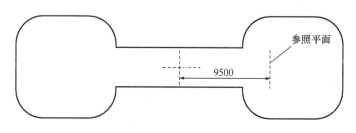

图 5.3.52 设置参照平面(三)

(2)选择【工作平面】面板中的【设置】命令,勾选"拾取一个平面"并单击"确定",拾取图 5.3.52 中绘制的竖向虚线,弹出【转到视图】窗口,选择【立面:右】,在【模型】面板中选择【模型线】命令,单击【修改|放置线】选项卡上【绘制】面板中的【线】命令,结合图纸绘制图 5.3.53 所示的路径(半径为"3525.9")。

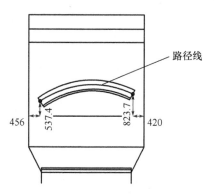

图 5.3.53 绘制①部分路径

(3)单击功能区中的【创建】选项卡,选择【形状】面板中的【放样】命令,再点击【修改|放样】选项卡上【工作平面】面板中的【拾取路径】命令,选择上文中绘制的线,确认无误后点击【模式】面板中的【√】命令。点击【放样】面板中【绘制轮廓】命令,在弹出的【转到视图】窗口中选择【立面:前】,绘制图 5.3.54 所示的轮廓图,接着再次单击【模式】面板中的【√】命令完成构建。得到图 5.3.55 所示的结构。

329

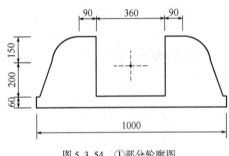

图 5.3.54 ①部分轮廓图

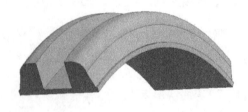

图 5.3.55 完成①部分结构构建

2. ②、③部分的构建

(1)单击功能区中【创建】选项卡,在【形状】面板中选择【拉伸】命令,进入"拉伸"功能界面。

(2)在功能区【修改|创建拉伸】选项卡中的【工作平面】面板上单击【设置】命令,接着选择"拾取一个平面"并点击"确定"转到【参照标高】窗口,选择图 5.3.52 中设置的参照平面,在弹出的【转到视图】窗口中选择【立面:右】并【打开视图】。

(3)在功能区【修改|创建拉伸】选项卡中的【绘制】面板上选择【线】命令,绘制②部分轮廓,如图 5.3.56 所示,并在左侧【属性】面板中将"拉伸终点"设置为"-500.0","拉伸起点"设置为"500.0",单击【应用】命令完成拉伸创建,完成②部分的构建。

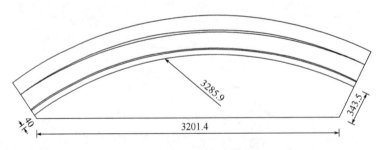

图 5.3.56 ②部分结构轮廓

(4)③部分的构建方法与②部分一样,此处不再赘述。③部分轮廓如图 5.3.57 所示,"拉伸终点"设置为"-700.0","拉伸起点"设置为"700.0"。完成②、③部分构建得到图 5.3.51 所示的主鞍总体图。

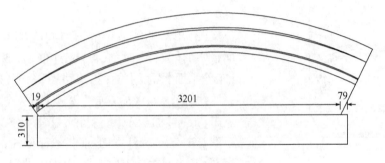

图 5.3.57 ③部分结构轮廓

(二)主缆

1. 主鞍上主缆的构建

(1)单击功能区中的【创建】选项卡,选择【工作平面】面板中的【设置】命令,勾选"拾取一个平面"并单击"确定",拾取图 5.3.52 中设置的参照平面,弹出【转到视图】窗口,选择【立面:右】进行①部分路径的绘制。

(2)在【模型】面板中选择【模型线】命令,单击【修改|放置线】选项卡上【绘制】面板中的【线】命令,绘制图 5.3.58 所示的路径,路径线和主鞍第①部分结构相同。

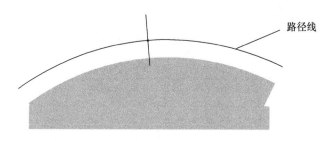

图 5.3.58 主鞍上主缆路径

(3)单击功能区中的【创建】选项卡,选择【形状】面板中的【放样】命令,再点击【修改|放样】选项卡上【工作平面】面板中的【拾取路径】命令,选择上文中绘制的路径,确认无误后点击【模式】面板上的【√】命令。

(4)点击【放样】面板中【绘制轮廓】命令,在弹出的【转到视图】窗口中选择【立面:前】绘制图 5.3.59 所示的轮廓图,接着再次点击【模式】面板上的【√】命令完成构建。得到图 5.3.60 所示的结构。

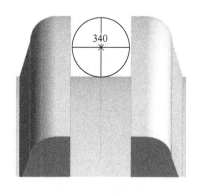

图 5.3.59 主缆轮廓图

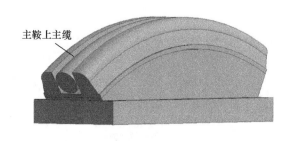

图 5.3.60 完成主鞍上主缆的构建

2. 边跨及中跨主缆的构建

边跨及中跨主缆的构建方法与主鞍上主缆的构建方法一样,边跨及中跨主缆路径如图 5.3.61 所示(中跨半径"539859",边跨半径"661713")。

完成以上三个部分之后,通过"镜像"构建顺桥向另一侧主缆结构,再次运用【镜像】功能完成横向另一侧主缆的构建。最后得到图 5.3.62 所示的主缆结构总体。

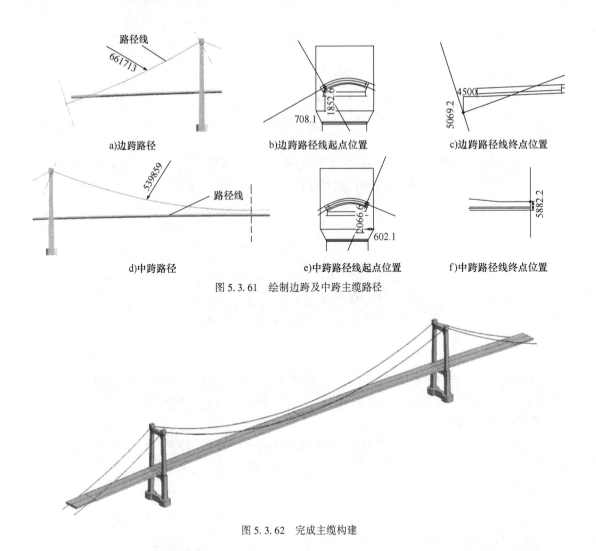

图 5.3.61 绘制边跨及中跨主缆路径

图 5.3.62 完成主缆构建

六、吊索系统建模

吊索系统建模分为索夹、锚箱及吊索主体三部分,具体尺寸参考 TZ-5.3.1。以其中一根吊杆为例。

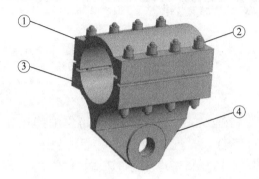

图 5.3.63 索夹总体

（一）索夹【资源 5.3.6】

索夹的构造复杂,需要用到多种构建方法,可将索夹结构分成四个部分完成,最后完成结构及其构件划分如图 5.3.63 所示。

1. ①、③部分的构建

以①部分的构建为例。

(1) 单击功能区中的【创建】选项卡,选择【工作平面】面板中的【设置】命令,勾选"拾取一个平面"并单击"确定",拾取图 5.3.52 中设置的参照平面,弹出【转到视图】窗口,选择【立面:右】进行①部分路径的绘制。

(2)在【模型】面板中选择【模型线】命令,单击【修改|放置线】选项卡上【绘制】面板中的【线】命令,输入长度"630",结合图纸绘制图 5.3.64 所示的路径,路径线与主缆大致平行。

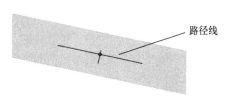

(3)单击功能区中的【创建】选项卡,选择【形状】面板中的【放样】命令,再点击【拾取路径】选择上文中绘制的路径线,确认无误后点击【模式】面板中的【√】命令。

图 5.3.64　绘制索夹①部分路径

(4)点击【放样】面板中【绘制轮廓】,在弹出的【转到视图】窗口中选择【立面:前】,绘制图 5.3.65a)所示的轮廓图,接着再次点击【模式】面板中的【√】命令完成构建。

(5)③部分构建过程与①部分一样,不同的是③部分的轮廓线[图 5.3.65b)]。完成①、③部分构建得到图 5.3.66 所示的结构。

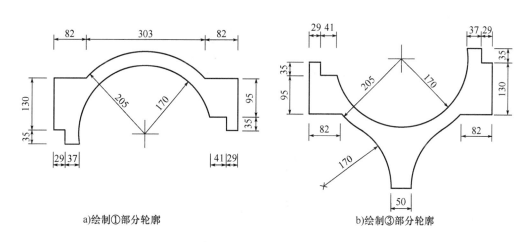

a)绘制①部分轮廓　　　　　　　　　b)绘制③部分轮廓

图 5.3.65　绘制①、③部分轮廓

图 5.3.66　完成①、③部分构建

2. ②部分的构建

可先构建出一根螺栓,剩下的可用"复制"及"镜像"的方法进行构建。一根螺栓最后完成结构及其结构划分如图 5.3.67 所示。

(1)单击功能区中的【创建】选项卡,在【基准】面板中选择【参照平面】命令,转到【参照标高】窗口,单击桥梁轴线上任意一点,在右上角的"偏移"中填入"9689",再次点击桥梁轴线上另一点,即可得到图 5.3.68 所示的"参照平面"。

(2)选择【工作平面】面板中的【设置】命令,勾选"拾取一个平面"并单击"确定",转到【参照标高】窗口,拾取图 5.3.68 中绘制的竖向虚线,弹出【转到视图】窗口,选择【立面:右】进行线的绘制。

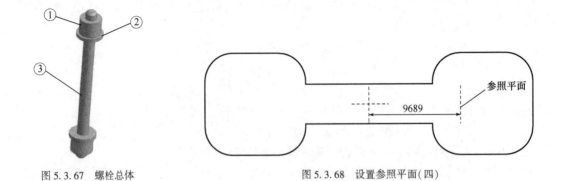

图5.3.67 螺栓总体

图5.3.68 设置参照平面(四)

(3)在【模型】面板中选择【模型线】命令,单击【修改|放置线】选项卡上【绘制】面板中的【线】命令,绘制图5.3.69a)所示的"旋转轴线"。

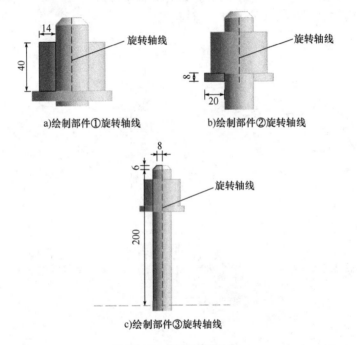

a)绘制部件①旋转轴线

b)绘制部件②旋转轴线

c)绘制部件③旋转轴线

图5.3.69 完成轮廓的绘制

(4)单击功能区中的【创建】选项卡,在【形状】面板中选择【旋转】命令[图5.3.70a)],单击【修改|创建旋转】选项卡,选择【绘制】面板中的【边界线】命令[图5.3.70b)],绘制图5.3.69所示的"旋转边界线"。

a)选择【旋转】命令

b)选择【边界线】命令

c)选择【拾取线】功能

图5.3.70 旋转流程

(5)单击【绘制】面板中的【轴线】命令,选择【拾取线】功能[图5.3.70c)],选择上文中绘制的"旋转轴线",点击【模式】面板中的【√】命令完成螺栓中部件①的构建。

(6)螺栓中部件②、③的构建方法与部件①相同,不同的是部件②、③的旋转轮廓[图5.3.69b)、c)]。待完成一根螺栓总体构造之后,运用"复制"(横向间距"160")进行同一侧螺栓的构建,再用"镜像"完成另一侧螺栓的构建。得到图5.3.71所示的结构。

3. ④部分的构建

(1)单击功能区中【创建】选项卡,在【形状】面板中选择【拉伸】命令,进入"拉伸"功能界面。首先在【工作平面】面板中点击【设置】,勾选"拾取一个平面"并单击"确定",转到【参照标高】窗口,选择图5.3.52中设置的参照平面,弹出【转到视图】窗口,选择【立面:右】。

(2)在【绘制】面板中选择【线】及【起点-终点-半径弧】命令,绘制④部分外轮廓,如图5.3.72所示,并在左侧【属性】面板中将"拉伸终点"设置为"-25.0","拉伸起点"设置为"25.0",单击【应用】命令完成拉伸创建。

图5.3.71 完成螺栓结构的构建

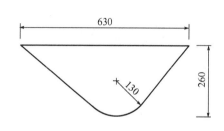

图5.3.72 绘制④部分外轮廓

(3)用同样的方法设置④部分中的栓孔部分,先进行圆柱体的构造再在其中挖空。圆柱"拉伸"步骤与前文中的类似,绘制图5.3.73所示的轮廓线,并在左侧【属性】面板中将"拉伸终点"设置为"-40.0","拉伸起点"设置为"40.0"。

(4)单击功能区中【创建】选项卡,在【形状】面板中选择【空心形状】命令,再选择【空心拉伸】,在【绘制】面板中选择【圆形】绘制空心轮廓(图5.3.74),并在左侧【属性】面板中将"拉伸终点"设置为"-40.0","拉伸起点"设置为"40.0",单击【应用】命令完成空心拉伸创建。得到图5.3.75所示的结构。

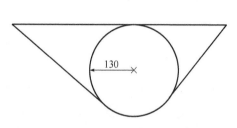

图5.3.73 绘制圆柱外部轮廓线

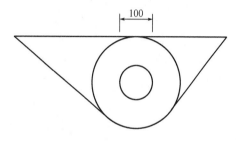

图5.3.74 空心拉伸轮廓

(二)吊索【资源 5.3.7】

吊索分为上、下过渡段和吊索主体,因此吊索的构建也应分成三个部分。上、下过渡段的区别仅仅在于有无"防水盖",因此可先对上过渡段进行构建,再用"镜像"的方法进行下过渡段的构建,并除去"防水盖",接着构建吊索主体。以悬索桥中的一根吊索为例。

1. 上过渡段的构建

上过渡段构建完成如图 5.3.76 所示,可将其以"防水盖"为界划分为①、②两个部分。其中①部分的构建方法以"拉伸"为主,而②部分的构建方法以"旋转"为主。

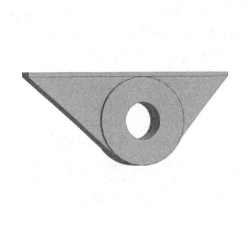

图 5.3.75 完成④部分结构的构建

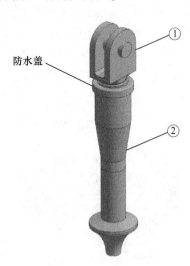

图 5.3.76 上过渡段总体

(1)单击功能区中【创建】选项卡,在【形状】面板中选择【拉伸】命令,进入"拉伸"功能界面。单击【修改|创建拉伸】,在【工作平面】面板中点击【设置】命令,勾选"拾取一个平面"并单击"确定",转到【参照标高】窗口,选择图 5.3.52 中设置的参照平面,弹出【转到视图】窗口,选择【立面:右】。

(2)在【绘制】面板中选择【线】及【起点-终点-半径弧】绘制外轮廓(图 5.3.77),并在左侧【属性】面板中将"拉伸终点"设置为"80.0","拉伸起点"设置为"40.0",单击【应用】命令完成拉伸创建。重复以上操作绘制相同的轮廓,在左侧【属性】面板中将"拉伸终点"设置为"-80.0","拉伸起点"设置为"-40.0"。

(3)单击功能区中【创建】选项卡,在【形状】面板中选择【拉伸】命令,进入"拉伸"功能界面。右上角"视图"切换至【右】,在【绘制】面板中选择【线】命令,绘制轮廓,如图 5.3.78 所示,并在左侧【属性】面板中将"拉伸终点"设置为"-40.0","拉伸起点"设置为"40.0",单击【应用】命令完成拉伸创建。

(4)单击功能区中【创建】选项卡,在【形状】面板中选择【拉伸】命令,进入"拉伸"功能界面。右上角"视图"切换至【右】,在【绘制】面板中选择【线】命令,绘制轮廓,如图 5.3.79 所示,并在左侧【属性】面板中将"拉伸终点"设置为"-88.0","拉伸起点"设置为"110.0",单击【应用】命令完成拉伸创建。完成以上步骤得到图 5.3.80 所示的结构。

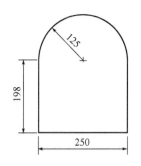  

图 5.3.77　绘制拉伸轮廓(一)　　　图 5.3.78　绘制拉伸轮廓(二)　　　图 5.3.79　绘制拉伸轮廓(三)

(5)单击功能区中【创建】选项卡,在【形状】面板中选择【拉伸】命令,进入"拉伸"功能界面。首先在【工作平面】面板中点击【设置】,勾选"拾取一个平面"并单击"确定",选择图 5.3.80 所示的平面。在【绘制】面板中选择【线】及【起点-终点-半径弧】命令,绘制外轮廓,如图 5.3.81 所示,并在左侧【属性】面板中将"拉伸终点"设置为"-250.0","拉伸起点"设置为"0.0",单击【应用】命令完成拉伸创建。另一侧以同样的方法或者"镜像"进行构造,最后结果如图 5.3.82 所示。

 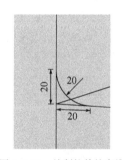 

图 5.3.80　上过渡段拾取平面　　　图 5.3.81　绘制拉伸轮廓线　　　图 5.3.82　完成结构构建(一)

(6)单击功能区中【创建】选项卡,在【模型】面板中选择【模型线】命令,在【修改|放置线】选项卡中的【绘制】面板上点击【线】命令,起点为中点,输入长度"32",绘制图 5.3.83 所示的路径线。

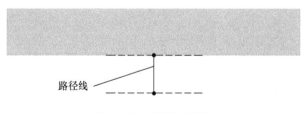

图 5.3.83　放样融合路径

(7)单击功能区中【创建】选项卡,在【形状】面板中选择【放样融合】命令,在【修改|放样融合】选项卡中的【放样融合】面板上点击【拾取路径】命令,选择上文中绘制的路径线。

(8)点击【放样融合】面板上的【选择轮廓 1】功能,选择【编辑轮廓】命令,在【绘制】面板中选择【线】命令,切换左上角的视图方向至【上】,绘制图 5.3.84 所示的轮廓,完成后点击

【模式】面板中的【√】命令。重复以上操作进行轮廓 2 的编辑,得到图 5.3.85 所示的轮廓。轮廓 1、2 及路径编辑完成后点击面板中的【√】命令完成放样融合编辑过程。得到图 5.3.86 所示的结构。

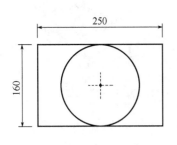 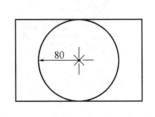 

图 5.3.84　绘制轮廓 1(①部分)　　图 5.3.85　绘制轮廓 2(①部分)　　图 5.3.86　完成结构构建(二)

(9)单击功能区中【创建】选项卡,在【形状】面板中选择【旋转】命令,在【修改|创建旋转】选项卡中的【绘制】面板上单击【边界线】命令,绘制图 5.3.87 所示的"旋转边界线",接着点击【绘制】一栏中的【轴线】功能,选择【线】命令,绘制图 5.3.87 中的"旋转轴线",点击【模式】面板中的【√】命令完成构建。

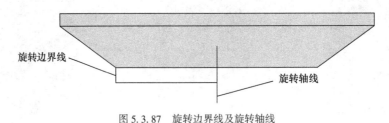

图 5.3.87　旋转边界线及旋转轴线

(10)以下结构均以"旋转"方法进行构建,"旋转"过程中的"旋转轴线"相同,但"旋转边界线"不同,自上而下参考 TZ-5.3.2 依次进行建模,此过程不再赘述。最终得到图 5.3.76 所示的结构。

2. 下过渡段的构建

下过渡段的结构与上过渡段相差不大,可先用"镜像"的方法进行构建,再选择"防水盖"构件进行删除。其构建过程不再赘述。

3. 吊索主体的构建

(1)单击功能区中【创建】选项卡,在【工作平面】面板中选择【设置】命令,勾选"拾取一个平面"并单击"确定",转到【参照标高】窗口,选择图 5.3.52 中设置的参照平面,弹出【转到视图】窗口,选择【立面:右】。

(2)单击功能区中【创建】选项卡,在【模型】面板中选择【模型线】命令,在【修改|放置线】选项卡中的【绘制】面板上单击【线】命令,结合图 5.3.8b)绘制图 5.3.88 所示的自适应长度的放样路径。

(3)单击功能区中【创建】选项卡,在【形状】面板中选择【放样】命令,在【修改|放置线】选项

卡中的【工作平面】面板上单击【拾取路径】命令,选择吊索路径,确认无误后点击【√】命令。

图 5.3.88 吊索放样路径(横向)

(4)点击【放样】面板中【绘制轮廓】命令,在弹出的【转到视图】窗口中选择【三维视图:{三维}】,绘制图 5.3.89 所示的轮廓图,接着再次点击【模式】面板中的【√】命令完成构建。

(5)一根吊索的整体构造如图 5.3.90 所示。

(三)锚箱【资源 5.3.8】

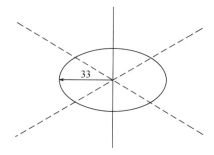

图 5.3.89 吊索放样轮廓

以跨中处的锚箱为例进行结构构建。

(1)单击功能区中【创建】选项卡,在【工作平面】面板中选择【设置】命令,勾选"拾取一个平面"并单击"确定",转到【参照标高】窗口,选择图 5.3.52 中设置的参照平面,弹出【转到视图】窗口,选择【立面:右】,选择【模型】面板中的【模型线】功能,单击【修改|放置线】选项卡上【绘制】面板中的【线】和【起点-终点-半径弧】命令(锚箱辅助线具体绘制方法和钢箱梁路径线类似,不同的是此时图 5.3.39 的钢箱梁辅助线长度为"2995"),绘制图 5.3.91 所示的辅助线(即锚箱与钢箱梁相交线),以此辅助线的中点位置,参考图 5.3.8b)确定跨中处锚箱的相对位置,从而进行结构构建。

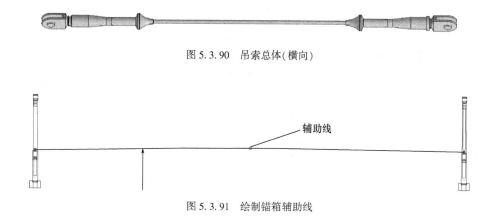

图 5.3.90 吊索总体(横向)

图 5.3.91 绘制锚箱辅助线

(2)单击功能区中【创建】选项卡,在【形状】面板中选择【拉伸】命令,进入"拉伸"功能界面。在【绘制】面板中选择【线】及【起点-终点-半径弧】命令绘制外轮廓,如图 5.3.92 所示,并在左侧【属性】面板中将"拉伸终点"设置为"-24.0","拉伸起点"设置为"24.0",单击【应用】命令完成拉伸创建。

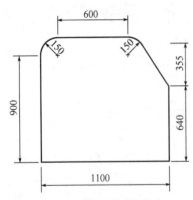

图 5.3.92　绘制锚箱拉伸外轮廓(一)

(3)单击功能区中【创建】选项卡,在【形状】面板中选择【拉伸】命令,进入"拉伸"功能界面。首先在【工作平面】面板中点击【设置】,勾选"拾取一个平面"并单击"确定",转到【参照平面】窗口,选择图 5.3.35 中设置的参照平面。

(4)在【绘制】面板中选择【线】及【起点-终点-半径弧】命令,绘制外轮廓,如图 5.3.93 所示,并在左侧【属性】面板中将"拉伸终点"设置为"192.0","拉伸起点"设置为"208.0",单击【应用】命令完成拉伸创建。另一相同结构以同样的方法建模,不同的是拉伸属性,其中"拉伸终点"设置为"-192.0","拉伸起点"设置为"-208.0"。得到图 5.3.94 所示的结构。

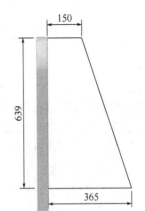

图 5.3.93　绘制锚箱拉伸外轮廓(二)

图 5.3.94　完成结构构建

(5)单击功能区中【创建】选项卡,在【形状】面板中选择【拉伸】命令,进入"拉伸"功能界面。在【工作平面】面板中点击【设置】命令,勾选"拾取一个平面"并点击"确定",转到【参照平面】窗口,选择图 5.3.52 中设置的参照平面。

(6)在【绘制】面板中单击【圆弧】命令,绘制外轮廓,如图 5.3.95 所示,并在左侧【属性】面板中将"拉伸终点"设置为"-40.0","拉伸起点"设置为"40.0",单击【应用】命令。

(7)单击功能区中【创建】选项卡,在【形状】面板中选择【空心形状】功能,再点击【空心拉伸】命令,在【绘制】面板中选择【圆形】绘制空心轮廓(图 5.3.96),并在左侧【属性】面板中将"拉伸终点"设置为"-40.0","拉伸起点"设置为"40.0",单击【应用】命令。

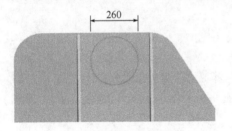

图 5.3.95　绘制锚箱拉伸外轮廓(三)

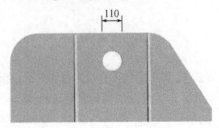

图 5.3.96　绘制空心轮廓

(8)用上述同样的方法构建另一吊点,其拉伸外轮廓如图 5.3.97 所示。

a)拉伸外轮廓　　　　　　　　　　b)空心拉伸轮廓

图 5.3.97　绘制另一吊点轮廓

(9)完成以上步骤得到图 5.3.98 所示的锚箱总体结构。

图 5.3.98　完成锚箱总体结构

七、锚碇建模

锚碇构建完成后得到图 5.3.99 所示的结构,锚碇具体位置参考图纸 TZ-5.3.3。

图 5.3.99　锚碇总体

(一)锚体的构建【资源 5.3.9】

1. 锚体整体外形的构建

(1)单击功能区中【创建】选项卡,在【形状】面板中选择【拉伸】命令,进入"拉伸"功能界面。首先在【工作平面】面板中点击【设置】,勾选"拾取一个平面"并点击"确定",选择图 5.3.18c)中设置的参照平面。

(2)在【绘制】面板中单击【线】命令,绘制外轮廓,如图 5.3.100 所示,并在左侧【属性】面板中将"拉伸终点"设置为"14500.0","拉伸起点"设置为"4500.0",单击【应用】命令,得到

图 5.3.101 所示的锚体外部结构图。

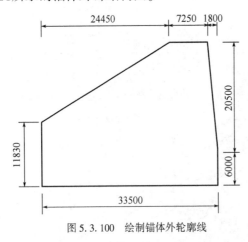

图 5.3.100 绘制锚体外轮廓线

图 5.3.101 完成锚体整体构建

2. 锚体空心结构的构建

（1）单击功能区中【创建】选项卡，在【形状】面板中选择【空心形状】功能，再点击【空心拉伸】命令，在【绘制】面板中选择【线】及【起点-终点-半径弧】命令，依次绘制空心轮廓①、②、③、④、⑤（图5.3.102），轮廓尺寸参照图5.3.7e）。

（2）在①、②部分左侧【属性】面板中将"拉伸终点"设置为"-14000.0"，"拉伸起点"设置为"-5000.0"。

（3）③、④、⑤部分需要进行两次轮廓的绘制，并且在左侧【属性】面板中分别将"拉伸终点"设置为"-9000.0"，"拉伸起点"设置为"-5000.0"以及"拉伸终点"设置为"-14000.0"，"拉伸起点"设置为"-10000.0"。最终得到图5.3.103所示的结构。

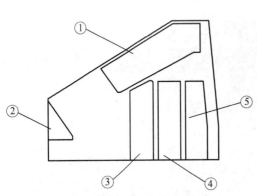

图 5.3.102 绘制空心拉伸轮廓

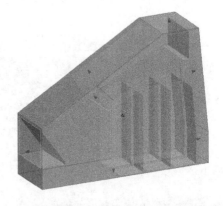

图 5.3.103 完成锚体空心结构构建

（二）中间墙的构建

1. 中间墙整体的构建

（1）单击功能区中【创建】选项卡，在【形状】面板中选择【拉伸】命令，进入"拉伸"功能界面。首先在【工作平面】面板中点击【设置】，勾选"拾取一个平面"并点击"确定"，选择图5.3.18c）中设置的参照平面。

(2)在【绘制】面板中单击【线】命令,绘制拉伸轮廓,如图 5.3.104 所示,并在左侧【属性】面板中将"拉伸终点"设置为"4500.0","拉伸起点"设置为"-4500.0",单击【应用】命令。

2. 中间墙空心部分的构建

(1)单击功能区中【创建】选项卡,在【形状】面板中选择【空心形状】功能,再点击【空心拉伸】命令,在【绘制】面板中选择【线】命令,依次绘制空心轮廓①、②、③、④(图 5.3.105),轮廓尺寸参照图 5.3.7f)。

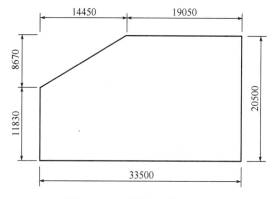

图 5.3.104 绘制中间墙轮廓图

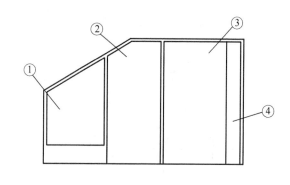

图 5.3.105 绘制空心拉伸轮廓

(2)在①、②、③部分左侧【属性】面板中将"拉伸终点"设置为"-4500.0","拉伸起点"设置为"-250.0"。

(3)在④部分左侧【属性】面板中将"拉伸终点"设置为"-4000.0","拉伸起点"设置为"-250.0"。最终得到图 5.3.106 所示的结构。

(三)另一侧锚体的构建

(1)在【修改|选择多个】选项卡中的【修改】面板上选择【镜像-拾取轴】功能,切换至【参照标高】窗口,选择图 5.3.18c)中的竖向虚线,得到镜像结构。

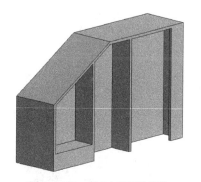

图 5.3.106 完成中间墙的构建

(2)在功能区中的【修改|空心拉伸】选项卡上,单击【几何图形】面板上的【剪切】,选择其中的一个镜像结构,再点击需要剪切的结构,完成剪切。其他镜像得到的空心结构也需如此。

(四)支座的构建

1. 支座承托的构建

(1)单击功能区中的【创建】选项卡,在【基准】面板中选择【参照平面】命令,转到【参照标高】窗口,单击桥梁轴线上任意一点,在右上角的"偏移"中填入"4500",再次点击桥梁轴线上另一点,即可得到图 5.3.107 所示的"参照平面"。

(2)选择【工作平面】面板中的【设置】命令,勾选"拾取一个平面"并点击"确定",转到

【参照标高】窗口,拾取图 5.3.107 中绘制的竖向虚线,弹出【转到视图】窗口,选择【立面:右】进行线的绘制。

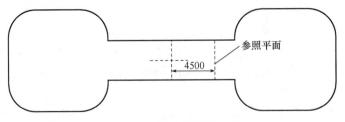

图 5.3.107 设置参照平面(五)

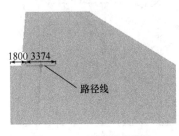

图 5.3.108 绘制放样路径

(3)在【模型】面板中选择【模型线】命令,单击【修改|放置线】选项卡上【绘制】面板中的【线】命令,起点距前端"1800",输入长度"3374",结合图纸绘制图 5.3.108 所示的放样路径。

(4)单击功能区中【创建】选项卡,在【形状】面板中选择【放样】命令,在【修改|放置线】选项卡中的【工作平面】面板上单击【拾取路径】命令,选择上文中绘制的放样路径,确认无误后点击【√】命令。

(5)点击【放样】面板中【绘制轮廓】命令,在弹出的【转到视图】窗口中选择【立面:前】,绘制图 5.3.109 所示的轮廓图,接着再次点击【模式】面板中的【√】命令完成构建。得到图 5.3.110 所示的结构。

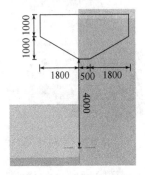

图 5.3.109 绘制放样轮廓

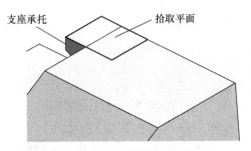

图 5.3.110 完成支座承托构建

2. 支座主体的构建

该悬索桥为漂浮体系桥梁,在主塔和加劲梁间未设置支座,仅将支座设置在锚碇结构上,图 5.3.111 中①号结构为主桥支座,②号结构为纵向限位块,③号结构及④号结构为引桥支座。

(1)单击功能区中【创建】选项卡,在【形状】面板中选择【拉伸】命令,进入"拉伸"功能界面。在【修改|创建拉伸】选项卡中的【工作平面】面板上选择【设置】功能,勾选"拾取一个平面"并点击"确定",单击右上角【主视图】转换至三维视图,拾取图 5.3.110 中的平面。

(2)在功能区【修改|创建拉伸】选项卡中的【绘制】面板上选择【线】命令,依次绘制图 5.3.111 中①、②、③、④结构的轮廓图。

（3）绘制①部分轮廓，并在右侧拉伸【属性】面板上将"拉伸终点"设置为"1000.0"，"拉伸起点"设置为"0.0"；绘制②部分轮廓，并在右侧拉伸【属性】面板上将"拉伸终点"设置为"688.7"，"拉伸起点"设置为"0.0"；绘制③、④部分轮廓，并在右侧拉伸【属性】面板上将"拉伸终点"设置为"1073.0"，"拉伸起点"设置为"0.0"。得到图 5.3.112 所示的结构。

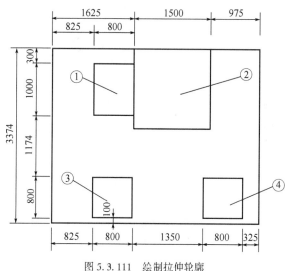

图 5.3.111　绘制拉伸轮廓

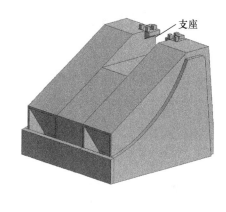

图 5.3.112　完成支座的构建

（五）散索鞍的构建【资源 5.3.10】

由于散索鞍的结构较复杂，需对其进行简化并保留其工作部分，最终完成图 5.3.113 所示的结构，可将其分为如图的几个部分分别进行结构的构建（自上而下编号为①、②、③、④、⑤、⑥、⑦）。可先在一个"族"里面将其构建完成，再通过"导入"的方法将其放置在锚碇结构内。

（1）单击 Revit 界面左上角【新建】选项卡，选择新建【族】，在列表里选取"公制常规模型.rft"，创建新的公制常规模型族文件，并保存文件为"散索鞍"。

（2）⑤、⑥、⑦号结构的构建。

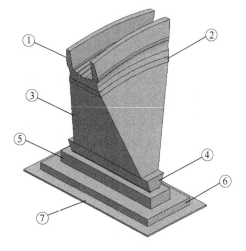

图 5.3.113　完成散索鞍结构的构建

此三部分结构的形状相似，构建方法相同，仅以⑦号结构为例。

①单击功能区中【创建】选项卡，在【形状】面板中选择【拉伸】命令，进入"拉伸"功能界面。

②在【绘制】面板中选择【线】命令绘制⑦号结构的轮廓，如图 5.3.114a）所示，并在左侧【属性】面板中将"拉伸终点"设置为"40.0"，"拉伸起点"设置为"0.0"，单击【应用】命令完成拉伸创建。

③以同样的方法构建⑥、⑤号结构，轮廓如图 5.3.114b）、c）所示，拉伸高度分别为"200""300"，最终得到图 5.3.113 所示的⑤、⑥、⑦号结构。

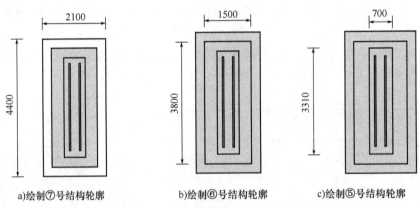

a) 绘制⑦号结构轮廓　　　　b) 绘制⑥号结构轮廓　　　　c) 绘制⑤号结构轮廓

图 5.3.114　完成⑤、⑥、⑦号结构轮廓的构建

(3) ③、④号结构的构建。

这两部分的结构皆以"放样融合"的方法进行构建，以④号结构为例。

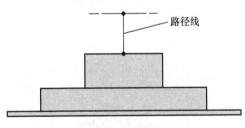

图 5.3.115　④号结构放样融合路径

①单击功能区中【创建】选项卡，在【模型】面板中选择【模型线】命令，在【修改|放置线】选项卡中的【绘制】面板上点击【线】命令，输入长度"350"，绘制图 5.3.115 所示的路径线。

②单击功能区中【创建】选项卡，在【形状】面板中选择【放样融合】命令，在【修改|放样融合】选项卡中的【放样融合】面板上点击【拾取路径】命令，选择上文中绘制的路径线。

③点击【放样融合】面板上的【选择轮廓 1】功能，选择【编辑轮廓】命令，在【绘制】面板中选择【线】命令，切换左上角的视图方向至【上】，绘制图 5.3.116 所示的轮廓，完成后点击【模式】面板中的【√】命令。重复以上操作进行轮廓 2 的编辑，得到图 5.3.117 所示的轮廓。轮廓 1、2 及路径编辑完成后点击面板中的【√】命令完成放样融合编辑过程。

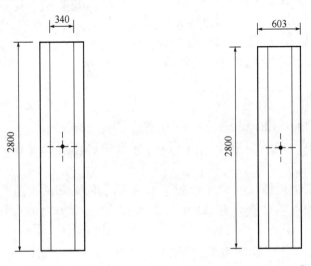

图 5.3.116　绘制轮廓 1(④号结构)　　　　图 5.3.117　绘制轮廓 2(④号结构)

④以同样的方法构建③号结构,路径线和轮廓线如图 5.3.118 所示。
⑤完成③、④号结构的构建,如图 5.3.119 所示。

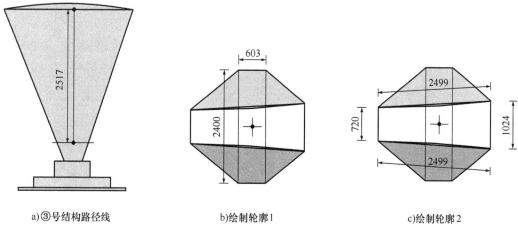

a)③号结构路径线　　　b)绘制轮廓1　　　c)绘制轮廓2

图 5.3.118　③号结构的构建

(4)①号结构的构建。

①单击功能区中【创建】选项卡,在【模型】面板中选择【模型线】命令,在【修改|放置线】选项卡中的【绘制】面板上点击【线】命令,绘制图 5.3.120 所示的路径线。

②单击功能区中【创建】选项卡,在【形状】面板中选择【放样融合】命令,在【修改|放样融合】选项卡中的【放样融合】面板上点击【拾取路径】命令,选择上文中绘制的路径线。

③点击【放样融合】面板上的【选择轮廓 1】功能,选择【编辑轮廓】命令,在【绘制】面板中选择【线】命令,切换左上角的视图方向至【左】,绘制图 5.3.121 所示的轮廓,完成后点击【模式】面板中的【√】命令。重复以上操作进行轮廓 2 的编辑,得到图 5.3.122 所示的轮廓。轮廓 1、2 及路径编辑完成后点击面板中的【√】命令完成放样融合编辑过程。得到图 5.3.123 所示的结构。

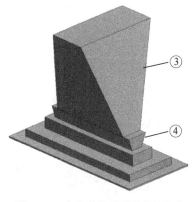

图 5.3.119　完成③、④号结构的构建

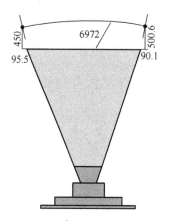

图 5.3.120　①号结构放样融合路径

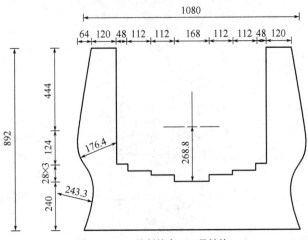

图 5.3.121　绘制轮廓 1(1 号结构)

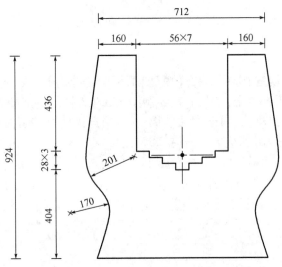

图 5.3.122　绘制轮廓 2(1 号结构)

(5)②号结构的构建。

需要先进行"拉伸",然后对得到的构件进行"空心"处理。

①单击功能区中【创建】选项卡,在【形状】面板中选择【拉伸】命令,进入"拉伸"功能界面。

②在【绘制】面板中选择【线】命令绘制②号结构的轮廓,如图 5.3.124 所示,并在左侧【属性】面板中将"拉伸终点"设置为"512.0","拉伸起点"设置为"-512.0",单击【应用】命令完成拉伸创建。

③单击功能区中【创建】选项卡,在【形状】面板中选择【空心形状】命令,再选择【空心融合】命令,在【修改|空心融合】选项卡中依次选择【模式】面板上的【编辑顶部】及【编辑底部】功能。

④单击【模式】面板中的【编辑顶部】功能,在【绘制】面板中选择【线】命令,并将视图方向切换至【左】,绘制图 5.3.125 所示的轮廓,完成后单击【模式】面板中的【√】命令。

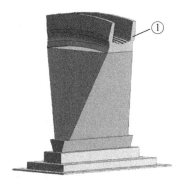
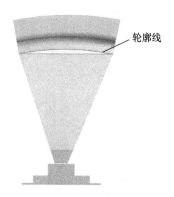

图 5.3.123　完成①号结构的构建　　　　　图 5.3.124　绘制②号结构的轮廓

⑤单击【模式】面板中的【编辑底部】功能,在【绘制】面板中选择【线】命令,并将视图方向切换至【左】,绘制图 5.3.126 所示的轮廓,完成后单击【模式】面板中的【√】命令。接着单击【模式】面板中的【√】命令完成编辑过程。

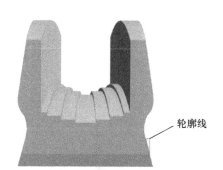
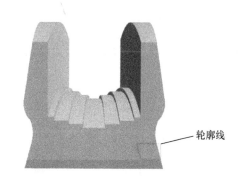

图 5.3.125　绘制顶部轮廓　　　　　　　图 5.3.126　绘制底部轮廓

⑥可对以上构建的空心结构进行"拉伸"(图 5.3.127),最终到达指定位置。通过"镜像"完成另一侧空心结构的构建,最终得到图 5.3.113 所示的结构。

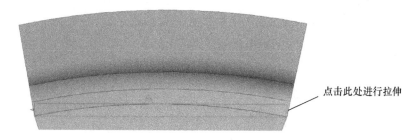

图 5.3.127　拉伸空心结构到达指定位置

(6)散索鞍结构的放置。

本书前文已详细介绍过族的放置流程,此处不再赘述,仅展示散索鞍与锚碇的相对位置,如图 5.3.128 所示。

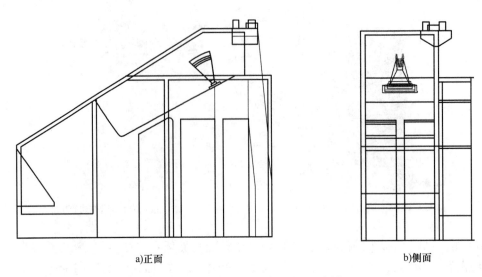

a)正面　　　　　　　　　　　　b)侧面

图 5.3.128　散索鞍与锚碇相对位置示意图

八、建模结果

完成以上桥塔、钢箱梁、主缆、吊索系统、锚碇的构建之后,经过"渲染"得到图 5.3.129 所示的全桥结构。

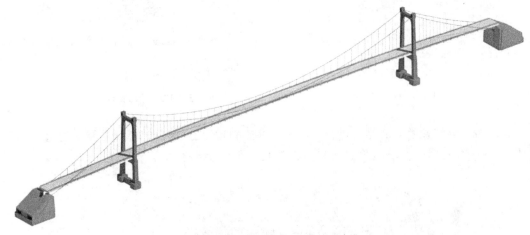

图 5.3.129　完成悬索桥全桥结构的建模

练习题

一、问答题

1. 在主拱圈的建造过程中,采用"放样"和"放样融合"有何区别?哪一种更加便捷?

2. 对于拱桥桥台模型的构建,可否更改建造的顺序,以不同于教材的方法进行桥台的建造?
3. 悬索桥的"主缆"可否采用"拉伸"的方法?请说明你的理由。
4. 如何改变吊索中索夹的方向?请说明你的操作步骤。
5. 如何构建"三维空间线条"?请描述你的建立方法。

二、操作应用题

1. 根据给定尺寸,用体量方式创建模型,整体材质为混凝土,吊索材质为钢材,直径为200mm,未标明尺寸与样式不做要求(题图5.0.1)。
2. 根据拱肋轮廓(题图5.0.2)以及拱肋路径线(题图5.0.3)完成一根拱肋的构建。

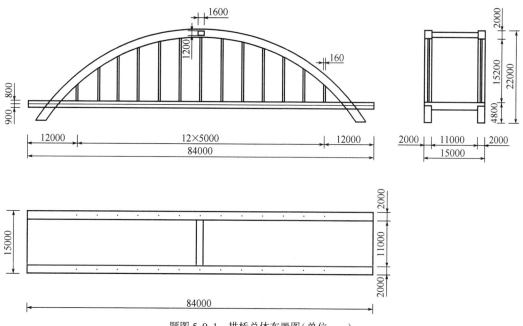

题图5.0.1 拱桥总体布置图(单位:mm)

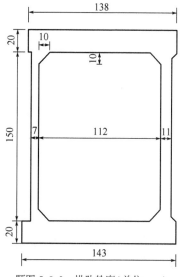

题图5.0.2 拱肋轮廓(单位:mm)

3. 参考 TZ-5.4.1、TZ-5.4.2,完成钢锚箱结构的构建。
4. 根据轮廓(题图 5.0.4)完成斜拉桥主塔梁段实体的构建,已知高度为 29901cm。
5. 参考 TZ-5.4.3 中给定的悬索桥索塔尺寸,创建索塔构造图。
6. 根据钢箱梁截面图(题图 5.0.5)完成主梁的构建,已知梁长为 1000m。

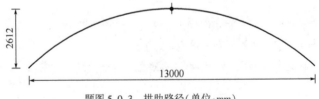

题图 5.0.3　拱肋路径(单位:mm)

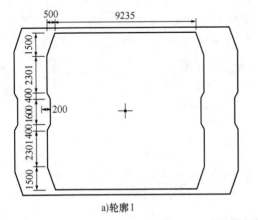

a)轮廓1

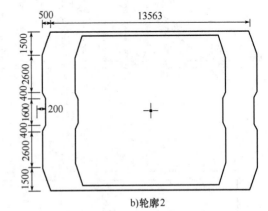

b)轮廓2

题图 5.0.4　斜拉桥主塔梁段实体轮廓图(单位:mm)

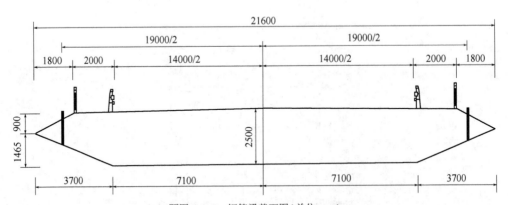

题图 5.0.5　钢箱梁截面图(单位:mm)

第六章
桥梁 BIM 应用点

建筑信息模型(BIM)是一种信息含量极为丰富的三维几何模型,它所含的信息可以有多种用途,如用于构件制作、项目信息储存等,甚至还可用于施工管理。桥梁 BIM 中,工程文档已不再是通过平面正射投影生成的图纸,而是基于三维虚拟模型生成的实时视图。桥梁 BIM 技术应用于桥梁工程设计、施工、运营、维护过程中,基于桥梁信息模型的数据建立、传递和解读,协同各专业之间以及工程设计、施工各参与方,提升工程质量与建造效率。受制于 BIM 技术普及水平,目前 BIM 技术较多单独用于桥梁工程的设计阶段与施工阶段。

第一节 工程项目模型

工程项目模型的本质是一个可视化的、包含全部建筑信息的数据库。信息模型标准化依据统一编码规则,将单位、分项、分部工程进行统一编码,实现了数据交流和共享,使得在项目不同阶段的不同参与方能够通过在 BIM 中插入、提取和修改信息来支持和反映各自负责的工作。BIM 构件则是数据的主要载体,运用 BIM 执行建造过程,模拟施工场地布置、施工工艺、施工流程等,在施工前预测工程项目功能及可建造性等方面潜在的问题,提前反映出工程项目的施工难点。

一、模型架构与分类编码

(一)模型架构

项目模型应由信息模型、地形地质模型和项目属性信息组成。信息模型包括信息的内容和深度,与桥梁建造各阶段的应用需求有关,不同的应用需求所需信息的内容和深度不同,使用过程中可根据实际情况灵活处理。信息模型的模型架构应由设施、子设施和构件三级构成,并具有可扩展性。一般情况下,构件组成子设施、子设施组成设施,但在模型中也存在同级嵌套的情况。设施嵌套的情况,例如一座特大桥由引桥和主桥组成,特大桥、引桥和主桥都属于设施。构件嵌套的情况,例如墩柱和盖梁组成桥墩,墩柱、盖梁和桥墩都属于构件。项目模型的地形模型应包括地表、自然地物和人工地物等内容;地质模型应包括地层、构造、岩土类型、不良地质及勘探信息等内容。

信息模型宜采用统一的坐标系、高程系和度量单位,并宜采用参数化的建模方法。信息模型的几何图形表达推荐使用参数化的建模方法,有利于后期获取数据和修改、维护。信息模型扩展应与原有信息模型的模型架构协调一致,可根据工程需要,增加设施、子设施和构件,以及设施、子设施和构件的信息。

(二)分类编码

信息模型的分类应依据 *Building Construction—Organization of Information about Construction Works— Part 2: Framework for Classification* (ISO 12006-2:2015)制定。ISO 12006-2:2015 提出一套基于工程过程的模型,使特定工程领域中的信息按照工程过程划分,分类对象包括建设活动全生命期涉及的成果、过程、资源和属性等。信息模型的分类方法应采用《信息分类和编码的基本原则与方法》(GB/T 7027—2002)中的混合分类法。分类方法包括线分法、面分法和混合分类法,混合分类法是将线分法和面分法组合使用,以其中一种为主,另一种作为补充的信息分类方法。

1. 分类对象

信息模型中的信息宜按成果、过程、资源、属性和其他方面进行分类,各分类表应符合表 6.1.1 的规定。《公路工程信息模型应用统一标准》(JTG/T 2420—2021)的分类表代码在《建筑信息模型分类和编码标准》(GB/T 51269—2017)中规定的分类表代码之后扩展,例如《建筑信息模型分类和编码标准》(GB/T 51269—2017)建设成果分类表表代码为 10、11、12、13、14、15,公路标准成果分类表表代码为 16、17、18。单个分类表内的分类应按层级依次分为一级类目、二级类目、三级类目和四级类目。

信息分类　　　　　　　　　　　　　　表 6.1.1

表代码	分类表	附录	分类对象	备注
16	设施	A.0.1	成果	编制
17	子设施	A.0.2		编制
18	构件	A.0.3		编制

续上表

表代码	分类表	附录	分类对象	备注
26	建设阶段	A.0.4	过程	编制
27	专业领域	A.0.5		编制
32	工具	—	资源	引用
33	信息	—		引用
36	材料	A.0.6		编制
41	属性	—	属性	引用
46	特征属性	A.0.7		编制
51	地形地质	A.0.8	其他	编制

2. 编码规则

分类表内的编码应由2位表代码、2位一级类代码、2位二级类代码、2位三级类代码和2位四级类代码组成，表代码和一级类代码之间使用英文半角字符"-"连接，相邻层级代码之间使用英文半角字符"."隔开，基本组成结构应符合图6.1.1的要求。分类表内的编码应符合下列规定：①一级类编码，前2位表示表代码，加2位一级类代码，后6位用"0"补齐；

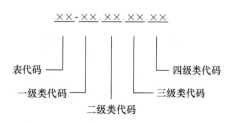

图 6.1.1 编码结构

②二级类编码，前4位与一级类编码相同，加2位二级类代码，后4位用"0"补齐；③三级类编码，前6位与二级类编码相同，加2位三级类代码，后2位用"0"补齐；④四级类编码，前8位与三级类编码相同，后2位表示四级类代码。编码示例见表6.1.2。18-02.00.00.00表示一级类编码，18-02.01.00.00表示二级类编码，18-02.01.01.00表示三级类编码，18-02.01.04.01和18-02.01.04.02表示四级类编码。

编码示例   表6.1.2

编码	一级类	二级类	三级类	四级类
18-02.00.00.00	路基构件			
18-02.01.00.00		路基土石方构件		
18-02.01.01.00			路床	
18-02.01.02.00			路堤	
18-02.01.03.00			土工合成材料处置层	
18-02.01.04.00			特殊路基处置构件	
18-02.01.04.01				垫层
18-02.01.04.02				袋装砂井

3. 编码应用

在描述复杂对象时，应采用逻辑运算符号联合多个编码一起使用，但组合使用需要遵循一定的规则。通常单个编码不一定能满足对象描述的要求，故需要借助运算符号来组织多个编码，实现精确描述和准确表达的目的。编码逻辑运算符号应采用"+""/"">"符号表示，并应符合下列规定：

①"+"用于将同一分类表或不同分类表中的编码联合在一起，以表示两个或两个以上编码含义的集合；

②"/"用于将单个分类表中的编码联合在一起，定义一个分类表内的连续编码段落，以表示适合对象的分类区间；

③">"用于将同一分类表或不同分类表中的编码联合在一起，以表示两个或两个以上编码对象的从属或主次关系，符号开口正对编码所表示的分类对象更重要或为主体。

使用"+"表示编码含义的集合，并且联合"+"的编码所表示的含义和性质不相互影响。例如：表述"工字钢横梁"时，可利用"+"把描述"横梁"的编码和"工字钢"的编码联合起来，形成组合编码：18-04.07.02.00+36-16.06.00.00。使用"/"表示一个分类表中连续的对象分类，连续编码段落由"/"前的编码开始，至"/"后的编码结束。例如：若需要表示某一范围的"混凝土强度等级"，可标记为 36-01.01.11.00/36-01.01.14.00，划定由 36-01.01.11.00 开始至 36-01.01.14.00 结束的范围，即表示混凝土强度等级从 C65 至 C80。与使用"+"不同，使用">"，可以改变组合中分类编码重要性的排列顺序，符号开口方向朝向概念更重要的分类对象。例如：18-04.07.02.00>36-16.06.00.00 仍然代表"工字钢横梁"，开口方向朝向横梁的编码 18-04.07.02.00，表示横梁更重要。由逻辑运算符号联合的多个编码，应按从属或主次关系依次组合，主要的在前，次要的在后。当重要性相同时，应按从小到大的顺序组合。条文说明多个编码的组合顺序非常重要，有序的组合有利于编码的管理。例如：表示混凝土强度等级在 C65 到 C80 之间的横梁，组合顺序为：18-04.07.02.00+36-01.01.11.00/36-01.01.14.00。

二、数据存储

信息模型的数据存储应依据《工业基础类平台规范》（GB/T 25507—2010）扩展。工业基础类标准是目前被广泛采用的建筑信息模型数据存储标准。IFC 标准最初于 1997 年由国际协同工作联盟（Industry Alliance for Interoperability，IAI，现为 buildingSMART International，bSI）发布，为工程建设行业提供了一个中性、开放的建筑数据表达和交换标准。第一版 IFC1.0 主要描述建筑信息模型部分（包括建筑、暖通空调等）；1999 年发布的 IFC2.0 版支持对建筑维护、成本估算和施工进度等信息的描述；2003 年发布的 IFC2x2 版在结构分析、设施管理等方面做了扩展；2005 年 IFC 标准被采纳为 ISO 国际标准，编号为 ISO/PAS 16739：2005，现已修订至 ISO 16739-1：2018。《工业基础类平台规范》（GB/T 25507—2010）等同采用 ISO/PAS 16739：2005。《公路工程信息模型应用统一标准》（JTG/T 2420—2021）的数据存储基于《工业基础类平台规范》（GB/T 25507—2010），同时引用了 IFC4x2 标准的最新成果，并对其进行了补充和完善，扩展内容与现有标准保持最大限度的兼容。

数据存储的扩展宜采用属性扩展和实体扩展。扩展宜符合下列规定：①扩展的内容与现有标准协调一致；②优先使用属性扩展；③当属性扩展困难时，采用实体扩展，实体是工程对象在 IFC 标准中对应的信息。扩展实体的表述应符合现行《工业自动化系统与集成—产品数据表达与交换》（GB/T 16656）的有关规定。

类型、材料和几何信息的存储应符合《公路工程信息模型应用统一标准》（JTG/T 2420—

2021)的规定。IFC 标准中设施、子设施和构件的定义比较宽泛,要具体表示某类特定设施、子设施和构件,需要设置设施、子设施和构件的类型属性。例如:墙通过设置类型可以表示挡土墙、翼墙和端墙等。《公路工程信息模型应用统一标准》(JTG/T 2420—2021)只规定构件具有材料信息,设施和子设施的材料信息可以根据实际情况而定。规定的构件具有几何表达,设施和子设施可以不具有几何形态,其几何表达由构件表示。公路工程中表达设施、子设施、构件的类型时,宜将实体的预定义属性(PredefinedType)设置为用户自定义(UserDefined),并为实体的对象类型属性(ObjectType)赋予分类编码。例如:使用 IfcWall 表示涵洞端墙,将其属性 PredefinedType 设置为 IfcWallTypeEnum 枚举类型的 UserDefined 枚举项,并在其属性 ObjectType 处填写涵洞端墙的分类编码"18-05.01.02.00"。公路工程构件宜使用 IfcMaterial 存储材料信息。构件材料的使用步骤:首先在 IfcMaterial 中设置材料的名称、分类编码和描述,然后 IfcMaterial 设置到 IfcMaterialLayerSet、IfcMaterialProfileSet 或 IfcMaterialConstituentSet,最后将上述集合通过 IfcRelAssociatesMaterial 与构件关联。公路工程构件的几何表达在数据存储时,宜使用几何体,几何体的类型宜符合表 6.1.3 的规定。

几何体类型 表 6.1.3

类型	几何体名称	实体名
点	笛卡儿点	IfcCartesianPoint
线	直线	IfcLineSegment2D
	圆曲线	IfcCircularArcSegment2D
	缓和曲线	IfcTransitionCurveSegment2D
	三维多段线	IfcPolyline
网格模型	多边形面片	IfcPolygonalFaceSet
	三角面片	IfcTriangulatedFaceSet
	不规则三角网	IfcTriangulatedIrregularNetwork
实体模型	扫掠体	IfcSweptAreaSolid
	拉伸体	IfcExtrudedAreaSolid
	分段扫掠体	IfcSectionedSolid
	水平分段扫掠体	IfcSectionedSolidHorizontal
	扫掠圆盘体	IfcSweptDiskSolid
	构造实体	IfcCsgSolid
	BREP 实体	IfcManifoldSolidBrep

三、设计模型要求与应用

(一)设计模型要求

信息模型包括几何信息和属性信息,几何信息宜包括几何图形和空间位置,属性信息宜包括标识码、分类编码、位置、尺寸、数量、类型、材料及用量等。标识码和分类编码是设施、子设施和构件不同用途的两类码。前者在模型中具有唯一性,不会重复;后者表示对象的类型,有可能重复。如某装配式连续空心板桥第 2 联第 1 跨有 9 片空心板梁,9 片梁的标识码分别标记为 LR01800××××01~LR01800××××09,其中 LR01800 表示 180 号右线桥,××××用户自定义(如桥跨编号),剩余 2 位 01~09 表示梁的编号。9 片梁的分类编码按《公路工程信息模型应用统一标准》(JTG/T 2420—2021)附录 A 的有关规定,可标记为 18-04.06.01.02,表示 9 片梁都是空心板梁。信息模型中的几何信息与属性信息不一致时,应以属性信息为准。例如:使用挡土墙几何图形计算的混凝土量与属性信息中填写的混凝土量不一致时,以属性信息中的混凝土量为准。

信息模型中桥梁、涵洞、隧道、监控设施等的编号应符合《公路数据库编目编码规则》(JT/T 132—2014)的有关规定。《公路数据库编目编码规则》(JT/T 132—2014)中桥梁、涵洞、隧道、监控设施的代码结构如图 6.1.2 所示。

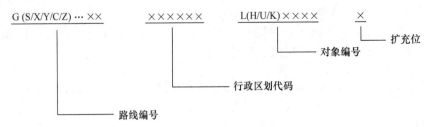

图 6.1.2 代码结构

《公路数据库编目编码规则》(JT/T 132—2014)中未规定的设施和子设施代码,信息模型可根据工程需要在《公路数据库编目编码规则》(JT/T 132—2014)的基础上扩展。例如:路基的标识符扩展为 S,国道 109 第 1 段路基的代码可标记为 G109-140000-S00010。信息模型中构件的代码可根据工程需要自行扩展。

(二)设计模型应用

设计阶段的主要应用应符合表 6.1.4 的规定。

主要应用　　　　　　　　　　　　　　　表 6.1.4

序号	应用类型	初步设计	施工图设计
1	可视化分析	△	△
2	方案比选	▲	○
3	碰撞检测	▲	▲
4	模型出图	△	△
5	工程量统计	△	△

注:表中"▲"表示"应选择的应用","△"表示"宜选择的应用","○"表示"可选择的应用"。

(1)可视化分析。

公路工程设计中宜使用信息模型的可视化分析开展空间协调、虚拟仿真、方案展示和设计交底等。可视化分析的内容宜包括公路工程设施与周围环境的协调,交通组织模拟,重点、难点和隐蔽工程的展示,结构受力分析和稳定性分析等。

(2)方案比选。

公路工程设计中宜使用信息模型开展不同路线,如路基与桥梁、路基与隧道、整体式与分离式路基,不同桥梁,不同隧道等方案的比选。方案比选的内容宜包括经济指标、工程量、结构形式、景观环境等。

(3)碰撞检测。

公路工程设计中应使用信息模型开展专业内和专业间的碰撞检测,以及公路工程设施与周边建筑物、基础设施和用地的碰撞检测。碰撞检测的内容应包括构件碰撞检测和空间碰撞检测。

(4)模型出图。

公路工程设计中宜使用信息模型输出路线、路基、路面、桥涵、隧道、交通工程及沿线设施等图纸。

(5)工程量统计。

公路工程设计中宜使用信息模型统计工程量。工程量统计的内容和深度应符合现行公路工程标准的有关规定。

(6)交付。

设计阶段的交付成果应符合现行公路工程标准的有关规定,交付成果的内容和深度应满足设计阶段的要求。设计阶段的 BIM 交付成果,包含信息的内容和深度应与设计文件保持一致,《公路工程设计信息模型应用标准》(JTG/T 2421—2021)按 BIM 技术特点对信息的表现形式加以约束,有助于实现信息的标准化和规范化。公路工程管理设施和服务设施中建筑的交付应符合《建筑信息模型设计交付标准》(GB/T 51301—2018)的有关规定。建筑信息模型的交付在《建筑信息模型设计交付标准》(GB/T 51301—2018)中已明确规定。

交付成果宜包括模型说明书、信息模型文件、模型相关补充文件。模型说明书宜包括下列内容:①项目概要、需求说明、采用的坐标系统和高程系统等;②模型创建、更新、审核的单位、人员和时间等;③设计软件和版本号;④模型精细度等级说明。

四、施工模型要求与应用

(一)施工模型要求

施工阶段信息模型的范围宜包括永久构筑物、临时构筑物、地形、地质等信息。施工阶段信息模型的应用宜符合下列要求:

①在施工图设计阶段交付模型的基础上,通过继承、扩展和补充形成施工深化模型。

②在施工深化模型的基础上,通过补充相关信息形成施工过程模型。

③在施工过程模型的基础上,通过对信息进行必要的调整、补充形成交工验收模型。

施工深化模型是指在施工准备阶段继承、扩展、建立、管理和应用的信息模型,包含反映公路工程施工深化设计与施工组织设计意图的相关几何、非几何信息。施工深化模型的构件范围包括永久工程和临时工程,模型信息既包括构件的材质、几何属性等信息,也包括体现施工组织设计意图的施工深化信息,如施工段划分等。施工深化模型主要指公路工程中包括钢结构、机电等专业在内的,在施工准备阶段进行设计与施工组织意图表达的模型。施工过程模型是指在施工过程阶段继承、扩展、建立、管理和应用的信息模型,包含施工深化模型信息和施工过程信息。施工过程模型是在施工深化模型的基础上,结合施工过程中各参与方对信息的需求而建立的,对于不同的管理者和使用者,呈现为不同的子模型,包括用于施工组织管理、施工安全管理、施工质量管理、施工进度管理、施工成本管理和计量支付管理等主要应用场景下的子模型。施工过程模型是在施工过程阶段,由施工深化模型(或模型的一部分)及施工建造活动过程中需要或产生的相关数据集成,包含了更多的信息维度的模型。对于不同应用点,施工过程模型以子模型的方式出现,包括施工组织信息模型、安全信息模型、质量信息模型、进度信息模型、成本信息模型等。交工验收模型是交工验收阶段满足交工验收应用需求的模型,是在施工过程模型的基础上,通过对模型信息进行增加、筛选或调整(细化、合并)后形成的。

施工阶段信息模型的精细度,宜符合《公路工程施工信息模型应用标准》(JTG/T 2422—2021)的规定。施工深化模型的建立优先基于施工图设计阶段信息模型,包括工程实体结构信息、环境(地质等)、临时工程信息等。施工图设计阶段信息模型若可指导施工,则可直接作为施工深化模型。信息模型在满足本条规定的前提下,参照《公路工程信息模型应用统一标准》(JTG/T 2420—2021)中的模型精细度有关规定,结合管理要求制定项目级交付要求用于指导信息交换。施工过程模型包括施工图设计或施工深化阶段的工程设施产品信息(几何信息、非几何信息等),也包括该工程及设施建造过程中的相关基础信息,如时间维度的进度信息、质量验收信息等。产品信息来源于上游即施工深化模型,而施工过程模型需将产品信息与相关的过程信息进行有机组织,以满足施工过程中的信息管理与应用需求。施工过程模型通过动态完善至交工验收阶段,即成为交工验收模型的基础,其中包括描述工程实际特征的几何信息、非几何信息,也包括施工过程中集成的质量验收等过程信息。实践中,为避免信息浪费,保证信息利用效益,倡导信息节约原则,在满足应用需求的前提下,提倡采用相对较低的模型精细度。

(二)施工模型应用

施工阶段信息模型的主要应用场景宜包括施工准备、施工组织管理、施工安全管理、施工质量管理、施工进度管理、施工成本管理和计量支付管理等。信息模型应用过程中的协同工作方式和工作流程应满足建设管理相关要求。施工现场宜借助物联网等技术实现生产过程中数据的自动化采集。

1. 施工准备

施工准备阶段的场地布置、工艺模拟、构件加工等工作宜基于信息模型开展。施工准备阶段的几项主要工作通过利用模型的可视化特征来开展。相关软件需能够借助公开数据格式等继承设计模型的几何表达信息,并且软件本身需具备可视化展示、模拟功能。

2. 施工组织管理

施工组织管理决定各阶段的施工准备工作内容,协调施工过程中各施工单位、各工种、各项资源之间的相互关系。通过BIM可以对项目的重点或难点部分进行可建性模拟,按月、日、时进行施工安装方案的分析优化。

3. 施工安全管理

施工安全管理中的危险源辨识、安全技术交底、过程监控等工作可利用信息模型开展。

4. 施工质量管理

施工质量管理中的质量计划、质量验收、质量控制等工作宜基于信息模型开展。

5. 施工进度管理

通过将BIM与施工进度计划相链接,空间信息与时间信息被整合在一个可视的4D(3D+时间)模型中,可以直观、精确地反映整个建筑的施工过程。

6. 施工成本管理

施工成本管理中的成本计划、成本分析等工作宜应用信息模型开展。成本计划可基于施工组织阶段信息模型,依据工程量清单计价相关规范、消耗量定额等信息进行制定,计算预算与目标成本。成本分析宜基于成本计划阶段信息模型,集成实际进度、成本信息,进行动态对比,指导制定纠偏措施。

7. 计量支付管理

计量支付管理中的计量支付计划、计量支付宜利用信息模型开展。计量支付可按照计量支付计划,将实际工程量、进度、质量检验、合同等信息附加或关联至信息模型,辅助生成工程计量支付资料成果。

五、交付

桥梁信息模型不同阶段需要交付的成果应包括信息模型和相关属性信息文件等。交付的信息模型文件格式宜采用《公路工程信息模型应用统一标准》(JTG/T 2420—2021)规定的数据存储格式,也可采用约定的数据格式。交付的信息模型精细度等级应符合表6.1.5的规定。表6.1.5给出全生命期各阶段与模型精细度等级之间的对应关系。各阶段的应用标准需遵循表6.1.5中的6种不同模型精细度等级的原则和要求,详细规定各阶段模型精细度等级的内容。各阶段内使用的模型精细度等级可根据需要在《公路工程信息模型应用统一标准》(JTG/T 2420—2021)第7.0.3条的模型精细度等级之间扩展。例如:初步设计阶段可以创建模型精细度等级为L2.×的方案比选模型。

模型精细度等级 表6.1.5

工程阶段		模型精细度等级
设计阶段	初步设计	L2.0
	施工图设计	L3.0
施工阶段	施工准备	L3.5
	施工过程	L4.0
	交工验收	L5.0
运维阶段		L6.0

在桥梁各应用阶段除了需要交付模型外,还应制作部分附属交付成果。如桥梁信息模型设计阶段附属交付成果及其内容、应用点如表6.1.6所示。桥梁信息模型施工阶段附属交付成果及其内容、应用点如表6.1.7所示。桥梁信息模型运维阶段附属交付成果及其内容、应用点如表6.1.8所示。

设计阶段附属交付成果及其内容、应用点　　　　　表 6.1.6

交付成果	交付内容	应 用 点
碰撞检测	1. 碰撞检测报告； 2. 更新后模型及图纸	模拟空间碰撞，排除设计错漏碰缺，避免变更与浪费
工程量统计	1. 工程量统计算量模型； 2. 工程量清单	清单满足造价单付格式和深度要求，提高工程造价编制的效率与准确性
工程视图	1. 模型平/立/剖/切及三维视图； 2. 模型渲染图； 3. 视图内容说明	视图完整、准确、清晰地表达设计意图与内容并满足行业规范要求与习惯
虚拟仿真	1. 可视化展示模型； 2. 交互式虚拟现实平台； 3. 模型检视/漫游视频	提供直观的视觉及空间感受，辅助工程项目的规划、设计、投标、报批等过程

施工阶段附属交付成果及其内容、应用点　　　　　表 6.1.7

交付成果	交付内容	应 用 点
深化设计	1. 施工深化设计图纸； 2. 节点施工方案模型； 3. 施工方案模拟视频	深化设计成果应充分考虑场地现状、安装顺序等因素，达到美观、合理、节能、节材的效果
施工模拟	1. 工程进度模型； 2. 施工进度模拟视频	工程进度模型应关联费用、材料、时间等准确信息，视频能够展现工程的施工计划及其与人、材、机耗量的关系
施工 BIM 管理系统平台	1. 数字化施工管理平台； 2. 对应的施工管理方案； 3. BIM 模型； 4. 业务数据	施工管理平台应以工程信息模型为基础，进度信息及工程量信息等应通过编码与模型实现关联
质量校核	1. 现场测量数据； 2. 模型比对分析报告	利用现场实测数据与模型进行对比，分析几何偏差对工程质量的影响
竣工记录	1. 工程竣工记录模型； 2. 竣工模型清单	竣工模型应表达实际施工完成的内容，构件包含实际使用的产品信息

运维阶段附属交付成果及其内容、应用点　　　　　表 6.1.8

交付成果	交付内容	应 用 点
运维管理系统平台	1. 数字化运维管理平台； 2. 对应的管理方案； 3. BIM 模型； 4. 业务数据	运维管理平台应以工程信息模型为基础，资产信息应通过编码与模型实现关联
数据表格体系	1. 各类桥梁工程数据表格； 2. 表格数据管理方案	表格数据应真实、准确，形成用于养护、资产管理、监控、应急救援等功能的工程数据体系

本章以上述工程各阶段需要交付的模型成果为基础，详细介绍桥梁模型建成后在施工图输出、渲染与漫游以及碰撞检测等方面的桥梁 BIM 应用。

第二节　施工图输出

基于 BIM 技术构建的模型综合了项目各方面的信息,模型的信息相互关联,在项目进行中如果发现有一处地方有问题,只需要在模型上修改就可以,而不需要对每张图纸都进行修改,这样大大提高了工作的效率。由于目前桥梁工程项目仍然是以 2D 图纸为主,为更好地发挥出 BIM 技术的优势,图纸的输出变得尤为重要。

Revit 软件可以将项目中多个视图或明细表布置在一个图纸视图中,形成用于打印和发布的施工图。下面利用 Revit 软件中"新建图纸"工具为项目创建图纸视图,学习使用【图纸】、【视图】、【导出 DWG 格式】等命令创建施工图,并将指定的视图布置在图纸视图中形成最终施工图档的操作过程。下面以连续箱梁桥为例进行图纸输出的操作说明。

一、创建图纸视图

单击【视图】选项卡【图纸组合】面板中的【图纸】功能,如图 6.2.1 所示,在弹出的"新建图纸"窗口中选择需要的图纸样式,如图 6.2.2 所示。

图 6.2.1 【图纸】和【视图】功能

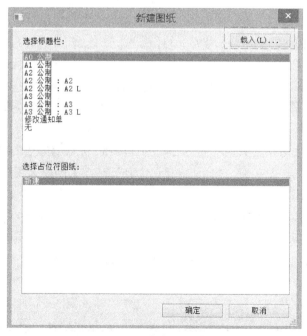

图 6.2.2 "新建图纸"窗口

如果"新建图纸"窗口的标题栏列表中没有需要的图纸样式，单击右上角的【载入】，如图6.2.2所示，软件自动弹出"载入族"窗口，并默认进入Revit族库文件夹，如图6.2.3所示，双击打开"标题栏"文件夹，找到"A0公制.rfa"文件，点击"打开"命令，将其载入"新建图纸"窗口中。

在"新建图纸"窗口的标题栏列表中选中"A0公制"图纸样式，点击"确定"按钮，这样就以A0公制图纸样式创建了一个新图纸视图，软件在创建完成后自动切换至新建的图纸视图。创建的新图纸视图在项目浏览器的"图纸（全部）"列表中，如图6.2.4所示。

图6.2.3　新建图纸

图6.2.4　项目浏览器"图纸（全部）"列表

二、布置图纸

单击【视图】选项卡【图纸组合】面板中的【视图】功能，如图6.2.1所示。弹出的"视图"窗口列出了当前项目中所有的可用视图，如图6.2.5所示。选择【立面：南】并点击"在图纸中添加视图"按钮，在视图范围内找到合适位置放置该视图，Revit软件会自动在视图底部添加标题，并默认以添加的视图原名称命名图纸，图纸上的项目信息可以在左侧【属性】面板中进行修改，如图6.2.6所示。

按照上述操作方法可以将其他平面、立面、剖面图纸，材料明细表等视图添加到图纸视图中，由于工程需要的CAD图一般由多个视图组合而成，且需要的是某视图的其中一部分，这种情况下将立面图直接添加进图纸并不合适。

除了上述讲到的使用【视图】功能放置视图外，还可以通过拖曳的方式把视图放入图纸中，在项目浏览器中打开"南"立面，使用【视图】选项卡中【创建】选项卡中的【剖面】功能，在需要剖切的位置绘制剖切线，创建的剖面图在项目浏览器的"剖面（建筑剖面）"中可以找到，如图6.2.7所示。

创建好需要的剖面且进行标注后，打开先前创建的图纸视图，在项目浏览器中找到需要的剖面图，长按鼠标左键将剖面图拖入图纸视图放置即可，放置结果如图6.2.8所示。

第六章 桥梁BIM应用点

图 6.2.5 "视图"窗口

图 6.2.6 【属性】面板

图 6.2.7 剖面(建筑剖面)

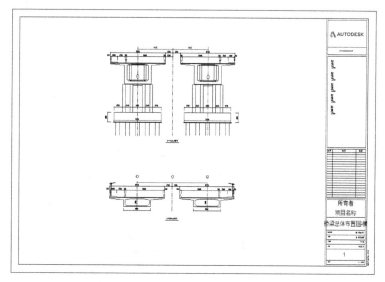

图 6.2.8 视图布置

三、图纸打印和导出

完成图纸创建之后,可直接将图纸打印出来,也可将其导出为"DWG"格式文件。

(一)打印

单击屏幕左上角应用程序菜单,在"打印"列表中选择"打印",如图 6.2.9 所示,软件自动弹出"打印"窗口,对打印范围进行设置,如图 6.2.10 所示,然后单击【设置】,进入"打印设置"窗口,在此处可以对纸张规格以及打印方向等内容进行设置,如图 6.2.11 所示,最后点击"确定"按钮即可打印图纸。

365

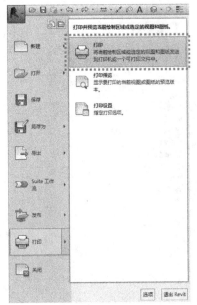

图 6.2.9 打印图纸

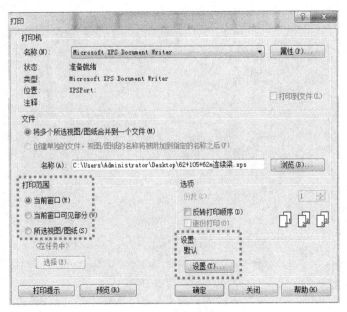

图 6.2.10 "打印"窗口

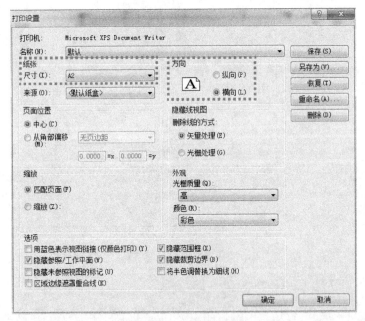

图 6.2.11 打印设置

(二)导出

单击屏幕左上角的应用程序菜单,在"导出"列表"CAD 格式"中选择"DWG",如图 6.2.12 所示,软件自动弹出"DWG 导出"窗口,单击【选择导出设置】,如图 6.2.13 所示,弹出"修改 DWG/DXF 导出设置"窗口,在此窗口可以对图层、线、颜色、字体等内容进行设置,最后单击"确定"按钮,如图 6.2.14 所示。

第六章 桥梁BIM应用点

图 6.2.12 导出图纸

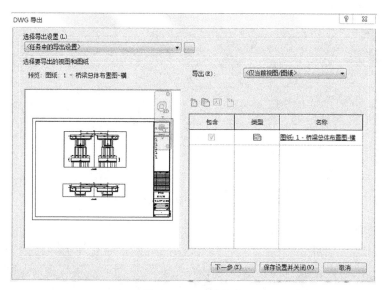

图 6.2.13 DWG 导出

367

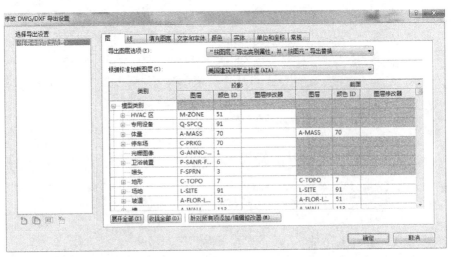

图 6.2.14 修改 DWG/DXF 导出设置

单击【下一步】,自动跳转为"导出 CAD 格式-保存到目标文件夹"窗口,对文件名、保存路径进行编辑,如图 6.2.15 所示,点击"确定",导出完成。

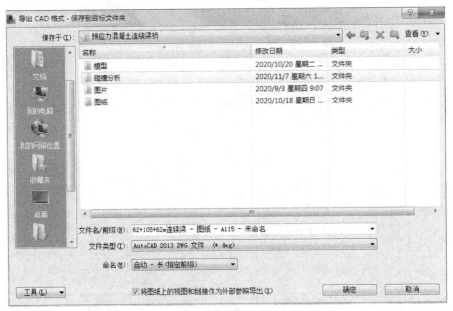

图 6.2.15 文件保存

第三节 渲染与漫游

在模型建成之后,项目文件中工作窗口所展示的模型粗糙且与实际相差较远,使用 Revit 软件中的渲染功能,可以生成与现实相近的图像效果,较好地展示建模成果。同时通过漫游功能,设计者可以从各个角度对模型进行实时展示,观察设计效果。

一、渲染

渲染的三要素是模型视图、材质和光。首先对 Revit 软件渲染器进行设置,包括在渲染器中设置真实的地点、日期、时间和灯光,其次选择合适的模型构件材质,在工作窗口调整到所需的视角,即可进行渲染。

(一)设置材质

在渲染之前,需对桥梁构件的材质进行设置,主要用于显示桥梁外观。可在 Revit 默认的材质库中选择材质,亦可根据需要自己新建材质,下面以桥面铺装为例介绍材质设置。

1. 新建材质

当 Revit 自带材质库中没有所需的材质,需要新建材质时,在族文件中单击选中构件,在左侧的【属性】面板中找到材质,如图 6.3.1 所示;进入材质浏览器后可以在左下【Autodesk 材质】选项卡里双击选择一种与新材质相似的材质,如图 6.3.2 所示;此材质会添加到左上对话框中,单击鼠标右键选择"复制"按钮,输入新材质的名称,单击"确定"。若材质浏览器中没有左下的选项卡,单击右上的【显示/隐藏库面板】即可,如图 6.3.2 所示。

图 6.3.1 设置材质入口

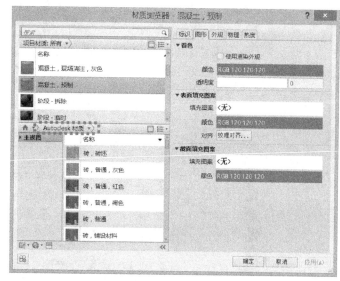

图 6.3.2 显示/隐藏库面板

2. 修改材质的显示效果

对构件的颜色、纹理等显示效果不满意时,可以通过以下操作对其进行调整。首先选择要修改的材质,单击右侧的【图形】选项卡,如果要在着色视图中展示材质渲染外观的效果,可以勾选"使用渲染外观",如图 6.3.3 所示。如果勾选"使用渲染外观",单击【外观】选项卡下的图像,即可沿着图像路径进入样板文件自带的图库,在图库中找到想要替换的材料,也可选择其他自己处理的图片。双击图片可以编辑纹理,单击"确定",如图 6.3.4 所示。如果不勾选"使用渲染外观",则可在"颜色"中设置一种颜色,在"透明度"中输入 0%(完全不透明)和100%(完全透明)之间的值,这样可以让材质具有一定的透明度,使建模时可看清内部构造,但并不影响真实的渲染效果。要修改材质表面的效果,则可在"表面填充图案"选项栏中单击下拉菜单选择填充图案并设置一种颜色,如图6.3.3所示。通过在族文件【属性】面板中定义各个构件的材质,当该族被加载到项目中时,材料的属性会被同时加载,从而使模型渲染效果更好。

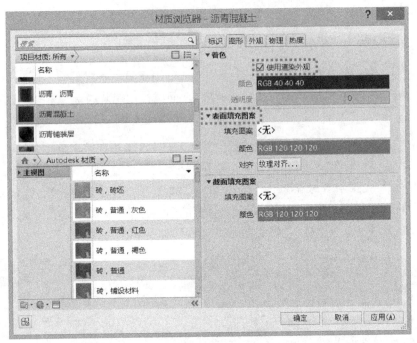

图6.3.3 渲染外观和表面填充图案

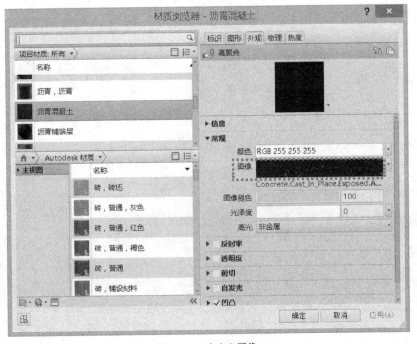

图6.3.4 自定义图像

(二)设置渲染

打开项目文件,单击屏幕下方视图控制栏的模型视觉样式,选择"真实"选项,并选择"打开阴影效果",单击屏幕下方视图控制栏中的"显示渲染对话框",打开"渲染"对话框,如图 6.3.5 所示。对话框中各选项的功能有"质量"设置、"输出"设置、"照明"设置、"背景"设置以及"图像"设置,如图 6.3.6 所示。

图 6.3.5 视图控制栏

1. 质量设置

在质量设置中可以根据渲染图的实际需求,设置渲染图的质量,主要有绘图、低、中、高、最佳、自定义等渲染质量,如图 6.3.6 所示,不同的渲染质量对应不同的精细程度,同时质量越高渲染所需耗费的时间也越长。

2. 输出设置

在输出设置中可以设置渲染图的分辨率,分为屏幕分辨率及打印机分辨率两种,如图 6.3.6 所示,选择不同的分辨率图像的画质和大小都会不同。

3. 照明设置

在照明设置选项中的"方案"下拉列表中选择"室外:仅日光",单击"日光选择"后的按钮,弹出"日光设置"对话框。在"日光研究"中选择"静止",在右侧的选项卡中可以通过设置地点、日期和时间达到控制照明的目的,如图 6.3.7 所示。

4. 背景设置

在背景设置选项中,可以选择天空中云彩的数量和清晰程度,如图 6.3.6 所示。

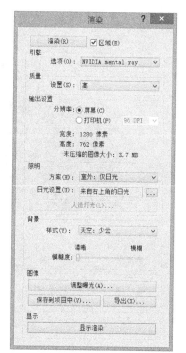

图 6.3.6 渲染设置

5. 开始渲染

完成渲染设置后,单击最上方的"渲染(R)",开始进行渲染。可以根据弹出的"渲染进度"对话框,查看渲染的进度,当达到 100% 的时候,即生成渲染效果图。渲染完成后单击"保存到项目中"按钮完成渲染图的保存。

在屏幕左上角的应用程序菜单中选择"导出图像和动画"中的【图像】命令,即可打开已导出的图片,如图 6.3.8 所示。

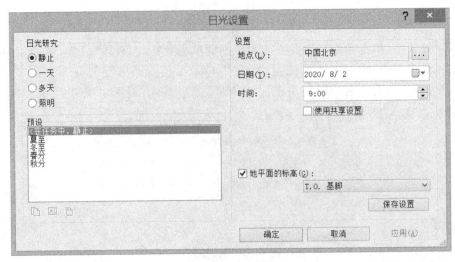

图 6.3.7 日光设置

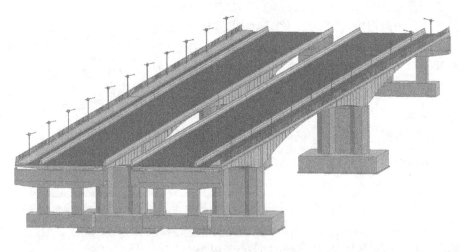

图 6.3.8 渲染图

专业渲染软件的渲染效果要远好于 Revit 软件自带的渲染效果,同时操作简单、容易上手,渲染结果如图 6.3.9 所示。

二、漫游

(一)创建漫游路径

(1)在项目浏览器中打开"楼层平面"支链,根据漫游所需要的视高双击进入合适的楼层平面,单击【视图】选项卡【创建】面板【三维视图】下拉列表中的【漫游】命令,如图 6.3.10 所示。

(2)将鼠标移到工作区域,在此平面视图内,单击左键放置相机起点关键帧,即开始绘制路径。移动光标出现淡蓝色相机路径,鼠标每单击一个点即创建一个关键帧,沿着项目所需位置逐个放置关键帧,单击选项栏中的【完成漫游】或者按"Esc"键即可完成漫游路径的绘制,如图 6.3.11 所示。

图 6.3.9 专业渲染软件的渲染结果

图 6.3.10 漫游

(二)编辑漫游

(1)在项目浏览器中打开平面视图,单击选项栏中的【编辑漫游】进入漫游编辑界面,在此可以设置漫游视频的总帧(默认为 300 帧),在"控制"选项中选择"活动相机",如图 6.3.11 所示,此时工作窗口中的相机属于可编辑状态,黑色点为各个关键帧,"相机"图标为当前漫游视点位置,其下的三角形为当前关键帧下的视野范围,可通过鼠标拖曳相机视点,编辑其路径关键帧的相机位置和视角方位。

第一个关键帧编辑完成之后,单击选项栏中的【下一关键帧】,按上述步骤依次对各关键帧进行漫游编辑,如果关键帧过少或过多,可以单击"控制"选项下的"添加关键帧"或者"删除关键帧",直到各帧连起来的位置与视角都合适,得到完美流畅的漫游视频为止。随后可单击功能区的"播放"按钮,自动播放漫游视频。

(2)在项目浏览器的"漫游"选项下,可以看到刚创建的漫游,双击可以打开漫游视图。在视图控制栏的"视觉样式"中可将模型的显示效果替换为"真实"。选择渲染视口边界,单击视口四边的控制点,向外拖曳即可扩大视口,如图 6.3.12 所示。

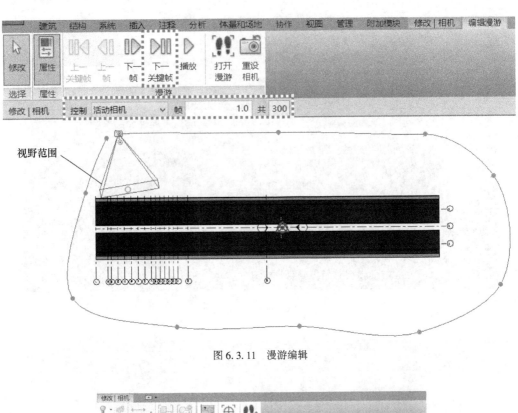

图 6.3.11　漫游编辑

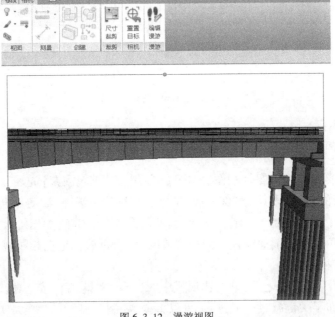

图 6.3.12　漫游视图

(三)导出漫游动画

漫游创建完成后,单击屏幕左上角的应用程序菜单,在"导出"列表中的"图像和动画"中选择"漫游",如图 6.3.13 所示。在弹出的"长度/格式"对话框中设置"输出长度"为"全部帧",其他参数默认,单击"确定"后,弹出"导出漫游"对话框,输入文件名并选择路径,单击"保存"。弹出"视频压缩"对话框,选择下拉列表中的"Microsoft Video1"压缩模式。此模式可压缩文件大小并能被大部分系统读取。单击"确定"按钮,即成功将漫游视频导出为"avi"格式视频文件。

图 6.3.13 导出漫游

第四节 碰 撞 检 测

传统二维设计的碰撞检测主要通过人力来完成,具体是在各专业将各自负责的设计任务完成后,各个专业的设计师通过对二维图纸的空间想象综合地判断是否有空间碰撞。这种检测方式针对结构简单的桥梁可能并不费事,但是对于结构复杂的桥梁,传统的碰撞检测方式不仅费时、费力,而且效果也不理想,基于 BIM 技术的空间碰撞检测方式将大大提高检测的效率和质量。各专业设计师可通过对模型关键部位的直接观察检测是否有碰撞,更重要的是设计师可通过 Navisworks 软件的碰撞检测功能非常快速、全面地对整个模型进行检测。基于计算机强大运算能力的碰撞检测,整体效率会非常高。虽然说这并不能够将所有的碰撞都检测出来,但是能够大大减少因碰撞而引发的施工变更,从而节省成本和缩短工期。

一、模型导出

模型导出的根本目的是将 revit 格式的文件转换成 NWC 格式的文件,然后通过 Navisworks 软件打开 NWC 格式的模型文件,基于此,通过碰撞检测对一系列设计成果进行检查。

以混凝土连续梁桥为例,具体的建模过程在第三章中已有具体的展示。在完成模型构建以后导出模型,单击屏幕左上角的应用程序菜单,选择"导出"列表中的"NWC",如图 6.4.1 所示。如果导出的列表中没有"NWC"选项,可能的原因是在安装软件的时候,先安装了 Navisworks,然后再安装 Revit,导致 Revit 没有导出 NWC 的功能。解决方法是打开 Navisworks 的安装包,点击安装图 6.4.2 中的导出 NWC 插件即可(Navisworks 的软件版本要与 Revit 版本相同,不然可能导致插件无效)。

图 6.4.1 导出 NWC

除了上述方法,还有一种方法是直接在 Navisworks 软件中打开 RVT 格式的 Revit 文件,软件会在模型文件目录下自动生成 NWC 格式的文件,但是当 Revit 模型较大时,这种方法打开载入模型的速度较慢。

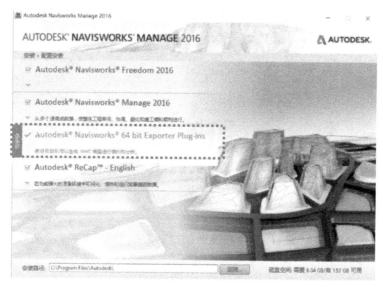

图 6.4.2　导出 NWC 插件

二、碰撞检测过程

Navisworks Manage 软件是 Autodesk 系列软件中的一种,它的主要作用是读取多种三维设计软件生成的数据文件,为工程项目的整合、浏览和审阅提供便利。碰撞检测功能的实现主要依托于 Navisworks Manage 软件当中的 Clash Detective 模块,此模块可根据实际需求,按照指定的条件对选择的图元进行碰撞测试,并且可以对碰撞的结果进行编辑管理。

通过 Clash Detective 模块,可进行四种方式的碰撞检测,分别为硬碰撞检测、硬碰撞(保守)检测、间隙检测、重复项检测。一般使用得最多的是硬碰撞检测和间隙检测。硬碰撞检测主要用于查找模型中是否有图元交叉碰撞;而间隙检测主要用于查找未发生接触但是间距不满足要求的图元。间隙检测的方式其实与硬碰撞检测一样,只是算法更为保守,从而会得到更多的碰撞结果。重复项检测主要用于检查是否有重复图元,从而保证算量时结果的准确性。

（一）导入模型

首先打开 Navisworks Manage 软件,显示界面如图 6.4.3 所示。先将需要的文件打开,使用【常用】选项卡【项目】面板中的【附加】功能依次打开模型文件(模型分块方式根据实际需求确定,此处分为四部分),如图 6.4.4 所示。依次打开四个模型文件后,在模型文件夹目录下自动生成对应的 NWC 格式文件,如图 6.4.5 所示。

使用【附加】功能导入 Navisworks 软件的模型,如图 6.4.6 所示。

图 6.4.3　【附加】功能显示

图 6.4.4 打开模型文件

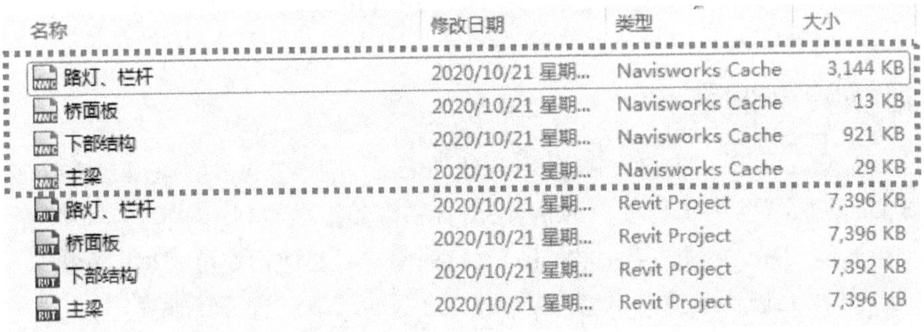

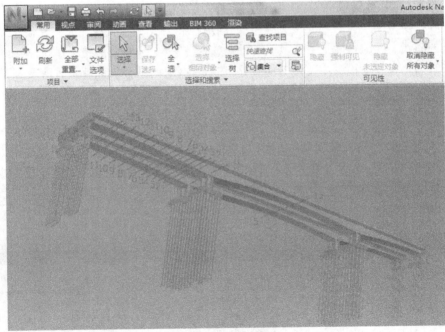

图 6.4.5 自动生成的 NWC 文件

图 6.4.6 导入的模型

(二)渲染设置

将模型导入完成后,接下来进行模式和背景的设置,以便于更直观地了解模型。单击【视点】选项卡【渲染样式】面板中【模式】,在出现的下拉选项中选择【着色】,如图6.4.7a)所示,在【光源】的下拉选项中选择【头光源】,如图6.4.7b)所示。单击鼠标右键选择模型外的区域,单击"背景",出现图6.4.8所示的界面,根据需要选择背景模式。在【查看】选项卡【轴网与标高】面板中可以设置轴网的显示状态,设置结果如图6.4.9所示。

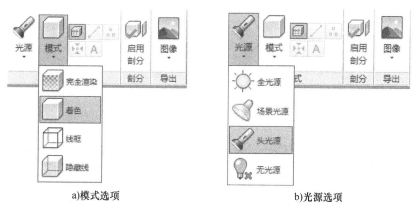

a)模式选项　　　　　　　　　　　　b)光源选项

图6.4.7　【渲染样式】面板

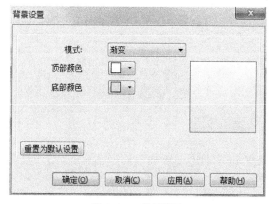

图6.4.8　背景设置

图6.4.9　设置模型表现形式

(三)开始碰撞检测

在一切准备工作就绪以后,开始对碰撞进行检测。单击【常用】选项卡【工具】面板中的【Clash Detective】(图6.4.10)弹出碰撞检测功能界面,如图6.4.11所示。

图6.4.10　Clash Detective 碰撞检测功能

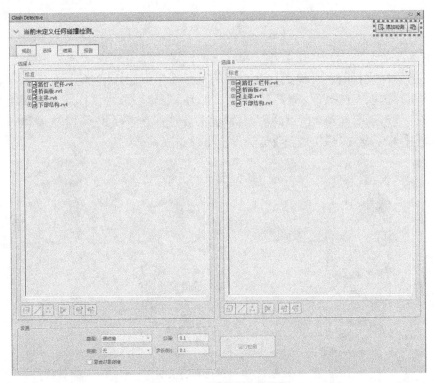

图 6.4.11　碰撞检测功能界面

单击图 6.4.11 中右上角的【添加检测】,界面显示如图 6.4.12 所示。

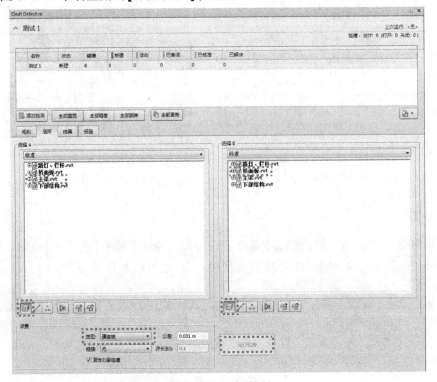

图 6.4.12　添加检测

在此碰撞模块中,可对整个完整模型进行碰撞检测,也可对部分模型甚至是单个构件进行碰撞检测。出于网络以及电脑配置的问题,为提高碰撞检测的效率及质量,一般是先进行部分模型的检测,然后在此基础上对单个构件进行碰撞检测。此处以"主梁"与"桥面板"模型的碰撞检测为例,分别单击【选择】面板下左右两栏中的"主梁"与"桥面板",选择下方的【曲面】,这样本次碰撞检测仅实体类图元参与。在设置碰撞类型处选择【硬碰硬】,"硬碰硬"检测类型可以检测出模型中相交的图元,公差设置为 0.001m,表示碰撞距离小于 0.001m 时忽略该图元。勾选左下角的【复合对象碰撞】,最后单击【运行检测】,如图 6.4.12 所示。

碰撞检测完成后自动跳转到【结果】面板(图 6.4.13),从图中可看出,主梁与桥面板共有 8 处碰撞。在【结果】面板右侧的【显示设置】中可以对碰撞检测结果的显示方式进行详细的设置。单击选择"碰撞 1",在模型中会显示出此碰撞的位置和相互碰撞的构件,如图 6.4.14 所示。

图 6.4.13　检测结果

图 6.4.14　碰撞 1 位置

(四)碰撞结果分组

长按鼠标左键从"碰撞1"移动到"碰撞8"可以实现多选操作,同样在长按键盘的"Ctrl"键的同时鼠标左键点选也可以实现多选操作。将类型相同的碰撞结果归类到一个组,并且将组命名为方便区分的名称,如图6.4.15所示。

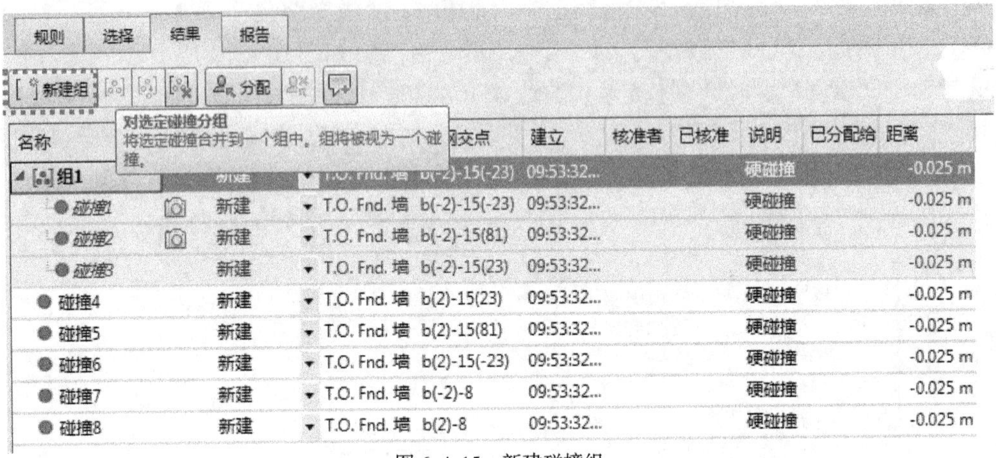

图6.4.15 新建碰撞组

(五)碰撞组分配

经过归类,将碰撞分为两组,下面对"组1"进行整体分配,单击右键的功能中【分配】或上方的【分配】功能键,如图6.4.16所示。

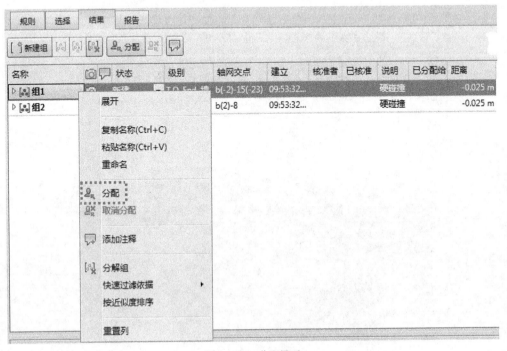

图6.4.16 分配界面

单击【分配】后自动弹出"分配碰撞"界面,如图 6.4.17 所示,在此界面编辑分配的对象和注释,当结构设计师在解决这个碰撞问题时,实时地更新碰撞的状态信息,根据进展分别将状态改为活动、已审阅、已核准、已解决,并且将信息实时地共享给项目相关方,如图 6.4.18 所示。

图 6.4.17 "分配碰撞"界面

图 6.4.18 进展状态设定

(六)生成报告

对所有检测出的碰撞都进行上述处理,然后将碰撞信息生成报告,最后导出报告以便进行信息的共享。单击【报告】,出现图 6.4.19 所示的界面。

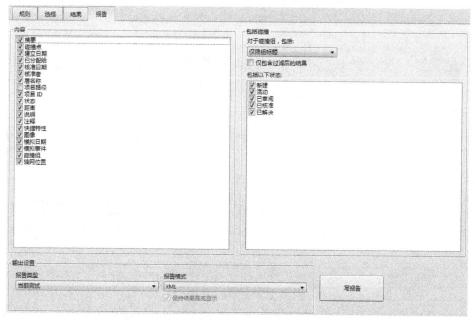

图 6.4.19 报告界面

根据需要对报告内容以及格式进行设置,本次检测内容部分采用默认设置,"包括碰撞"的设置选择【仅限组标题】,且取消勾选"仅包含过滤后的结果",在"包括以下状态"中勾选所有的碰撞结果状态,在输出设置中"报告类型"选择【当前测试】,报告格式选择"XML"格式,

383

在设置完成后单击【写报告】生成报告。生成报告的内容包括一份碰撞报告和一个内含碰撞构件组图片的文件夹,碰撞报告内容如图 6.4.20 所示,碰撞构件组图片如图 6.4.21 所示(图片数量与分组数量相同)。

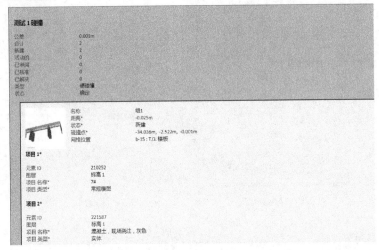

图 6.4.20　生成的碰撞报告

a)碰撞组1　　　　　　　　　　　　　b)碰撞组2

图 6.4.21　碰撞构件组图片

报告中有关于碰撞的各项信息,如距离、网格位置等,各专业人员可以十分方便地通过生成的报告共享这些碰撞信息,而基于这些报告,项目各相关专业人员也可以十分直观地对碰撞进行观察和解决。

通过碰撞检测,项目相关方可十分清楚地知道并且找出项目设计方案中有碰撞的地方。将碰撞的相关信息,如图片、坐标数据等上传到信息共享平台,项目相关专业人员基于这些信息对原设计方案进行修改优化,从而大大减少了施工过程中的设计方案的变更,进而节约了成本和缩短了工期。

上述碰撞检测只是整个碰撞检测过程的一部分,碰撞检测的大致原则是:首先对简单模型自身进行检测,然后将模型交叉进行检测,最后对关键部位、重要构件进行重点的碰撞检测以达到实际施工设计变更最小化的目的。

第五节 施工过程模拟

施工过程的模拟同样可以通过 Navisworks 软件实现,在第四节的碰撞检测创建的 NWC 文件中继续进行以下操作,通过软件内的【Animator】功能为模型的每个构件制作施工动画,然后通过【TimeLiner】功能为每个图元添加施工计划开始时间、计划结束时间、任务类型等项目施工计划信息,将图元动画与模型相结合,最终可以实现基于施工计划信息的施工过程动画模拟,单击【常用】选项卡下【工具】面板中的【TimeLiner】和【Animator】功能窗口,如图 6.5.1 所示。

图 6.5.1 功能窗口

一、创建集合

首先根据施工动画需要的构件分类,创建对应的模型构件集合,方便制作施工动画时选择构件。

(1)单击【常用】选项卡【选择和搜索】面板中的【选择树】功能,如图 6.5.2a)所示。在工作界面左侧出现选择树窗口,可见模型构件在此处按导入时的 RVT 格式分类,单击"+"展开可见详细的模型分类,如图 6.5.2b)所示。单击选择需要的模型类型,在工作窗口可见模型已选中,通过【选择树】功能选择模型构件可以避免在工作窗口一一选择。

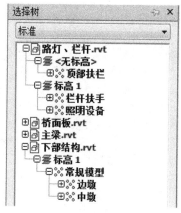

a)【选择树】功能入口　　　　　　　　b)"选择树"窗口

图 6.5.2 选择树功能

(2)以桥墩构件为例,选中模型后,单击【常用】选项卡【选择和搜索】面板中的【集合】下拉列表中的【管理集】,如图 6.5.3a)所示。左侧的选择树功能栏变成集合功能栏,单击【保存选择】,集合功能栏列表中出现新建的集合,将其名称改成"桥墩",重复上述操作建立施工动画需要的集合,如图6.5.3b)所示。

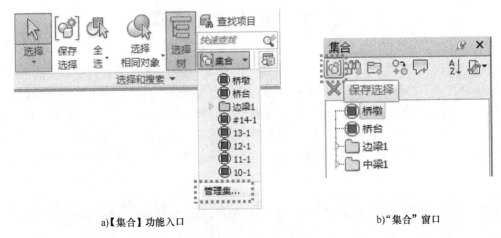

a)【集合】功能入口　　　　　　　　　　　　　　b)"集合"窗口

图6.5.3　集合功能

二、创建动画

单击【常用】选项卡【工具】面板中的【Animator】,在工作窗口下方出现动画制作功能栏,左侧是场景和动画集列表,右侧是时间栏,如图6.5.4所示。

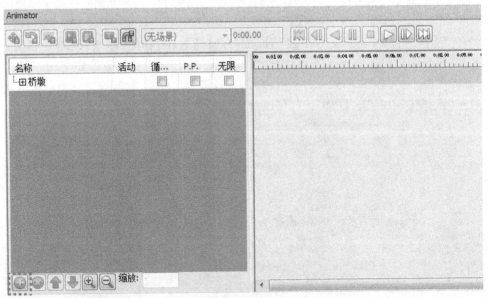

图6.5.4　动画制作功能栏

（1）单击左下角的【添加场景】,如图6.5.4所示,或是在左侧栏点击鼠标右键也会出现【添加场景】按钮,修改场景名称为"桥墩"。在左侧的集合功能栏中单击选择桥墩,在动画制作功能栏中单击鼠标右键选择创建的桥墩场景,选择【添加动画集】中的【从当前选择】,创建出"动画集1",同时勾选"活动",如图6.5.5所示。

（2）单击动画制作功能栏上方的【平移动画集】功能,如图6.5.6所示,在工作窗口出现形似坐标轴的平移工具,长按鼠标左键选择其中一个方向箭头即可对模型进行单方向平移。

图 6.5.5 创建动画集

图 6.5.6 设置动画集

首先将模型平移至动画的起始位置,如图 6.5.7 所示,下一步单击【Animator】功能栏上方的【捕捉关键帧】,这样此桥墩动画集 0s 的位置就确定了。然后在时间栏输入"0:06.00",时间轴会自动跳转到 6s 的位置,再将模型平移到最终的位置,单击【捕捉关键帧】,这样此动画集的始末位置就确定了。点击【播放】,一段长 6s 的桥墩平移视频就完成了。

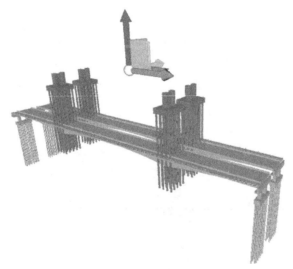

图 6.5.7 平移动画集

若需要其他动画效果,可以使用【平移动画集】功能右侧的【旋转动画集】和【缩放动画集】功能。

三、创建时间轴

单击【常用】选项卡【工具】面板中的【TimeLiner】功能,在工作窗口下方出现时间轴功能栏,左下方可以进行【TimeLiner】和【Animator】功能切换,如图 6.5.8 所示。

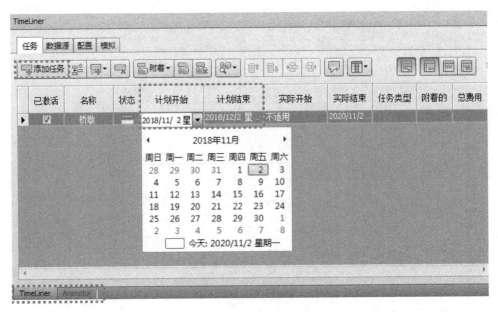

图 6.5.8 时间轴功能栏

(1)单击功能栏左上角的【添加任务】,在时间轴功能栏窗口左侧的任务窗口添加新施工任务,修改名称为"桥墩",单击"计划开始"列单元格,在弹出的日历列表中选择施工计划开始日期,使用同样的方式修改"计划结束"单元格的日期,如图 6.5.8 所示。

(2)单击功能栏上方的【配置】,打开【配置】面板,单击左上角的【添加】,修改名称为"下部结构",将"开始外观"和"结束外观"都修改为"模型外观",如图 6.5.9 所示。

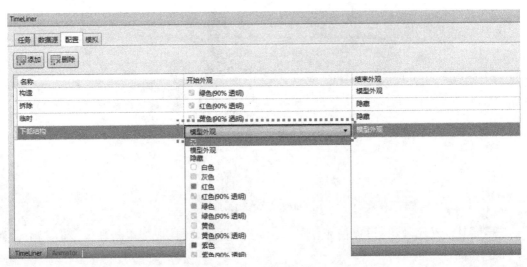

图 6.5.9 【配置】面板

单击"桥墩"施工任务中的"任务类型"列单元格,在下拉菜单中选择"下部结构",如图 6.5.10 所示。

图 6.5.10 任务类型

（3）在左侧施工任务窗口右键单击"桥墩"，弹出菜单栏如图 6.5.11 所示，单击【附着集合】并选择【桥墩】，就将包含动画的"桥墩"集合附着到了该施工任务上（"附着集合"的集合选项由上述"创建集合"步骤决定）。

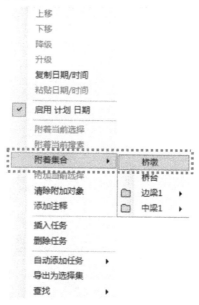

图 6.5.11 菜单栏

（4）单击功能栏中的【显示或隐藏甘特图】，打开直观的时间轴图，设定当前甘特图内容为【显示计划日期】，如图 6.5.12 所示。

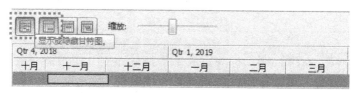

图 6.5.12 显示或隐藏甘特图

（5）单击功能栏中的【列】功能，在下拉菜单中选择【选择列】，如图 6.5.13 所示，在弹出的"选择 TimeLiner 列"窗口中勾选"数据提供进度百分比"和"动画"，单击"确定"，如图 6.5.14 所示，在施工任务栏列表会出现进度百分比的列标题，可以显示任务的完成比例，单击"动画"列单元格为每个任务赋予创建好的动画。

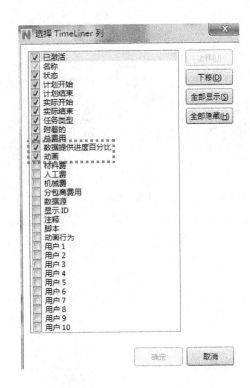

图 6.5.13 选择列　　　　　　　　图 6.5.14 选择 TimeLiner 列

(6)所有集合的动画制作完成后,在【TimeLiner】面板上添加施工任务,完成所有的施工任务设置及任务类型配置后将【TimeLiner】面板切换至【模拟】面板,如图 6.5.15 所示,单击【设置】,打开"模拟设置"对话框,如图 6.5.16 所示。

图 6.5.15 【模拟】面板

不勾选"替代开始/结束日期",即规定施工模拟从计划开始时间一直到计划结束时间;"时间间隔大小"按百分比设置,大小为 5;"回放持续时间"设置为 60s,即总动画时间为 60s;其他设置按默认即可,单击"确定"完成设置,如图 6.5.16 所示。

(7)在模拟设置完成后,单击【播放】即可对计划施工过程进行动画模拟。单击【动画】选项卡中的【导出动画】,如图 6.5.17 所示,在弹出的"导出动画"窗口中设置动画"源"为"TimeLiner 模拟",输出"格式"设置为"JPEG"格式,如图 6.5.18 所示。然后使用 Primer 后期制作软件将图片生成为动画。

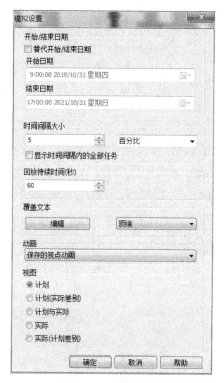

图 6.5.16 模拟设置

图 6.5.17 导出动画

图 6.5.18 "导出动画"窗口

第六节　明细表统计

明细表在 BIM 应用中起很大的作用,通过 Revit 软件定制明细表,可将项目模型中的各类信息导出,以表格的形式直观展示,从而有利于项目相关方对工程信息的共享与掌握。

通过 Revit 软件,可以生成多种明细表,包括实例明细表、类型明细表、关键字明细表、共享参数明细表、多类别明细表等,可根据项目实际需求自行确定使用哪种明细表。下面以第三章混凝土连续梁桥模型为例创建一个实例明细表,具体操作如下。

一、创建实例明细表

打开 Revit 软件,将模型打开,单击【视图】选项卡【创建】面板中的【明细表】下拉按钮,在下拉列表中选择【明细表/数量】,如图 6.6.1 所示。弹出"新建明细表"对话框,构件类别选择"常规模型",修改名称为"混凝土连续梁桥模型明细表",单击选择"建筑构件明细表",选择应用阶段为"阶段 3",单击"确定"按钮,如图 6.6.2 所示。

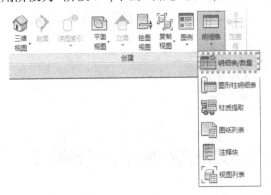
图 6.6.1　明细表功能

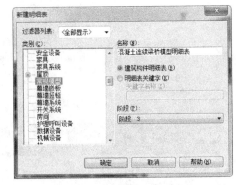
图 6.6.2　"新建明细表"对话框

在弹出的"明细表属性"对话框中单击【字段】切换至【字段】面板,依次添加"族""体积""类型"三个字段,点击"添加参数"可以自行添加左侧列表中没有的字段,其他参数采用默认设置,如图 6.6.3 所示。

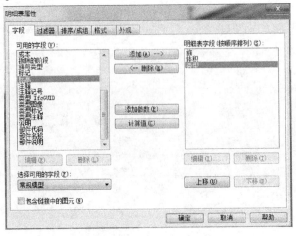
图 6.6.3　字段设置

单击【过滤器】切换至【过滤器】面板,可通过设置过滤器统计项目所需构件,此处采用默认设置,不做修改。在"明细表属性"对话框中单击【排序/成组】切换至相应面板,勾选"总计"和"逐项列举每个实例"复选框,其他设置不变,如图6.6.4所示。

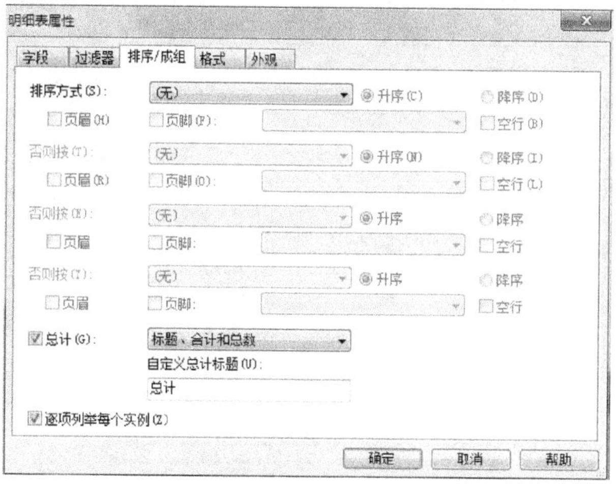

图6.6.4 排序/成组设置

在"明细表属性"对话框中单击【格式】切换至相应面板,在"标题"处可以修改字段名称,对齐方式选择"中心线",如图6.6.5所示。对于"外观"的设置不做修改,单击"确定"按钮。

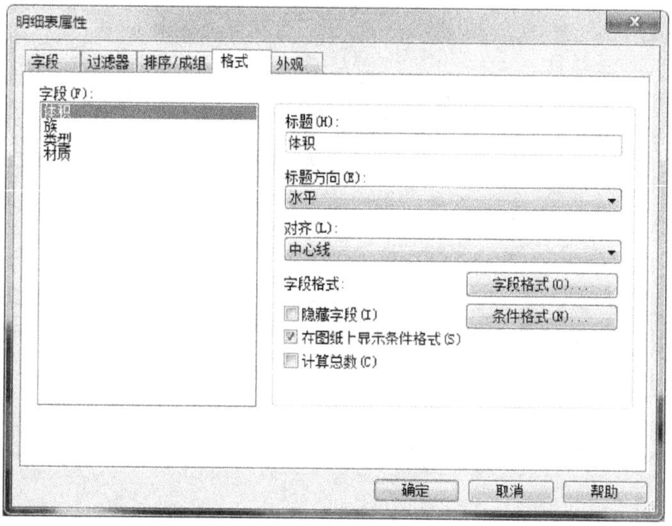

图6.6.5 格式设置

编辑完成后软件自动弹出明细表视图,如图6.6.6所示。

根据实际需求,可以通过【属性】面板中的"编辑类型"按钮以及【修改明细表/数量】选项卡中的功能对明细表进行修改和设置,如图6.6.7所示。

二、导出明细表

单击屏幕左上角的应用程序菜单,在"导出"列表中选择"报告"中的"明细表"命令

(图6.6.8),选择文件类型为"分隔符文本",如图6.6.9所示,单击"保存"按钮。

<常规模型明细表>

族	体积	类型	合计	材质
0#节段	204.28 m³	0#节段	1	混凝土,预制
1#	64.41 m³	1#	1	混凝土,预制
2#	60.75 m³	2#	1	混凝土,预制
3#	57.60 m³	3#	1	混凝土,预制
4#	54.70 m³	4#	1	混凝土,预制
5#	52.03 m³	5#	1	混凝土,预制
6#	49.60 m³	6#	1	混凝土,预制
7#	70.42 m³	7#	1	混凝土,预制
8#	66.34 m³	8#	1	混凝土,预制
9#	63.08 m³	9#	1	混凝土,预制
10#	58.28 m³	10#	1	混凝土,预制
11#	54.56 m³	11#	1	混凝土,预制
12#	53.91 m³	12#	1	混凝土,预制
13#	23.88 m³	13#	1	混凝土,预制
14#	144.02 m³	14#	1	混凝土,预制

图6.6.6 明细表

图6.6.7 【修改明细表/数量】功能

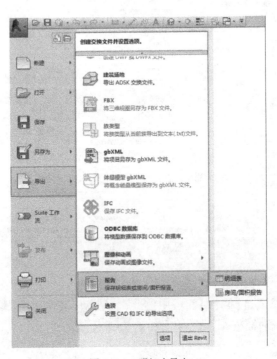

图6.6.8 明细表导出

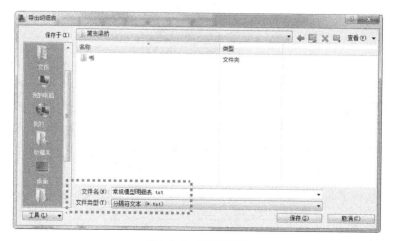

图 6.6.9 保存明细表

最后在弹出的"导出明细表"对话框中设置明细表的外观和输出选项,单击"确定"按钮,完成明细表的导出。

练习题

1. 阐述 BIM 技术在桥梁领域的应用场景,并对其优点进行简要概述。
2. 概述基于 BIM 技术的工程项目模型包含的内容,并说明信息编码的目的。
3. Revit 软件中的"渲染"功能如何实现?与其他渲染软件相比,它有哪些优点和缺点?
4. Revit 软件中构件的材质如何赋予?如何从"材质库"中选取并新建"材质"?
5. Revit 软件中的"漫游"功能如何实现?请简要阐述其操作步骤。
6. 在使用 Revit 软件中的"漫游"功能时,"漫游路径"创建过程中需要注意什么?
7. Navisworks 软件中"碰撞检测"的目的是什么?其功能如何实现?请简要阐述其操作步骤。
8. Navisworks 软件中"碰撞检测"功能中生成的报告以什么格式保存?
9. Navisworks 软件中"施工过程模拟"功能如何实现?请简要阐述其操作步骤。
10. 列举其他拥有"施工过程模拟"功能的软件,并简要介绍其优缺点以及应用场景。
11. Revit 软件中"明细表统计"功能如何实现?请简要阐述其操作步骤,并说明导出的明细表以什么格式保存。

附录
公路工程设计 BIM 系统

"公路工程设计 BIM 系统"是由上海同豪土木工程咨询有限公司与云南省交通规划设计研究院有限公司合作开发,针对公路工程全专业的 BIM 正向设计软件。该系统采用自主研发的底层平台——盘古,融合 GIS、BIM 和互联网等技术,实现 BIM 技术在生产过程中的应用落地。系统以"全、快、细、炫"的特点为工程设计与管理提供了集成式解决方案,并为 BIM 技术在公路工程全生命期的应用提供平台和数据支撑。

第一节 BIM 系统架构

BIM 系统通过不同子系统、不同平台间的取长补短、协同合作,全面提高了公路工程设计效率。各子系统中,以总体设计子系统为主,其他子系统为辅;各平台中,以 BIM 平台技术为主,其他平台技术为辅。BIM 系统架构包含附图 1 所示的四大平台以及九大子系统。

总体设计子系统可以完成总体路线设计,包含从方案研究到施工图设计的全部设计工作。在进行平面设计、纵断面设计及超高加宽设计时,系统会自动结合最新规范并辅以智能的分析计算,实时对用户进行提醒。实现了桥梁、隧道、边坡等构造物的三维模型快速生成,工程数量实时提取,同时支持多路线间的方案比选。设计人员能轻松、快速地拟定出合理的方案。方案确定后,一键输出二维、三维成果,使设计人员从烦琐的绘图工作中解放出来,将更多精力投入方案的研究,提高设计效率。

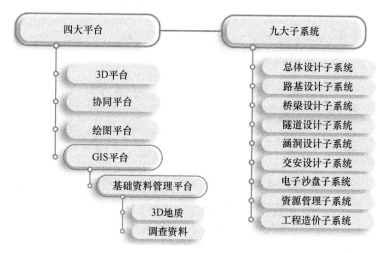

附图1 系统架构

路基设计子系统针对路基路面设计所需的基础资料进行了集成管理,并且提供了精细的三维建模功能和展示效果,能够在三维环境下对路基、路面、防护、支挡、排水、弃土场、土石方调配等内容进行设计、建模。系统对路基标准段提供了构件化的快速自动建模,工程数量表自动生成,图表形式支持定制;对路基特殊段落提供了三维可视化交互,轻松做到一坡一设计。

桥梁设计子系统是一款基于三维场景进行设计的 BIM 正向设计软件。适用桥型包括梁式桥、拱桥、斜拉桥及悬索桥,通过其强大的智能全桥设计和三维交互功能,设计者可轻松、准确地完成方案设计、初步设计及施工图设计。

隧道设计子系统以可扩充的标准库和经验库为基础,通过三维可视化的设计环境,实现快速的横纵向设计、直观的洞口段设计、自动的三维建模、精确的隧道三维延米建模。自动统计工程量,一键导出三维模型、二维图表。支持多种常规隧道类型。

涵洞设计子系统提供了三维可视化的设计环境,通过可扩充的经验库、强大的智能算法,实现了涵洞自动布设、图纸自动绘制、工程量精确计算。方案调整直观、快捷,极大地简化了现有设计过程,实现了定好方案即完成设计。

交安设计子系统提供了公路交通安全设施设计内容,包括护栏、交通标线、交通标志及其他安全设施。交安设计子系统通过完善的经验库,实现了自动化、智能化设计,设计过程极度简洁。

电子沙盘子系统即时集成了团队协同工作的最新成果,团队内所有成员均可共享、沟通;系统具备丰富的表达设计意图的手段,使方案汇报更加直观;远程桌面功能提供了团队协同、可视化设计项目管理等功能。沟通球功能为协同工作、网上校审、业主在线等应用提供技术支撑。

资料管理子系统是基于互联网、物联网、云计算等技术的"互联网+"云数据管理平台,为公路勘测设计行业提供专业、易用的云服务平台,提高外业调查现场编录及管理人员的工作效率和质量,可与公路工程设计 BIM 系统的各个子系统无缝对接,为公路工程设计人员提供形式多样、内容精准的设计基础资料,提高协同工作的效率。

工程造价子系统是研发中心自主研发,针对公路工程造价的解决方案。可实现从设计模型中读取工程数量,并自动完成定额的套用、费率的取定等工作,节省了造价人员的时间,提升了造价人员间协同工作的能力,大幅提高了造价工作的效率。

第二节　桥梁设计子系统

一、系统功能

桥梁设计子系统针对传统桥梁设计中存在的方案变更困难、出图效率低下、质量缺乏保障等问题,立足自主研发,秉承 BIM 正向设计理念,实现了模型可视化、设计参数化、信息共享化,可快速完成公路工程中绝大部分桥梁的设计工作。桥梁设计子系统的功能如下。

1. 桥梁正向设计

基于三维场景(附图2)的现场设计,操作逻辑符合设计思维习惯,设计过程更加直观、清晰,利用标准库和经验库技术,可快速进行方案设计、初步设计和施工图设计。

附图 2　三维场景

2. 生成三维模型

设计过程同步生成全参数精细化三维模型(附图3、附图4),具备所有设计信息,并可导出为常用格式的模型。

3. 生成计算模型

BIM 可无缝导入计算软件,进行结构分析与验算,实现对 BIM 的安全性分析与验证,如附图5所示。

4. 生成图纸模型

BIM 可共享导入绘图软件,绘制桥梁总图及各构件的构造、钢筋、钢束图纸,形成设计图纸文件,如附图6所示。

附图 3 全参数精细化三维模型(透视)

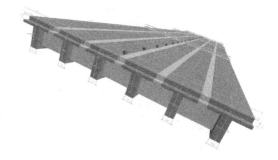
附图 4 全参数精细化三维模型(实体)

附图 5 计算模型

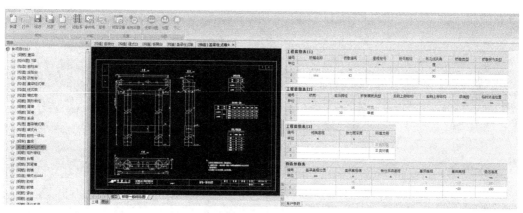
附图 6 图纸文件

二、系统特色

1. 运行速度快

仅需数秒就可生成一座大桥的三维模型,当发生路线变更、桥梁跨径参数调整时,均可快速完成桥梁设计更新。

2. 三维设计场景直观

可导入 GIS 信息,设计场景立体化,可以更直观地在三维场景下完成整个桥梁设计,如附图 7 所示。

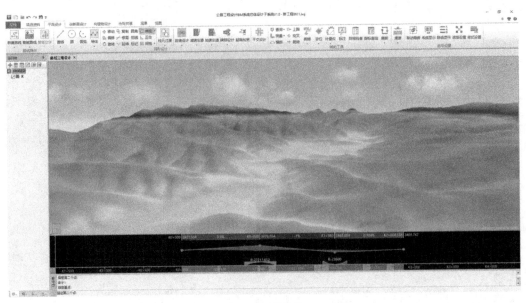

附图7 三维场景

3. 贴合工程设计习惯

程序界面(附图8)按工程设计过程梳理搭建,完美兼容简单与复杂桥型,逻辑清晰,使用体验感好。

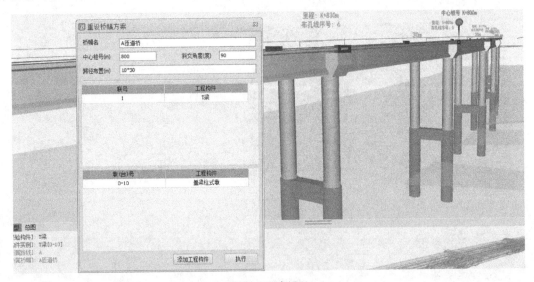

附图8 程序界面

4. 自动化程度高

通过智能经验表(附图9)将设计经验数字化,通过控制参数驱动构件BIM规则库,可智能化创建初始BIM。

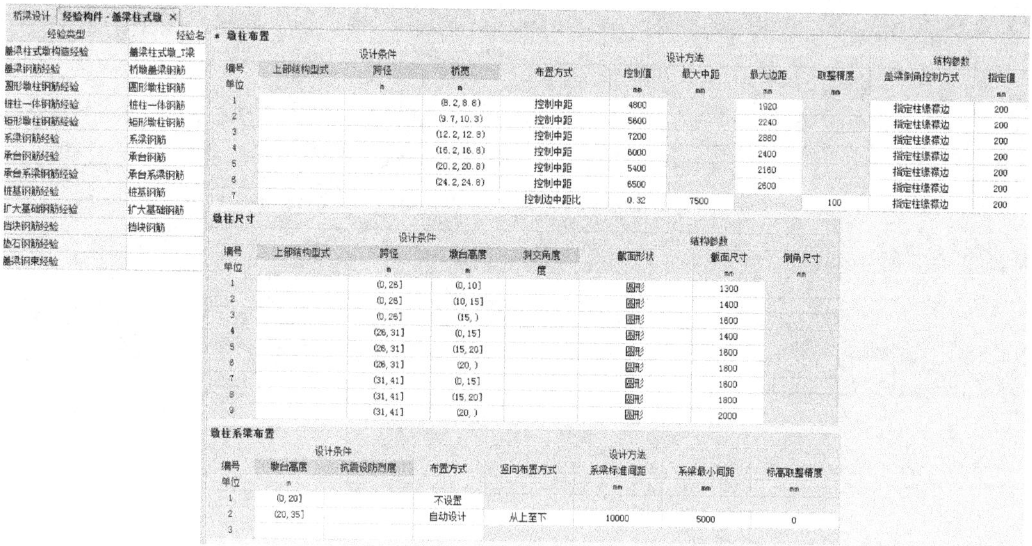

附图9 智能经验表

5. 接口开放

可导入其他常用软件模型数据,也可共享导出桥梁模型,如附图10所示。

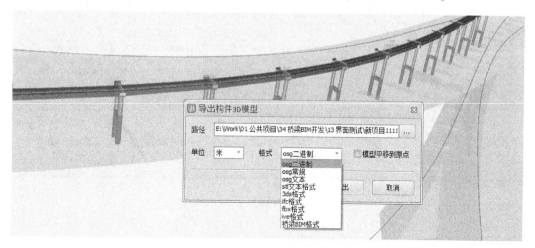

附图10 导出接口

第三节 应 用 案 例

一、福建某高速公路改扩建工程(设计成果 BIM 咨询)

高速公路互通三维场景模拟如附图11所示。高速公路互通三维路线设计如附图12所示。

附图11 高速公路互通三维场景模拟

附图12 高速公路互通三维路线设计

二、桂林某高速公路工程初步设计(正向设计)

高速公路互通平面路线设计、互通三维路线设计如附图13、附图14所示。

三、内蒙古某机场高速项目(施设阶段翻模)

高速公路立交三维场景模拟如附图15所示。

四、江西某农村道路项目施设(正向设计)

农村道路桥梁三维场景模拟如附图16所示。

附图13　高速公路互通平面路线设计

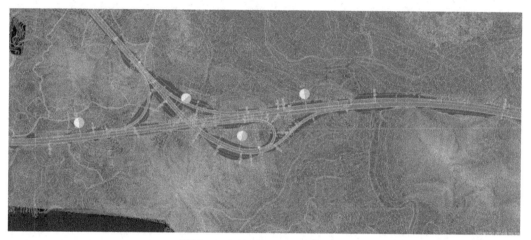

附图14　高速公路互通三维路线设计

附图15　高速公路立交三维场景模拟

附图16 农村道路桥梁三维场景模拟

参 考 文 献

[1] 中华人民共和国交通运输部.公路工程信息模型应用统一标准:JTG/T 2420—2021[S].北京:人民交通出版社股份有限公司,2021.

[2] 中华人民共和国交通运输部.公路工程设计信息模型应用标准:JTG/T 2421—2021[S].北京:人民交通出版社股份有限公司,2021.

[3] 中华人民共和国交通运输部.公路工程施工信息模型应用标准:JTG/T 2422—2021[S].北京:人民交通出版社股份有限公司,2021.

[4] 周志,赵雪峰,吴玉怀.BIM 原理总论[M].北京:中国建筑工业出版社,2017.

[5] 许蓁,于洁.BIM 应用·设计[M].上海:同济大学出版社,2016.

[6] 肯塞克.BIM 导论[M].林谦,孙上,陈亦雨,译.北京:中国建筑工业出版社,2017.

[7] 伊斯曼,泰肖尔兹,萨克斯,等.BIM 手册[M].耿跃云,尚晋,译.北京:中国建筑工业出版社,2016.

[8] 廖小烽,王君峰.Revit 2013/2014 建筑设计火星课堂[M].北京:人民邮电出版社,2013.

[9] 姚玲森.桥梁工程[M].3 版.北京:人民交通出版社股份有限公司,2021.

[10] 邵旭东.桥梁工程[M].5 版.北京:人民交通出版社股份有限公司,2019.

[11] 范立础.桥梁工程(上册)[M].3 版.北京:人民交通出版社股份有限公司,2017.

[12] 顾安邦,向中富.桥梁工程(下册)[M].3 版.北京:人民交通出版社股份有限公司,2017.

[13] 陈宝春,陈友杰,赵秋.桥梁工程[M].3 版.北京:人民交通出版社股份有限公司,2017

[14] 赵秋.钢桥——钢结构与组合结构桥梁[M].北京:人民交通出版社股份有限公司,2017.

[15] 徐君兰,孙淑红.钢桥[M].2 版.北京:人民交通出版社,2011.

[16] 希尔科克,曹春莉.最新 BIM 国际标准——ISO19650 标准简介[J].土木建筑工程信息技术,2019,11(3):134-138.

[17] 李亚君.BIM 技术在桥梁工程运营阶段的应用研究[D].重庆:重庆交通大学,2015.

[18] 洪磊.BIM 技术在桥梁工程中的应用研究[D].成都:西南交通大学,2012.

[19] 胡新元.基于 BIM 的单层工业厂房设计[D].大连:大连理工大学,2018.

[20] 蒋艺.基于 BIM 的地下厂房三维数字化设计研究[D].长沙:长沙理工大学,2016.

[21] 段梦恩.基于 BIM 的装配式建筑施工精细化管理的研究[D].沈阳:沈阳建筑大学,2016.

[22] 秦宏磊.基于 BIM 技术的桥梁工程信息化技术应用[D].太原:太原理工大学,2019.

[23] 吴家福.建筑企业的信息化管理及发展的研究[D].南昌:南昌航空大学,2014.

[24] 汪彬.建筑信息模型(BIM)在桥梁工程上的应用研究[D].南京:东南大学,2015.

[25] 闫振海.桥梁建设期 BIM 技术研究[D].北京:交通运输部公路科学研究所,2017.

[26] 程怀军.信息技术在建筑项目管理上的应用[D].长春:吉林大学,2015.

[27] 郑国勤,邱奎宁.BIM 国内外标准综述[J].土木建筑工程信息技术,2012,4(1):32-34,51.

[28] 刘阳,靳华中,刘潇龙,等.基于 BIM 和物联网的桥梁运维管理应用研究[J].信息技术与信息化,2018(11):118-122.

[29] 赵凯,赵月悦.基于 BIM 技术的建设项目协同作业模式研究[J].铁路技术创新,2017

(4):35-38,43.

[30] 李兴,王毅娟,王健.基于CATIA的BIM技术在桥梁设计中的应用[J].北京建筑大学学报,2016,32(4):13-17.

[31] 梁进.中国BIM技术应用的新阶段与BIM价值再认识[J].中国勘察设计,2021(1):62-65.

[32] 卢飞,任有峰,李永华.三维CATIA软件在桥梁工程设计中的应用[J].西北水电,2014(4):100-103,110.

[33] 高晶晶,邹俊桢,张金钥.BIM技术在桥梁施工中的应用[J].西部交通科技,2016(1):57-61.